Corrupção e Dano Social

Corrupção e Dano Social

ANÁLISE DA RESPONSABILIDADE CIVIL INCLUSIVE NA *NOVA* LEI DE IMPROBIDADE ADMINISTRATIVA

2022

Renato Kim Barbosa

ALMEDINA

CORRUPÇÃO E DANO SOCIAL
ANÁLISE DA RESPONSABILIDADE CIVIL INCLUSIVE
NA NOVA LEI DE IMPROBIDADE ADMINISTRATIVA

AUTOR: Renato Kim Barbosa

DIRETOR ALMEDINA BRASIL: Rodrigo Mentz
EDITORA JURÍDICA: Manuella Santos de Castro
EDITOR DE DESENVOLVIMENTO: Aurélio Cesar Nogueira
ASSISTENTES EDITORIAIS: Isabela Leite e Larissa Nogueira
ESTAGIÁRIA DE PRODUÇÃO: Laura Roberti

DIAGRAMAÇÃO: Almedina
DESIGN DE CAPA: FBA

ISBN: : 9786556275987
Agosto, 2022

Dados Internacionais de Catalogação na Publicação (CIP)
(Câmara Brasileira do Livro, SP, Brasil)

Barbosa, Renato Kim
Corrupção e dano social : análise da
responsabilidade civil inclusive na nova lei de
improbidade administrativa / Renato Kim Barbosa. --
São Paulo, SP : Almedina, 2022.

Bibliografia.
ISBN 978-65-5627-598-7

1. Corrupção - Aspectos sociais 2. Corrupção -
Combate 3. Corrupção - Legislação 4. Direito administrativo - Brasil 5. Improbidade
administrativa 6. Improbidade administrativa - Legislação - Brasil
7. Responsabilidade civil - Brasil I. Título.

22-112483 CDU-35.086(81)(094.56)

Índices para catálogo sistemático:

1. Brasil : Corrupção e improbidade administrativa : Direito administrativo 35.086(81)(094.56)

Eliete Marques da Silva - Bibliotecária - CRB-8/9380

Este livro segue as regras do novo Acordo Ortográfico da Língua Portuguesa (1990).

EDITORA: Almedina Brasil
Rua José Maria Lisboa, 860, Conj.131 e 132, Jardim Paulista | 01423-001 São Paulo | Brasil
www.almedina.com.br

Aos amores da minha vida: Dalila e Pedro.
Aos meus amados pais (Iderval e Kim),
irmãos (Laura e Paulo)
e sobrinhos (Rafael e Sofia).

SOBRE O AUTOR

Doutor em Direito pela USP, Faculdade de Direito do Largo São Francisco. Promotor de Justiça (MPSP). Chefe de Gabinete da Subprocuradoria-Geral de Justiça de Políticas Cíveis e de Tutela Coletiva. Chefe de Gabinete da Subprocuradoria-Geral de Justiça de Políticas Criminais. Assessor da Procuradoria-Geral de Justiça. Membro do Conselho Gestor do Fundo Estadual de Defesa dos Interesses Difusos (FID). Diretor e Conselheiro da Revista Justitia. Assessor Especial da CONAMP. Bacharel em Direito pela PUC-SP. Especialista em Direito Administrativo. Professor Universitário.

AGRADECIMENTOS

Agradeço à Professora Teresa Ancona Lopez pela orientação acadêmica, pela lhaneza no magistério e pelo exemplo de profundo conhecimento jurídico, referência internacional na matéria Responsabilidade Civil.

Aos Professores Carlos Alberto Dabus Maluf e Rui Geraldo Camargo Viana pela forma sempre carinhosa e atenciosa com que me receberam na Faculdade de Direito da Universidade de São Paulo, além dos profícuos ensinamentos.

À Professora Manuella Santos de Castro e à Editora Almedina, bem como ao Professor Rafael de Oliveira Costa, que muito contribuíram para a realização deste sonho.

À minha esposa, Dalila, e ao nosso filho, Pedro, pela paciência nesta árdua jornada, além de todo o amor, carinho e apoio.

E aos meus pais, Iderval e Kim, aos meus irmãos, Laura e Paulo, e aos meus sobrinhos, Rafael e Sofia, pelo amor e incentivo.

PREFÁCIO

Foi com grande alegria que recebi o convite do autor para prefaciar o excelente livro que acaba de vir à lume. Acompanhei o ótimo curso de Doutorado de Renato Kim Barbosa que culminou com sua brilhante Defesa de Tese e que mereceu **aprovação com louvor** pela unanimidade da Banca. Uma honra e um orgulho para a orientadora.

A presente obra realiza uma análise da corrupção e de suas consequências para a sociedade, com enfoque na responsabilidade civil. Mais especificamente, o autor, Renato Kim Barbosa, avalia a figura do **dano social**, preconizado por Antonio Junqueira de Azevedo como o rebaixamento da qualidade de vida da população ou de seu patrimônio moral.

Para tanto, neste livro são estudadas diversas áreas do Direito, concluindo-se, ao final, haver outros danos além daqueles corriqueiramente aferidos pelo sistema de Justiça brasileiro – dano material causado ao ente público e eventual dano moral. Nos primeiros capítulos, analisam-se a conjuntura brasileira hodierna, constatando-se a necessidade de um enfoque mais acurado acerca da matéria em apreço. Em seguida, aprofunda-se o estudo quanto à responsabilidade civil e à corrupção, para, por derradeiro, se verificar a premência por uma teoria holística da responsabilidade civil.

Assim, o autor sustenta haver, sempre, a ocorrência de dano social quando agentes públicos praticam corrupção ou, até mesmo, improbidade administrativa, cujo regime foi profundamente alterado pela recente Lei n. 14.230, de 25 de outubro de 2021. E, nesse quadro, a presente obra consiste em relevante estudo jurídico acerca dos deletérios efeitos causados pela corrupção, pois confere luz a tema que interfere na vida de cada cidadão.

Em suma, "Corrupção e Dano Social" é uma obra importante dentro do atual cenário social e jurídico e muito vai auxiliar advogados, juízes, promotores e todos que cuidam da Coisa Pública na difícil tarefa de analisar e julgar matéria das mais espinhosas e, paradoxalmente, mais sensíveis dentro do mundo jurídico.

Cumprimento Renato Kim Barbosa por presentear a sociedade brasileira com primorosa obra e a Editora Almedina por ter a lucidez de perceber a importância dessa publicação.

São Paulo, outono de 2022.

TERESA ANCONA LOPEZ
Professora Titular da Faculdade de Direito da Universidade de São Paulo

SUMÁRIO

INTRODUÇÃO

A responsabilidade civil é, hoje, um dos temas mais relevantes para a sociedade brasileira, dentro e fora da seara jurídica, em razão do desvelamento de inúmeros casos de corrupção que assolam o país e, por consequência, dilapidam o erário,[1] fazendo faltar recursos em áreas cruciais para o regular desenvolvimento social: saúde, educação, infraestrutura, segurança, transporte *etc.*[2] E não poderia ser diferente, uma vez que o grau de reação das leis – pífio, satisfatório ou preventivo – às condutas que causam danos é um dos fatores que gizam o estágio evolutivo de uma determinada nação.[3]

As condenações prolatadas pelo Supremo Tribunal Federal em 2012 decorrentes da ação penal n. 470, que trata do caso conhecido como "mensalão",[4] alteraram o paradigma nos cenários jurídico e político brasileiros. Até então, era raro, senão impossível, ver ocupantes de altos cargos serem efetivamente punidos pela Justiça. E, posteriormente, por meio de

[1] Entre diversos outros impactos negativos, como é o caso do dano social, objeto desta obra.

[2] O crime de "corrupção passiva", cujo tipo penal encontra-se previsto no artigo 317 do Código Penal – Decreto-Lei n. 2.848, de 7 de dezembro de 1940 –, é o exemplo mais emblemático de ilícito praticado por agente público. Porém, no presente livro, também será analisada uma figura mais abrangente, a improbidade administrativa, cujos atos são elencados nos artigos 9º, 10 e 11 da Lei n. 8.429, de 2 de junho de 1992, que trata das "sanções aplicáveis em virtude da prática de atos de improbidade administrativa, de que trata o § 4º do art. 37 da Constituição Federal; e dá outras providências". A referida lei será mais bem detalhada no Capítulo 3.

[3] Por óbvio, é necessária não somente a previsão normativa de reparação e prevenção de danos, mas também a sua efetiva aplicação pelos órgãos públicos que compõem o sistema de Justiça.

[4] Cf. acórdão publicado no Diário Oficial da União em 22 de abril de 2013. Disponível em: ftp://ftp.stf.jus.br/ap470/InteiroTeor_AP470.pdf. Acesso em: 30 abr. 2021.

forças-tarefa e outras operações[5] –, houve diversas condenações de ocupantes de altos cargos privados e da Administração Pública, reafirmando a existência de um novo marco político-jurídico no Brasil.[6]

Nesse contexto de mudanças, é importante se atentar para todas as nuances jurídicas de prevenção e repressão de ilícitos praticados por gestores públicos, principalmente no que tange à reparação integral de todos os danos causados. Do contrário, não se estaria realmente evoluindo para a implementação de um ordenamento jurídico eficaz e eficiente na proteção dos direitos fundamentais, notadamente os de terceira dimensão, que versam sobre interesses difusos e coletivos.[7]

[5] Cita-se a título exemplificativo a "Lava Jato", lembrando haver caloroso debate quanto a narrativas: "Trata-se de Operação que abrangeu investigações em postos de combustíveis e lava jatos de veículos em Brasília, dado que tais locais eram utilizados para movimentação de recursos públicos. A operação, que foi iniciada no Estado do Paraná, depois se focou em esquema de corrupção que ocorria na Petrobras, sendo envolvidos agentes políticos e empreiteiras (logo, agentes públicos e empresários). Conforme a investigação foi aprofundada, ela recaiu sobre o pagamento de propina de empreiteiros, com superfaturamento de contratos, sendo os recursos arrecadados divididos com doleiros que se utilizavam de empresas de fachada com contas no exterior para repassar a agentes políticos, sendo tal estratégia relevante para arrecadar dinheiro para financiamento de campanhas políticas, isto é, para formação de Caixa 2. Houve, portanto, um questionamento do aparelhamento estatal, pois as pessoas indicadas politicamente para os escalões superiores eram justamente associadas com essa dinâmica. Conforme denunciado em colaborações premiadas, tais esquemas se estendiam para outras searas como Angra 3, Belo Monte, e na área de transportes." (Nohara, Irene Patrícia; Pereira, Flávio de Leão Bastos. Introjeção da disciplina legal de combate à corrupção no Brasil: inspiração e regime jurídico. *In*: CASTRO, Manuella Santos de (org.) *et al.* **Governança, *compliance* e corrupção.** São Paulo: Almedina, 2019, p. 402-403.)

[6] Quanto ao tema em apreço, colacionam-se os seguintes apontamentos de Luiz Flávio Gomes e Artur Cardoso Carvalho Santana (A interdisciplinaridade no Direito brasileiro e a multiplicidade de instrumentos jurídicos no combate à corrupção. *In*: Bechara, Fábio Ramazzini (coord.) *et al.* **Corrupção**. São Paulo: Almedina, 2020, p. 305-306): "No caso do Brasil, a questão da corrupção é ainda mais importante em razão da sua condição de país em desenvolvimento. Em termos econômicos, a corrupção afeta os níveis de investimentos no país, mormente no que diz respeito à redução da confiança e ao aumento dos custos de transação, bem como reduz a eficiência na aplicação dos recursos públicos. Conforme apontado em pesquisa realizada pela Federação das Indústrias do Estado de São Paulo (FIESP), em valores de 2008, o custo da corrupção no Brasil chegou ao montante de 2,3% do Produto Interno Produto (PIB) do país. De maneira mais impactante, outros estudos apontam que os custos em questão seriam de aproximadamente 11% do PIB brasileiro."

[7] Esse assunto será analisado no Capítulo 2, referente ao estudo do dano social.

Com esse objetivo, consistente em analisar, sob a ótica da responsabilidade civil, as consequências da corrupção e da improbidade administrativa, desenvolvem-se, nos capítulos do presente livro, estudos acerca dos institutos correlatos. Ao final, constata-se a necessidade de reparação integral de todos os danos decorrentes de corrupção e de improbidade administrativa, em especial a figura do dano social – existente de fato, mas raramente apreciada pelos órgãos públicos componentes do sistema de Justiça – *v.g.*, Ministério Público e Poder Judiciário.

Se dotados de um arcabouço jurídico com essa característica holística, os desideratos de nossa civilização poderão avançar mais livre e rapidamente, em razão da efetiva garantia dos direitos fundamentais – individuais, sociais e coletivos. Assim, será possível coibir, de forma global, os ilícitos mais graves perpetrados por agentes públicos, garantindo a indenidade dos bens e direitos da sociedade.[8]

[8] Conforme salienta José Marcelo Martins Proença (Custo econômico da corrupção para as empresas. *In*: BECHARA, Fábio Ramazzini (coord.) *et al.* **Corrupção**. São Paulo: Almedina, 2020, p. 75): "não nos resta dúvidas de que a corrupção é nefasta e causa prejuízos imensuráveis, não somente às empresas, mas também para toda a nação. Do mesmo modo, temos a certeza, com base nos estudos empíricos constantes neste trabalho, de que os países menos corruptos são os países mais evoluídos e desenvolvidos. Assim se faz necessário unir todo tipo de esforço possível para reduzir ou eliminar a corrupção. E mais uma vez, fazemos o convite para que se conheça o cenário traçado nos estudos sobre um mundo sem corrupção. Há alguém que não queira viver nesse mundo?"

CAPÍTULO 1
NOÇÕES PROPEDÊUTICAS

1. Contexto histórico e conjuntura brasileira atual

De acordo com Fabiano Dolenc Del Masso e Armando Luiz Rovai, os efeitos da corrupção possuem uma considerável condição de prejudicialidade no desenvolvimento econômico das nações. Como corolário de sua prática, os investimentos privado e público não alcançam o seu grau máximo de eficiência para a produção da atividade econômica. "Em outras palavras, a intensidade da corrupção também compromete o crescimento econômico."[9]

Contudo, os impactos da corrupção, conforme registra José Marcelo Martins Proença, são difíceis de serem mensurados com exatidão, pois os seus rastros não são completamente quantificáveis. Em razão de sua natureza intrínseca, os danos causados pela corrupção ultrapassam largamente o mero desvio de dinheiro público ou o valor referente à propina. Os seus efeitos nefastos são percebidos tanto na seara pública – *e.g.*, sucateamento de serviços públicos –, quanto na área privada – p. ex., falseamento da concorrência lícita.[10]-[11]

[9] DEL MASSO, Fabiano Dolenc; ROVAI, Armando Luiz. Corrupção e desenvolvimento econômico. *In*: CASTRO, Manuella Santos de (org.) *et al.* **Governança, *compliance* e corrupção**. São Paulo: Almedina, 2019, p. 121-122.

[10] PROENÇA, José Marcelo Martins. Custo econômico da corrupção para as empresas. *In*: BECHARA, Fábio Ramazzini (coord.) *et al.* **Corrupção**. São Paulo: Almedina, 2020, p. 61.

[11] E não são apenas os efeitos econômicos a serem observados, conforme observam Luiz Flávio Gomes e Artur Cardoso Carvalho Santana (A interdisciplinaridade no Direito brasileiro e a multiplicidade de instrumentos jurídicos no combate à corrupção. *In*: BECHARA, Fábio

De todo modo, a Organização das Nações Unidas (ONU) estimou em 2017 que, por ano, o Brasil perde cerca de 200 bilhões de reais em razão da corrupção.[12] Assim, utilizando-se dessa estimativa, chega-se à vultosa quantia de aproximadamente dois trilhões de reais em apenas uma década. Tal montante seria destinado de uma forma muito mais eficiente caso fosse utilizado na consecução dos objetivos encartados no artigo 3º da Constituição Federal,[13] em benefício de toda a população, propiciando, *v.g.*, saúde e educação de qualidade sobretudo aos mais carentes.[14]

José Marcelo Martins Proença anota que, em nível mundial, há uma estimativa da Organização para a Cooperação e Desenvolvimento Econômico (OCDE) avaliando que, em decorrência da corrupção, é perdido

Ramazzini (coord.) *et al.* **Corrupção.** São Paulo: Almedina, 2020, p. 306): "Além dos reflexos de natureza econômica, a corrupção atinge os pilares da democracia, especialmente ao deslegitimar as instituições democráticas, promover a crescente desconfiança da população em relação às elites políticas, ampliar as desigualdades sociais e permitir a centralização excessiva de poder e a perpetuação de elites política. Para além disso, o fenômeno em questão atinge a própria ideia de justiça social e a higidez do ordenamento jurídico, na medida em que viola os deveres de moralidade administrativa, de impessoalidade e de igualdade entre os cidadãos." No mesmo sentido são as observações de João Luiz Martins Esteves e Tania Lobo Moniz (Elementos jurídico-políticos da formação da corrupção no Estado brasileiro. *In*: Castro, Manuella Santos de (org.) *et al.* **Governança, *compliance* e corrupção**. São Paulo: Almedina, 2019, p. 113-114, destaques nossos): "[...] a forma de manutenção da exploração econômica sobre o trabalho humano apresentou formas variadas no Brasil. Em todas elas é possível identificar a existência de um agrupamento econômico que se utiliza do Estado como patrimônio a ser utilizado para seus interesses de classe. Se em um primeiro momento, a própria estrutura de estamentos do Estado legalizava esta apropriação do Estado pelas elites econômicas, em um outro momento a adequação do Brasil à ordem jurídico-legal do capitalismo internacional não impediu que o Estado continuasse a ser utilizado por uma elite econômica que pôde se utilizar de uma fachada burocrática-racional-legal que lhe possibilitar corromper as instituições de forma a manter seu poder econômico e a **perpetuação da apropriação do resultado do trabalho realizado por toda a sociedade**."

[12] Disponível em: https://istoe.com.br/brasil-perde-cerca-de-r-200-bilhoes-por-ano-com-corrupcao-diz-mpf/. Acesso em: 3 abr. 2021.

[13] "Art. 3º Constituem objetivos fundamentais da República Federativa do Brasil: I – construir uma sociedade livre, justa e solidária; II – garantir o desenvolvimento nacional; III – erradicar a pobreza e a marginalização e reduzir as desigualdades sociais e regionais; IV – promover o bem de todos, sem preconceitos de origem, raça, sexo, cor, idade e quaisquer outras formas de discriminação."

[14] E, em situações como a vivenciada hoje, esses valores poderiam ser aplicados concentrada e diretamente no combate à pandemia causada pelo novo coronavírus, seja ampliando leitos de hospitais, seja comprando e fabricando vacinas, salvando-se incontáveis vidas.

anualmente o expressivo montante de U$ 2,6 trilhões do Produto Interno Bruto (PIB) global. Por seu turno, o Banco Mundial afere que é despendida por ano no mundo a exorbitante cifra de U$ 1 trilhão a título de propina por pessoas físicas e jurídicas que desejam firmar ou manter negócios com entes públicos. E, segundo o Fórum Econômico Mundial, gasta-se aproximadamente 10% a mais para a realização de negócios em países com elevados níveis de corrupção – dentre os quais, infelizmente, se encontra o Brasil – quando em comparação com nações mais íntegras.[15]

Nesse sentido, Marcos Zilli salienta que são enormes os custos da corrupção sistêmica. No caso da Petrobrás, *v.g.*, o Tribunal de Contas da União apurou em 2015 que houve um prejuízo de R$ 29 bilhões decorrentes de contratações superfaturadas. E o professor registra que tais valores não englobam os custos indiretos advindos da prática ilícita.[16]

Também pode ser mencionado, nessa seara, o "Relatório – Corrupção: custos econômicos e propostas de combate", de 2010, da Federação das Indústrias do Estado de São Paulo (FIESP). Tal estudo constatou que a corrupção, além de prejudicar os negócios e os respectivos investimentos, "gera consequências negativas sobre o nível do PIB per capita, índices sociais de desenvolvimento como o IDH, a competitividade e o potencial de crescimento da economia." Ademais, o relatório também quantificou os custos da corrupção, estimando-os, naquele ano de 2010, em aproximadamente R$ 41,5 bilhões anuais.[17]-[18] Por óbvio, esse triste quadro "prejudica o

[15] PROENÇA, José Marcelo Martins. Custo econômico da corrupção para as empresas. *In*: BECHARA, Fábio Ramazzini (coord.) *et al.* **Corrupção**. São Paulo: Almedina, 2020, p. 63.

[16] ZILLI, Marcos. Ainda sobre as saúvas. *In*: BECHARA, Fábio Ramazzini (coord.) *et al.* **Corrupção**. São Paulo: Almedina, 2020, p. 30. O citado autor, sobre o tema, aduz o seguinte: "De qualquer modo, a sucessão de casos indica um acentuado e generalizado grau de deterioração da gestão em diversos níveis da administração pública. A corrupção sistêmica, escancarada pela Operação Lava Jato, não é monopólio de um grupo ou espectro político. Tampouco tem colorido ideológico. A corrupção é plural, incolor e apartidária. Os custos da corrupção sistêmica, nos moldes escancarados pela Operação Lava Jato, são altíssimos. Há os custos diretos que se relacionam com os valores da propina e que são adicionados aos valores dos próprios contratos superfaturados. Quem suporta tais custos é a empresa contratante. No caso da Petrobras, cujo controle é da União, é a própria sociedade a vítima dos desvios. Em 2015, o Tribunal de Contas da União apurou um prejuízo de R$ 29 bilhões de reais decorrentes das contratações superfaturadas. Tais custos não levam em conta os custos indiretos e que envolvem a afetação da atividade comercial da empresa."

[17] "O custo da corrupção representa todo o montante de recursos que deixa de ser aplicado no país (seja em atividades produtivas, saúde, educação, tecnologia etc.) porque é desviado

aumento da renda per capita no país, o crescimento, a competitividade, afasta o investimento externo e ainda contribui para a criação de um ambiente de negócios instável."[19]

Em época de grave crise sanitária, causada pela pandemia do novo coronavírus, é importante mencionar alguns dos exemplos colacionados no referido relatório. Com efeito, utilizando-se da estimativa acima, calculou-se que, com o custo anual da corrupção, seria possível manter 327 mil leitos de internação, praticamente dobrando a capacidade do Sistema Único de Saúde (SUS). De outra banda, se os valores desviados anualmente pela corrupção fossem aplicados na educação, "estima-se que a rede pública seria capaz de atender mais 16,4 milhões de alunos do ensino fundamental (um aumento de 48%), chegando a um total de quase 51 milhões de alunos." E, por fim, menciona-se que, aplicando tal valor na construção de rodovias, poderiam ser construídas 56,3 mil quilômetros, vale dizer, todos os projetos constantes no Programa de Aceleração do Crescimento (PAC) – e, pasme-se, ainda sobrariam 11 mil quilômetros.[20]-[21]

para o pagamento das práticas corruptas. Quanto maior a omissão no controle da corrupção, maior é a quantidade de recursos desviados das atividades produtivas e, portanto, maior é o custo da corrupção, pois são recursos que não se transformam em crescimento do país." (FEDERAÇÃO DAS INDÚSTRIAS DO ESTADO DE SÃO PAULO (Brasil). **Relatório – Corrupção**: custos econômicos e propostas de combate. São Paulo, 2010, 4 p.)

18 José Marcelo Martins Proença traz os seguintes dados (Custo econômico da corrupção para as empresas. *In*: BECHARA, Fábio Ramazzini (coord.) *et al.* **Corrupção**. São Paulo: Almedina, 2020, p. 67): "Com o montante de 38 bilhões desviados em corrupção e identificado pela operação lava-jato, 200 mil casas populares poderiam ser construídas, 120 mil ambulâncias poderiam ser colocadas à disposição da população, 196 mil viaturas policiais poderiam ser compradas e 3,6 bilhões de merendas escolares poderiam ser servidas e tudo isso de forma complementar e não isoladamente."

19 Cf. PROENÇA, José Marcelo Martins. Custo econômico da corrupção para as empresas. *In*: BECHARA, Fábio Ramazzini (coord.) *et al.* **Corrupção**. São Paulo: Almedina, 2020, p. 63.

20 Cf. FEDERAÇÃO DAS INDÚSTRIAS DO ESTADO DE SÃO PAULO (Brasil). **Relatório – Corrupção**: custos econômicos e propostas de combate. São Paulo, 2010, p. 29-30.

21 Quanto ao cenário internacional, José Marcelo Martins Proença informa o seguinte: "De acordo com o *The Greens/EFA Group*, em uma análise feita sobre o custo da corrupção na Europa, foi evidenciado que para acabar com a fome em âmbito global seria necessário o investimento anual de €229 bilhões de euros, providenciar acesso a água potável e saneamento básico teria um custo anual de €129 bilhões e para possibilitar o acesso à luz elétrica seria necessário o montante de €45 bilhões. A soma de todos esses custos ainda seria menor do que o que é desviado por corrupção em âmbito global anualmente." (Custo econômico da

Fabiano Dolenc Del Masso e Armando Luiz Rovai advertem que a corrupção ainda causa um custo adicional para a produção de bens e serviços, reduzindo a eficiência quanto à formação do preço, o qual, tornando-se maior, prejudica os padrões de competividades das empresas. Tais gastos sobressalentes refletem diretamente no adequado fornecimento de serviços públicos, considerando o mau emprego ou a ausência de verbas públicas, já que, em tal cenário, os interesses privados espúrios prevalecem sobre o interesse público. Também é inegável, segundo se pontuou acima, a influência exercida na manutenção das desigualdades sociais, uma vez que, se os recursos fossem corretamente aplicados, se poderia incrementar o padrão de vida de muitas pessoas em situação de vulnerabilidade.[22]

Consoante o Índice de Percepção da Corrupção de 2021, da Transparência Internacional,[23]-[24] o Brasil ocupa o 96º lugar, dentre 180 países, com

corrupção para as empresas. *In*: BECHARA, Fábio Ramazzini (coord.) *et al.* **Corrupção**. São Paulo: Almedina, 2020, p. 67.)

[22] DEL MASSO, Fabiano Dolenc; ROVAI, Armando Luiz. Corrupção e desenvolvimento econômico. *In*: CASTRO, Manuella Santos de (org.) *et al.* **Governança, *compliance* e corrupção**. São Paulo: Almedina, 2019, p. 128-130. E arrematam os autores: "Da mesma forma, a injustiça social provocada pela corrupção faz com que a renda se concentra cada vez mais em uma quantidade menor de pessoas. Os investimentos de agentes econômicos estrangeiros também tendem a não escolher países de corrupção intensa para empregar os seus recursos. Não há dúvidas de que a corrupção é um entrave ao desenvolvimento, e são inestimáveis todas as consequências advindas desta prática. Mas insistimos que quaisquer cálculos apresentados não são fiéis ao que de fato se perde, pois é claro que não é possível mensurar o quanto a corrupção reflete no não recolhimento de impostos, no aumento das taxas de desemprego, no cumprimento de deveres do Estado na prestação de serviços públicos, na confiança dos investidores, no aumento da criminalidade, dentre outros."

[23] Descrição da referida organização constante em seu *site*: "Somos um movimento global com uma mesma visão: um mundo em que governos, empresas e o cotidiano das pessoas estejam livres da corrupção. Mas nossa luta contra a corrupção não é e nunca será um fim em si mesmo. É uma luta por justiça social, realização de direitos e paz. Entendemos que a corrupção possui raízes profundas e se vale de diferentes condicionantes, desde aspectos legais e institucionais, até comportamentais. Por isso, agimos sobretudo para promover mudanças sistêmicas. Através de nossa presença em mais de 100 países, a Transparência Internacional lidera a luta contra a corrupção no mundo. Chamamos as equipes locais de cada país de Capítulos Nacionais. E todos recebem o apoio de uma base central localizada em Berlim que chamamos de Secretariado. Nossa presença internacional nos permite compreender a corrupção por uma perspectiva comparada, o que nos dá referências para avaliar a real gravidade de diferentes situações e, principalmente, identificar soluções que podem ser transferidas entre países com contextos distintos, mas que enfrentam problemas, muitas vezes, similares. Não chegamos com respostas prontas, mas combinamos as lições da

uma pontuação de apenas 38/100.[25-26] "O IPC avalia 180 países e territórios e os atribui notas em uma escala entre 0 (quando o país é percebido como altamente corrupto) e 100 (quando o país é percebido como muito íntegro)."[27] Percebe-se, de forma clara, que ainda temos muito a evoluir no quesito "combate à corrupção", conforme consignado expressamente pelo referido instituto.[28]

experiência internacional com o conhecimento e as potencialidades locais. Além disso, o alcance global permite à TI ocupar espaços estratégicos nos diferentes fóruns e organismos multilaterais, atuando para promover convenções anticorrupção e a efetiva implementação de acordos internacionais que enfrentam o problema de forma coletiva, regional e global. Com mais de duas décadas de experiência, desenvolvemos uma reconhecida capacidade de pesquisa e um amplo estoque de ferramentas e soluções anticorrupção. Este conhecimento técnico é complementado pelo acesso a uma rede de especialistas e líderes internacionais e, talvez nosso ativo mais valioso, nossa reputação de imparcialidade e habilidade de convocar e interagir construtivamente com os mais diversos stakeholders." Disponível em: https://transparenciainternacional.org.br/quem-somos/sobre-a-ti/. Acesso em: 24 abr. 2021.

[24] Contudo, registra-se que há críticas quanto ao referido índice (DEL MASSO, Fabiano Dolenc; ROVAI, Armando Luiz. Corrupção e desenvolvimento econômico. *In*: CASTRO, Manuella Santos de (org.) *et al.* **Governança, *compliance* e corrupção**. São Paulo: Almedina, 2019, p. 124): "O método utilizado para a confecção do índice de corrupção é difícil de entender, de forma que a utilidade do índice em alguns casos se justifica, mas está longe de representar com exatidão o níveis de corrupção, bem como a sua influência no desenvolvimento econômico. É claro que, por exemplo, para se ponderar sobre investimentos em determinados países, o índice pode funcionar como um dos marcadores do tamanho do custo da atividade econômica, mas fora casos como este parece ser difícil confiar na sua utilidade."

[25] Disponível em: https://transparenciainternacional.org.br/ipc/. Acesso em: 31 jan. 2022.

[26] E há um motivo, segundo a doutrina, para a existência desse cenário (NOHARA, Irene Patrícia; PEREIRA, Flávio de Leão Bastos. Introjeção da disciplina legal de combate à corrupção no Brasil: inspiração e regime jurídico. *In*: CASTRO, Manuella Santos de (org.) *et al.* **Governança, *compliance* e corrupção**. São Paulo: Almedina, 2019, p. 407): "O Brasil possui raízes profundas de cooptação do espaço público pelos interesses privados, de nossa colonização, do Império e inclusive da República Velha, com a dinâmica coronelista e, portanto, oligárquica. Depois, mesmo com a maior racionalização das organizações, houve um ranço de patrimonialismo que ainda se manifesta e que pode ser associado com comportamentos de corrupção, conforme se percebe que há na conformação social um conceito disseminado de 'jeitinho brasileiro'."

[27] Disponível em: https://transparenciainternacional.org.br/ipc/. Acesso em: 24 abr. 2021.

[28] "POR QUE NÃO CONSEGUIMOS AVANÇAR SIGNIFICATIVAMENTE NO COMBATE À CORRUPÇÃO? A luta contra a corrupção, que foi bandeira de boa parte da classe política eleita nos últimos anos, não se transformou em medidas concretas de enfrentamento do problema. Nenhuma agenda efetiva de reformas anticorrupção foi apoiada pelo governo e aprovada pelo Congresso. Pelo contrário, ocorreram graves retrocessos institucionais, principalmente com a perda de independência de órgãos fundamentais como a Procuradoria-

No referido *ranking*, o Brasil está abaixo da média global, empatado com os seguintes países: Argentina, Indonésia, Lesoto, Sérvia e Turquia. Além disso, estamos atrás das seguintes nações: Bahamas, Barbados, Botsuana, Butão, Cabo Verde, Colômbia, Costa Rica, Etiópia, Gana, Letônia, Lituânia, Namíbia, Omã, Ruanda, Senegal, Vanuatu, entre muitas outras. Porém, a pior constatação é a de que, ao longo dos anos, o Brasil, ao invés de estar subindo no referido *ranking*, está, na realidade, regredindo e caindo posições. Com efeito, quando o índice em questão foi criado, no ano de 1995, o país ocupava a 37ª posição. Atingiu sua melhor marca após dois anos, em 1997, quando ficou em 36º lugar. Porém, a partir de então, houve diversos descensos, com pequenas oscilações, figurando, finalmente, na atual marca (96º lugar).[29]

Assim, conclui-se, de forma categórica, que muito pouco ou quase nada se está fazendo de concreto para aprimorar os instrumentos jurídicos utilizados no combate à corrupção e à improbidade administrativa. São diversos anos seguidos de declínio na classificação internacional, mesmo após a apuração, o processamento e a condenação referentes a emblemáticos casos de corrupção. É evidente tratar-se de perigoso sinal no sentido de que o Brasil não está no caminho certo, deixando de aprender com os desacertos pretéritos e, consequentemente, abdicando de avançar em direção a um futuro mais probo.

Geral da República e a Polícia Federal. Além disso, o avanço do autoritarismo, com ataques crescentes aos jornalistas e à sociedade civil, ameaça outra frente essencial para a luta contra a corrupção: a produção de informação de interesse público e o controle social. Em 2020, com a pandemia do coronavírus, as atenções se voltaram para o enfrentamento da crise sem precedentes. Com a necessidade real de responder urgentemente às necessidades da sociedade, os riscos de corrupção também aumentaram. No mundo inteiro, foram inúmeros os casos de corrupção, que mostraram suas consequências mais perversas em meio à terrível crise humanitária. Em nosso país, a falta de integridade de nossos governantes literalmente tirou o oxigênio das pessoas. Toda grande crise acelera a história. Mas para qual direção? Estamos em uma encruzilhada histórica em que podemos agravar injustiças estruturais ou aproveitar este momento de grandes transformações para atacar os problemas pela raiz. Agora, mais do que nunca, será necessário que as grandes decisões sejam tomadas com transparência, com integridade e em nome do bem comum. Não será através de soluções populistas e autoritárias que construiremos um país íntegro e justo. Será através do fortalecimento da nossa democracia e de uma cidadania consciente, unida, livre e ativa na luta por seus direitos." Disponível em: https://transparenciainternacional.org.br/ipc/. Acesso em: 24 abr. 2021.

[29] Disponível em: https://transparenciainternacional.org.br/ipc/. Acesso em: 31 jan. 2022.

Nessa quadra, torna-se precípua a análise dos instrumentos jurídicos atinentes à reparação de danos causados ao patrimônio público,[30] objetivando encontrar pontos passíveis de aprimoramento.[31] A presente Tese fundamenta-se justamente nesse objetivo, visando à reparação integral de todos os danos causados por corrupção e improbidade administrativa, pois, na prática forense, são alvos de reparação apenas os danos materiais e, quando muito, os danos morais coletivos.[32]

2. Instrumentos jurídicos relativos à reparação de danos causados ao patrimônio público

Debate-se, a par da nova conjuntura social retratada na introdução deste livro, o aprimoramento de instrumentos jurídicos que, entre outras medidas, facilitem a reparação de todos os danos causados por agentes ímprobos ao patrimônio público ou tornem menos burocrática a recuperação de dinheiro público ilicitamente desviado.

Salienta-se, de início, que o atual Código Civil – Lei n. 10.406, de 10 de janeiro de 2002 – possui o regramento geral para a reparação de danos. O regime de responsabilidade civil será detidamente analisado no Capítulo 2, registrando-se a importância dos artigos 927 e correlatos do mencionado *codex*, entre outras disposições.

De outra banda, Paulo Henrique dos Santos Lucon pontua acerca da existência de um microssistema normativo anticorrupção no ordenamento jurídico pátrio. Tal microssistema traduz-se em um conjunto de leis e convenções internacionais ratificadas pelo país destinadas à tutela da Administração Pública, bem como do seu patrimônio e dos princípios que a norteiam.[33]

Consigna-se, *ab initio*, que o principal instrumento específico de prevenção e repressão aos atos de improbidade administrativa existente hoje é a Lei de Improbidade Administrativa – Lei n. 8.429, de 2 de junho de 1992 –, conforme se analisará Capítulo 3. Tal diploma normativo dispõe "sobre as sanções aplicáveis em virtude da prática de atos de improbidade administrativa, de que trata o § 4º do art. 37 da Constituição Federal; e dá

[30] Cujo estudo é realizado nos capítulos 2 e 3 da presente obra.

[31] As sugestões de alterações constitucionais e legislativas encontram-se nos capítulos 6 e 7.

[32] V. subitem 5.3 do Capítulo 2.

[33] LUCON, Paulo Henrique dos Santos. Procedimento e sanções na Lei Anticorrupção (Lei 12.846/2013). **Revista dos Tribunais**, São Paulo, v. 103, n. 947, p. 267-279, set. 2014, p. 267.

outras providências." Diversos dispositivos dessa lei tratam de reparação de danos e ressarcimento ao erário, demonstrando preocupação do legislador quanto ao assunto: artigo 8º;[34] artigo 8º-A, parágrafo único;[35] artigo 12, *caput* e § 5º;[36] artigo 17-B, *caput*, inciso I;[37] artigo 17-C, *caput*, inciso IV, alínea "c";[38] artigo 18, *caput*;[39] entre outros.

Ademais, a Lei n. 12.846, de 1º de agosto de 2013 – conhecida como Lei Anticorrupção Empresarial –, versa acerca da "responsabilização administrativa e civil de pessoas jurídicas pela prática de atos contra a administração pública, nacional ou estrangeira". Em ao menos nove passagens há disposições expressas determinando a reparação integral de todos os danos causados, seja na via judicial, seja na via administrativa: artigo 4º, § 1º e § 2º,[40] artigo 6º, § 3º,[41] artigo 13, *caput*,[42] artigo 16, § 3º,[43] artigo 19, § 4º,[44] artigo 21, parágrafo único,[45] e artigo 22, § 5º.[46]

34 "Art. 8º O sucessor ou o herdeiro daquele que causar dano ao erário ou que se enriquecer ilicitamente estão sujeitos apenas à obrigação de repará-lo até o limite do valor da herança ou do patrimônio transferido."

35 "Art. 8º-A [...] Parágrafo único. Nas hipóteses de fusão e de incorporação, a responsabilidade da sucessora será restrita à obrigação de reparação integral do dano causado, até o limite do patrimônio transferido, não lhe sendo aplicáveis as demais sanções previstas nesta Lei decorrentes de atos e de fatos ocorridos antes da data da fusão ou da incorporação, exceto no caso de simulação ou de evidente intuito de fraude, devidamente comprovados."

36 "Art. 12. Independentemente do ressarcimento integral do dano patrimonial, se efetivo, e das sanções penais comuns e de responsabilidade, civis e administrativas previstas na legislação específica, está o responsável pelo ato de improbidade sujeito às seguintes cominações, que podem ser aplicadas isolada ou cumulativamente, de acordo com a gravidade do fato: [...]. § 5º No caso de atos de menor ofensa aos bens jurídicos tutelados por esta Lei, a sanção limitar-se-á à aplicação de multa, sem prejuízo do ressarcimento do dano e da perda dos valores obtidos, quando for o caso, nos termos do *caput* deste artigo."

37 "Art. 17-B. O Ministério Público poderá, conforme as circunstâncias do caso concreto, celebrar acordo de não persecução civil, desde que dele advenham, ao menos, os seguintes resultados: I – o integral ressarcimento do dano; [...]."

38 "Art. 17-C. A sentença proferida nos processos a que se refere esta Lei deverá, além de observar o disposto no art. 489 da Lei nº 13.105, de 16 de março de 2015 (Código de Processo Civil): [...] IV – considerar, para a aplicação das sanções, de forma isolada ou cumulativa: [...] c) a extensão do dano causado; [...]."

39 "Art. 18. A sentença que julgar procedente a ação fundada nos arts. 9º e 10 desta Lei condenará ao ressarcimento dos danos e à perda ou à reversão dos bens e valores ilicitamente adquiridos, conforme o caso, em favor da pessoa jurídica prejudicada pelo ilícito."

40 "Art. 4º [...] § 1º Nas hipóteses de fusão e incorporação, a responsabilidade da sucessora será restrita à obrigação de pagamento de multa e reparação integral do dano causado, até o limite do patrimônio transferido, não lhe sendo aplicáveis as demais sanções previstas nesta

Na seara criminal, registra-se que o artigo 387, *caput*, inciso IV, do Código de Processo Penal – Decreto-lei n. 3.689, de 3 de outubro de 1941 – determina que o "juiz, ao proferir sentença condenatória: [...] fixará valor mínimo para reparação dos danos causados pela infração, considerando os prejuízos sofridos pelo ofendido". Convém salientar, de outra banda, que, até mesmo o Código Criminal de 1830 – Lei de 16 de dezembro de 1830 –, anterior, então, ao Código Civil de 1916, previa disposições similares, garantindo a recomposição do patrimônio do ofendido.[47] Na mesma senda eram as dis-

Lei decorrentes de atos e fatos ocorridos antes da data da fusão ou incorporação, exceto no caso de simulação ou evidente intuito de fraude, devidamente comprovados. § 2º As sociedades controladoras, controladas, coligadas ou, no âmbito do respectivo contrato, as consorciadas serão solidariamente responsáveis pela prática dos atos previstos nesta Lei, restringindo-se tal responsabilidade à obrigação de pagamento de multa e reparação integral do dano causado."

[41] "Art. 6º [...] § 3º A aplicação das sanções previstas neste artigo não exclui, em qualquer hipótese, a obrigação da reparação integral do dano causado."

[42] "Art. 13. A instauração de processo administrativo específico de reparação integral do dano não prejudica a aplicação imediata das sanções estabelecidas nesta Lei."

[43] "Art. 16. [...] § 3º O acordo de leniência não exime a pessoa jurídica da obrigação de reparar integralmente o dano causado."

[44] "Art. 19. [...] § 4º O Ministério Público ou a Advocacia Pública ou órgão de representação judicial, ou equivalente, do ente público poderá requerer a indisponibilidade de bens, direitos ou valores necessários à garantia do pagamento da multa ou da reparação integral do dano causado, conforme previsto no art. 7º , ressalvado o direito do terceiro de boa-fé."

[45] "Art. 21. [...] Parágrafo único. A condenação torna certa a obrigação de reparar, integralmente, o dano causado pelo ilícito, cujo valor será apurado em posterior liquidação, se não constar expressamente da sentença."

[46] "Art. 22. [...] § 5º Os registros das sanções e acordos de leniência serão excluídos depois de decorrido o prazo previamente estabelecido no ato sancionador ou do cumprimento integral do acordo de leniência e da reparação do eventual dano causado, mediante solicitação do órgão ou entidade sancionadora."

[47] "Art. 21. O delinquente satisfará o damno, que causar com o delicto. Art. 22. A satisfação será sempre a mais completa, que fôr possivel, sendo no caso de duvida á favor do offendido. Para este fim o mal, que resultar á pessoa, e bens do offendido, será avaliado em todas as suas partes, e consequencias. Art. 23. No caso de restituição, far-se-ha esta da propria cousa, com indemnização dos deterioramentos, e da falta della, do seu equivalente. Art. 24. Se a propria cousa estiver em poder de terceiro, será este obrigado a entregal-a, havendo a indemnização pelos bens do delinquente. Art. 25. Para se restituir o equivalente, quando não existira propria cousa, será esta avaliada pelo seu preço ordinario, e pelo de affeição, com tanto que este não exceda á somma daquelle. Art. 26. Na satisfação se comprehenderão não só os juros ordinarios, os quaes se contarão na proporção do damno causado, e desde o momento do crime, mas tambem os juros compostos. Art. 27. Quando o crime fôr commettido por mais de um delinquente, a satisfação será á custa de todos, freando porém cada um delles

posições do Código Penal de 1890 – Decreto n. 847, de 11 de outubro de 1890 –, que remetia à lei civil a regulamentação da reparação do dano.[48]

Antes da vigência do atual estatuto repressivo – que começou a produzir efeito apenas em 1º de janeiro de 1942 –, o artigo 1º do Decreto-lei n. 3.240, de 8 de maio de 1941, que permanece vigente,[49] já determinava o sequestro de bens das pessoas que praticam crime contra a Fazenda Pública.[50]

solidariamente obrigado, e para esse fim se haverão por especialmente hypothecados os bens dos delinquentes desde o momento do crime. Art. 28. Serão obrigados á satisfação, posto que não sejam delinquentes: 1º O senhor pelo escravo até o valor deste. 2º O que gratuitamente tiver participado dos productos do crime até a concorrente quantia. Art. 29. A obrigação de satisfazer o damno na fórma dos artigos antecedentes, passa aos herdeiros dos delinquentes até o valor dos bens herdados, e o direito de haver a satisfação passa aos herdeiros dos offendidos. Art. 30. A completa satisfação do offendido preferirá sempre ao pagamento das multas, a que tambem ficarão hypothecados os bens dos delinquentes, na fórma do art. 27. Art. 31. A satisfação não terá lugar antes da condemnação do delinquente por sentença em juizo criminal, passada em julgado. Exceptua-se: 1º O caso da ausencia do delinquente, em que se poderá demandar, e haver a satisfação por meio de acção civil. 2º O caso, em que o delinquente tiver fallecido depois da pronuncia, no qual poderá haver-se dos herdeiros a satisfação por meio de acção civil. 3º O caso, em que o offendido preferir o usar da acção civil contra o delinquente. Art. 32. Em todo o caso, não tendo o delinquente meios para a satisfação, dentro em oito dias, que lhe serão assignados, será condemnado a prisão com trabalho pelo tempo necessario para ganhar a quantia da satisfação. Esta condemnação porém, ficará sem effeito, logo que o delinquente, ou alguem por elle satisfizer, ou prestar fiança idonea ao pagamento em tempo razoavel, ou o offendido se der por satisfeito."

48 "Art. 69. A condemnação do criminoso, logo que passe em julgado, produzirá os seguintes effeitos: a) perda, em favor da Nação ou dos Estados, dos instrumentos e resultados do crime, nos casos em que o offendido não tiver direito á restituição; b) a obrigação de indemnizar o damno; c) a obrigação de satisfazer as despezas judiciaes. Paragrapho unico. Esta responsabilidade é solidaria havendo mais de um condemnado pelo mesmo crime. Art. 70. A obrigação de indemnizar o damno será regulada segundo o direito civil."

49 Conforme ensinam Emerson Garcia e Rogério Pacheco Alves (**Improbidade Administrativa**. 9. ed. São Paulo: Saraiva, 2017, p. 276): "O STJ, na linha de precedentes anteriores do extinto Tribunal Federal de Recursos, já decidiu que o Decreto-Lei n. 3.240/1941 não foi revogado pela superveniência do CPP, disciplinando a medida cautelar de sequestro, de cunho genérico, em seus arts. 125 e 132. Observe-se, ainda, que a medida foi revigorada pelo art. 11 do Decreto-Lei n. 359/1968 ('Continuam em vigor o Decreto-Lei n. 3.240...') e pode alcançar, inclusive, os bens adquiridos anteriormente ao crime praticado contra o Erário (6ª T., REsp n. 132.539/SC, rel. Min. William Patterson, j. em 1º/12/1997, RSTJ n. 109/349). No mesmo sentido: MEIRELLES, Hely Lopes. Direito administrativo brasileiro, 16. ed., p. 41."

50 "Art. 1º. Ficam sujeitos a sequestro os bens de pessoa indiciada por crime de que resulta prejuízo para a fazenda pública, ou por crime definido no Livro II, Títulos V, VI e VII da Consolidação das Leis Penais desde que dele resulte locupletamento ilícito para o indiciado."

E o atual Código Penal – Decreto-lei n. 2.848, de 7 de dezembro de 1940 – trata, no Capítulo I do Título XI, "dos crimes contra a Administração Pública [...] praticados por funcionário público". São de especial relevância os delitos de peculato (artigo 312),[51] concussão (artigo 316, *caput*),[52] excesso de exação (artigo 316, §§ 1º e 2º),[53] corrupção passiva (artigo 317),[54] facilitação de contrabando ou descaminho (artigo 318),[55] prevaricação (artigos 319 e 319-A),[56] advocacia administrativa (artigo 321),[57] entre outros.

[51] "Art. 312 – Apropriar-se o funcionário público de dinheiro, valor ou qualquer outro bem móvel, público ou particular, de que tem a posse em razão do cargo, ou desviá-lo, em proveito próprio ou alheio: Pena – reclusão, de dois a doze anos, e multa. § 1º – Aplica-se a mesma pena, se o funcionário público, embora não tendo a posse do dinheiro, valor ou bem, o subtrai, ou concorre para que seja subtraído, em proveito próprio ou alheio, valendo-se de facilidade que lhe proporciona a qualidade de funcionário. § 2º – Se o funcionário concorre culposamente para o crime de outrem: Pena – detenção, de três meses a um ano. § 3º – No caso do parágrafo anterior, a reparação do dano, se precede à sentença irrecorrível, extingue a punibilidade; se lhe é posterior, reduz de metade a pena imposta."

[52] "Art. 316 – Exigir, para si ou para outrem, direta ou indiretamente, ainda que fora da função ou antes de assumi-la, mas em razão dela, vantagem indevida: Pena – reclusão, de 2 (dois) a 12 (doze) anos, e multa."

[53] "§ 1º – Se o funcionário exige tributo ou contribuição social que sabe ou deveria saber indevido, ou, quando devido, emprega na cobrança meio vexatório ou gravoso, que a lei não autoriza: Pena – reclusão, de 3 (três) a 8 (oito) anos, e multa. § 2º – Se o funcionário desvia, em proveito próprio ou de outrem, o que recebeu indevidamente para recolher aos cofres públicos: Pena – reclusão, de dois a doze anos, e multa."

[54] "Art. 317 – Solicitar ou receber, para si ou para outrem, direta ou indiretamente, ainda que fora da função ou antes de assumi-la, mas em razão dela, vantagem indevida, ou aceitar promessa de tal vantagem: Pena – reclusão, de 2 (dois) a 12 (doze) anos, e multa. § 1º – A pena é aumentada de um terço, se, em conseqüência da vantagem ou promessa, o funcionário retarda ou deixa de praticar qualquer ato de ofício ou o pratica infringindo dever funcional. § 2º – Se o funcionário pratica, deixa de praticar ou retarda ato de ofício, com infração de dever funcional, cedendo a pedido ou influência de outrem: Pena – detenção, de três meses a um ano, ou multa."

[55] "Art. 318 – Facilitar, com infração de dever funcional, a prática de contrabando ou descaminho (art. 334): Pena – reclusão, de 3 (três) a 8 (oito) anos, e multa."

[56] "Art. 319 – Retardar ou deixar de praticar, indevidamente, ato de ofício, ou praticá-lo contra disposição expressa de lei, para satisfazer interesse ou sentimento pessoal: Pena – detenção, de três meses a um ano, e multa. Art. 319-A. Deixar o Diretor de Penitenciária e/ou agente público, de cumprir seu dever de vedar ao preso o acesso a aparelho telefônico, de rádio ou similar, que permita a comunicação com outros presos ou com o ambiente externo: Pena: detenção, de 3 (três) meses a 1 (um) ano."

[57] "Art. 321 – Patrocinar, direta ou indiretamente, interesse privado perante a administração pública, valendo-se da qualidade de funcionário: Pena – detenção, de um a três meses, ou

É importante salientar, por oportuno, que o próprio Código Penal em vigor salienta, em seu artigo 91, que um dos efeitos da condenação é justamente tornar certa a obrigação de indenizar o dano causado pelo crime. No mesmo dispositivo, determina-se a perda em favor da União dos seguintes bens, ressalvando-se expressamente o direito do lesado ou de terceiro de boa-fé: a) instrumentos do crime, desde que consistam em coisas cuja fabricação, alienação, uso, porte ou detenção constitua ato ilícito e b) produto do crime ou de qualquer bem ou valor que constitua proveito auferido pelo agente com a prática do delito.

Ademais, também poderá ser decretada a perda de bens ou valores equivalentes ao produto ou proveito do crime quando estes não forem encontrados ou quando se localizarem no exterior. Em tal situação, as medidas assecuratórias previstas na legislação processual poderão abranger bens ou valores equivalentes do investigado ou acusado para posterior decretação de perda.

O Pacote Anticrime – Lei n. 13.964, de 24 de dezembro de 2019 – implementou importantes novidades quanto ao tema *sub examine*. Com efeito, introduziu ao Código Penal o artigo 91-A,[58] que permite, em determinados crimes graves, a perda de bens correspondentes à diferença entre o valor do patrimônio do condenado e aquele que seria compatível com o

multa. Parágrafo único – Se o interesse é ilegítimo: Pena – detenção, de três meses a um ano, além da multa."

[58] "Art. 91-A. Na hipótese de condenação por infrações às quais a lei comine pena máxima superior a 6 (seis) anos de reclusão, poderá ser decretada a perda, como produto ou proveito do crime, dos bens correspondentes à diferença entre o valor do patrimônio do condenado e aquele que seja compatível com o seu rendimento lícito. § 1º Para efeito da perda prevista no caput deste artigo, entende-se por patrimônio do condenado todos os bens: I – de sua titularidade, ou em relação aos quais ele tenha o domínio e o benefício direto ou indireto, na data da infração penal ou recebidos posteriormente; e II – transferidos a terceiros a título gratuito ou mediante contraprestação irrisória, a partir do início da atividade criminal. § 2º O condenado poderá demonstrar a inexistência da incompatibilidade ou a procedência lícita do patrimônio. § 3º A perda prevista neste artigo deverá ser requerida expressamente pelo Ministério Público, por ocasião do oferecimento da denúncia, com indicação da diferença apurada. § 4º Na sentença condenatória, o juiz deve declarar o valor da diferença apurada e especificar os bens cuja perda for decretada. § 5º Os instrumentos utilizados para a prática de crimes por organizações criminosas e milícias deverão ser declarados perdidos em favor da União ou do Estado, dependendo da Justiça onde tramita a ação penal, ainda que não ponham em perigo a segurança das pessoas, a moral ou a ordem pública, nem ofereçam sério risco de ser utilizados para o cometimento de novos crimes."

seu rendimento lícito, alcançando inclusive bens dissipados fraudulentamente. Trata-se de relevante medida para se coibir o enriquecimento ilícito decorrente da atividade criminosa, pois, antes dessa norma, somente era possível se decretar a perda conforme o sobredito artigo 91, *caput*, inciso II, alíneas "a" e "b".

Para melhor compreensão prática desse novo instituto, cita-se o exemplo de um agente público corrupto que, durante anos, recebe o pagamento de uma propina mensal em dinheiro, cujo valor exato é extremamente difícil de se apurar e comprovar, em razão de eventual não colaboração dos criminosos e da ausência de vestígios materiais. Nesse caso hipotético, a referida norma permite realizar-se um cálculo do patrimônio do condenado que seja compatível com seus rendimentos líquidos, determinando-se a perda da porção que sobrepujar tal valor.

Além disso, a reparação do dano é requisito de diversos institutos penais preconizados pelo estatuto repressivo, como, por exemplo, a progressão de regime em caso de delitos praticados contra a Administração Pública (artigo 33, § 4º)[59] e a suspensão condicional da pena – *sursis* – (artigo 78, § 2º).[60]

Por fim, não se olvida da existência de outros diplomas normativos relevantes para a área criminal quanto ao tema *sub examine*. A Lei n. 8.666, de 21 de junho de 1993, instituía "normas para licitações e contratos da Administração Pública", elencando delitos em seus artigos 89 a 98. Todavia, tal diploma foi recentemente revogado pela nova Lei de Licitações e Contratos Administrativos – Lei n. 14.133, de 1º de abril de 2021 –, cujo artigo 178 introduziu novos tipos penais no Código Penal: artigos 337-E a 337-P.[61]

59 "Art. 33 [...] § 4º O condenado por crime contra a administração pública terá a progressão de regime do cumprimento da pena condicionada à reparação do dano que causou, ou à devolução do produto do ilícito praticado, com os acréscimos legais."

60 "Art. 78 [...] § 2º Se o condenado houver reparado o dano, salvo impossibilidade de fazê-lo, e se as circunstâncias do art. 59 deste Código lhe forem inteiramente favoráveis, o juiz poderá substituir a exigência do parágrafo anterior pelas seguintes condições, aplicadas cumulativamente: a) proibição de freqüentar determinados lugares; b) proibição de ausentar-se da comarca onde reside, sem autorização do juiz; c) comparecimento pessoal e obrigatório a juízo, mensalmente, para informar e justificar suas atividades."

61 "CAPÍTULO II-B. DOS CRIMES EM LICITAÇÕES E CONTRATOS ADMINISTRATIVOS. Contratação direta ilegal. Art. 337-E. Admitir, possibilitar ou dar causa à contratação direta fora das hipóteses previstas em lei: Pena – reclusão, de 4 (quatro) a 8 (oito) anos, e multa. Frustração do caráter competitivo de licitação. Art. 337-F. Frustrar ou fraudar, com o intuito

de obter para si ou para outrem vantagem decorrente da adjudicação do objeto da licitação, o caráter competitivo do processo licitatório: Pena – reclusão, de 4 (quatro) anos a 8 (oito) anos, e multa. Patrocínio de contratação indevida. Art. 337-G. Patrocinar, direta ou indiretamente, interesse privado perante a Administração Pública, dando causa à instauração de licitação ou à celebração de contrato cuja invalidação vier a ser decretada pelo Poder Judiciário: Pena – reclusão, de 6 (seis) meses a 3 (três) anos, e multa. Modificação ou pagamento irregular em contrato Administrativo. Art. 337-H. Admitir, possibilitar ou dar causa a qualquer modificação ou vantagem, inclusive prorrogação contratual, em favor do contratado, durante a execução dos contratos celebrados com a Administração Pública, sem autorização em lei, no edital da licitação ou nos respectivos instrumentos contratuais, ou, ainda, pagar fatura com preterição da ordem cronológica de sua exigibilidade: Pena – reclusão, de 4 (quatro) anos a 8 (oito) anos, e multa. Perturbação de processo licitatório. Art. 337-I. Impedir, perturbar ou fraudar a realização de qualquer ato de processo licitatório: Pena – detenção, de 6 (seis) meses a 3 (três) anos, e multa. Violação de sigilo em licitação. Art. 337-J. Devassar o sigilo de proposta apresentada em processo licitatório ou proporcionar a terceiro o ensejo de devassá-lo: Pena – detenção, de 2 (dois) anos a 3 (três) anos, e multa. Afastamento de licitante. Art. 337-K. Afastar ou tentar afastar licitante por meio de violência, grave ameaça, fraude ou oferecimento de vantagem de qualquer tipo: Pena – reclusão, de 3 (três) anos a 5 (cinco) anos, e multa, além da pena correspondente à violência. Parágrafo único. Incorre na mesma pena quem se abstém ou desiste de licitar em razão de vantagem oferecida. Fraude em licitação ou contrato. Art. 337-L. Fraudar, em prejuízo da Administração Pública, licitação ou contrato dela decorrente, mediante: I – entrega de mercadoria ou prestação de serviços com qualidade ou em quantidade diversas das previstas no edital ou nos instrumentos contratuais; II – fornecimento, como verdadeira ou perfeita, de mercadoria falsificada, deteriorada, inservível para consumo ou com prazo de validade vencido; III – entrega de uma mercadoria por outra; IV – alteração da substância, qualidade ou quantidade da mercadoria ou do serviço fornecido; V – qualquer meio fraudulento que torne injustamente mais onerosa para a Administração Pública a proposta ou a execução do contrato: Pena – reclusão, de 4 (quatro) anos a 8 (oito) anos, e multa. Contratação inidônea. Art. 337-M. Admitir à licitação empresa ou profissional declarado inidôneo: Pena – reclusão, de 1 (um) ano a 3 (três) anos, e multa. § 1º Celebrar contrato com empresa ou profissional declarado inidôneo: Pena – reclusão, de 3 (três) anos a 6 (seis) anos, e multa. § 2º Incide na mesma pena do *caput* deste artigo aquele que, declarado inidôneo, venha a participar de licitação e, na mesma pena do § 1º deste artigo, aquele que, declarado inidôneo, venha a contratar com a Administração Pública. Impedimento indevido. Art. 337-N. Obstar, impedir ou dificultar injustamente a inscrição de qualquer interessado nos registros cadastrais ou promover indevidamente a alteração, a suspensão ou o cancelamento de registro do inscrito: Pena – reclusão, de 6 (seis) meses a 2 (dois) anos, e multa. Omissão grave de dado ou de informação por projetista. Art. 337-O. Omitir, modificar ou entregar à Administração Pública levantamento cadastral ou condição de contorno em relevante dissonância com a realidade, em frustração ao caráter competitivo da licitação ou em detrimento da seleção da proposta mais vantajosa para a Administração Pública, em contratação para a elaboração de projeto básico, projeto executivo ou anteprojeto, em diálogo competitivo ou em procedimento de manifestação de interesse: Pena – reclusão, de 6 (seis) meses a 3 (três) anos, e multa. § 1º Consideram-se condição de contorno as informações e os levantamentos suficientes e

Entre outras leis repressivas, também convém trazer à baila o Decreto-lei n. 201, de 27 de fevereiro de 1967, que dispõe sobre "a responsabilidade dos Prefeitos e Vereadores". Em seu artigo 1º, tipifica diversas condutas criminais atinentes a prefeitos,[62] sujeitando-os à pena de reclusão de três

necessários para a definição da solução de projeto e dos respectivos preços pelo licitante, incluídos sondagens, topografia, estudos de demanda, condições ambientais e demais elementos ambientais impactantes, considerados requisitos mínimos ou obrigatórios em normas técnicas que orientam a elaboração de projetos. § 2º Se o crime é praticado com o fim de obter benefício, direto ou indireto, próprio ou de outrem, aplica-se em dobro a pena prevista no *caput* deste artigo. Art. 337-P. A pena de multa cominada aos crimes previstos neste Capítulo seguirá a metodologia de cálculo prevista neste Código e não poderá ser inferior a 2% (dois por cento) do valor do contrato licitado ou celebrado com contratação direta."

[62] "Art. 1º São crimes de responsabilidade dos Prefeitos Municipal, sujeitos ao julgamento do Poder Judiciário, independentemente do pronunciamento da Câmara dos Vereadores: I – apropriar-se de bens ou rendas públicas, ou desviá-los em proveito próprio ou alheio; II – utilizar-se, indevidamente, em proveito próprio ou alheio, de bens, rendas ou serviços públicos; III – desviar, ou aplicar indevidamente, rendas ou verbas públicas; IV – empregar subvenções, auxílios, empréstimos ou recursos de qualquer natureza, em desacordo com os planos ou programas a que se destinam; V – ordenar ou efetuar despesas não autorizadas por lei, ou realizá-las em desacordo com as normas financeiras pertinentes; VI – deixar de prestar contas anuais da administração financeira do Município a Câmara de Vereadores, ou ao órgão que a Constituição do Estado indicar, nos prazos e condições estabelecidos; VII – Deixar de prestar contas, no devido tempo, ao órgão competente, da aplicação de recursos, empréstimos subvenções ou auxílios internos ou externos, recebidos a qualquer título; VIII – Contrair empréstimo, emitir apólices, ou obrigar o Município por títulos de crédito, sem autorização da Câmara, ou em desacordo com a lei; IX – Conceder empréstimo, auxílios ou subvenções sem autorização da Câmara, ou em desacordo com a lei; X – Alienar ou onerar bens imóveis, ou rendas municipais, sem autorização da Câmara, ou em desacordo com a lei; XI – Adquirir bens, ou realizar serviços e obras, sem concorrência ou coleta de preços, nos casos exigidos em lei; XII – Antecipar ou inverter a ordem de pagamento a credores do Município, sem vantagem para o erário; XIII – Nomear, admitir ou designar servidor, contra expressa disposição de lei; XIV – Negar execução a lei federal, estadual ou municipal, ou deixar de cumprir ordem judicial, sem dar o motivo da recusa ou da impossibilidade, por escrito, à autoridade competente; XV – Deixar de fornecer certidões de atos ou contratos municipais, dentro do prazo estabelecido em lei; XVI – deixar de ordenar a redução do montante da dívida consolidada, nos prazos estabelecidos em lei, quando o montante ultrapassar o valor resultante da aplicação do limite máximo fixado pelo Senado Federal; XVII – ordenar ou autorizar a abertura de crédito em desacordo com os limites estabelecidos pelo Senado Federal, sem fundamento na lei orçamentária ou na de crédito adicional ou com inobservância de prescrição legal; XVIII – deixar de promover ou de ordenar, na forma da lei, o cancelamento, a amortização ou a constituição de reserva para anular os efeitos de operação de crédito realizada com inobservância de limite, condição ou montante estabelecido em lei; XIX – deixar de promover ou de ordenar a liquidação integral de operação de crédito por antecipação de

meses a doze anos, além da perda do cargo e da inabilitação para o exercício de cargo ou função pública, eletivo ou de nomeação, pelo prazo de cinco anos – o dispositivo ressalva expressamente a reparação civil do dano causado ao patrimônio público ou particular.

Nota-se que as normas jurídicas colacionadas acima cumprem os mandamentos encartados nos artigos 5º, *caput*,[63] 37, § 4º,[64] e demais correlatos da Constituição Federal, que garantem a incolumidade dos patrimônios público e individual. Com efeito, somente haverá efetivo respeito às pessoas físicas e jurídicas, incluídos os entes públicos e a sociedade considerada como um todo, se existir integral respaldo do ordenamento jurídico quanto à indenidade de seus bens, materiais ou imateriais.

É importante consignar que, no que tange à responsabilidade civil, a norma central do sistema legal encontra-se fundamentada no Código Civil, seja para os danos praticados na área privada, seja para os danos praticados na seara pública. Conforme se analisará no capítulo seguinte, há todo um sistema construído paulatinamente após séculos e corporificado na lei civil, perfeitamente aplicável aos danos causados ao patrimônio público, quando decorrentes de corrupção e de improbidade administrativa.

3. Casos concretos de desvelamento, apuração e processamento de atos de corrupção e de improbidade administrativa

Mencionaram-se anteriormente os escândalos recentes de corrupção no país, retratados na ação penal n. 470, referente ao caso conhecido como "mensalão", e em outras forças-tarefas e operações desenvolvidas por

receita orçamentária, inclusive os respectivos juros e demais encargos, até o encerramento do exercício financeiro; XX – ordenar ou autorizar, em desacordo com a lei, a realização de operação de crédito com qualquer um dos demais entes da Federação, inclusive suas entidades da administração indireta, ainda que na forma de novação, refinanciamento ou postergação de dívida contraída anteriormente; XXI – captar recursos a título de antecipação de receita de tributo ou contribuição cujo fato gerador ainda não tenha ocorrido; XXII – ordenar ou autorizar a destinação de recursos provenientes da emissão de títulos para finalidade diversa da prevista na lei que a autorizou; XXIII – realizar ou receber transferência voluntária em desacordo com limite ou condição estabelecida em lei."

[63] "Art. 5º Todos são iguais perante a lei, sem distinção de qualquer natureza, garantindo-se aos brasileiros e aos estrangeiros residentes no País a inviolabilidade do direito à vida, à liberdade, à igualdade, à segurança e à propriedade [...]."

[64] "Art. 37. [...] § 4º Os atos de improbidade administrativa importarão a suspensão dos direitos políticos, a perda da função pública, a indisponibilidade dos bens e o ressarcimento ao erário, na forma e gradação previstas em lei, sem prejuízo da ação penal cabível."

órgãos estatais de persecução. Em tais casos, houve uma série de incontáveis ilícitos praticados, tanto na seara penal quanto na seara cível, por ocupantes de cargos públicos de alto escalão.

Porém, o enfrentamento imediato dos problemas foi realizado por meio dos instrumentos jurídicos repressivos propriamente ditos, com o manejo de ações penais. Sabe-se, por oportuno, que o foco principal do Direito Penal é tutelar a liberdade das pessoas, restringindo-a em caso de violação a suas normas. E a reparação dos danos não é olvidada pela legislação penal, conforme se salientou acima, mas, inegavelmente, não é a sua principal missão.

Desse modo, engendra-se de fundamental importância a atuação do Direito Civil nos casos de corrupção e de improbidade administrativa, permitindo que a sociedade receba a devida atenção na reparação integral dos danos causados contra os seus bens e direitos. Do contrário, as lesões praticadas contra a população permaneceriam esquecidas, em prejuízo do coletivo, incentivando indevidamente o autor do ilícito a permanecer delinquindo, bem como acenando a novos detratores a permissividade para que também possam fazê-lo.

Em análise da jurisprudência, cita-se como exemplo o seguinte julgado do Tribunal de Justiça do Estado de São Paulo, em cuja ementa constou expressamente que vereadores da Câmara Municipal de Barrinhas solicitaram dinheiro a empresários locais para votarem determinado projeto de lei.[65] No caso em epígrafe, percebe-se que, atinente à responsabilidade civil, os julgadores de 1ª e 2ª instâncias concentraram sua atenção em eventual dano ao erário, o qual, de fato, não ocorreu. Vale dizer, inexistiu dano material causado ao respectivo ente público, perceptível quando há diminuição – prejuízo – dos valores patrimoniais pertencentes ao município.

65 Ementa (destaques nossos): "AÇÃO CIVIL PÚBLICA Improbidade administrativa – Câmara Municipal de Barrinha – **Vereadores – Solicitação de dinheiro a empresários locais para votar projeto de lei** – Princípios da Administração Pública – Violação – Configurada – Aplicação de sanções – Possibilidade – Multa civil – Valor excessivo – Redução – Possibilidade: – A solicitação de dinheiro por vereadores para a aprovação ou rejeição de projeto de lei constitui ato de improbidade administrativa que atenta contra os princípios da administração pública. – Ausente dano ao erário e frustrada a tentativa de enriquecimento ilícito, não se justifica a fixação da multa civil em seu limite máximo." (Tribunal de Justiça do Estado de São Paulo, apelação cível n. 0013903-14.2010.8.26.0597, relatora desembargadora Teresa Ramos Marques, 10ª Câmara de Direito Público, 1ª Vara Cível da Comarca de Sertãozinho, julgado em 17/02/2020, registrado em 18/02/2020.)

Todavia, não são apenas esses danos os potencialmente infligidos às vítimas – o ente público e a própria sociedade. Com efeito, no episódio concreto colacionado acima, houve verdadeiro leilão ilícito promovido por vereadores de uma pequena cidade. Os parlamentares, visando a enriquecer indevidamente, ofereceram seus serviços escusos a dois interessados antagônicos; e aquele que pagasse mais auferiria a vantagem ilícita, consistente na aprovação ou rejeição de um projeto de lei.[66]

A partição de poderes da República Federativa do Brasil, preconizada pela Constituição Federal, constituiu o Poder Legislativo em cada uma de suas três esferas: federal, estadual ou distrital e municipal.[67] Sendo um Poder de Estado, considerado em sentido lato, os seus membros exercem verdadeiro e relevante múnus público – são responsáveis por decisões graves, influenciando direta e indiretamente a vida dos cidadãos de sua res-

[66] Confira a conversa de um dos vereadores com terceiro, cuja transcrição encontra-se consignada no mencionado acórdão: "Na extensa conversa que entabulou com Mituo, Jamel afirmou incialmente que Paulo Bombonato, empresário interessado na aprovação do projeto de lei, havia oferecido R$ 3.000,00 para cada vereador que votasse de acordo com seu interesse (fls. 550/551). Aos 8min52seg da gravação, Jamel afirma que Bombonato ofereceu R$ 5.000,00 para os vereadores Pi, Lê (Carlos Alexandre Alves Borges), Sant Clair e Gil; e que se ele Jamel votasse pela aprovação do projeto de lei, também ganharia R$ 5.000,00. Aos 10min55seg, Jamel afirma que se a maioria for votar pela aprovação do projeto, vai pegar os R$ 5.000,00 também, acrescentando, em tom de ironia, que 'não vai fazer diferença'. Aos 12min16seg, Jamel afirma que Sant Clair fixou seu voto em R$ 22.000,00 (fls. 552). Aos 12min50seg, irritado com o valor apresentado por Sant Clair, Jamel afirma ter falado a este que 'ou nóis tudo ganha igual ou não ganha ninguém, eu vô fala pro Lê, nóis vai saí não vai passa, nóis vai pro lado do Katiá apelido de Mituo (fls. 552, último parágrafo). Em seguida, Jamel, relatando conversa que teve com o vereador PI, afirma que 'Paulo [Bombonato] vai dar uma gorja pra todo mundo, dois ou três conta pra cada, é certeza, cada um, vai me dá na mão pra dá pro cêis e nóis vai lá almoça (...) e nóis vai distribuir em cima da mesa e o Sant Clair não vai pegar um real' (fls. 553). Em outro trecho da gravação, Jamel afirma que 'não precisa dele [Sant Clair] mais, engraxa os que for lá, se quisé, se ele [Paulo Bombonato] dé os quinze nóis divide lá em seis, sete, (...) dois conto, só pra diverti, pelo menos nóis deita e rola' (fls. 556). Em outro trecho da gravação, ao comentar com Mituo o que falaria a Sant Clair após o fim da votação, Jamel afirmou que 'ele [Sant Clair] vem em mim, vô falar 'ó meu fio vô ti fala bem claro, todo mundo abriu mão do dinheiro porque só você queria vinte, nóis ia fica com três e ocê com vinte, vai toma no [...], intão nóis vai pega os três e vai deita e rola, agora cê fica sem' (fls. 558). Aos 32min17seg, Jamel propõe a Mituo 'junta vocês três [Luciano, Patrícia e Mituo] com quinze conto, ninguém tira, não tira e isso eu ti do minha palavra e não precisa Bolinha [apelido de outro vereador], não precisa porra nenhuma, dá na minha mão pra você vê se passa essa [...] [projeto de lei], eu tô morrendo de raiva' (fls. 559, terceiro parágrafo)."

[67] Cf. artigos 2º, 27, 29, 32 e 44, entre outros.

pectiva localidade, com a finalidade de assegurar os direitos e as garantias elencados nas Constituições Federal e Estadual, na lei orgânica do município e nas demais leis.

O fato de os membros de um Poder Legislativo municipal leiloarem seus votos, sabotando todo o sistema político engendrado para garantir direitos fundamentais, causa, sem dúvida, danos sociais. Há nítido rebaixamento da qualidade de vida e do patrimônio moral da população, a qual, representada por pessoas ímprobas, se vê refém de criminosos travestidos de agentes políticos. É impossível se falar apenas em reparação de danos eventualmente causados ao erário – estes, se existirem, obviamente deverão ser alvo de ressarcimento integral. Porém, a responsabilidade civil não pode se limitar apenas a essa categoria de dano, sob pena de prejudicar sobremaneira a sociedade e, como corolário, favorecer os corruptos.

Já em outro julgado também proferido pelo Tribunal de Justiça do Estado de São Paulo, referente a conluio entre participantes de licitação realizada pelo Metrô com a participação de servidor público, constataram-se expressivos danos ao erário. Com efeito, o acórdão trata de grave ajuste ilícito firmado entre empresas e agente público para fraudar uma licitação instaurada para a construção de novas linhas do Metrô, gerando prejuízo bilionário aos cofres públicos.[68]

[68] Ementa (destaques nossos): "AÇÃO CIVIL PÚBLICA POR ATO DE IMPROBIDADE ADMINISTRATIVA E AÇÃO POPULAR – Julgamento conjunto – **Irregularidades em licitação realizada pelo METRÔ para expansão da linha 5 – Lilás no tocante à adjudicação aos lotes de números 02 a 08 – Conluio entre os licitantes com obtenção de vantagem ilícita, prejuízo ao erário e conduta irregular do Presidente da Companhia** – Homologação de acordo de leniência celebrado com uma das rés – Condenação do agente público e de dezesseis empresas – Recursos de apelação interpostos por Consórcios – Condenação apenas das empresas individualmente – Falta de interesse recursal dos consórcios reconhecida – Preliminares afastadas – Comprovação de que houve conluio entre empresas vencedoras dos lotes 02 a 08 com o objetivo de prejudicar a competividade do certame – Prejuízo à competividade do certame que gera dano in re ipsa ao erário e também pode ser qualificado como violação aos princípios da Administração – Precedentes – Artigos 10 e 11 da Lei nº 8.429/92 – Dolo específico reconhecido – Dano ao erário calculado nos termos de precedentes do TCU – Ajuste prevendo exonerações das penalidades previstas nos artigos 12, II e III, da Lei nº 8.429/92 – Inviabilidade de homologação integral – Sanções revistas – Correção monetária e juros de mora devidos desde o evento danoso – Enunciados números 43 e 54 da Súmula do STJ – Individualização das sanções que autoriza tratamento diferenciado à empresa que colaborou com as apurações – Ministério Público que já havia pleiteado e extinção do feito em relação às empresas que haviam tão apresentado propostas na licitação, sem saírem vitoriosas

Da leitura do acórdão, percebe-se a preocupação, uma vez mais, apenas com os danos causados ao erário. A reparação fixada tanto em primeiro quanto em segundo grau limitaram-se a versar somente sobre os referidos danos, nada tratando de outros, sejam morais, sejam sociais.[69]

É importante esclarecer que a gravidade das condutas e a consequente repercussão dos danos não se limitam aos bens corpóreos – no caso, o erário – pertencentes ao ente público afetado. É latente a conspurcação da imagem da pessoa jurídica de direito público vítima dos desmandos, bem como também é notório o rebaixamento da qualidade de vida da população em geral, entre outros danos.[70]

em qualquer lote (Construtora Passarelli Ltda., Servix Engenharia S/A e CCI Construções S/A) – Participação direta do então presidente do METRO não comprovada – Apelos interpostos pelos Consórcios Metropolitano 5 e Heleno & Fonseca/TIISA não conhecidos, recursos de apelação interpostos pelos réus Sérgio Henrique Passos Avelleda, Servix Engenharia S/A, CCI Construções S/A e Construtora Passarelli Ltda. providos, demais apelos providos em parte." (Tribunal de Justiça do Estado de São Paulo, apelação cível n. 0041369-29.2011.8.26.0053, relator desembargador Luís Francisco Aguilar Cortez, 1ª Câmara de Direito Público, 9ª Vara de Fazenda Pública da Capital, data do julgamento: 15/10/2019, data de registro: 16/10/2019.)

[69] Confira trecho da decisão (destaques nossos): "[...] o acordo de leniência celebrado pela requerida Construções e Comércio Camargo Corrêa (fls. 15225/15231) e os elementos de provas existentes antes e depois do deferimento da abertura da instrução (fls. 14764) comprovam que **houve conluio entre essas cinco empresas (denominadas de 'G5') e agente público, com o objetivo de prejudicar a competitividade do certame e obter ganhos indevidos**. A confissão da combinação prévia das propostas dos lotes 03 e 07) realizada no acordo de leniência (em especial cláusulas/itens 2 e 3 fls. 15225/15226) e o pagamento de vantagens indevidas a agente público (em especial cláusula/item 6 fls. 15226) estabelecem o vínculo com as demais provas e formam narrativa coerente e uniforme. [...] Constatou-se que somente cinco Consórcios (formados sempre por estas mesmas empresas) ofereceram propostas a esses cinco lotes restantes (números 02, 04, 05, 06 e 08 fls. 248), saindo vencedores cada um deles em apenas um lote oferecendo propostas vencedoras sempre ligeiramente abaixo do orçamento do METRÔ (fls. 21/23), o que confirma a narrativa da existência do prévio ajuste entre eles, fato igualmente corroborado pelo documento de fls. 408, que veio somente a convalidar os fatos narrados, ressaltando que todos os contratos foram celebrados com o mesmo agente público mencionado no acordo de leniência (Sérgio Correa Brasil fls. 30/31), que, posteriormente, fez delação premiada. [...] Os fatos, escancarados, envolvendo corrupção em obras públicas merecem de todos os envolvidos a reavaliação de suas condutas e práticas, a possibilitar a retomada das atividades públicas e privadas em novo patamar ético, em benefício de todos." (Tribunal de Justiça do Estado de São Paulo, apelação cível n. 0041369-29.2011.8.26.0053, relator desembargador Luís Francisco Aguilar Cortez, 1ª Câmara de Direito Público, 9ª Vara de Fazenda Pública da Capital, data do julgamento: 15/10/2019, data de registro: 16/10/2019.)

[70] Nessa temática, um exemplo de importante instrumento para verificar os efeitos da corrupção em determinada localidade é o Índice de Desenvolvimento Humano (IDH),

Verifica-se que essa forma de aplicação da reponsabilidade civil é generalizada na jurisprudência brasileira, focalizando exclusivamente a reparação dos danos materiais individuais decorrentes de corrupção e de improbidade administrativa: dano ao erário, que abrange bens e direitos de titularidade da pessoa jurídica de direito público atingida. Olvida-se, por consequência, de uma gama de incontáveis danos causados a pessoas diversas.

Poder-se-iam citar inúmeros outros exemplos concretos, mas os dois recentes acórdãos colacionados acima já retratam fielmente o tratamento dispensado à matéria pelo sistema de Justiça – Ministério Público, Poder Judiciário *etc.* Em tal contexto, reconhece-se o avanço em comparação a décadas anteriores; em contrapartida, é possível e necessário ir além, pro-

do Programa das Nações Unidas para o Desenvolvimento (PNUD), da Organização das Nações Unidas (ONU). Trata-se de "uma medida resumida do progresso a longo prazo em três dimensões básicas do desenvolvimento humano: renda, educação e saúde. O objetivo da criação do IDH foi o de oferecer um contraponto a outro indicador muito utilizado, o Produto Interno Bruto (PIB) per capita, que considera apenas a dimensão econômica do desenvolvimento. Criado por Mahbub ul Haq com a colaboração do economista indiano Amartya Sen, ganhador do Prêmio Nobel de Economia de 1998, o IDH pretende ser uma medida geral e sintética que, apesar de ampliar a perspectiva sobre o desenvolvimento humano, não abrange nem esgota todos os aspectos de desenvolvimento." Disponível em: https://www.br.undp.org/content/brazil/pt/home/idh0.html. Acesso em: 24 abr. 2021. "O IDH do Brasil cresceu de 0,762 para 0,765. No entanto, caiu cinco posições no ranking, em relação ao ano anterior, ficando em 84º lugar entre 189 países." Disponível em: https://www.br.undp.org/content/brazil/pt/home/presscenter/articles/2020/pnud-faz-lancamento-nacional-do-relatorio-de-desenvolvimento-hum.html. Acesso em: 24 abr. 2021. E, segundo Yuri Fisberg (**Dano social**: considerações propositivas. 2018. 348 f. Dissertação (Mestrado em Direito Civil) – Faculdade de Direito, Universidade de São Paulo, São Paulo, 2018, p. 212-213): "Os índices de desenvolvimento humano e de valores humanos são apurados pelo PNUD Brasil em escala municipal há cada dez anos (1991, 2000 e 2010), o que evidencia, por exemplo, o obstáculo da efetiva verificação de que alguma conduta tenha afetado diretamente. A análise nacional, mesmo que anual, também apresenta nuances globais que tornarão muito difícil demonstrar o nexo de causalidade entre determinada conduta e a redução da 'qualidade de vida', aferida pelo IDH; impor tal critério significaria esvaziar por completo a teoria do dano social. As variáveis, contudo, são significativo indício da natureza difusa do dano social; bastando o significativo atingimento de um único pilar para evidenciar a proporção do dano, com verdadeiro 'rebaixamento' da qualidade de vida populacional. Outro índice que ostenta a mesma característica daqueles apurados pelo PNUD e, também, serve de parâmetro na definição do dano social é o índice de progresso social (IPS), realizado pela '*Social Progress Imperative*' – organização mundial sem fins lucrativos que busca medir o 'progresso social direto', sem a utilização de indicadores econômicos."

tegendo de forma integral todos os direitos fundamentais, notadamente os difusos, *i.e.*, pertencentes à sociedade, nos termos das determinações exaradas pela Constituição Federal, pelo Código Civil e pelos demais diplomas normativos correlatos.

4. Conclusão parcial – necessidade de um novo enfoque da responsabilidade civil atinente à corrupção e à improbidade administrativa

A abordagem tradicional da corrupção e da improbidade administrativa, no que tange à responsabilidade civil, restringe-se aos danos aparentes e de fácil constatação – por exemplo, exigir que o agente ímprobo devolva aos cofres públicos o dinheiro desviado da saúde pública –, conforme se exemplificou por meio dos julgados colacionados no item anterior. Todavia, os danos decorrentes desses atos ilícitos não se esgotam naqueles facilmente visualizáveis, pois são atos de grande gravidade e que, exatamente por esse motivo, demandam reação condizente e proporcional dos instrumentos jurídicos existentes.

Diante da reiteração dos desmandos praticados por gestores públicos, o enfoque clássico da matéria acaba, ainda que involuntariamente, potencializando os danos sofridos pela coletividade, cujos direitos e bens deixam de ser reparados a cada novo ato de corrupção ou de improbidade administrativa. Somente a completa reparação de todos os danos praticados assegurará a incolumidade dos bens materiais e imateriais da sociedade – de um lado, prevenindo novos atos ilícitos, e, de outro, reprimindo proporcionalmente o mal causado.

Em contrapartida, segundo ensinam Luiz Flávio Gomes e Artur Cardoso Carvalho Santana, "a evolução da moderna agenda anticorrupção global vem caminhando no sentido de incorporar mecanismos de Direito Privado aos tradicionais instrumentos de ordem publicística utilizados no combate à corrupção." Com efeito, os instrumentos da seara cível passam a enfocar a questão patrimonial, em vez de tão somente perquirir a repressão dos atos ilícitos. Assim, um dos principais objetivos dessa nova ótica é a reparação dos danos causados, protegendo integralmente o patrimônio público e, por consequência, garantindo a indenidade dos bens de natureza difusa, vale dizer, pertencentes a toda a sociedade.[71]

[71] GOMES, Luiz Flávio; SANTANA, Artur Cardoso Carvalho. A interdisciplinaridade no Direito brasileiro e a multiplicidade de instrumentos jurídicos no combate à corrupção. *In*: BECHARA, Fábio Ramazzini (coord.) *et al*. **Corrupção.** São Paulo: Almedina, 2020, p. 318.

Ainda segundo os citados autores, a implementação de instrumentos destinados à reparação de danos é um dos meios mais eficientes para a promoção da integridade pública, já que a corrupção e a improbidade administrativa são práticas fundadas no desvio de finalidade da coisa pública para auferir vantagens privadas ilícitas. E, além dessa característica, "a jurisdição civil possui uma vantagem em relação àquela de natureza penal". Com efeito, a pretensão punitiva estatal é cerceada por diversas garantias individuais, e, por esse motivo, "a condenação na esfera penal requer a superação de um ônus probatório muito superior ao exigido no âmbito cível". Desse modo, o tratamento da questão na área cível pode produzir efeitos mais céleres, completos e abrangentes,[72] em razão do que a doutrina denomina de "*standards* probatórios".[73]

No mesmo sentido são as advertências de Everton Luiz Zanella, o qual lembra que o Direito Penal brasileiro se preocupa de forma excessiva com a proteção dos bens jurídicos individuais, relegando a segundo plano os direitos coletivos, dentro dos quais se encontra a proteção do patrimônio público. Nota-se, nesse contexto, uma indevida incongruência entre o Direito Penal atual e a Constituição Federal de 1988, o que demanda, por

[72] GOMES, Luiz Flávio; SANTANA, Artur Cardoso Carvalho. A interdisciplinaridade no Direito brasileiro e a multiplicidade de instrumentos jurídicos no combate à corrupção. *In*: BECHARA, Fábio Ramazzini (coord.) *et al.* **Corrupção**. São Paulo: Almedina, 2020, p. 318-319.

[73] Acerca do assunto, Ravi Peixoto assevera o seguinte (***Standards* probatórios no Direito Processual brasileiro**. Salvador: Juspodivm, 2021, p. 33-34): "[...] estabelecimento das bases e dos conceitos do direito probatório que serão utilizados para o desenvolvimento dos *standards* probatórios. Não se objetiva a construção de uma teoria do direito probatório, mas tão somente estabelecer alguns conceitos que servirão de base para o desenvolvimento da temática dos *standards* probatórios. [...] o modelo de raciocínio probatório, que abarca desde o juízo de admissibilidade das provas até o que significa afirmar que uma determinada hipótese fática está provada. A partir do modelo adotado, tem-se consideráveis reflexos para o tema dos *standards* probatórios. Os fatos, em regra, não entram no processo em sua materialidade empírica, brutos, mas por meio dos enunciados que o escrevem ou, de forma mais frequente, mediante conjuntos ordenados de enunciados. Isso ocorre porque os fatos não são verdadeiros ou falsos, mas apenas existem, ou não. O que se discute, em relação à condição de provados, ou não, no processo, são enunciados sobre fatos que ocorreram no passado. O processo, então, do ponto de vista fático, é formado por uma série de enunciados sobre fatos ocorridos em relação aos seus diversos sujeitos. Dessa forma, o objeto da prova no processo são as hipóteses fáticas construídas pelos sujeitos processuais. Para uma correta análise do fenômeno probatório, é imprescindível que haja a definição da seguinte proposição: 'Está provado que *h*'. A definição buscada é independente do ramo do direito observado, seja ele penal, administrativo, civil, tributário etc."

conseguinte, uma releitura do sistema jurídico para uma eficiente proteção do patrimônio público.[74]

Exatamente nessa senda, desenvolve-se nos próximos capítulos uma análise da responsabilidade civil para, na sequência, verificar sua aplicação ao regime concernente à corrupção e à improbidade administrativa. Apenas dessa forma será possível pontuar os instrumentos jurídicos atualmente existentes, inclusive avaliando sua eficácia no combate aos ilícitos praticados por agentes públicos. Por fim, munido de tais dados e informações, será possível sugerir alterações constitucionais e legais que se façam necessárias para se incrementar e garantir uma efetiva proteção do patrimônio público, cuja natureza transindividual o qualifica como direito fundamental de terceira geração.[75]

[74] ZANELLA, Everton Luiz. O combate da corrupção e o princípio da eficiência no Direito Penal. *In*: CASTRO, Manuella Santos de (org.) *et al.* **Governança, *compliance* e corrupção**. São Paulo: Almedina, 2019, p. 328-330. E o autor complementa: "Ora, os atos lesivos à Administração Pública não receberam do legislador, responsável pela criminalização primária, o tratamento rigoroso – e proporcional à sua gravidade – que deveriam receber. Por isso, nos parece inegável que o Direito Penal deve ser repensado, para que deixe de ser um mero instrumento de punição – protetor de interesses de apenas parte da sociedade – para ser uma ferramenta propulsora de mudança da realidade social hoje existente. [...] A partir da identificação do bem jurídico de dignidade constitucional, o legislador produzirá a norma para sua proteção penal, observando os princípios da proporcionalidade e da eficiência, de maneira que a Lei não deve criminalizar condutas irrelevantes (proibição do excesso), tampouco, de outro vértice, ser ineficiente na tutela dos bens jurídico-penais nela contemplados (proibição da proteção deficiente). A proteção penal deficitária de bens jurídicos relevantes afronta aos princípios da eficiência estatal e da proporcionalidade, sendo, portanto, inconstitucional. É o que ocorre com os crimes caracterizadores da macrocorrupção, verdadeiros dissipadores do sistema socioeconómico traçado pelo constituinte originário. As ações e omissões dos grandes corruptos abalam as estruturas do Estado Democrático de Direito, evitando sua real consolidação. A inobservância do princípio da eficiência no combate à macrocorrupção deixa desguarnecida toda a sociedade, que anseia por um Direto Penal que seja efetivo no enfrentamento às condutas criminosas que atingem os valores contemplados na Constituição Federal e que obstam a concretização da justiça social delineada pelo Estado Democrático de Direito."

[75] Conforme se explica no subitem 4.2 do Capítulo 3 deste livro.

CAPÍTULO 2
DANO SOCIAL COMO CATEGORIA DE DANO

1. Conceito e evolução histórica da responsabilidade civil

Para o desenvolvimento da presente obra, faz-se necessário o estudo do instituto da responsabilidade civil, inclusive desde suas origens, perscrutando o real sentido dessa figura jurídica, para definir seu conceito, bem como relatando a história de sua gênese e de seu desenvolvimento e a correlata produção de efeitos nos ordenamentos jurídicos pátrio e estrangeiros. Também são imprescindíveis pontuar e verificar os fundamentos, os pressupostos e as excludentes de responsabilidade, para, nos capítulos seguintes, verificar sua atuação quanto à corrupção e à improbidade administrativa, bem como abordar o instituto da prescrição e sua incidência conforme o titular do patrimônio aviltado – pessoa física, pessoa jurídica de direito privado, pessoa jurídica de direito público ou coletividade.

O convívio humano em sociedade, desafortunadamente, nem sempre é harmonioso. Em razão da existência de diversos e múltiplos interesses, muitas vezes diametralmente antagônicos e contrapostos, originam-se os conflitos. Como corolário, cabe ao Direito regulamentar tais situações e, por consequência, dirimir esses conflitos, com a finalidade de proporcionar a tão almejada paz social.

Nota-se, conforme as máximas de experiência, que os problemas advindos dessa necessária convivência nascem desde diminutas ocasiões, como o simples arranhão em veículo automotor, até imensas turbações, como a explosão de uma usina nuclear. Considerando que o anseio social por justiça demanda a reparação dos danos, o ordenamento jurídico deve estar preparado para esses acontecimentos, ainda que de forma geral e aberta, pois, sabemos, é impossível antever todos os fatos e todas as situações suscetíveis de ocorrência na vida em sociedade.

Ademais, conforme leciona Rui Stocco, prevalece a máxima *neminem laedere*, consistente no dever moral de não prejudicar outrem.[76-77] Ao tratar do assunto, Carlos Alberto Bittar aduz que o ser humano deve responder por seus atos, porque é dotado de liberdade de escolha e discernimento. Nesse sentido, a responsabilidade é consequência da liberdade e racionalidade, impondo-se o dever de responder juridicamente por seus atos. Conclui-se, em tal contexto, que, quando se ferem direitos de terceiros, inclusive valores básicos da sociedade, aquele que causou o dano deve por eles responder, assumindo *in totum* as suas consequências.[78]

Robert Cooter e Thomas Ulen salientam que a responsabilidade civil também possui uma motivação econômica, consistente na necessidade de os causadores de danos internalizarem os custos de suas atividades, indenizando as vítimas. Assim, tais agentes se veem obrigados a investir em

[76] STOCCO, Rui. **Responsabilidade civil e sua interpretação jurisprudencial**. 4. ed. São Paulo: Revista dos Tribunais, 1999, p. 59. E prossegue o autor: "A liberdade e a racionalidade, que compõem a sua essência, trazem-lhe, em contraponto, a responsabilidade por suas ações ou omissões, no âmbito do direito, ou seja, a responsabilidade é corolário da liberdade e da racionalidade. Impõe-se-lhe, no plano jurídico, que responda (do latim *spondeo* = 'responder a'; comprometer-se; 'corresponder a compromisso, ou a obrigação anterior') pelos impulsos (ou ausência de impulsos) dados no mundo exterior, sempre que estes atinjam a esfera jurídica de outrem. Isso significa que, em suas interações na sociedade, ao alcançar direito de terceiro, ou ferir valores básicos da coletividade, o agente deve arcar com as consequências, sem o que impossível seria a própria vida em sociedade. Nasce, assim, a teoria da responsabilidade... A ideia central, inspiradora dessa construção, reside no princípio multissecular do *neminem laedere* (a ninguém se deve lesar), uma das primeiras do denominado 'direito natural'."

[77] Acerca do assunto, Rogério José Ferraz Donnini ensina que (Fundamento legal da função punitiva na responsabilidade civil. *In*: ________________ (coord.). **Risco, dano e responsabilidade civil**. Salvador: Juspodivm, 2018, 17-18): "No texto constitucional, há um artigo específico que, mormente seja vinculado apenas ao acesso à justiça, emana, de maneira cristalina, o real sentido do princípio *neminem laedere*, ou mais precisamente *alterum non laedere* (a ninguém lesar), uma vez que abarca as funções preventiva e reparatória da responsabilidade civil. Trata-se do art. 5º, XXXV, que estabelece que 'a lei não excluirá da apreciação do Poder Judiciário lesão ou ameaça a direito'. A primeira parte desse dispositivo versa sobre o aspecto reparatório, enquanto a segunda, a efetiva prevenção de danos [...]."

[78] BITTAR, Carlos Alberto. Responsabilidade civil nas atividades perigosas. *In*: CAHALI, Yussef Said (coord.). **Responsabilidade civil**: doutrina e jurisprudência. São Paulo: Saraiva, p. 85-103, 1984, p. 87.

medidas eficientes de segurança – trata-se da internalização das externalidades. Em geral, são relativamente elevados os custos de transações atinentes à responsabilidade civil das empresas, impondo a necessidade de se calcular os possíveis gastos advindos de suas atividades. E a prevenção dos danos será eficaz quando o agente concluir que os gastos com prevenção compensam eventuais gastos com reparação. Para esses autores, a responsabilização por ato ilícito culposo é apenas uma entre diversas outras medidas aptas a internalizarem as externalidades criadas pelos elevados custos da transação. Elencam-se, por exemplo, outros instrumentos, tais como as leis penais, as normas de segurança e os incentivos fiscais – cada um possui, segundo eles, suas vantagens e desvantagens.[79]

Conforme leciona René Savatier, a responsabilidade civil é um dever, incumbido a determinada pessoa, de reparar o dano causado a outra, em razão de fato próprio ou de terceiro ou coisa sua dependente.[80] Geneviève Viney e Patrice Jourdain ensinam que o escopo basilar da responsabilidade civil é garantir a reparação do dano causado ao indivíduo lesado.[81]

Nesse sentido, consigna-se que a palavra "responsabilidade" se origina do verbo *spondeo*, cujo significado, em latim, é "garantir", "comprometer-se", vinculando o devedor nos contratos verbais do Direito Romano. Assim, responsabilidade consiste em um dever jurídico sucessivo, o qual nasce com a finalidade de recompor o dano advindo da violação de um dever jurídico originário. Trata-se de obrigação de natureza pessoal, que se resolve em perdas e danos.[82]

Desde seu exórdio, a história da Humanidade, como consabido, é permeada por guerras e conflitos. A necessária relação entre pessoas – caráter ínsito ao ser humano – acaba sendo, em muitos casos, tormentosa. Por consequência, a vida em sociedade passou, durante milênios, por diversas evoluções e revoluções – algumas, inclusive, bastante traumáticas.

[79] COOTER, Robert; ULEN, Thomas. ***Derecho y economia***. México: Fundo de Cultura Econômica, 1998, p. 371 e 387.

[80] SAVATIER, René. ***Traité de la responsabilité civile en Droit français***. 2. ed. Paris: Librairie Générale de Droit et de Jurisprudence, p. 1.

[81] VINEY, Geneviève; JOURDAIN, Patrice. ***Traité de Droit Civil:*** *les effets de la responsabilité*. 3. ed. Paris: Libr. Generale de Droit et de Jurisprudence, 2010, p. 1.

[82] Cf. DIAS, José de Aguiar. **Da responsabilidade civil**. 11. ed. Rio de Janeiro: Renovar, 2006, p. 2; e STOCCO, Rui. **Responsabilidade civil e sua interpretação jurisprudencial**. 4. ed. São Paulo: Revista dos Tribunais, 1999, p. 59.

Nos imprescindíveis contato e convívio humanos mencionados acima, as pessoas eventualmente causam danos umas às outras, por diversos motivos: dolo, culpa, em razão da atividade desempenhada *etc.* E, conforme o período histórico vivenciado, vigora determinado sistema de responsabilização. Em um momento inicial, prevalecia a vingança privada, consistindo na imediata reação do ofendido, o qual, instintiva e brutalmente, retribuía o mal causado. Nesse período, por ainda não viger o Direito, inexistiam regras ou limitações. Na sequência, iniciou-se a fase em que a vingança foi substituída, a critério do ofendido, pela composição civil: há possibilidade do fornecimento de vantagens pelo ofensor, em que o ouro pode substituir o sangue.[83] Em momento posterior, sob o poder da autoridade constituída, a composição tornou-se obrigatória e tarifada. E, no Direito Romano, engendrou-se a diferenciação entre delitos públicos e delitos privados: aqueles, mais graves, perturbavam a ordem pública; enquanto estes, menos graves, destinavam a reparação à vítima.[84]

Para Danilo Dalla e Renzo Lambertini, nos primórdios de nossa história, a vítima podia utilizar-se da vingança, que, de início, era aplicada sem limites. Porém, em momento posterior, a vingança passa a ser limitada, nos termos da retaliação – surgimento do talião (*talio*): "olho por olho, dente por dente". Em fase subsequente, faculta-se a composição pecuniária, permitindo a liberação da sanção de talião ou de outra pena corporal ou aflitiva, por meio de pagamento em dinheiro. Neste momento, a composição voluntária transforma-se em pena legal, e o delito caracteriza-se, agora, pelo dever de o ofensor entregar à vítima certa quantidade de dinheiro, a título de pena, conforme determinados critérios. O objetivo precípuo é a aplicação de uma reprimenda àquele que causou o dano – todavia, de forma gradual, impregna-se uma função de recomposição do patrimônio aviltado, pertencente à vítima.[85]

O paradigma nessa temática foi a implementação, no final do século III a.C., da *Lex Aquilia*. Tal diploma pode ser definido como o plebiscito que permitiu conferir ao titular de bens o direito de receber daquele que destruiu ou deteriorou seus bens o pagamento de uma penalidade

83 Cf. Louis-Lucas, Pierre. ***Volunté et cause***. Paris: Sirey, 1918, p. 22.

84 Cf. Gonçalves, Carlos Roberto. **Direito Civil 3**. 5. ed. São Paulo: Saraiva, 2018, p. 43-44.

85 Dalla, Danilo; Lambertini, Renzo. ***Istituzioni di Diritto Romano***. Torino: G. Giappichelli, 2001, p. 381.

em dinheiro.[86] Trata-se de um princípio geral regulador da reparação do dano.[87]

É necessário registrar, ademais, a análise de Giselda Maria Fernandes Novaes Hironaka acerca da evolução dos sistemas de responsabilidade civil. Com efeito, segundo a professora, a crise do sistema clássico de responsabilidade civil exige uma revisão crítica, a qual se realizará necessariamente por meio da releitura da própria história da Humanidade, bem como de uma nova formatação do diálogo entre o Direito e a sociedade, além da reavaliação dos fatos cotidianos de hoje e da respectiva influência no caminho e no âmbito jurídico das pessoas.[88]-[89]

No mesmo sentido são as constatações de José Luiz Gavião de Almeida, para quem a premência da restauração dos direitos violados é hodiernamente inarredável. A antiga forma como a reparação era realizada, sustenta o professor, não satisfazia os lesados nem os operadores do Direito. E toda a nova construção da responsabilidade civil, como corolário, em

[86] Cf. VENOSA, Sílvio Salvo. **Direito Civil**: obrigações e responsabilidade civil. 18. ed. São Paulo: Atlas, v. 2, 2017, p. 463.

[87] Cf. GONÇALVES, Carlos Roberto. **Direito Civil 3**. 5. ed. São Paulo: Saraiva, 2018, p. 44.

[88] HIRONAKA, Giselda Maria Fernandes Novaes. Responsabilidade pressuposta: evolução de fundamentos e de paradigmas da responsabilidade civil na contemporaneidade. **Revista da Faculdade de Direito da UFG**, Goiânia, v. 31, p. 33-59, 2007, p. 3.

[89] Ricardo Dal Pizzol também trata da revisão crítica do sistema de responsabilidade civil, apontando a necessidade de uma abordagem funcionalista no que tange a esse importante instituto do Direito Civil (**Responsabilidade civil**: funções punitiva e preventiva. Indaiatuba: Foco, 2020, p. 284): "A responsabilidade civil reduzia-se, nesse contexto, à relação obrigacional que se forma entre o autor do ilícito e a vítima, tendo por objeto o dever de restabelecer o *status quo ante*. Uma questão estritamente privada, portanto. Nenhum questionamento havia (ou quase nenhum) acerca (i) do interesse social envolvido, (ii) das funções da responsabilidade civil ou mesmo (iii) da conveniência de a indenização corresponder, em qualquer hipótese, ao valor do dano. Tudo se passava como se o fenômeno da responsabilidade civil admitisse uma única solução lógica, que seria justamente a fixação de indenização, após o evento danoso, em valor equivalente ao dano. Outras possíveis respostas sequer eram cogitadas. Nas últimas décadas, no entanto, a abordagem funcionalista ganhou espaço também no âmbito da responsabilidade civil. Para além de simplesmente analisar os pressupostos da responsabilização – dano, nexo de causalidade e culpa – doutrina e tribunais passaram, nos países de *civil law*, a questionar para que serve esse ramo do Direito e como ele pode ser melhor explorado para atingir objetivos sociais (deixando de ser apenas uma questão privada entre ofensor e vítima, portanto). Outras soluções, além do simples restabelecimento do *status quo ante*, passaram a ser sugeridas (*v.g.*, sistemas de socialização de riscos, como o neozelandês; tutelas inibitórias para prevenir a ocorrência dos danos; indenização punitiva e dissuasiva de valor superior ao dano)."

toda sua estrutura, possui apenas uma linha-mestra: sempre proporcionar a reparação dos danos causados ao ofendido. Para isso, adotaram-se diversas medidas: inversão do ônus da prova, criação de responsabilidade sem ofensa a direito ou sem ato ilícito, aumento do rol dos responsáveis pelo dano, dispensa da culpa em muitos casos, desnecessidade de comprovação do nexo causal em determinadas situações, entre outras.[90]

Carlos Roberto Gonçalves explica, de forma resumida, as diferentes fases acerca dessas medidas: em um primeiro momento, buscou-se facilitar a prova da culpa; na sequência, admitiu-se a teoria do abuso de direito como ato ilícito; em momento posterior, estabeleceram-se casos de presunção de culpa; e, por derradeiro, admitiu-se um maior número de casos de responsabilidade contratual.[91]

René Savatier salienta que os processos mais corriqueiros e frequentes são aqueles referentes à responsabilidade civil. Multiplicaram-se os casos em que uma parte responde pelo prejuízo sofrido por uma outra. Ademais, a ideia de responsabilidade incide sobre todas as matérias do Direito, penetrando e modificando o seu desenvolvimento. Esse desenvolvimento faz parte do contexto atual, pois uma civilização avançada almeja garantir seu equilíbrio, e a reparação dos danos trilha nesse sentido. As pessoas

90 ALMEIDA, José Luiz Gavião de. Novos rumos da responsabilidade civil por ato ilícito. *In*: ____________________ (org.). **Temas atuais de responsabilidade civil**. São Paulo: Atlas, v. 1, p. 57-73, 2007, p. 63.

91 GONÇALVES, Carlos Roberto. **Comentários ao Código Civil**. São Paulo: Saraiva, 2003, p. 308-309. Confira a explicação na íntegra: "1 – Primeiramente, procurou-se proporcionar maior facilidade à prova da culpa. Os tribunais, em muitos casos, passaram a examinar com benignidade a prova da culpa produzida pela vítima, extraindo-a de circunstâncias do fato e de outros elementos favoráveis; 2 – Admissão da teoria do abuso de direito como ato ilícito. A jurisprudência, interpretando a *contrario sensu* o art. 160, inciso I, do CC de 1916, passou a responsabilizar pessoas que abusavam de seu direito, desatendendo à finalidade social para a qual foi criado, lesando terceiros; 3 – Estabelecimento de casos de presunção de culpa (Súmula 341 do STF; a lei sobre a responsabilidade das estradas de ferro etc.), casos esses em que intervém sempre o ônus da prova, melhorando muito a situação da vítima. Esta não teria de provar a culpa psicológica, subjetiva, do agente, que seria presumida. Bastaria a prova da relação de causalidade entre o ato do agente e o dano experimentado. Para livrar-se da presunção de culpa, o causador da lesão patrimonial ou moral é que teria de produzir prova de inexistência de culpa ou de caso fortuito. 4 – Admissão de maior número de casos de responsabilidade contratual (táxi, ônibus, trem etc.), que oferecem vantagem para a vítima no tocante à prova, visto que esta precisava provar apenas que não chegou incólume ao seu destino, e que houve, pois, inadimplemento contratual."

enxergam nesse instituto um instrumento de segurança, e a indenização concedida a um ofendido em regra inocente traduz uma noção de compaixão, circundante do desenvolvimento do Direito moderno.[92]

Louis Josserand chega a afirmar que não se trata de mero desenvolvimento da responsabilidade civil, mas, sim, de verdadeira revolução, pois seu desembarque em novas frentes é veloz e fulminante. Acerca do desdobramento da figura jurídica em questão, o autor francês explica que o tronco primitivo, vale dizer, o romano, dividiu-se em diversos ramos, e a responsabilidade tornou-se um mundo jurídico em movimento.[93]

Antes do século XX, quando ocorria um acidente cuja causa era desconhecida, imputava-se sua responsabilidade a uma divindade. Vale dizer, considerava-o como *damnum fatale, act of God*, coisa do destino, de Deus ou dos inimigos do rei. E, naquele contexto, era melhor, então, "deixar as coisas em paz, não perturbar a ordem dos acontecimentos por uma força superior a tudo, *quieta non movere*, tal parecia ser na matéria a divisa dos legisladores e dos juízes." Porém, na sequência, firmou-se a necessidade de conceder devida atenção às vítimas, visando à reparação de eventuais danos a elas causados.[94]

Já para Caio Mário da Silva Pereira, a doutrina da responsabilidade civil encontra-se plenamente desenvolvida.[95] De fato, as teorias, os fundamentos,

[92] SAVATIER, René. ***Traité de la responsabilité civile en Droit français***. 2. ed. Paris: Librairie Générale de Droit et de Jurisprudence, p. 1.

[93] JOSSERAND, Louis. Evolução da responsabilidade civil. Trad. Raul Lima. **Revista Forense**, São Paulo, n. 456, 1941, p. 548. Nesse sentido, explica o doutrinador que o "tronco primitivo, o tronco romano, desdobrou-se numa porção de ramos, e a responsabilidade tornou-se todo um mundo jurídico, mundo em movimento, em incessante gestação, sempre a começar; não é somente no sentido quantitativo que ela evoluiu, é também qualitativamente; a responsabilidade não só se realiza mais frequentemente que outrora, mas também se realiza de outros modos; apresenta-se com múltiplas faces, desconhecidas da sociedade romana, desconhecidas mesmo – algumas dentre elas, pelo menos, – de nossos avós, cujos traços às vezes fugidios não são sempre fáceis de fixar no papel ou pela palavra."

[94] Cf. JOSSERAND, Louis. Evolução da responsabilidade civil. Trad. Raul Lima. **Revista Forense**, São Paulo, n. 456, 1941, p. 550. E finaliza o autor aduzindo acerca da necessidade de resguardar os direitos da vítima: "Mas é de um ponto de vista inteiramente diverso que nos colocamos, nós, homens do século XX, para apreciar as coisas: quando um acidente sobrevém, em que à vítima nada se pode censurar, por haver desempenhado um papel passivo e inerte, sentimos instintivamente que lhe é devida uma reparação; precisamos que ela a obtenha, sem o que nos sentimos presos de um mal-estar moral, de um sentimento de revolta; vai-se a paz de nossa alma."

[95] PEREIRA, Caio Mário da Silva. **Responsabilidade civil**. Rio de Janeiro: GZ, 2012. p. 19.

os elementos e outras características foram exaustivamente debatidos pelos pensadores civilistas. Em contrapartida, sempre é possível avançar em pontos específicos, como se pretende no presente livro, compulsando os efeitos da responsabilidade civil no que tange a graves ilícitos praticados por agentes públicos.

Como se vê, o regramento da responsabilidade civil está – e estará – em constante evolução, adaptando-se aos fatos e anseios sociais de cada época – e não é diferente com o tema objeto do presente estudo: faz-se necessária uma releitura dos atuais instrumentos jurídicos para haver uma completa reparação de todos os danos causados por agentes públicos corruptos ao patrimônio público e à sociedade propriamente dita. Dessa feita, assim como o Direito, a responsabilidade civil consubstancia-se no retrato da justiça em determinado contexto histórico-temporal da Humanidade, por refletir o modo como o ordenamento jurídico confere tratamento ao mais comezinho e clássico conflito interpessoal: a causação de dano.

2. Fundamentos da responsabilidade civil e ordenamentos estrangeiros e nacional

É inegável a influência do *Code Civil* francês, promulgado em 21 de março de 1804, na formulação dos ordenamentos jurídicos de diversos e incontáveis países, inclusive do Brasil, conforme relata Otávio Luiz Rodrigues Junior.[96] O referido código estatuiu a responsabilidade civil extracontratual – vale dizer, é obrigado a reparar o dano quem culposa ou dolosamente o causou – em seus artigos 1.240, 1.241 e correlatos, cuja base foi influenciada por Jean Domat:[97] "*Tout fait quelconque de l'homme, qui cause à autrui un dommage, oblige celui par la faute du-quel il est arrivé à le réparer. [...] Chacun est responsable du dommage qu'il a causé non seulement par son fait, mais encore par sa négligence ou par son imprudence.*"[98]

[96] RODRIGUES JUNIOR, Otavio Luiz. Reforma dos Códigos deve ser democrática e pluralista. **Revista Eletrônica Conjur**, 2 jan. 2013. Coluna Direito Comparado. Disponível em: https://www.conjur.com.br/2013-jan-02/direito-comparado-reforma-codigos-democratica-pluralista. Acesso em: 15 abr. 2021.

[97] Cf. FACCHINI NETO, Eugênio. *Code Civil* francês: gênese e difusão de um modelo. **Revista de Informação Legislativa**, Brasília, v. 50, n. 198, p. 57-86, abr./jun. 2013, p. 62.

[98] Tradução livre: "Artigo. 1.240. Qualquer fato do homem que cause dano a outrem obriga aquele que o causou culposamente a repará-lo. Artigo. 1.241. Toda pessoa é responsável pelo dano que tenha causado não só por seu dolo, mas também por sua negligência ou imprudência."

Nesse sentido, Eugênio Facchini Neto ensina que tais disposições inspiraram outros códigos, como, por exemplo, o italiano, além do brasileiro, segundo se mencionou acima.[99] Com efeito, o *Codice Civile* da Itália, promulgado pelo *Regio Decreto* n. 262, de 16 de março de 1942, preceitua em seu artigo 2.043 que: "*Qualunque fatto doloso o colposo, che cagiona ad altri un danno ingiusto, obbliga colui che ha commesso il fatto a risarcire il danno.*"[100]

Em tal diapasão, o *Bürgerliches Gesetzbuch* (BGB), promulgado na Alemanha em 18 de agosto de 1896 e vigente a partir de 1º de janeiro de 1900 – segundo relata Carlos David Santos Aarão[101] –, preconiza a responsabilidade civil extracontratual no § 823. A norma salienta que é obrigado a reparar os respectivos danos aquele que viola dolosa ou culposamente a vida, o corpo, a saúde, a liberdade, a propriedade ou qualquer outro direito de terceiro.[102]

Nota-se que, além das regras acimas expostas, o Código alemão optou por regular de forma detalhada a reparação dos danos, havendo diversas regras que tratam dos danos e da respectiva reparação, como, por exemplo, os §§ 253,[103] 844[104] e 845.[105] Já o *Code Civil* francês, por sua vez, é caracte-

[99] Facchini Neto, Eugênio. Code Civil francês: gênese e difusão de um modelo. **Revista de Informação Legislativa**, Brasília, v. 50, n. 198, p. 57-86, abr./jun. 2013, p. 62-63.

[100] Tradução livre: "Qualquer ato doloso ou culposo que cause dano injusto a outrem obriga o autor do ato a indenizar o dano."

[101] Reis, Carlos David Santos Aarão. A elaboração do BGB: homenagem no centenário do Código Civil alemão. **Revista de Informação Legislativa**, Brasília, v. 33, n. 130, p. 121-131, abr./jun. 1996, p. 130.

[102] "*§ 823 Schadensersatzpflicht (1) Wer vorsätzlich oder fahrlässig das Leben, den Körper, die Gesundheit, die Freiheit, das Eigentum oder ein sonstiges Recht eines anderen widerrechtlich verletzt, ist dem anderen zum Ersatz des daraus entstehenden Schadens verpflichtet. (2) Die gleiche Verpflichtung trifft denjenigen, welcher gegen ein den Schutz eines anderen bezweckendes Gesetz verstößt. Ist nach dem Inhalt des Gesetzes ein Verstoß gegen dieses auch ohne Verschulden möglich, so tritt die Ersatzpflicht nur im Falle des Verschuldens ein.*" Tradução livre: "§ 823 Obrigação de indenizar por danos (1) Quem viola dolosa ou culposamente a vida, o corpo, a saúde, a liberdade, a propriedade ou qualquer outro direito de outra pessoa é obrigado a indenizá-la pelos danos resultantes. (2) A mesma obrigação se aplica a qualquer pessoa que viole uma lei destinada a proteger outra pessoa. Se, de acordo com o teor da lei, a sua violação é possível mesmo sem culpa, a obrigação de indenizar só se aplica em caso de culpa."

[103] "*§ 253 Immaterieller Schaden (1) Wegen eines Schadens, der nicht Vermögensschaden ist, kann Entschädigung in Geld nur in den durch das Gesetz bestimmten Fällen gefordert werden. (2) Ist wegen einer Verletzung des Körpers, der Gesundheit, der Freiheit oder der sexuellen Selbstbestimmung Schadensersatz zu leisten, kann auch wegen des Schadens, der nicht Vermögensschaden ist, eine billige Entschädigung in Geld gefordert werden.*" Tradução livre: "§ 253 Danos imateriais (1) Por dano que

rizado pela atipicidade do dano, cujo conceito é aberto, inexistindo regras específicas quanto à indenização. Desse modo, o certo grau de tipificação

não seja material, a indenização pecuniária somente poderá ser exigida nos casos previstos em lei. (2) Se a compensação for paga por causa de um dano ao corpo, saúde, liberdade ou autodeterminação sexual, uma compensação em dinheiro também pode ser exigida por causa do dano que não seja financeiro."

[104] "*§ 844 Ersatzansprüche Dritter bei Tötung (1) Im Falle der Tötung hat der Ersatzpflichtige die Kosten der Beerdigung demjenigen zu ersetzen, welchem die Verpflichtung obliegt, diese Kosten zu tragen. (2) Stand der Getötete zur Zeit der Verletzung zu einem Dritten in einem Verhältnis, vermöge dessen er diesem gegenüber kraft Gesetzes unterhaltspflichtig war oder unterhaltspflichtig werden konnte, und ist dem Dritten infolge der Tötung das Recht auf den Unterhalt entzogen, so hat der Ersatzpflichtige dem Dritten durch Entrichtung einer Geldrente insoweit Schadensersatz zu leisten, als der Getötete während der mutmaßlichen Dauer seines Lebens zur Gewährung des Unterhalts verpflichtet gewesen sein würde; die Vorschriften des § 843 Abs. 2 bis 4 finden entsprechende Anwendung. Die Ersatzpflicht tritt auch dann ein, wenn der Dritte zur Zeit der Verletzung gezeugt, aber noch nicht geboren war. (3) Der Ersatzpflichtige hat dem Hinterbliebenen, der zur Zeit der Verletzung zu dem Getöteten in einem besonderen persönlichen Näheverhältnis stand, für das dem Hinterbliebenen zugefügte seelische Leid eine angemessene Entschädigung in Geld zu leisten. Ein besonderes persönliches Näheverhältnis wird vermutet, wenn der Hinterbliebene der Ehegatte, der Lebenspartner, ein Elternteil oder ein Kind des Getöteten war.*" Tradução livre: "§ 844 Reclamações de terceiros para indenização em caso de morte (1) Em caso de homicídio, o devedor da indenização reembolsará as despesas do funeral à pessoa obrigada a suportá-las. (2) Se a vítima estava em um relacionamento com um terceiro no momento da lesão, em virtude do qual ela era ou poderia se tornar dependente de alimentos em virtude da lei, e se o terceiro foi privado do direito aos alimentos em consequência do homicídio, o devedor terá de pagar uma indenização a terceiros mediante uma pensão em dinheiro, na medida em que o assassinado teria sido obrigado a prestar alimentos pelo período presumido de vida; as disposições do § 843, parágrafos 2 a 4, aplicam-se em conformidade. A obrigação de indenizar também se aplica se o terceiro foi concebido, mas ainda não nasceu no momento da lesão. (3) A pessoa responsável pela indenização deve pagar aos dependentes sobreviventes que, no momento da lesão, tinham uma proximidade pessoal especial com a vítima pelo sofrimento mental infligido aos dependentes sobreviventes, uma indenização apropriada em dinheiro. Presume-se uma proximidade pessoal especial se o sobrevivente for o cônjuge, companheiro, pai ou filho da vítima."

[105] "*§ 845 Ersatzansprüche wegen entgangener Dienste. Im Falle der Tötung, der Verletzung des Körpers oder der Gesundheit sowie im Falle der Freiheitsentziehung hat der Ersatzpflichtige, wenn der Verletzte kraft Gesetzes einem Dritten zur Leistung von Diensten in dessen Hauswesen oder Gewerbe verpflichtet war, dem Dritten für die entgehenden Dienste durch Entrichtung einer Geldrente Ersatz zu leisten. Die Vorschrift des § 843 Abs. 2 bis 4 findet entsprechende Anwendung.*" Tradução livre: "§ 845 Pedidos de indenização por perda de serviços. Em caso de morte, lesão corporal ou saúde e em caso de privação de liberdade, a pessoa responsável pela indenização, se a parte lesada for legalmente obrigada a prestar serviços a terceiros em sua residência ou empresa, deverá pagar ao terceiro uma pensão pelos serviços perdidos como forma de reposição. Aplica-se, no que for cabível, a disposição do § 843, parágrafos 2 a 4."

dos danos existente no BGB não é vislumbrado no ordenamento jurídico da França.[106]

Assim como nos demais países continentais, em Portugal também há previsão expressa acerca do tema *sub examine*. Com efeito, o artigo 483 do Código Civil local – Decreto-lei n. 47.344, de 25 de novembro de 1966 – exige, para a devida responsabilização extracontratual, dolo ou culpa do agente que pratica ato ilícito e causa dano, conforme prelecionam João de Matos Antunes Varela[107] e Luís Manuel Teles de Menezes Leitão.[108] A norma jurídica em questão estabelece o seguinte em seu item 1: "Aquele que, com dolo ou mera culpa, violar ilicitamente o direito de outrem ou qualquer disposição legal destinada a proteger interesses alheios fica obrigado a indemnizar o lesado pelos danos resultantes da violação." E, no item 2, trata da responsabilidade objetiva, aduzindo que a obrigação de indenizar independentemente de culpa existe apenas nos casos especificados em lei.

E, na mesma direção, o *Real Decreto* de 24 de julho de 1889, que promulgou o Código Civil espanhol, preceitua, em seu artigo 1.902, a responsabilidade civil extracontratual: *"El que por acción u omisión causa daño a otro, interviniendo culpa o negligencia, está obligado a reparar el daño causado."*[109]

Já nos países de tradição do *common law* – *v.g.*, Inglaterra e Estados Unidos da América –, inexistem codificações como aquelas exemplificadas acima, referentes às nações que adotam o sistema romano-germânico (*civil law*). Todavia, mesmo nos ordenamentos de origem anglo-saxônica também vigora, ressalvadas as peculiaridades de cada sistema, tal primado, consistente na obrigação daquele que culposa ou dolosamente causou o dano de repará-lo, de acordo com o tipo de lesão ocorrida no caso concreto.[110]

Convém consignar, por oportuno, algumas diferenças entre tais sistemas. Conforme salientado, no *civil law* existem dois principais mode-

[106] Cf. PETERSEN, Luiza Moreira. Danos à pessoa: comparação do sistema de responsabilidade civil do direito continental e os torts do common law. *In*: MIRAGEM, Bruno (org.). **Direito Privado Comparado**. Belo Horizonte: Letramento, p. 343-370, 2018, p. 369.

[107] VARELA, João de Matos Antunes. **Das obrigações em geral**. 7. ed. Coimbra: Almedina, v. 2, 2013, p. 132 e seguintes.

[108] LEITÃO, Luís Manuel Teles de Menezes. **Direito das obrigações**. 11. ed. Coimbra: Almedina, 2014, p. 253.

[109] Tradução livre: "Aquele que por ação ou omissão causar dano a outrem, intervindo por culpa ou negligência, é obrigado a reparar o dano causado."

[110] Cf. HARPWOOD, Vivienne. ***Principles of tort law***. 4. ed. London: Cavendish Publishing Limited, 2000, p. 1-18.

los de estruturação da responsabilidade civil: de um lado, o francês, que prevê uma cláusula geral, *ex vi* do citado artigo 1.240 do *Code Civil*, unificando e generalizando os conceitos de dano e delito; e, de outro, o alemão, que mescla cláusulas gerais (§§ 823[111] e 826[112]) com a tipificação de uma série de hipóteses indenizáveis (§§ 824,[113] 825,[114] 839[115] e 844[116]).

[111] Já mencionado acima.

[112] "*§ 826 Sittenwidrige vorsätzliche Schädigung. Wer in einer gegen die guten Sitten verstoßenden Weise einem anderen vorsätzlich Schaden zufügt, ist dem anderen zum Ersatz des Schadens verpflichtet.*" Tradução livre: "§ 826 Dano intencional imoral. Qualquer pessoa que deliberadamente prejudique outra pessoa de maneira contrária à decência comum é obrigada a compensar a outra pelo dano."

[113] "*§ 824 Kreditgefährdung (1) Wer der Wahrheit zuwider eine Tatsache behauptet oder verbreitet, die geeignet ist, den Kredit eines anderen zu gefährden oder sonstige Nachteile für dessen Erwerb oder Fortkommen herbeizuführen, hat dem anderen den daraus entstehenden Schaden auch dann zu ersetzen, wenn er die Unwahrheit zwar nicht kennt, aber kennen muss. (2) Durch eine Mitteilung, deren Unwahrheit dem Mitteilenden unbekannt ist, wird dieser nicht zum Schadensersatz verpflichtet, wenn er oder der Empfänger der Mitteilung an ihr ein berechtigtes Interesse hat.*" Tradução livre: "§ 824 Risco de crédito (1) Quem, ao contrário da verdade, reivindica ou divulga fato que possa comprometer o crédito de outrem ou causar outras desvantagens para a sua aquisição ou promoção, deve indenizar o outro pelos danos daí resultantes, mesmo que não soubesse, mas deveria saber. (2) Uma comunicação cuja inverdade seja desconhecida da pessoa que fez a notificação não o obriga a pagar uma indenização se ele ou o destinatário da comunicação tiver um interesse legítimo nela."

[114] "*§ 825 Bestimmung zu sexuellen Handlungen. Wer einen anderen durch Hinterlist, Drohung oder Missbrauch eines Abhängigkeitsverhältnisses zur Vornahme oder Duldung sexueller Handlungen bestimmt, ist ihm zum Ersatz des daraus entstehenden Schadens verpflichtet.*" Tradução livre: "§ 825 Disposição sobre atos sexuais. Quem nomear outra pessoa para praticar ou tolerar atos sexuais por meio de engano, ameaça ou abuso de relação de dependência é obrigado a indenizá-la pelos danos causados."

[115] "*§ 839 Haftung bei Amtspflichtverletzung (1) Verletzt ein Beamter vorsätzlich oder fahrlässig die ihm einem Dritten gegenüber obliegende Amtspflicht, so hat er dem Dritten den daraus entstehenden Schaden zu ersetzen. Fällt dem Beamten nur Fahrlässigkeit zur Last, so kann er nur dann in Anspruch genommen werden, wenn der Verletzte nicht auf andere Weise Ersatz zu erlangen vermag. (2) Verletzt ein Beamter bei dem Urteil in einer Rechtssache seine Amtspflicht, so ist er für den daraus entstehenden Schaden nur dann verantwortlich, wenn die Pflichtverletzung in einer Straftat besteht. Auf eine pflichtwidrige Verweigerung oder Verzögerung der Ausübung des Amts findet diese Vorschrift keine Anwendung. (3) Die Ersatzpflicht tritt nicht ein, wenn der Verletzte vorsätzlich oder fahrlässig unterlassen hat, den Schaden durch Gebrauch eines Rechtsmittels abzuwenden.*" Tradução livre: "§ 839 Responsabilidade por violação de dever oficial (1) Se um funcionário público violar, intencionalmente ou por negligência, as obrigações oficiais que lhe incumbem para com um terceiro, deve indenizar o terceiro pelos danos causados. Se o oficial for apenas culpado de negligência, só pode ser reclamado se a parte lesada não puder obter indenização de outra forma. (2) Se um funcionário violar seu dever oficial no julgamento em uma questão jurídica, ele só será responsável pelo

Já no *common law* há uma pluralidade de *torts*, assemelhando-se aos delitos do Direito Romano. As diversas espécies de *torts* foram desenvolvidas paulatinamente e de forma casuística, constituindo distintas modalidades de responsabilidade civil, autônomas entre si e que se diferenciam pela espécie de lesão.[117]

A seara do Direito que os ingleses chamam de "*liability in tort*" ou "*tortous liability*" pode ser comparada, guardadas as respectivas proporções e realizadas as devidas ressalvas, ao regime de responsabilidade extracontratual do *civil law*. Por seu turno, essa área do Direito anglo-saxônico abrange diversos objetos: *product liability* (responsabilidade pelo produto), *environmental liability* (responsabilidade ambiental), *employer's liability* (responsabilidade patronal), *D&O liability* (responsabilidade dos diretores e administradores), *liability for accidents* (responsabilidade por acidentes), *malpractice* (responsabilidade por negligência ou más práticas profissionais).[118]

Contudo, segundo Vivienne Harpwood, há dificuldade para se conceituar o *tort*. Com efeito, os problemas de definição são mais bem tratados comparando-se o escopo e os objetivos do *tort* com os de outros assuntos do Direito, como o contrato e o Direito Penal. E a professora relata que, mesmo assim, tal tentativa de comparação é uma simplificação do conceito no Direito moderno, pois, em um primeiro momento, o delito e o contrato foram tratados em conjunto, mas, na sequência, foram separados por motivos de política judicial. E conclui a autora aduzindo que a classificação é uma questão de conveniência para acadêmicos, mas muitas vezes é contraproducente, porque, segundo sua ótica, mascara os objetivos subjacentes da lei.[119]

dano resultante se a violação do dever consistir em um crime. Esta disposição não se aplica a uma recusa ilegal ou atraso no exercício do cargo. (3) A obrigação de indenizar não se aplica se a parte lesada, intencionalmente ou por negligência, não evitou o dano recorrendo a um recurso legal."

[116] Já mencionado acima.

[117] Cf. Petersen, Luiza Moreira. Danos à pessoa: comparação do sistema de responsabilidade civil do direito continental e os torts do common law. *In*: MIRAGEM, Bruno (org.). **Direito Privado Comparado**. Belo Horizonte: Letramento, p. 343-370, 2018, p. 369.

[118] Cf. Cuñado, Fernando; Gámez, Ruth. A responsabilidade civil no direito inglês: terminologia e comparação com o direito espanhol. **Boletim da língua portuguesa nas instituições europeias**, n. 57, p. 1-7, verão de 2018, p. 5-6.

[119] Harpwood, Vivienne. ***Principles of tort law***. 4. ed. London: Cavendish Publishing Limited, 2000, p. 19.

De todo modo, registra-se que "*tort*" é uma palavra de origem francesa incorporada à *common law* por meio dos normandos. A palavra latina "*tortum*" pode ser traduzida como "incorreto", contrapondo-se a "*rectum*", que, significando "correto", deu origem à palavra "direito". Em tal contexto, dessume-se que o Direito espera que todas as pessoas se comportem de forma escorreita, bem como que quem se desviar do comportamento esperado age de forma incorreta – *tortum, tort.* Assim, o *tort* é um dano ou ilícito civil (*civil wrong*) praticado por um agente que a lei reputa como responsável (*legally liable*), denominado *tortfeasor.* Este causa uma lesão, uma perda ou um dano (*injury, loss or harm*) a terceira pessoa, a qual possui direito à respectiva reparação (*remedy*). Ademais, o comportamento incorreto e o dano causado devem ser admitidos pela lei como aptos à reparação.[120]

Nessa toada, podem ser citados três dos principais objetivos da *tort law*, que é o ramo do Direito que trata de atos ilícitos cometidos por pessoas físicas e jurídicas que não se enquadram como delitos (*crimes*) ou como descumprimentos de contratos (*breach of contract*): a compensação do lesado (*compensate the victim*), o desencorajamento do comportamento negligente (*deter negligence*) e o fomento do comportamento diligente (*encourage due care*).[121] Também podem ser mencionados outros objetivos, como, por exemplo, a *loss distribution* (distribuição de prejuízo) e a *punishment* (punição).[122]

Vivienne Harpwood assevera que o instituto sofre de problemas internos e inconsistências causadas por decisões aleatórias e políticas judiciais, havendo dificuldades em se resolver tal questão. Assim, a autora conclui que a busca por um grande projeto que dê coerência interna à *law of tort* é ingênua e provavelmente fadada ao insucesso.[123]

No Brasil, todas as pessoas possuem direito à vida, liberdade, igualdade, segurança e propriedade, entre outros direitos.[124] E tais garantias

[120] Cf. Cuñado, Fernando; Gámez, Ruth. A responsabilidade civil no direito inglês: terminologia e comparação com o direito espanhol. **Boletim da língua portuguesa nas instituições europeias**, n. 57, p. 1-7, verão de 2018, p. 5.

[121] Cf. Cuñado, Fernando; Gámez, Ruth. A responsabilidade civil no direito inglês: terminologia e comparação com o direito espanhol. **Boletim da língua portuguesa nas instituições europeias**, n. 57, p. 1-7, verão de 2018, p. 5-6.

[122] Cf. Harpwood, Vivienne. ***Principles of tort law.*** 4. ed. London: Cavendish Publishing Limited, 2000, p. 14-15.

[123] Harpwood, Vivienne. ***Principles of tort law.*** 4. ed. London: Cavendish Publishing Limited, 2000, p. 20.

[124] Cf. artigo 5º, *caput*, da Constituição Federal.

são extensíveis a qualquer pessoa, independentemente de origem, raça, sexo, cor ou idade.[125] Conforme os ensinamentos de Washington de Barros Monteiro, "pessoa" é o ente físico ou moral suscetível de direitos e obrigações. Conclui-se, desse modo, que pessoa é palavra sinônima de sujeito de direito ou sujeito de relação jurídica – no "direito moderno, todo ser humano é pessoa no sentido jurídico".[126]

Registra-se, de outra banda, que a dignidade da pessoa humana é um dos fundamentos da República Federativa do Brasil.[127] Nesse tema, são percucientes as lições de Antonio Junqueira de Azevedo, o qual assevera que a dignidade da pessoa humana é um conceito jurídico indeterminado, bem como um princípio jurídico quando utilizado em norma notadamente constitucional.[128]

Teresa Ancona Lopez ensina que a pessoa é um fim em si mesmo, consistindo nisso a sua dignidade. A vida humana, desse modo, é intangível, bem como que a dignidade é um atributo essencial da pessoa, sem necessidade de "qualificações como sexo, raça, *status*, nível cultural, profissional, financeiro etc. Assim, todos têm a mesma dignidade".[129]

Percebe-se, por conseguinte, que o ordenamento jurídico pátrio, plasmado por sua lei maior, confere ampla proteção às pessoas, incluindo sua vida, sua integridade física e seus bens. *A contrario senso*, conclui-se que é defeso todo tipo de agressão a qualquer ser humano – ou a seus bens, corpóreos ou incorpóreos – e que, por consequência, eventuais danos devem ser reparados ou, quando impossível fazê-lo, devem ser indenizados.[130]

Nessa esteira, o artigo 927, *caput*, do Código Civil brasileiro dispõe o seguinte: "Aquele que, por ato ilícito (arts. 186 e 187), causar dano a outrem,

[125] Cf. artigo 3º, inciso IV, da Constituição Federal.

[126] MONTEIRO, Washington de Barros. **Curso de Direito Civil 1**: parte geral. 45. ed. rev. e atual. por Ana Cristina de Barros Monteiro França Pinto. São Paulo: Saraiva, 2016, p. 78.

[127] Cf. artigo 1º, *caput*, inciso III, da Constituição Federal.

[128] AZEVEDO, Antonio Junqueira de. **Danos à pessoa humana**: uma leitura civil constitucional dos danos morais. Rio de Janeiro: Renovar, 2003, p. 57.

[129] LOPEZ, Teresa Ancona. Dano existencial. **Revista de Direito Privado**, São Paulo, v. 15, n. 57, p. 287-302, 2014, p. 289.

[130] Sobre o tema, a Constituição Federal ainda preceitua em seu art. 5º, *caput*, incisos V e X, respectivamente que "é assegurado o direito de resposta, proporcional ao agravo, além da indenização por dano material, moral ou à imagem" e que "são invioláveis a intimidade, a vida privada, a honra e a imagem das pessoas, assegurado o direito a indenização pelo dano material ou moral decorrente de sua violação".

fica obrigado a repará-lo". Já o seu parágrafo único determina que: "Haverá obrigação de reparar o dano, independentemente de culpa, nos casos especificados em lei, ou quando a atividade normalmente desenvolvida pelo autor do dano implicar, por sua natureza, risco para os direitos de outrem."

Sendo assim, há obrigação de reparar o dano causado: a) em razão da prática de ato ilícito (artigo 927, *caput*, do Código Civil); e b) independentemente de culpa, nos casos previstos em lei ou em razão da atividade desempenhada (parágrafo único do referido dispositivo).

Quanto à primeira hipótese, é importante o conceito trazido pelo artigo 186 do Código Civil: "Aquele que, por ação ou omissão voluntária, negligência ou imprudência, violar direito e causar dano a outrem, ainda que exclusivamente moral, comete ato ilícito". E não se pode olvidar a disposição encartada no artigo 187 do mesmo código: "Também comete ato ilícito o titular de um direito que, ao exercê-lo, excede manifestamente os limites impostos pelo seu fim econômico ou social, pela boa-fé ou pelos bons costumes."

No que tange à segunda hipótese – independente de culpa –, a reparação exsurge de situações elencadas pela lei (dano ambiental,[131] por exemplo) ou quando a atividade empreendida gera riscos para terceiros (fabricação de fogos de artifício, *verbi gratia*).

Conclui-se, dessa feita, que os fundamentos da responsabilidade são a culpa (responsabilidade subjetiva) e o risco (responsabilidade objetiva)[132] – e, no que tange às relações consumeristas, em razão das disposições do Código de Defesa do Consumidor (artigos 12 e seguintes, por exemplo),

[131] A Lei n. 6.938, de 31 de agosto de 1981, implementa a "Política Nacional do Meio Ambiente, seus fins e mecanismos de formulação e aplicação", e, em seu artigo 14, § 1º, dispõe o seguinte (destaques nossos): "Sem obstar a aplicação das penalidades previstas neste artigo, é o poluidor obrigado, **independentemente da existência de culpa**, a indenizar ou reparar os danos causados ao meio ambiente e a terceiros, afetados por sua atividade. O Ministério Público da União e dos Estados terá legitimidade para propor ação de responsabilidade civil e criminal, por danos causados ao meio ambiente."

[132] Faz-se necessário consignar, de forma expressa, a existência de posição doutrinária no sentido de que o *risco* não é o único fundamento da responsabilidade objetiva – para Anderson Schreiber, por exemplo, há situações em que a dispensa da culpa decorre de mera determinação legal (**Novos paradigmas da responsabilidade civil**: da erosão dos filtros da reparação à diluição dos danos. 5. ed. São Paulo: Atlas, 2013, p. 21): "[O Código Civil de 2002] Converteu em objetiva a responsabilidade aplicável a uma série de hipóteses antes dominadas pela culpa presumida, como a responsabilidade por fato de terceiro e por fato de animais."

vigora, como regra, a responsabilidade objetiva e, como exceção, a responsabilidade subjetiva (artigo 14, § 4º, *e.g.*).

De proêmio, salienta-se que a primeira (responsabilidade subjetiva) exige dolo ou culpa do autor do fato – imprudência, negligência ou imperícia –, decorrente da prática de ato ilícito. É a forma clássica de responsabilidade, prevista no antigo Código Civil de 1916 (artigo 159)[133] e mantida pelo atual *codex* (artigo 927, *caput*).

Sobre o tema, Giselda Maria Fernandes Novaes Hironaka aduz que a responsabilidade subjetiva alicerça-se na culpa do agente – não havendo culpa, inexiste responsabilidade, inclusive nos casos em que esteja presente o dano. Com efeito, "a imputação de responsabilidade de sua causação depende de uma conduta culposa do agente". E finaliza a mencionada professora registrando que a culpabilidade, conhecida também como culpa em sentido amplo, pode ser conceituada como uma "conduta do agente desaprovada pela lei", vale dizer, uma "conduta caracterizada pela reprovabilidade ou censurabilidade legal".[134]

Conforme os ensinamentos de Alvino Ferreira Lima, culpa é o "erro de conduta, auferido pelo proceder do homem prudente e imputável moralmente, cuja reparação se impõe".[135] Imprudência, do latim *imprudentia*, é o agir com descuidado, sem precaução, de forma precipitada, imponderada. Negligência, do latim *negligentia*, é a omissão decorrente da falta de cuidado. E imperícia, do latim *imperitia*, é a inaptidão técnica no exercício de arte, ofício ou profissão.

Registram-se, nesse assunto, as lições de Hans Kelsen acerca da negligência, aplicáveis também à imprudência e à imperícia. O conceito de responsabilidade pela culpa, para o jusfilósofo austríaco, costuma abranger a negligência, a qual ocorre quando se produz um resultado proibido pela ordem jurídica, ou quando não se impede de ele acontecer. E tal consectário se vislumbra mesmo que não tenha sido efetivamente previsto

[133] "Art. 159. Aquele que, por ação ou omissão voluntária, negligência, ou imprudência, violar direito, ou causar prejuízo a outrem, fica obrigado a reparar o dano. A verificação da culpa e a avaliação da responsabilidade regulam-se pelo disposto neste Código, arts. 1.518 a 1.532 e 1.537 a 1.553."

[134] HIRONAKA, Giselda Maria Fernandes Novaes. Responsabilidade pressuposta: evolução de fundamentos e de paradigmas da responsabilidade civil na contemporaneidade. **Revista da Faculdade de Direito da UFG**, Goiânia, v. 31, p. 33-59, 2007, p. 44.

[135] LIMA, Alvino Ferreira. **Da culpa ao risco**. São Paulo: Revista do Tribunais, 1938, p. 83.

ou intencionalmente visado pelo agente, pois normalmente era possível e necessário prevê-lo e, por conseguinte, era possível e necessário não o provocar ou evitá-lo.[136]

René Savatier propugna que a culpa tem a importante missão de reforçar a liberdade do homem, porque, conferindo às pessoas o livre arbítrio, faz com que elas se sujeitem às sanções legais em caso de descumprimento das normas postas. Segundo seus ensinamentos, a *faute* francesa é compreendida como a inexecução de um dever que o agente podia conhecer e observar, abrangendo dois elementos: o dever violado (objetivo) e a imputabilidade do agente (subjetivo). Desse modo, a culpabilidade, para Savatier, pressupõe a imputabilidade – trata-se de transgressão a um dever que o agente conhecia e podia respeitar.[137]

E, por seu turno, Emilio Betti assevera que a *Lex Aquilia* introduziu a culpa como elemento cogente ao dever de indenizar, prevendo-a como pressuposto para a caracterização do delito.[138]

Por óbvio, o dolo é abarcado pela responsabilidade subjetiva, uma vez que, se aquele que agiu com culpa deve indenizar, com mais razão também deve fazê-lo aquele que atuou de forma deliberada e intencional para causar o dano. Nesse sentido é a expressão "ação ou omissão voluntária" consignada no artigo 186 do Código Civil brasileiro.

Georges Ripert ensina que, no fim do século XIX, o campo da responsabilidade civil foi alargado: mantendo-se a culpa, formularam-se os conceitos de risco. Trata-se da superação do individualismo, presente no Código Napoleônico, para a socialização da responsabilidade – no caso, a objetiva –, mais eficiente em solucionar os casos práticos vislumbrados no mundo contemporâneo, que encontravam dificuldades resolutórias no modelo anterior.[139]

Assim, a responsabilidade objetiva, ao contrário daquela (subjetiva), prescinde de culpa, pois se fundamenta no risco da atividade – e, conforme mencionado anteriormente, é a regra nas relações disciplinadas pelo

[136] KELSEN, Hans. **Teoria pura do Direito**. 6. ed. Trad. João Baptista Machado. São Paulo: Martins Fontes, 1999, p. 138.

[137] SAVATIER, René. ***Traité de la responsabilité civile en Droit français***. 2. ed. Paris: Librairie Générale de Droit et de Jurisprudence, t. 1, 1951, p. 5-9 e 205.

[138] BETTI, Emílio. **Teoria geral das obrigações**. Trad. Francisco José Galvão Bruno. Campinas: Bookseller, 2006. p. 420-421.

[139] RIPERT, Georges. **A regra moral nas obrigações civis**. Trad. Osório de Oliveira. Campinas: Bookseller, 2000. p. 45.

Código de Defesa do Consumidor. Dessa forma, é suficiente apenas a presença dos seguintes pressupostos: conduta, nexo causal e dano.

Consigna-se, por oportuno, que o estudo da responsabilidade objetiva também possui grande relevância para o deslinde deste livro, uma vez que a Lei n. 12.846, de 1º de agosto de 2013 – Lei Anticorrupção Empresarial –, versando sobre a responsabilização administrativa e civil de pessoas jurídicas pela prática de atos contra a Administração Pública, nacional ou estrangeira, dispensa a existência de culpa em seu artigo 1º, *caput*, nos seguintes termos (destaques nossos): "Esta Lei dispõe sobre a **responsabilização objetiva** administrativa e civil de pessoas jurídicas pela prática de atos contra a administração pública, nacional ou estrangeira."[140]

Abordando a dispensa da culpa para a responsabilização, Claudio Luiz Bueno de Godoy leciona sobre a incidência da disposição encartada no parágrafo único do artigo 927 do Código Civil, apreciando seus requisitos, tais como a habitualidade da atividade desempenhada pelo agente. Para o professor, é insuficiente para atrair a incidência desse dispositivo que um ato ou mesmo uma sequência de atos se consumem, causando danos a outras pessoas. Exige-se, em tal contexto, que a atividade seja normalmente desenvolvida pelo agente, pressupondo habitualidade, vale dizer, atividade corriqueira, vulgar, ordinária. Indica-se, outrossim, que a atividade seja lícita, desprendendo-se do clássico conceito de ilícito aquiliano. Há, desse modo, um deslocamento e "uma multiplicação dos critérios de atribuição da obrigação de indenizar, que deixam de estar ligados exclusivamente ao ilícito e se podem amparar no exercício, justamente, de uma atividade que cria risco aos direitos de outrem."[141]

Para Massimo Franzoni, retirar da responsabilidade civil o caráter punitivo foi um importante marco para a matéria. Dessa forma, a conduta assumiu a posição de simples elo entre o sujeito e o evento danoso, dissociando-se do perfil subjetivo da vontade do agente.[142]

Convém repisar, nesse quadro, a questão acerca da coexistência entre os fundamentos da responsabilidade civil – culpa e risco. O fato de o risco começar a ser utilizado como fundamento para garantir a reparação de

[140] Tal diploma normativo será analisado no capítulo seguinte.

[141] GODOY, Claudio Luiz Bueno de. Responsabilidade civil pelo risco da atividade e o nexo de imputação da obrigação de indenizar: reflexões para um colóquio Brasil-Portugal. **Revista Jurídica Luso-Brasileira**, Lisboa, v. 1, n. 1, p. 21-43, 2015, p. 42-43.

[142] FRANZONI, Massimo. ***La responsabilità oggetiva***. Milano: Dott. Antonio Milani, 1995. p. 95.

danos em casos específicos, nos quais prevalece a responsabilidade objetiva, não afasta a culpa da teoria clássica, empregada nos demais casos. Sobre o assunto, Alvino Lima assevera que as legislações modernas não se afastaram da teoria clássica, calcada na culpa do agente, apesar das investidas dos defensores das teorias da responsabilidade sem culpa e das leis especiais que derrogaram o princípio da responsabilidade extracontratual. Segundo o autor, a culpa, mesmo com a ampliação de seu conceito a partir de critérios técnicos, permanece sendo um dos fundamentos da responsabilidade extracontratual.[143]

Quanto ao tema *sub examine*, são importantes as lições de Miguel Reale, para quem ambas as responsabilidades – subjetiva e objetiva – se complementam. O professor assevera que não se deve escolher entre responsabilidade subjetiva e responsabilidade objetiva, pois, de fato, os dois institutos se completam e se dinamizam. Assim, para ele, deve ser reconhecida como regra a responsabilidade subjetiva, uma vez que o agente precisa ser responsabilizado por sua ação ou omissão, culposa ou dolosa. Todavia, esse entendimento não impede que, observando a estrutura dos negócios, se aplique a responsabilidade objetiva.[144]

No ano de 1897, Raymond Salleiles lançou a obra "*Les Accidents du Travail et la Responsabilité Civille*", na qual afirma que o dano não se refere à culpa, mas, sim, à singela questão de azar. A construção dessa narrativa realizou-se a partir do então artigo 1.384 do Código Napoleônico – atual artigo 1.242 –, atinente à responsabilidade objetiva, para abordar o artigo 1.382 – atual artigo 1.240 –, que trata da responsabilidade subjetiva. Apesar de acolher a tese da responsabilidade objetiva pelo risco, nos termos do mencionado artigo 1.384 do Código Napoleônico, Raymond Salleiles admite a existência da responsabilidade subjetiva, *ex vi* da disposição do citado artigo 1.382 do referido *codex*.[145]

143 LIMA, Alvino Ferreira. **Da culpa ao risco**. São Paulo: Revista do Tribunais, 1938, p. 150-151, p. 27.

144 REALE, Miguel. Diretrizes gerais sobre o projeto de Código Civil. *In*: _____________. **Estudos de Filosofia e ciência do Direito**. São Paulo: Saraiva, 1978, p. 176-177.

145 SALLEILES, Raymond. ***Les accidents du travail et la responsabilité civille***. Paris: A. Rousseau, 1897, p. 74. Colacionam-se, a seguir, os mencionados dispositivos da legislação francesa, conforme sua numeração e redação atuais: "*Article 1.240. Tout fait quelconque de l'homme, qui cause à autrui un dommage, oblige celui par la faute duquel il est arrivé à le réparer. [...] Article 1.242. On est responsable non seulement du dommage que l'on cause par son propre fait, mais encore de celui qui est causé par le fait des personnes dont on doit répondre, ou des choses que l'on a sous*

Nesse sentido, Raymond Salleiles diz que a lei confere a cada pessoa a liberdade de seus atos, proibindo apenas aqueles que são causa direta de dano. E consigna que a norma não poderia proibir os atos virtualmente danosos, pois os potenciais riscos e perigos podem ser evitados, com fundamento na prudência e habilidade. Todavia, a lei, ao permiti-los, determina que aqueles que assumem o risco são obrigados a efetuar os gastos correlatos, decorrentes de culpa ou não. A justificativa apresentada pelo doutrinador decorre do fato de inexistir comparação entre os causadores de danos e as vítimas, já que alguém deve suportar os citados danos, ainda mais quando não há culpa positiva por parte de nenhum dos atores. Então, o critério a ser utilizado para a imputação do risco é o seguinte: aquele que

sa garde. Toutefois, celui qui détient, à un titre quelconque, tout ou partie de l'immeuble ou des biens mobiliers dans lesquels un incendie a pris naissance ne sera responsable, vis-à-vis des tiers, des dommages causés par cet incendie que s'il est prouvé qu'il doit être attribué à sa faute ou à la faute des personnes dont il est responsable. Cette disposition ne s'applique pas aux rapports entre propriétaires et locataires, qui demeurent régis par les articles 1733 et 1734 du code civil. Le père et la mère, en tant qu'ils exercent l'autorité parentale, sont solidairement responsables du dommage causé par leurs enfants mineurs habitant avec eux. Les maîtres et les commettants, du dommage causé par leurs domestiques et préposés dans les fonctions auxquelles ils les ont employés; Les instituteurs et les artisans, du dommage causé par leurs élèves et apprentis pendant le temps qu'ils sont sous leur surveillance. La responsabilité ci-dessus a lieu, à moins que les père et mère et les artisans ne prouvent qu'ils n'ont pu empêcher le fait qui donne lieu à cette responsabilité. En ce qui concerne les instituteurs, les fautes, imprudences ou négligences invoquées contre eux comme ayant causé le fait dommageable, devront être prouvées, conformément au droit commun, par le demandeur, à l'instance." Tradução livre: "Artigo 1.240. Qualquer fato do homem que cause dano a outrem, obriga aquele por cujo defeito chegou a repará-lo. [...] Artigo. 1.242. Somos responsáveis não apenas pelos danos que causamos por nossos próprios atos, mas também pelos que são causados pelos atos das pessoas pelas quais devemos responder, ou pelas coisas que temos sob nossos cuidados. No entanto, quem detém, a qualquer título, a totalidade ou parte do edifício ou bem móvel onde tenha ocorrido o incêndio, não será responsável, perante terceiros, pelos danos causados por este incêndio que se comprove que deve ser atribuído à sua culpa ou à culpa das pessoas por quem é responsável. Esta disposição não se aplica às relações entre proprietários e inquilinos, as quais continuam a ser regidas pelos artigos 1.733 e 1.734 do Código Civil. O pai e a mãe, na medida em que exerçam o poder paternal, são solidariamente responsáveis pelos danos causados pelos filhos menores que vivem com eles. Senhores e chefes, dos danos causados por seus servos e servos nas funções para as quais os contrataram; Professores e artesãos, pelos prejuízos causados por seus alunos e aprendizes durante o tempo em que estão sob sua supervisão. A responsabilidade acima ocorre a menos que o pai e a mãe e os artesãos provem que não puderam impedir o fato que deu origem a essa responsabilidade. No que se refere aos docentes, as faltas, imprudências ou negligências contra eles invocadas como causadoras do facto lesivo devem ser provados, nos termos do direito comum, pelo requerente, na instância."

aufere os benefícios de uma atividade deve, como corolário, suportar os respectivos encargos, porque sua atividade enseja riscos potenciais contra terceiros que não possuem meios defensivos eficazes. E conclui o professor asseverando que a justiça almeja inclinar o prato da responsabilidade para o lado daquele que causou o risco.[146]

Georges Ripert salienta que, aos poucos, se vislumbrou o princípio do risco profissional abranger indústrias, comércios, explorações florestais e agrícolas e empregos domésticos. O autor também assevera que a lei francesa de 9 de abril de 1898, dispondo sobre acidentes de trabalho, foi originada em razão do mencionado trabalho de Raymond Salleiles, de 1897, bem como da doutrina de Louis Josserand, consignando que o referido diploma calcava-se na noção de responsabilidade objetiva, prescindindo de culpa.[147]

René Savatier pontua que, mesmo sem culpa, a responsabilidade originada do risco obriga a reparação de eventuais danos decorrentes de atividade desenvolvida pelo agente e sob sua responsabilidade – tal conceituação almeja abarcar os casos em que a lei ou a jurisprudência determinam a responsabilidade civil de uma pessoa não culpada. Aquele que aufere os benefícios de uma atividade é equitativamente obrigado, em contrapartida, a suportar os consequentes danos porventura causados – agora, a sua responsabilidade fundamenta-se conforme o interesse, pecuniário ou moral, representado pela atividade desenvolvida.[148]

O doutrinador português João Calvão da Silva registra que o desenvolvimento da responsabilidade civil sem culpa (objetiva) decorre do solidarismo e da técnica do seguro. De um lado, incide o *ethos* do Estado de Direito Social, do *welfare state* ou *État-Providence*, no qual prevalece o anseio por uma sociedade solidária e com ampla justiça social, garantidora de direitos sociais, sem se olvidar dos direitos, das liberdades e das garantias individuais preconizadas pelo Estado de Direito Liberal. E, de outro vértice, aplicam-se as técnicas atinentes ao desenvolvimento e aprimoramento do seguro.[149]

[146] SALLEILES, Raymond. ***Les accidents du travail et la responsabilité civille***. Paris: A. Rousseau, 1897, p. 77.

[147] RIPERT, Georges. **A regra moral nas obrigações civis**. Trad. Osório de Oliveira. Campinas: Bookseller, 2000, p. 209.

[148] SAVATIER, René. ***Traité de la responsabilité civile en Droit français***. 2. ed. Paris: Librairie Générale de Droit et de Jurisprudence, 1951, t. 1, p. 349-350 e 359.

[149] SILVA, João Calvão da. **Responsabilidade civil do produtor**. Coimbra: Almedina, 1999, p. 373.

Ainda de acordo com Alvino Lima, a teoria objetiva inaugurou a responsabilidade aquiliana no risco criado pelas diversas atividades humanas; e, desse modo, é aquela que, seguramente, sedimentou os alicerces do novo conceito de responsabilidade independente de culpa. E, segundo o autor, a teoria do risco, conquanto se baseie no fato em si para estabelecer a reponsabilidade, calca-se intensamente nos primados de justiça e de equidade. Em razão das complexas relações hodiernas, que invariavelmente geram uma multiplicidade de acidentes inclusive de autoria anônima, o ofendido começou a vivenciar uma completa incerteza diante da grande dificuldade – e, às vezes, impossibilidade – de provar a culpa.[150]

Inclusive, salienta-se que "Da Culpa ao Risco" foi o título da primeira edição da obra de Alvino Lima, lançada em 1938 pela editora Revista dos Tribunais.[151] Já em sua segunda edição, lançada em 1998 pela mesma editora, revista e atualizada por Ovídio Rocha Barros Sandoval, a obra teve seu nome alterado para "Culpa e Risco".[152] Com essa modificação, visou-se a atribuir inegável carga semântica, fornecendo o significado de presença simultânea entre os fundamentos da responsabilidade civil – culpa e risco. O título original – "Da Culpa ao Risco" –, ao contrário, podia denotar substituição de um fundamento pelo outro, vale dizer, permitia o entendimento de que se encerrava a fase da culpa como fundamento, para, na sequência, se iniciar a fase do risco – o que não condiz com a realidade do nosso ordenamento jurídico.

Todavia, é importante consignar expressamente que, já na primeira edição do livro, Alvino Lima pontuou essa coexistência de fundamentos, aduzindo que, no atual estágio do Direito Civil, a responsabilidade extracontratual não se alicerça exclusivamente na teoria da culpa. Vale dizer, a teoria do risco vigora de forma concomitante com a teoria subjetiva. Assim, de acordo com as lições do professor, o Código Civil brasileiro, trilhando a tradição do nosso Direito, manteve a teoria da culpa como princípio genérico da responsabilidade aquiliana.[153]

[150] LIMA, Alvino Ferreira. **Da culpa ao risco**. São Paulo: Revista do Tribunais, 1938, p. 93 e 142-143.

[151] LIMA, Alvino Ferreira. **Da culpa ao risco**. São Paulo: Revista do Tribunais, 1938.

[152] LIMA, Alvino Ferreira. **Culpa e risco**. 2. ed. rev. e atual. por Ovídio Rocha Barros Sandoval. São Paulo: Revista do Tribunais, 1998.

[153] LIMA, Alvino Ferreira. **Da culpa ao risco**. São Paulo: Revista do Tribunais, 1938, p. 150-151 e 174. O referido entendimento aplica-se ao Código Civil de 2002, conforme se analisará a seguir.

Segundo Géza Marton, os contornos iniciais da responsabilidade sem culpa foram propostos no século XVIII pelos jusnaturalistas Thomasius e Heineccius. O código prussiano de 1794, de acordo com o referido autor húngaro, positivou a responsabilidade objetiva, mas sem deixar laivos – exemplos: § 16 do título 6º da 1ª parte do referido código, que determinava ao autor, ainda que desprovido de discernimento, o dever de reparação (*zufälliger Schaden*); e § 72, que obriga aquele que guarda animais a responder, mesmo sem culpa, por eventuais danos causados.[154]

Registra-se, nessa temática, a seguinte citação de Ludwig Enneccerus, Theodor Kipp e Martín Wolff, para os quais "*la responsabilidad por los daños causados en virtud de exploraciones peligrosas sin culpa del empresario se introdujo primeramente para los ferrocarriles por obra del § 25 de la ley prusiana de ferrocarriles de 3 de noviembre de 1838*".[155]

De todo modo, José de Aguiar Dias ensina que, na realidade, os franceses foram os maiores divulgadores da responsabilidade objetiva. Segundo o professor brasileiro, Raymond Salleiles e Louis Josserand, como precursores da matéria, desenvolveram, a partir da segunda metade do século XIX, uma sistematização da doutrina do risco, firmando na doutrina francesa a ordem das ideias alemãs anteriores.[156]

3. Espécies, pressupostos e excludentes de responsabilidade

A responsabilidade, quanto à matéria, pode ser civil ou penal. A primeira, regrada pelo Código Civil e por outros diplomas normativos correlatos, como o Código de Defesa do Consumidor, é vislumbrada na reparação dos danos causados – por exemplo: em um abalroamento de automóveis, aquele que culposamente deu causa ao acidente deve reparar as avarias acarretadas ao veículo da vítima. Aplicam-se, ao citado caso, os artigos 927, *caput*, e 186 do estatuto civil – e, nas relações de consumo, os artigos 12 e seguintes do estatuto consumerista. Já a responsabilidade penal é aquela decorrente da prática de delitos – crimes ou contravenções penais

[154] MARTON, Géza. ***Les fondements de la responsabilité civile***. Paris: Recueil Sirey, 1938, p. 158.

[155] ENNECCERUS, Ludwig; KIPP, Theodor; WOLFF, Martín. ***Tratado de Derecho Civil:*** *derecho de obligaciones*. Trad. Blas Pérez González e José Alguer. Buenos Aires: Bosch Publicaciones Jurídicas, 1948, p. 712. Tradução livre: "a responsabilidade pelos danos causados em virtude de explorações perigosas sem culpa do empresário foi introduzida primeiramente para as ferrovias por obra do § 25 da lei prussiana de ferrovias de 3 de novembro de 1938".

[156] DIAS, José de Aguiar. **Da responsabilidade civil**. 11. ed. Rio de Janeiro: Renovar, 2006, p. 72.

–, previstos no Código Penal e na legislação extravagante. *Verbi gratia*: uma pessoa que mata outra pratica homicídio, disposto no artigo 121, *caput*, do Código Penal, cuja pena é de seis a vinte anos de reclusão. Aqui, impõem-se geralmente penas corporais, ao contrário da seara cível, na qual, em regra, são utilizadas medidas patrimoniais.

Ademais, a obrigação de reparar o dano pode decorrer de previsão contratual. Nessa hipótese, denomina-se responsabilidade contratual, presumindo-se a culpa. Por exemplo: comodatário que resta obrigado a reparar os danos causados ao bem emprestado. Em contrapartida, a responsabilidade extracontratual, conhecida também como responsabilidade aquiliana, é aquela decorrente do mandamento geral encartado na lei – artigos 927, *caput*, 186 e 187 do Código Civil. Nesse caso, a culpa deve ser comprovada.

Em relação ao agente que pratica a conduta, a responsabilidade ainda pode ser direta, quando decorre do próprio ato imputado, ou indireta, quando a responsabilidade alcançar determinada pessoa por atos cometidos por fatos de terceiros, estabelecendo-se solidariedade entre ambos para a reparação do dano.[157] Com efeito, a responsabilidade pode decorrer de ato próprio, de ato de terceiro que esteja sob a guarda do agente (*v.g.*, artigo 932 do Código Civil) ou de danos causados por coisas e animais que lhe pertençam (p. ex., artigos 936 a 938 do Código Civil).[158]

Já os pressupostos da responsabilidade civil são: a) ação ou omissão, b) culpa ou dolo do agente, c) relação de causalidade e d) dano. Nos termos do artigo 186 do Código Civil: "Aquele que, por ação ou omissão voluntária, negligência ou imprudência, violar direito e causar dano a outrem, ainda que exclusivamente moral, comete ato ilícito". Desse modo, o primeiro elemento da responsabilidade civil consiste na ocorrência de uma "ação" ou "omissão", pois, sem conduta comissiva ou omissiva, é impossível causar danos – os prejuízos porventura existentes possuem, então, causa diversa e, por consequência, devem ser reparados por outra pessoa.

[157] Cf. MALUF, Adriana Caldas do Rego Freitas Dabus. **Direito Civil**. Rio de Janeiro: Forense, 2014. *E-book*, item 10.3.

[158] Essas disposições seguem a formulação proposta pelo Código Civil francês de 1804 – Código Napoleônico –, conforme seu atual artigo 1.242, parte inicial – originalmente 1.384, parte inicial: "*Article 1.242. On est responsable non seulement du dommage que l'on cause par son propre fait, mais encore de celui qui est causé par le fait des personnes dont on doit répondre, ou des choses que l'on a sous sa garde. [...].*" – tradução livre: Artigo 1.242. Somos responsáveis não somente pelos danos provocados por nossa própria culpa, mas também por aqueles provocados pela culpa das pessoas pelas quais somos responsáveis ou pelas coisas que temos sob nossa guarda. [...].

No tocante à responsabilidade subjetiva, o segundo pressuposto a ser perquirido é a culpa *lato sensu* (dolo ou culpa em sentido estrito). O conceito de ambos os institutos se encontra no item acima – o dolo é previsto na expressão "ação ou omissão **voluntária**" do referido artigo 186 (destaque nosso), e a culpa decorre das palavras "imprudência" e "imperícia" constantes no mesmo dispositivo.

Convém trazer à baila, no que tange a esse assunto, o escólio de Carlos Roberto Gonçalves quanto às distinções sobre a natureza e a extensão da culpa. Segundo o autor, a culpa lata ou grave é a falta imprópria ao comum das pessoas; trata-se da espécie que mais se aproxima ao dolo. Já a culpa leve é a falta evitável com atenção ordinária. E, por fim, a culpa levíssima é a falta evitável apenas com cuidado extraordinário, ou seja, com habilidade específica ou conhecimento particular. O autor ensina que, na responsabilidade extracontratual, a culpa por mais leve que seja enseja a obrigação de indenizar: *in lege Aquilia et levissima culpa venit.* E, ao cabo, o professor explica os tipos de culpa: *in eligendo* – má escolha daquele que, *v.g.*, contrata; *in vigilando* – falha ou ausência de fiscalização; *in comittendo* – decorre de um ato positivo; *in omittendo* – decorre de uma omissão, quando há o dever de agir; e *in custodiendo* – falta de cuidados na guarda de animal ou objeto.[159]

No que tange à responsabilidade objetiva, cujo fundamento é o risco da atividade – ao contrário da responsabilidade subjetiva –, o elemento culpa, por óbvio, não é essencial. Com efeito, para haver a obrigação de indenizar, são necessários apenas os outros pressupostos: ação ou omissão, nexo causal e dano – é a regra, conforme salientado, das normas atinentes às relações de consumo e à Lei Anticorrupção Empresarial.

E o terceiro pressuposto, ou elemento, da responsabilidade civil é o nexo causal, previsto em razão do verbo "causar" do mencionado artigo 186 do estatuto civil. Conceitua-se tal instituto como a relação de causa e efeito entre a ação ou omissão e o dano experimentado. Se o evento danoso não decorreu da conduta comissiva ou omissiva, inexiste o dever de indenizar.

Acerca da matéria, Marco Fábio Morsello leciona que nexo causal é o vínculo, a relação de causa e efeito, entre a conduta e o resultado, permitindo concluir que a origem do conceito reside nas ciências naturais, de modo a analisar se a ação ou omissão foi ou não a causa do dano. E finaliza o mencionado professor relatando que simples possibilidades não integram

[159] Gonçalves, Carlos Roberto. **Direito Civil 3**. 5. ed. São Paulo: Saraiva, 2018, p. 58-59.

o conceito de nexo causal, considerando ser sempre necessário comprovar que o dano não ocorreria sem o fato alegado.[160]

Por derradeiro, salienta-se que o último pressuposto da responsabilidade civil é o dano, sem o qual ninguém pode ser responsabilizado civilmente. Entende-se como dano todo prejuízo causado à vítima, seja patrimonial (material), seja extrapatrimonial (moral). Giovanna Visintini qualifica-o como uma lesão de um interesse legítimo juridicamente protegido.[161]

Faz-se necessário consignar, nessa seara, a salutar mudança empreendida pelo Código Civil de 2002, que, ao utilizar a conjunção aditiva "e" em seu artigo 186 – "violar direito **e** causar dano a outrem" (destaque nosso) –, pôs fim a uma antiga celeuma. Com efeito, o Código Civil de 1916 utilizara a conjunção alternativa "ou", gerando certa dúvida acerca da possiblidade de haver responsabilidade civil sem dano, *ex vi* do seu artigo 159: "violar direito, **ou** causar prejuízo a outrem" (destaque nosso).

A doutrina, contudo, é categórica ao prever o dano como pressuposto da responsabilidade civil.[162] Contudo, é importante anotar que há novas teorias sobre o assunto, abordadas, *v.g.*, por Bruno Leonardo Câmara Carrá, em sua obra "Responsabilidade Civil sem Dano: Uma Análise Crítica",[163] e por Teresa Ancona Lopez. Com efeito, a citada professora leciona que a existência de uma indenização apenas pelo risco criado sem haver efetivo dano, como é o caso da responsabilidade civil preventiva, "somente deve ser admitida em casos de riscos extremos que ponham em perigo a própria sobrevivência da sociedade e até mesmo do planeta, ou seja, previne-se a manutenção da própria vida." Nesse sentido, a doutrinadora cita o exemplo do Código de Defesa do Consumidor, que, punindo a publicidade enganosa, adota a responsabilidade sem dano. Vale dizer, o fornecedor que veicula tal publicidade ilícita é obrigado a indenizar pelo risco de enganosidade criado, mesmo que não existam vítimas determinadas.[164]

[160] MORSELLO, Marco Fábio. O nexo causal e suas distintas teorias: apreciações críticas. **Revista do Instituto dos Advogados de São Paulo** – Nova Série, São Paulo, v. 10, n. 19, p. 211-220, 2007, p. 212.

[161] VISINTINI, Giovana. ***Tratado de la responsabilidad civil***. Trad. Aída Kemelmajer de Carlucci. Buenos Aires: Astrea, 1999, v. 2, p. 5.

[162] Cf. GONÇALVES, Carlos Roberto. **Direito Civil 3**. 5. ed. São Paulo: Saraiva, 2018, p. 59.

[163] CARRÁ, Bruno Leonardo Câmara. **Responsabilidade civil sem dano**: uma análise crítica. São Paulo: Atlas, 2015.

[164] LOPEZ, Teresa Ancona. Principais linhas da responsabilidade civil no direito brasileiro contemporâneo. **Revista da Faculdade de Direito da Universidade de São Paulo**, São Paulo, v. 101, p. 111-152, 2006, p. 149.

De outro vértice, salienta-se que excludentes de responsabilidade são, como regra, os fatos que interferem nos acontecimentos e rompem o nexo causal.[165] Por consequência, possuem o condão de elidir o dever de indenizar, isentando de responsabilidade o agente.

Carlos Alberto Dabus Maluf ensina que a legislação brasileira não faz distinção entre caso fortuito e força maior. Por esse motivo, o ilustre professor e doutrinador assevera que, de ordinário, cabe à doutrina fazer essa diferenciação.[166] A expressão "caso fortuito" é mencionada oito vezes no Código Civil de 2002 e quatorze vezes no Código Civil de 1916. Já "força maior" é citada em dezesseis passagens do novo *codex* e em dezessete outras do antigo código.

Reproduzindo o artigo 1.058, parágrafo único, do Código Civil de 1916, o artigo 393, parágrafo único, do Código Civil de 2002 dispõe que o "caso fortuito ou de força maior verifica-se no fato necessário, cujos efeitos não era possível evitar ou impedir". A característica mais marcante do caso fortuito e da força maior é que ambos são eventos da natureza ou não, imprevisíveis ou impossíveis de se evitarem.[167]

De outra banda, percebe-se que o conceito trazido pelo legislador é uno para ambas as figuras, consistindo no fato necessário que produz efeitos impossíveis de evitar ou impedir. Todavia, em nenhum dispositivo, seja no atual *codex*, seja no vetusto, são diferenciados os institutos. Apenas no Código de 1916, disciplinando a responsabilidade dos hospedeiros ou estalajadeiros, previu-se uma exemplificação de força maior, em seu artigo 1.285, inciso II, *in verbis*: "Se ocorrer força maior, como nas hipóteses de escalada, invasão da casa, roubo à mão armada, ou violências semelhantes".

De todo modo, parcela da doutrina diferencia o caso fortuito da força maior: aquele possui origem humana (*e.g.*, greve, motim, guerra), indicando um caráter invencível do obstáculo,[168] enquanto esta é causada por fato-

[165] Cf. Maluf, Adriana Caldas do Rego Freitas Dabus. **Direito Civil**. Rio de Janeiro: Forense, 2014. *E-book*, item 10.6.26.

[166] Maluf, Carlos Alberto Dabus. Do Caso fortuito e da força maior: excludentes de culpabilidade no Código Civil de 2002. *In*: Nery, Rosa Maria de Andrade; Domini, Rogério (org.). **Responsabilidade civil**: estudos em homenagem ao Professor Rui Geraldo de Camargo Viana. São Paulo: Revista dos Tribunais, p. 81-102, 2009, p. 81.

[167] Cf. Matos, Enéas de Oliveira. Responsabilidade civil do transportador por ato de terceiro. *In*: Nery Junior, Nelson; Nery, Rosa Maria de Andrade (org.). **Responsabilidade civil**: doutrinas essenciais. São Paulo: Revista dos Tribunais, v. 2, p. 1211-1228, 2010, p. 1221.

[168] Cf. Gonçalves, Carlos Roberto. **Direito Civil 3**. 5. ed. São Paulo: Saraiva, 2018, p. 289.

res da natureza, não humanos (p. ex., raio, furacão, terremoto), trazendo ínsito um caráter de imprevisibilidade.[169]

Não obstante isso, Washington de Barros Monteiro e Carlos Alberto Dabus Maluf relatam a existência de grande controvérsia na distinção entre os dois institutos. Filiando-se à corrente das forças naturais e do fato de terceiro, os referidos autores explicam as diversas teorias a respeito:[170] a) teoria da extraordinariedade; b) teoria da previsibilidade e da irresistibilidade; c) teoria das forças naturais e do fato de terceiro; d) teoria da diferenciação quantitativa; e) teoria do conhecimento; f) teoria do reflexo sobre a vontade humana.[171]

Por seu turno, é necessário registrar que, para a devida ocorrência do caso fortuito ou da força maior, são exigidos os seguintes elementos, devendo o fato ser: a) necessário – sem culpa do devedor; b) superveniente – após a celebração de eventual acordo; c) inevitável – impossível de evitar; e d) irresistível – além do alcance humano. Assim, percebe-se que, em qualquer caso, tanto o caso fortuito quanto a força maior são causas excludentes de responsabilidade, porque, por si só, proporcionam a ocorrência do evento danoso, rompendo o nexo causal e elidindo o dever de indenizar.[172]

[169] Cf. MALUF, Adriana Caldas do Rego Freitas Dabus. **Direito Civil**. Rio de Janeiro: Forense, 2014. *E-book*, item 10.26.6.

[170] MONTEIRO, Washington de Barros; MALUF, Carlos Alberto Dabus. **Curso de Direito Civil 4**: Direito das Obrigações, 1ª parte. 40. ed. rev. e atual. por Carlos Alberto Dabus Maluf. São Paulo: Saraiva, 2015, p. 395-396.

[171] Na citada obra (p. 396-397), eles detalham cada uma dessas teorias: "De acordo com a primeira, há fenômenos que são previsíveis, mas não quanto ao momento, ao lugar e ao modo de sua verificação [...]. Pela segunda, *vis major* é aquela que, conquanto previsível, não dá tempo nem meios de evitá-lá; caso fortuito, ao contrario, é o acontecimento de todo imprevisto. Para a terceira, resulta a força maior de eventos físicos ou naturais, de índole ininteligente, como o granizo, o raio e a inundação; o caso fortuito decorre de fato alheio, gerador de obstáculo que a boa vontade do devedor não logra superar, como a greve, o motim e a guerra. De conformidade com a quarta, existe caso fortuito quando o acontecimento não pode ser previsto com diligência comum; só a diligência excepcional teria o condão de afastá-lo. A força maior, ao inverso, refere-se a acontecimento que diligência alguma, ainda que excepcional, conseguiria sobrepujar. Para a quinta, se se trata de forças naturais conhecidas, como o terremoto e a tempestade, temos a *vis major*; se se cuida, todavia, de alguma coisa que a nossa limitada experiência não logra controlar, temos o fortuito. Finalmente, em consonância com a sexta, sob o aspecto estático, o vento constitui caso fortuito; sob o aspecto dinâmico, força maior."

[172] Cf. MONTEIRO, Washington de Barros; MALUF, Carlos Alberto Dabus. **Curso de Direito Civil 4**: Direito das Obrigações, 1ª parte. 40. ed. rev. e atual. por Carlos Alberto Dabus Maluf. São Paulo: Saraiva, 2015, p. 395-396.

Agostinho Alvim distingue o "fortuito interno", relacionado à pessoa, coisa ou empresa do agente, do "fortuito externo", consistente em força maior ou no *Act of God*, dos ingleses. Segundo o mencionado autor, exclui a responsabilidade apenas o fortuito externo, cuja causa intrínseca refere-se à natureza, estranha à pessoa do agente, e à máquina, máxime se essa causa se fundar no risco. Já o fortuito interno não possui o condão de isentar de responsabilidade, uma vez que se trata de risco inerente à atividade desempenhada e que, como corolário, deve ser assumida pelo autor do fato.[173]

Exemplifica-se tal proposição com a situação de um motorista de ônibus que, por ser acometido de uma doença momentaneamente incapacitante, abalroa outro veículo, causando danos aos seus passageiros em razão da colisão. A empresa de ônibus possui o dever de indenizar as vítimas, nos termos das disposições encartadas no Código de Defesa do Consumidor, pois se trata de fortuito interno, ou seja, questões intrínsecas à sua atividade. Já em outro exemplo, em que um raio atinge o mesmo ônibus, causando o desligamento de seus motores e, como consequência, proporcionando um acidente, resta rompido o nexo causal ante a ocorrência de fortuito externo, desobrigando a empresa de indenizar os passageiros por eventuais danos.

Ademais, o artigo 188, *caput*, inciso I, do Código Civil dispõe que não constituem atos ilícitos "os praticados em legítima defesa ou no exercício regular de um direito reconhecido". Sendo assim, não possui o dever de indenizar a pessoa que, defendendo-se de agressão injusta, causa danos ao agressor.

Por exemplo: roubador, com a finalidade de subtrair aparelho celular, pratica violência física contra a vítima, desferindo golpes contra ela, a qual, para se defender, desfere outros golpes contra o agressor – o criminoso, nesse caso hipotético, não possui direito à reparação de eventuais danos sofridos. A solução é idêntica no caso de exercício regular de direito, quando, *verbi gratia*, o possuidor utiliza-se do desforço imediato para se manter na posse do bem imóvel,[174] causando danos a objetos instalados ilicitamente no local.

[173] ALVIM, Agostinho. **Da inexecução das obrigações e suas consequências**. 2. ed. São Paulo: Saraiva, 1955, p. 335-336.

[174] O artigo 1.210, § 1º, do Código Civil determina que o "possuidor turbado, ou esbulhado, poderá manter-se ou restituir-se por sua própria força, contanto que o faça logo; os atos de defesa, ou de desforço, não podem ir além do indispensável à manutenção, ou restituição da posse."

Todavia, é importante salientar que, se o ofendido atinge, por engano ou erro de pontaria, terceira pessoa ou bem pertencente a terceiro, nasce o dever de indenizar em favor do terceiro, restando o direito de regresso contra o agressor originário. É o que dispõe o artigo 930, parágrafo único, do Código Civil: "A mesma ação competirá contra aquele em defesa de quem se causou o dano."

Já o estado de necessidade é também uma causa excludente da responsabilidade civil, consistindo na "deterioração ou destruição da coisa alheia, ou a lesão a pessoa, a fim de remover perigo iminente", conforme preceitua o artigo 188, *caput*, inciso II, do Código Civil. Veja-se, por oportuno, que o diploma normativo não o considera ato ilícito. Porém, caso a pessoa atingida, ou seu bem, não seja a causadora do perigo, há a obrigação de indenizar, cabendo ação de regresso contra o responsável pelo sinistro.

Exempli gratia: para salvar uma criança que ficou presa dentro de um estabelecimento bancário, uma pessoa quebra a porta de vidro que dá acesso ao imóvel. Nesse exemplo, a pessoa possui a obrigação de indenizar o banco, mas dispõe também de ação de regresso contra o pai da criança,[175] que causou o perigo por culpa *in vigilando*.

Ademais, a culpa exclusiva da vítima – prevista expressamente nos artigos 12, § 3º, inciso III, e 14, § 3º, inciso II, do Código de Defesa do Consumidor – é, do mesmo modo, uma causa excludente da responsabilidade civil. E o motivo é simples: se o dano foi causado tão somente pelo ofendido, rompe-se o nexo causal, isentando os demais envolvidos da obrigação de indenizar.

Cita-se o exemplo da pessoa que, pretendendo se suicidar, pula de um viaduto e, na sequência, é atropelada por um automóvel. O motorista do veículo não possui o dever de indenizar, porque transitava normalmente na faixa de rolamento, dentro dos limites permitidos de velocidade – ele não contribuiu de qualquer forma para o evento danoso. Na realidade, a própria vítima, de forma exclusiva, gerou os danos a si própria. Rompendo-se o nexo causal, exclui-se a responsabilidade civil do motorista. Nesse sentido, salienta-se que a culpa exclusiva da vítima ocorre quando a fonte causadora do dano é a atuação pura e única do lesado.[176]

[175] Conforme possibilita o artigo 930, *caput*, do Código Civil.

[176] Cf. MATOS, Enéas de Oliveira. Responsabilidade civil do transportador por ato de terceiro. *In*: NERY JUNIOR, Nelson; NERY, Rosa Maria de Andrade (org.). **Responsabilidade civil**: doutrinas essenciais. São Paulo: Revista dos Tribunais, v. 2, p. 1211-1228, 2010, p. 1221.

Em relação à culpa concorrente da vítima, o autor do fato também contribui para o evento danoso, permanecendo a obrigação de indenizar, em razão de sua conduta culposa. Exemplo: motorista que, dirigindo seu automóvel acima da velocidade permitida e desobedecendo ao semáforo vermelho, atropela pedestre que atravessa fora da faixa. Tanto o motorista quanto a vítima agiram com culpa, mas isso não elide a responsabilidade do primeiro. Aplica-se, à espécie, o disposto no artigo 945 do Código Civil: "Se a vítima tiver concorrido culposamente para o evento danoso, a sua indenização será fixada tendo-se em conta a gravidade de sua culpa em confronto com a do autor do dano."

Já o fato de terceiro não é motivo suficiente para excluir a reponsabilidade civil, permanecendo o dever de indenizar. Consigne-se, por oportuno, ser cabível a ação de regresso contra o terceiro que criou a situação de perigo causadora do dano, por força dos artigos 929 e 930 do Código Civil.[177] Em contrapartida, a obrigação de indenizar deixa de existir quando o fato de terceiro for a única causa do evento danoso, equiparando-se a caso fortuito e, como corolário, rompendo o nexo causal – aplica-se, nessa hipótese, o mesmo entendimento salientado acima quanto à culpa exclusiva da vítima.

Registra-se que, em não havendo defeito,[178] inexiste a obrigação de o fornecedor indenizar o consumidor, conforme expressamente dispõem os artigos 12, § 3º, inciso II,[179] e 14, § 3º, inciso I, do Código de Defesa do

[177] "Art. 929. Se a pessoa lesada, ou o dono da coisa, no caso do inciso II do art. 188, não forem culpados do perigo, assistir-lhes-á direito à indenização do prejuízo que sofreram. Art. 930. No caso do inciso II do art. 188, se o perigo ocorrer por culpa de terceiro, contra este terá o autor do dano ação regressiva para haver a importância que tiver ressarcido ao lesado. Parágrafo único. A mesma ação competirá contra aquele em defesa de quem se causou o dano (art. 188, inciso I)."

[178] Segundo preceitua o Código de Defesa do Consumidor: "Artigo 12, § 1º O produto é defeituoso quando não oferece a segurança que dele legitimamente se espera, levando-se em consideração as circunstâncias relevantes, entre as quais: I – sua apresentação; II – o uso e os riscos que razoavelmente dele se esperam; III – a época em que foi colocado em circulação. [...] Artigo 14, § 1º O serviço é defeituoso quando não fornece a segurança que o consumidor dele pode esperar, levando-se em consideração as circunstâncias relevantes, entre as quais: I – o modo de seu fornecimento; II – o resultado e os riscos que razoavelmente dele se esperam; III – a época em que foi fornecido."

[179] "Art. 12. [...] § 3º O fabricante, o construtor, o produtor ou importador só não será responsabilizado quando provar: [...] II – que, embora haja colocado o produto no mercado, o defeito inexiste; [...]."

Consumidor.[180] Assim como também não tem obrigação de indenizar o fornecedor quando não colocou o produto no mercado (artigo 12, § 3º, inciso I, do mencionado *codex*).[181]

As cláusulas de não indenizar e de limitação de responsabilidade decorrem de acordo de vontades que visa a afastar as consequências da inexecução ou da execução inadequada do contrato. Acerca desses institutos, Adriana Caldas do Rego Freitas Dabus Maluf salienta que não é possível a derrogação de normas de ordem pública. Tais cláusulas possuam a finalidade de modificar, em benefício do contratante, a distribuição dos riscos, transferindo-os à vítima. O debate sobre tal temática é acalorado, salientando alguns serem elas imorais; de outra banda, sabe-se que a autonomia da vontade admite sua existência e eficácia caso celebradas livremente entre as partes, conquanto seu objeto seja lícito. De todo modo, essas cláusulas serão inválidas quando contrariarem norma de ordem pública.[182]

Nesse contexto, o Código de Defesa do Consumidor, em seus artigos 24 e 25, *caput*, não admite, como regra, sua pactuação em relações consumeristas.[183] A respectiva validade depende de alguns fatores, como, por exemplo, a bilateralidade do consentimento, a conformidade a preceitos de ordem pública, a equivalência de partes,[184] a impossibilidade de isenção em matéria delitual e a manutenção de obrigações essenciais do contratante.[185]

Conclui-se, nesse sentido, que as referidas cláusulas são permitidas nos negócios paritários – entre particulares –, mas são, em regra, vedadas nas relações de consumo – entre fornecedor e consumidor. Dispõem exatamente nesse sentido os mencionados artigos 24 e 25, *caput*, do estatuto

[180] "Art. 14. [...] § 3º O fornecedor de serviços só não será responsabilizado quando provar: I – que, tendo prestado o serviço, o defeito inexiste; [...]."

[181] "Art. 12. [...] § 3º O fabricante, o construtor, o produtor ou importador só não será responsabilizado quando provar: I – que não colocou o produto no mercado; [...]."

[182] MALUF, Adriana Caldas do Rego Freitas Dabus. **Direito Civil**. Rio de Janeiro: Forense, 2014. *E-book*, item 10.6.26.

[183] "Art. 24. A garantia legal de adequação do produto ou serviço independe de termo expresso, vedada a exoneração contratual do fornecedor. Art. 25. É vedada a estipulação contratual de cláusula que impossibilite, exonere ou atenue a obrigação de indenizar prevista nesta e nas seções anteriores. [...]."

[184] Em razão desse indispensável equilíbrio de forças entre as partes, impede-se sua inserção em contratos de adesão.

[185] Cf. MALUF, Adriana Caldas do Rego Freitas Dabus. **Direito Civil**. Rio de Janeiro: Forense, 2014. *E-book*, item 10.6.26.

consumerista. É importante registrar, em contrapartida, a exceção prevista expressamente no artigo 51, *caput*, inciso I, parte final, do Código de Defesa do Consumidor, consistente na possibilidade de se limitar contratualmente, em situações justificáveis, a indenização quando o fornecedor e o consumidor forem pessoas jurídicas.[186]

Por fim, consigna-se que, uma vez violado o direito, nasce para o titular a pretensão, a qual se extingue pela prescrição, nos termos do artigo 189 do Código Civil. E o prazo prescricional da pretensão de reparação civil é de três anos, *ex vi* do artigo 206, § 3º, inciso V, do Código Civil. Como corolário, se o interessado não buscar a reparação do dano no citado prazo, extingue-se a respectiva pretensão, deixando de haver a obrigação de indenizar. Quanto ao Código consumerista, é importante salientar o que dispõe o artigo 27, referente aos danos causados por fato do produto ou do serviço: "Prescreve em cinco anos a pretensão à reparação pelos danos causados por fato do produto ou do serviço prevista na Seção II deste Capítulo, iniciando-se a contagem do prazo a partir do conhecimento do dano e de sua autoria."

Vale dizer, nas relações de consumo, há um prazo maior que aquele previsto no estatuto civil: cinco anos para os danos ocorridos em razão de fato do produto ou serviço – hipótese em que há defeito, cuja normatização encontra-se encartada nos artigos 12 e seguintes do mencionado código. De igual forma, quanto aos atos de corrupção e de improbidade administrativa, há prazos específicos, estudados no Capítulo 3 desta obra.

Faz-se necessário analisar algumas exceções às excludentes de responsabilidade, que, consequentemente, mantêm a obrigação de reparar os danos causados. De início, registra-se a determinação encartada no artigo 21, inciso XXIII, alínea *d*, da Constituição Federal.[187] Nesse sentido, é previsto expressamente na Carta Magna que os danos nucleares devem ser

[186] "Art. 51. São nulas de pleno direito, entre outras, as cláusulas contratuais relativas ao fornecimento de produtos e serviços que: I – impossibilitem, exonerem ou atenuem a responsabilidade do fornecedor por vícios de qualquer natureza dos produtos e serviços ou impliquem renúncia ou disposição de direitos. Nas relações de consumo entre o fornecedor e o consumidor pessoa jurídica, a indenização poderá ser limitada, em situações justificáveis; [...]."

[187] "Art. 21. Compete à União: [...] XXIII – explorar os serviços e instalações nucleares de qualquer natureza e exercer monopólio estatal sobre a pesquisa, a lavra, o enriquecimento e reprocessamento, a industrialização e o comércio de minérios nucleares e seus derivados, atendidos os seguintes princípios e condições: [...] d) a responsabilidade civil por danos nucleares independe da existência de culpa; [...]."

reparados independentemente de culpa, dispondo a Lei n. 6.453, de 17 de outubro de 1977, sobre a respectiva responsabilidade civil – adota-se, nessa seara, a teoria do risco integral.[188]

Acerca do tema, José Luiz Gavião de Almeida aduz que há situações em que a revolução da responsabilidade civil foi mais além, tratando do risco exacerbado. Nesses casos, nem o nexo causal é necessário para se exigir a reparação do dano, sendo suficiente a lesão decorrente de determinadas atividades. Continua o professor salientando que, mesmo em não se identificando o autor do fato, nasce e permanece incólume o direito à reparação, pois sempre haverá um responsável pela reparação.[189] Sendo assim, mantém-se a obrigação de indenizar ainda que o dano seja causado por fato da natureza (força maior) ou exclusivamente por culpa de terceiro ou da vítima.

O artigo 735 do Código Civil salienta que a "responsabilidade contratual do transportador por acidente com o passageiro não é elidida por culpa de terceiro, contra o qual tem ação regressiva". Quanto ao tema, José Luiz Gavião de Almeida preceitua a necessidade de diferenciar a responsabilidade inafastável daquela não imputável ao transportador. Desse modo, a obrigação de transportar o passageiro ao destino e os corolários desse dever não podem ser afastados nem por convenção.[190]

4. Categorias de dano

O ordenamento jurídico brasileiro, assim como o francês,[191] não impõe limitação às categorias de danos – há, desse modo, um modelo de cláusula geral ou aberto.[192] Vale dizer, conforme salientado acima, a Constituição

[188] Conforme os artigos 4º e correlatos da referida lei: "Art. 4º – Será exclusiva do operador da instalação nuclear, nos termos desta Lei, independentemente da existência de culpa, a responsabilidade civil pela reparação de dano nuclear causado por acidente nuclear [...]."

[189] ALMEIDA, José Luiz Gavião de. Novos rumos da responsabilidade civil por ato ilícito. *In*: ______________________ (org.). **Temas atuais de responsabilidade civil**. São Paulo: Atlas, v. 1, p. 57-73, 2007, p. 60-61.

[190] ALMEIDA, José Luiz Gavião de. Novos rumos da responsabilidade civil por ato ilícito. *In*: ______________________ (org.). **Temas atuais de responsabilidade civil**. São Paulo: Atlas, v. 1, p. 57-73, 2007, p. 69.

[191] Cf. VISINTINI, Giovana. **Tratado de la responsabilidad civil**. Trad. Aída Kemelmajer de Carlucci. Buenos Aires: Astrea, v. 2, 1999, p. 4.

[192] Cf. GODOY, Claudio Luiz Bueno de. **Responsabilidade civil pelo risco da atividade**. São Paulo: Saraiva, 2010, p. 181.

Federal e o Código Civil preconizam a incolumidade dos bens corpóreos e incorpóreos de todas as pessoas, sejam físicas, sejam jurídicas,[193] determinando a respectiva reparação em caso de desobediência aos correlatos mandamentos constitucionais e legais.

Em tal contexto, qualquer que seja o dano, independentemente de sua nomenclatura, deve ele ser reparado caso decorra de: a) ato ilícito, b) hipótese elencada em lei ou c) atividade que, por sua natureza, implique risco.

Para Antonio Junqueira de Azevedo, os danos materiais são aqueles avaliáveis em dinheiro – danos emergentes e lucros cessantes[194] –, enquanto os danos morais caracterizam-se por exclusão, arbitrados como compensação para a dor, para lesões de direito da personalidade e para danos patrimoniais de impossível quantificação exata.[195] Em razão dessa classificação, Flávio Murilo Tartuce Silva também atribui a nomenclatura "danos imateriais" à segunda categoria mencionada, reforçando seu caráter excludente.[196]

Conclui-se, nessa senda, que os danos materiais são aqueles de fácil visualização e compreensão, pois geralmente atingem bens corpóreos – cita-se o exemplo de abalroamento de veículos automotores, cujas latarias sofrem avarias, devendo ser reparadas por aquele que, culposamente, causou o acidente.

Já os danos morais – que, em razão de sua não previsão expressa no Código Civil de 1916, eram timidamente reconhecidos pela jurisprudência pátria até a promulgação da Constituição Federal de 1988[197] – são aqueles que, em regra, atingem bens incorpóreos, como os direitos da personalidade.

Atinente aos danos morais, Yussef Said Cahali reforça sua não taxatividade, asseverando ser impossível enumerá-los de forma exaustiva. Para ele,

[193] Até relativos a entes despersonalizados, como, por exemplo, moradores de um determinado bairro.

[194] *Ex vi* da disposição encartada no artigo 402 do Código Civil, entre outros dispositivos correlatos: "Salvo as exceções expressamente previstas em lei, as perdas e danos devidas ao credor abrangem, além do que ele efetivamente perdeu, o que razoavelmente deixou de lucrar."

[195] AZEVEDO, Antonio Junqueira de. **Novos estudos e pareceres de Direito Privado**. São Paulo: Saraiva, 2009, p. 382.

[196] SILVA, Flávio Murilo Tartuce. **Responsabilidade civil**. 2. ed. São Paulo: Forense, 2020, p. 492-493.

[197] Cf. LOPEZ, Teresa Ancona. Principais linhas da responsabilidade civil no direito brasileiro contemporâneo. **Revista da Faculdade de Direito da Universidade de São Paulo, São Paulo**, v. 101, p. 111-152, 2006, p. 144.

qualifica-se como dano moral todos os atos que molestam gravemente a alma humana, aviltando os valores fundamentais relativos à personalidade ou reconhecidos pela comunidade em que está inserido. Nesse diapasão, resta inviável catalogá-los taxativamente, pois os danos morais podem ser evidenciados de múltiplas e diversas formas: na dor e no sofrimento pela ausência de um familiar falecido, no desprestígio, no descrédito à reputação, na humilhação pública, no devassamento da privacidade, no desequilíbrio da normalidade psíquica, nos traumatismos emocionais, nas situações de constrangimento moral.[198]

Ao lado dessas duas figuras clássicas – dano material e dano moral –, também se reconhece a existência, *v.g.*, do dano estético e do dano existencial, por muitos incluídos na categoria dano moral. Teresa Ancona Lopez define o dano estético como "qualquer modificação duradoura ou permanente na aparência externa de uma pessoa, modificação esta que lhe causa um 'enfeamento' e lhe causa humilhações e desgostos, dando origem a uma dor moral".[199] E o dano existencial, conforme ensina a citada professora e doutrinadora, é a "lesão que compromete as várias atividades através das quais a pessoa atua para plena realização na esfera individual".[200]

Todavia, essa não é uma lista taxativa – *numerus clausus* –, uma vez que, como se disse, o ordenamento jurídico brasileiro protege as pessoas e seus bens de quaisquer danos, independentemente de sua nomenclatura – *numerus apertus*. Em resumo, havendo dano conforme as hipóteses elencadas no *caput* ou no parágrafo único do artigo 927 do Código Civil, ele deve ser reparado por quem o causou ou por quem a lei assim o indicar.

Conclui-se, nessa toada, que é irrelevante para a aplicação da responsabilidade civil saber se o dano atingiu bem corpóreo ou incorpóreo, bem como qual seja o *nomen juris* fornecido pela lei, doutrina ou jurisprudência. Também é indiferente a titularidade dos bens ou direitos aviltados, seja individual, seja coletiva. Qualquer que seja sua natureza ou titularidade, o dano deve ser alvo de reparação ou indenização, nos termos da legislação aplicável ao caso concreto.

[198] CAHALI, Yussef Said. **Dano moral e sua reparação civil**. 4. ed. São Paulo: Revista dos Tribunais, 2011, p. 20.

[199] LOPEZ, Teresa Ancona. **O dano estético: responsabilidade civil**. 3. ed. São Paulo: Revista dos Tribunais, 2004. p. 46.

[200] LOPEZ, Teresa Ancona. Dano existencial. **Revista de Direito Privado**, São Paulo, v. 15, n. 57, p. 287-302, 2014, p. 291.

Assim, classificam-se os danos: a) quanto ao seu conteúdo, em a.1) material ou patrimonial, avaliável patrimonialmente, e a.2) moral ou extrapatrimonial, por exclusão; e b) quanto ao titular do bem ou direito violado, em b.1) puramente individual, b.2) individual homogêneo; b.3) coletivo; e b.4) social ou difuso – estes últimos serão abordados no item 5, abaixo.

4.1. Danos causados ao patrimônio público e ao erário

Quanto ao titular do patrimônio aviltado, os danos podem ser causados a pessoas físicas, pessoas jurídicas de direito privado ou entes despersonalizados (*v.g.*, condomínio edilício). Também podem atingir bens e direitos de pessoas jurídicas de direito público interno ou externo, conforme as disposições encartadas nos artigos 41 e 42 do Código Civil.[201]

Nessa esteira, é importante a análise da responsabilidade civil decorrente de atos praticados contra o patrimônio do Estado, considerado em sentido amplo, cujo conceito abrange a União, os estados, o Distrito Federal, os municípios, as autarquias e as outras pessoas mencionadas no citado artigo 41 do Código Civil. E, entre os danos causados ao patrimônio público, incluído o erário, merecem destaque aqueles causados por agentes públicos, notadamente sob o regime da Lei n. 8.429, de 2 de junho 1992, conhecida como Lei de Improbidade Administrativa.

Trata-se de importante divisão de trabalho no tocante à responsabilidade civil, porque se aplicam, aqui, as regras gerais de direito privado com influxo específico de normas de direito público. A existência dessa episódica e pontual conjugação de preceitos justifica-se pelo regramento especial que a matéria demanda, em razão de o patrimônio público pertencer a toda a sociedade – e, não, apenas, a uma determinada pessoa.[202]

Quanto ao conceito de "patrimônio público", a Lei da Ação Popular – Lei n. 4.717, de 29 de junho de 1965 – traz uma importante definição em seu artigo 1º, § 1º, aduzindo que abrange "os bens e direitos de valor eco-

[201] "Art. 41. São pessoas jurídicas de direito público interno: I – a União; II – os Estados, o Distrito Federal e os Territórios; III – os Municípios; IV – as autarquias, inclusive as associações públicas; V – as demais entidades de caráter público criadas por lei. Parágrafo único. Salvo disposição em contrário, as pessoas jurídicas de direito público, a que se tenha dado estrutura de direito privado, regem-se, no que couber, quanto ao seu funcionamento, pelas normas deste Código. Art. 42. São pessoas jurídicas de direito público externo os Estados estrangeiros e todas as pessoas que forem regidas pelo direito internacional público."

[202] Os pontos mencionados neste subitem serão mais bem aprofundados nos próximos capítulos, notadamente no Capítulo 4.

nômico, artístico, estético, histórico ou turístico". Ou seja, a conceituação legal – interpretação autêntica – conferida ao patrimônio público é bastante extensa, abarcando direitos e bens não apenas de valor econômico, mas também aqueles não quantificáveis monetariamente.[203]

Já "erário" possui uma conceituação mais restrita, consistindo no patrimônio monetário pertencente ao Estado. Desse modo, engloba apenas os bens de valor econômico, como, por exemplo, o dinheiro e outros bens materiais, ficando fora de seu campo os bens e direitos imateriais. Aluizio Bezerra Filho explica que erário é o conjunto de bens, direitos e valores de titularidade do Estado. Trata-se, segundo o autor, da "expressão jurídica mais completa de uma sociedade organizada politicamente na formação de um povo, assim, o Estado é toda a sociedade, enquanto o erário ou tesouro público é a reunião de suas riquezas acumuladas."[204]

4.2. Danos causados por corrupção e improbidade administrativa

Os atos de improbidade administrativa, incluída a corrupção, conforme o estudo realizado no Capítulo 3, são aqueles elencados nos artigos 9º a 11 da Lei n. 8.249, de 2 de junho de 1992. Trata-se, em regra, de atos perpetra-

[203] Nesse sentido, convém consignar os ensinamentos de Emerson Garcia e Rogério Pacheco Aves (**Improbidade Administrativa**. 9. ed. São Paulo: Saraiva, 2017, p. 815): "A demonstrar a existência de um patrimônio moral titularizado pelas pessoas jurídicas de direito público, basta referir que a Lei de Imprensa, em seu art. 21, § 1º, alude ao crime de difamação contra órgão ou entidade que exerça funções de autoridade pública. No mesmo sentido, o art. 219 do Código Penal Militar, que pune a conduta de propalar fatos, que sabe inverídicos, capazes de ofender a dignidade ou abalar o crédito das forças armadas ou a confiança que estas merecem do público. Ademais, em importante precedente, o e. STF admitiu ser o Poder Público titular de um patrimônio moral. Eis a ementa do acórdão prolatado no RE n. 170.768-2-SP: 'Ação Popular. Abertura de Conta Corrente em Nome de Particular para Movimentar Recursos Públicos. Patrimônio Material do Poder Público. Moralidade Administrativa. Art. 5º, inc. LXXIII, da Constituição Federal. O entendimento sufragado pelo acórdão recorrido no sentido de que, para o cabimento da ação popular, basta a ilegalidade do ato administrativo a invalidar, por contrariar normas específicas que regem a sua prática ou por se desviar dos princípios que norteiam a Administração Pública, dispensável a demonstração de prejuízo material aos cofres públicos, não é ofensivo ao inc. LXXIII do art. 5º da Constituição Federal, norma esta que abarca não só o patrimônio material do Poder Público, como também o patrimônio moral, o cultural e o histórico... Recurso não conhecido' (1ª T., rel. Min. Ilmar Galvão, j. 26/3/1999, DJ 13/8/1999). No âmbito do STJ, a matéria está sumulada: A pessoa jurídica pode sofrer dano moral (Súmula n. 227)."

[204] Bezerra Filho, Aluizio. **Manual dos crimes contra o erário**. Salvador: Juspodivm, 2017, p. 35.

dos por ocupante de cargo público causadores de enriquecimento ilícito, prejuízo ao erário ou inobservância a princípios da Administração Pública.

Os direitos e os bens tutelados nessa seara são transindividuais, pois ultrapassam a titularidade de uma única pessoa. Mais precisamente, consistem em direitos e bens difusos, por pertencerem a toda a sociedade – e não apenas ao Estado, a uma parcela da população ou a um indivíduo. Abrangem, desse modo, interesses de todas as pessoas de uma determinada localidade, no caso de danos causados no âmbito municipal ou estadual, ou de todo o país, quando praticados no âmbito da União.

Quanto ao tema, é importante colacionar duas interpretações autênticas reforçando o caráter difuso do patrimônio público. Com efeito, a própria Constituição Federal o classificou, de modo expresso, como direito difuso, pertencente, então, a todas as pessoas, nos termos do seu artigo 129, *caput*, inciso III.[205] Veja-se, no citado dispositivo, que se elencaram explicitamente o patrimônio público e o meio ambiente como bens de natureza difusa e coletiva. Vale dizer, a parte final do referido inciso consignou de forma manifesta essa característica, servindo, desse modo, de importante norte para a matéria *sub examine*.

E, no mesmo sentido, encontra-se a redação da Lei da Ação Civil Pública – Lei n. 7.347, de 24 de julho de 1985 –, que, em seu artigo 1º, *caput*, incisos IV e VIII, esposou abertamente esse entendimento.[206] O inciso IV do mencionado dispositivo salienta que "qualquer outro interesse difuso ou coletivo" também é tutelado por tal lei. Demonstra-se, portanto, que os demais incisos do artigo são exemplificativos e que, por consequência, o patrimônio público e social possui natureza difusa.

Além desses dispositivos constitucionais e legais, constata-se a qualidade difusa do patrimônio público pelas suas características inerentes: indeterminação dos titulares, indivisibilidade do objeto e difusão dos danos.[207] Não resta dúvida, em tal contexto, de que o patrimônio público,

[205] "Art. 129. São funções institucionais do Ministério Público: [...] III – promover o inquérito civil e a ação civil pública, para a proteção do patrimônio público e social, do meio ambiente e de outros interesses difusos e coletivos; [...]."

[206] "Art. 1º Regem-se pelas disposições desta Lei, sem prejuízo da ação popular, as ações de responsabilidade por danos morais e patrimoniais causados: [...] IV – a qualquer outro interesse difuso ou coletivo [...] VIII – ao patrimônio público e social."

[207] Sobre o tema, Emerson Garcia e Rogério Pacheco Alves relatam o seguinte (**Improbidade Administrativa**. 9. ed. São Paulo: Saraiva, 2017, p. 817-818): "Mesmo à falta de tão esclarecedora

formado por direitos e bens patrimoniais e extrapatrimoniais do Estado, é um direito difuso de todo cidadão. Deve, por conseguinte, ser resguardado e protegido pelos instrumentos jurídicos correlatos, como o inquérito civil, a ação civil de improbidade administrativa, a ação penal, entre outros institutos disponíveis.[208]-[209]

regra, não seria difícil perceber que a tutela do patrimônio público, interesse jurídico titularizado por toda a sociedade, se insere na órbita dos interesses difusos, apresentando as suas características marcantes, quais sejam: a) a indeterminação dos sujeitos, não se tendo dúvida quanto ao fato de que a tutela do patrimônio público não pertence '...a uma pessoa isolada, nem a um grupo nitidamente delimitado de pessoas (ao contrário do que se dá em situações clássicas como a do condomínio ou a da pluralidade de credores numa única obrigação), mas a uma série indeterminada – e, ao menos para efeitos práticos, de difícil ou impossível determinação –, cujos membros não se ligam necessariamente por vínculo jurídico definido'; [MOREIRA, José Carlos Barbosa. A Legitimação para a Defesa dos 'Interesses Difusos' no Direito Brasileiro. In Temas de Direito Processual – Terceira Série. São Paulo: Saraiva, 1984. p. 1-6.] b) a indivisibilidade de objeto, sendo o patrimônio público um bem indivisível, '... no sentido de insuscetível de divisão (mesmo ideal) em 'quotas' atribuíveis individualmente a cada qual dos interessados'; [Idem, ibidem.] c) a '... natureza extensiva, disseminada ou difusa das lesões a que estão sujeitos. Os efeitos danosos das lesões aos interesses difusos apresentam- se amplos e não circunscritos, num fenômeno de propagação altamente centrífuga'. [BASTOS, Celso. A tutela dos interesses difusos no direito constitucional brasileiro. Revista de Processo, São Paulo, ano 6, n. 23, p. 36-44, jul./set. 1981.]"

[208] Concernente ao assunto, confira-se o que preleciona Mauro Cappelletti (Tutela dos interesses difusos. **Revista Ajuris**, n. 33, Porto Alegre: Associação dos Juízes do Rio Grande do Sul, p. 169-182, 1985, p. 174): "Mesmo se o legislador mais aberto a esse fenômeno, mesmo o mais progressista, mais avançado, se limitar a estabelecer que tais interesses são direitos substanciais, sem alterar também o campo da tutela, ou seja, sem investir desse direito um 'autor' que possa legitimar-se a pedir a proteção legal – será um legislador frustrado, limitado a operar no campo do direito material, sem eficácia. Trata-se de uma *new property*, um novo tipo de propriedade, um novo tipo de direito, *new property*, que pede não só uma nova legislação substancial, mas uma nova modalidade de proteção."

[209] A propósito, aduzem Emerson Garcia e Rogério Pacheco Alves que (**Improbidade Administrativa**. 9. ed. São Paulo: Saraiva, 2017, p. 820): "A caracterização da tutela do patrimônio público como um direito difuso nos permite aplicar não só toda a sólida base teórica já produzida, no Brasil e fora dele, sobre o tema mas também, e sobretudo, os instrumentos legais já existentes em nosso ordenamento. Nessa linha, a par da aplicabilidade das normas previstas na Lei de Improbidade Administrativa (Lei n. 8.429/92), tem-se como possível a incidência da Lei da Ação Civil Pública (Lei n. 7.347/85), da Lei da Ação Popular (Lei n. 4.717/65) e do próprio CDC (Lei n. 8.078/90), isto, evidentemente, sem contar com a subsidiária possibilidade de aplicação do CPC e do próprio CPP, este último principalmente no capítulo referente ao inquérito civil. A natureza difusa da tutela do patrimônio público, com a consequente incidência de toda a normativa própria ao campo dos interesses metaindividuais,

Se, por exemplo, um gestor público se apropria indevidamente de dinheiro público, causam-se distintos danos a diversas pessoas: dano material, contra o ente estatal, em razão da subtração ilícita de numerário; dano social ou difuso, contra a população, em razão do rebaixamento de sua qualidade de vida e de seu patrimônio moral; entre outros. E todos eles devem ser alvo de reparação, sob pena de se favorecer indevidamente o agente corrupto e, por consequência, estimular a prática ilícita em detrimento da sociedade.

As posições doutrinárias acerca do tema são concatenadas por Susana Henriques da Costa:[210] também preconizam que o patrimônio público sempre constitui um interesse difuso os professores Alcides Alberto Munhoz da Cunha,[211] Aristides Junqueira Alvarenga,[212] José Marcelo Menezes Vigliar[213] e Rodolfo de Camargo Mancuso.[214] Já em sentido diverso, não consideram difuso o patrimônio público em sentido estrito, que versa sobre o conjunto de bens e valores puramente econômicos da Fazenda Pública,

foi recentemente reconhecida pela 1ª T. do STJ por ocasião do julgamento do REsp n. 401.964/RO, rel. Min. Luiz Fux, o qual, após afirmar que a atual Constituição Federal '... criou um microssistema de tutela de interesses difusos referentes à probidade da administração pública, nele encartando-se a Ação Popular, a Ação Civil Pública e o Mandado de Segurança Coletivo', assevera que 'A moralidade administrativa e seus desvios, com consequências patrimoniais para o erário, enquadram-se na categoria dos interesses difusos, habilitando o Ministério Público a demandar em juízo acerca dos mesmos' (j. 22/10/2002). A temática será retomada mais à frente, ao ensejo da análise do cabimento da ação civil pública no campo da improbidade e da legitimação do Ministério Público. Na doutrina, dentre diversos autores, tivemos a adesão, mais recentemente, de José Antônio Lisbôa Neiva (Improbidade administrativa: estudo sobre a demanda na ação de conhecimento e cautelar, p. 26-37) e Gustavo Senna Miranda (Princípio do Juiz natural e sua aplicação na Lei de Improbidade Administrativa, p. 192-200), que nos honraram com a citação."

210 COSTA, Susana Henriques da. **O processo coletivo na tutela do patrimônio público e da moralidade administrativa**: ação de improbidade administrativa, ação civil pública e ação popular. 2. ed. São Paulo: Atlas, 2015, p. 44-47.

211 CUNHA, Alcides Alberto Munhoz da. Evolução das ações coletivas no Brasil. **Revista de Processo**, São Paulo, ano 20, n. 77, jan./mar. 1995, p. 226-227.

212 ALVARENGA, Aristides Junqueira. Reflexões sobre improbidade administrativa no direito brasileiro. *In*: BUENO, Cássio Scarpinella; PORTO FILHO, Pedro Paulo de R. (Coord.). **Improbidade administrativa**: questões polêmicas e atuais. São Paulo: Malheiros, 2001, p. 90.

213 VIGLIAR, José Marcelo Menezes. **Tutela jurisdicional coletiva**. 3. ed. São Paulo: Atlas, 2001, p. 118.

214 MANCUSO, Rodolfo de Camargo. Ação popular. **Revista de Processo**, São Paulo, n. 27, ano 7, jul./set. 1982, p. 40.

os professores Ada Pellegrini Grinover,[215] Cândido Rangel Dinamarco,[216] Hugo Nigro Mazzilli,[217] José Carlos Barbosa Moreira[218] e Maria Regina Ferro Queiroz.[219]

5. Dano social

5.1. Do individual ao coletivo – um novo enfoque da realidade social

A dicotomia entre interesse puramente individual e interesse público restou superada nas últimas décadas. Entre os dois extremos, constatou-se a necessidade de proteção de uma gama de interesses que não se situam exatamente em uma ou outra ponta, conforme reza Mauro Cappelletti.[220] Restou imprescindível, então, a respectiva reclassificação para, como objetivo primordial, garantir o amparo de todos os direitos e bens, independentemente de sua titularidade ser individual ou difusa.

Rafael de Oliveira Costa e Gregório Assagra de Almeida ensinam, nesse sentido, que a "*summa divisio* Direito Público e Direito Privado não foi recepcionada para fins de tutela jurídica e no âmbito do acesso à justiça pela Constituição da República Federativa do Brasil de 1988. A *summa divisio* constitucionalizada no País é Direito Coletivo e Direito Individual." Para tanto, os citados professores consideraram a nomenclatura atribuída pelo legislador constituinte originário ao Capítulo I do Título II, que trata dos direitos e garantias fundamentais: "Dos Direitos e Deveres Individuais e Coletivos".[221]-[222] Os autores aduzem, em arremate, que os direitos coletivos

[215] GRINOVER, Ada Pellegrini. A tutela jurisdicional dos interesses difusos. **Revista de Processo**, São Paulo, n. 14-15, ano 4, abr./set. 1979, p. 38.

[216] DINAMARCO, Cândido Rangel. **Inadmissibilidade da ação civil pública e ilegitimidade do Ministério Público**: fundamentos do processo civil moderno. São Paulo: Malheiros, 2001, v. 1, p. 410-411.

[217] MAZZILLI, Hugo Nigro. **A defesa dos interesses difusos em juízo**. 31. ed. São Paulo: Saraiva, 2019, p. 246.

[218] MOREIRA, José Carlos Barbosa. A ação popular do direito brasileiro como instrumento da tutela jurisdicional dos chamados "interesses difusos". **Revista de Processo**, São Paulo, ano 7, n. 28, out./dez. 1982, p. 11.

[219] QUEIROZ, Maria Regina Ferro. **Perfil processual da lei de improbidade administrativa**. 2004, 434 f. Dissertação (Mestrado em Direito Processual Civil) – Faculdade de Direito, Universidade de São Paulo, São Paulo, 2004.

[220] CAPPELLETTI, Mauro. Tutela dos interesses difusos. **Revista Ajuris**, n. 33, Porto Alegre: Associação dos Juízes do Rio Grande do Sul, p. 169-182, 1985.

[221] COSTA, Rafael de Oliveira; ALMEIDA, Gregório Assagra de. **Direito Processual Penal Coletivo**: a tutela penal dos bens jurídicos e coletivos. 2. ed. Belo Horizonte: D'Plácido,

fundamentais, representativos de valores maiores decorrentes de conquistas históricas da coletividade, possuem aplicabilidade imediata, devendo ser respeitados por todos.[223]

2021, p. 70 e 78. E finalizam os professores: "[...] conclui-se, no plano da dogmática jurídica, que direitos fundamentais são todos os direitos, individuais ou coletivos, previstos expressa ou implicitamente em determinada ordem jurídica e que representam os valores maiores decorrentes de conquistas históricas da coletividade, os quais giram em torno de um núcleo fundante do próprio Estado Democrático de Direito, que é justamente o direito à vida e à sua existência com dignidade. [...] Ademais, todos os direitos, individuais ou coletivos, se são concebidos como fundamentais, possuem aplicabilidade imediata, nos termos do art. 5o, § 1o, da CR. Essa aplicabilidade imediata não impede que sejam considerados de realização imediata inviável, quando houver impedimento real ou fático; porém, é descabida a alegação de impedimento formal, ou meramente de teor jurídico, como barreira à realização dos direitos fundamentais, individuais ou coletivos. O impedimento puramente jurídico não existe porque a Constituição prevê a aplicabilidade imediata dos direitos e das garantias constitucionais fundamentais."

[222] Conferir também: ALMEIDA, Gregório Assagra de. **Direito material coletivo**: superação da *summa divisio* constitucionalizada Direito Público e Direito Privado por uma nova *summa divisio* constitucionalizada. Belo Horizonte: Del Rey, 2008.

[223] COSTA, Rafael de Oliveira; ALMEIDA, Gregório Assagra de. **Direito Processual Penal Coletivo**: a tutela penal dos bens jurídicos e coletivos. 2. ed. Belo Horizonte: D'Plácido, 2021, p. 77-78. E complementam os doutrinadores: "Nesta obra, leva-se em consideração o plano da titularidade, em sua conjugação com o plano da proteção e da efetivação dos direitos. A partir daí é que se conclui, com amparo inclusive em disposição constitucional expressa (Título II, Capítulo I, da CR/1988), que os direitos fundamentais e os direitos em geral compõem, no âmbito do sistema constitucional brasileiro, dois grandes blocos: o do direito individual e o do direito coletivo. Portanto, entende-se que os direitos fundamentais são individuais ou coletivos e, geralmente, estão relacionados, direta ou indiretamente – ou até reflexamente –, ao direito à vida ou à sua existência com dignidade. São os direitos que têm previsão expressa ou implícita na Constituição como Lei Fundamental. A previsão implícita decorre da cláusula aberta dos direitos e das garantias constitucionais fundamentais prevista no § 2o do art. 5o da CR/88. [...] Dessa forma, considerando que no contexto do constitucionalismo democrático os direitos e garantias constitucionais fundamentais contêm valores que devem irradiar todo o sistema jurídico de forma a constituírem-se a sua essência e a base que vincula e orienta a atuação do legislador constitucional, do legislador infraconstitucional, do administrador, da função jurisdicional e até mesmo do particular, conclui-se que no contexto do sistema jurídico brasileiro a dicotomia Direito Público e Direito Privado não se sustenta. Existem outros fundamentos constitucionais mais pontuais que também amparam a presente obra. A ação popular está dentro do Capítulo I do Título II da CR/ 1988 (art. 5o, LXXIII), constituindo-se em garantia constitucional fundamental. A ação popular, pelo seu objeto material, é espécie do gênero 'ação coletiva', inserindo-se dentro dos denominados genericamente 'Direitos Coletivos fundamentais'. A ação popular poderá ter como objeto material a tutela do patrimônio público em sentido amplo (moral, econômico,

Todavia, antes disso, os nossos sistemas jurídicos haviam sido forjados com base no direito subjetivo individual, por se tratar da categoria clássica, o que demandou profundas alterações legislativas de direito material e processual. Nesse sentido, Susana Henrique da Costa aduz que o direito subjetivo individual é a categoria clássica, a partir do qual se estruturou todo o sistema processual; e tal direito refere-se a um sujeito determinado, gerando, em regra, efeitos apenas dentro de seu âmbito jurídico. Como corolário, somente o seu titular possui legitimidade para pleitear judicialmente a respectiva proteção do Estado, conforme preceitua o artigo 18, *caput*, do Código de Processo Civil.[224] Ademais, "a coisa julgada somente produz efeitos entre as partes que litigam em juízo sobre o referido interesse."[225]

Mauro Cappelletti explica que houve uma profunda mudança de paradigma ante o vetusto antagonismo entre público e privado, conforme o afloramento de situações intermediárias, que demandaram a devida atenção especializada do sistema legal. Para o autor italiano, vivenciamos o fenômeno do pluralismo, e, por conseguinte, é insuficiente uma divisão simplória entre público e privado, vale dizer, entre Estado e indivíduo. Em tal contexto, aparecem situações intermediárias, de capital relevância, "capazes de representar o indivíduo e de protegê-lo contra os efeitos potencialmente desastrosos da economia de massa, da sociedade de massa."[226]

cultural, histórico e ambiental). Assim, proteção do patrimônio público é espécie de Direito Coletivo. O art. 129, *caput*, e seu III da CR/ 1988 estabelecem que são funções institucionais do Ministério Público: 'III — promover o inquérito civil e a ação civil pública, para a proteção do patrimônio público e social, do meio ambiente e de outros interesses difusos e coletivos.' O referido dispositivo constitucional, mantendo perfeita sintonia com o Título II, Capítulo I, da Lei Fundamental, arrola a proteção do patrimônio público como espécie de interesse coletivo. Em termos mais precisos, a tutela do patrimônio público é espécie de direito difuso, que é espécie do gênero Direito Coletivo (Título II, Capítulo 1, art. 50, LXXIII, c/c o art. 129, 111, da CR/1988). Destarte, se, por imposição constitucional, a tutela jurídica do patrimônio público é espécie de direito difuso e se o direito difuso é espécie do gênero Direito Coletivo, não há como sustentar a existência de um Direito Público fora ou paralelamente ao Direito Coletivo. O objeto material é que identifica e insere o Direito no âmbito do sistema jurídico."

[224] "Art. 18. Ninguém poderá pleitear direito alheio em nome próprio, salvo quando autorizado pelo ordenamento jurídico. [...]."

[225] Costa, Susana Henriques da. **O processo coletivo na tutela do patrimônio público e da moralidade administrativa**. 2. ed. São Paulo: Atlas, 2015, p. 15.

[226] Cappelletti, Mauro. Tutela dos interesses difusos. **Revista Ajuris**, n. 33, Porto Alegre: Associação dos Juízes do Rio Grande do Sul, p. 169-182, 1985, p. 180.

Sobre o assunto, Luiz Carlos de Azevedo avalia que os novos tipos de relações preordenaram uma alteração do Direito. A constante evolução da tecnologia, notadamente no último século, demandou soluções para novos problemas, os quais eram imprevisíveis para aquela época. E prossegue o autor salientando que os jornais dos anos que antecederam a primeira guerra mundial relatam os acidentes de trânsito causados pelos primeiros automóveis. "Corrida realizada na França, da qual participara com malogrado êxito um dos irmãos Renault, levou a que fossem tomadas medidas rigorosas para refrear o mau uso destes perigosos veículos."[227]

Nesse sentido, são percucientes as lições de Mauro Cappelletti, que retrata a evolução da Humanidade nos últimos séculos, da qual se sobressaem as relações de massa. Com efeito, o professor italiano salienta que, do ponto de vista econômico, a sociedade industrial não mais se refere a uma produção artesanal; pelo contrário, a produção, agora, é massificada, visando a um número indeterminado de pessoas. A economia hodierna, por todos nós vivenciada, possui esse inegável escopo massivo, infligindo tal qualidade, também, ao trabalho, comércio e consumo. As pessoas jurídicas empresárias, sejam industriais, sejam de outras áreas econômicas, são cada vez mais amplas – inclusive, as empresas multinacionais são uma característica simbólica de nossa sociedade. E, a par de tudo isso, os problemas sociais refletem o mesmo fenômeno. Nesse quadro, nota-se uma intervenção "global do Estado na economia, em direção ao Estado de *welfare*, o Estado promocional, que impõe, inquire, consulta – intervenções de todo o tipo. Seja o Estado de *welfare*, seja o Estado do assim chamado socialismo real." Assim, os atos de uma pessoa, um grupo ou uma empresa produzem efeitos que atingem uma imensa quantidade de pessoas e categorias.[228]

E o corolário dessa nova faceta das relações sociais traduz-se em massificação dos danos, os quais não atingem apenas uma pessoa isoladamente, mas uma gama de incontáveis indivíduos, por vezes até indetermináveis. Cita-se o exemplo do direito consumerista em que milhares ou milhões de consumidores sofrem um dano em razão do defeito, ainda que mínimo, apresentado por um produto; de acordo com o escólio de Antônio Herman Vasconcellos Benjamin, o "produtor, causante de tal prejuízo, não

[227] AZEVEDO, Luiz Carlos de. **Introdução à história do Direito**. 2. ed. São Paulo: Revista dos Tribunais, 2007. p. 276.

[228] CAPPELLETTI, Mauro. Tutela dos interesses difusos. **Revista Ajuris**, n. 33, Porto Alegre: Associação dos Juízes do Rio Grande do Sul, p. 169-182, 1985, p. 170-171.

é somente violador de um direito individual, não está em confronto com uma outra pessoa, ou, no máximo, duas, três, cinco outras pessoas, mas é tipicamente produtor de um dano de massa."[229]

Rodolfo de Camargo Mancuso reforça, nesse contexto, a importância da Revolução Industrial, ocorrida entre os séculos XVIII e XIX. Para o professor, a primeira constatação dos interesses difusos ocorreu com o advento da referida revolução, quando se verificou que os cânones tradicionais do século XIX, calcados no individualismo, não resistiriam por muito tempo a uma sociedade cujas relações, agora, são preponderantemente massificadas. Em tal sociedade, inexiste espaço para uma pessoa isolada, pois todos são tragados por grandes grupos e categorias que compõem a sociedade. Por conseguinte, a preocupação jurídica e respectiva normatização transpuseram-se para as relações coletivas – e não mais apenas individuais –, acompanhando o fenômeno ocorrente de fato no seio social. Ao lado da Revolução Industrial e da massificação da sociedade, o sindicalismo também possui importante papel nessa alteração de paradigma, uma vez que os conflitos não mais ocorrem apenas entre patrão e empregado, mas, sim, entre integrantes da força de trabalho de determinada categoria e integrantes da força-capital da categoria patronal correlata.[230]

Assim, vislumbrou-se a existência de direitos com "alto índice de desagregação ou de 'atomização', que lhes permite se referirem a um contingente indefinido de indivíduos e a cada qual deles, ao mesmo tempo", conforme examinado por Rodolfo de Camargo Mancuso.[231] Trata-se dos direitos difusos, que são definidos por Mauro Cappelletti como "interesses em busca de autor (*interessi in cerca di autore*), porque não têm um proprietário, um titular, são difusos".[232]

No Brasil, o Código de Defesa do Consumidor – Lei n. 8.078, de 11 de setembro de 1990 – traz a seguinte conceituação em seu artigo 81,

229 BENJAMIN, Antônio Herman Vasconcellos. A insurreição da aldeia global contra o processo civil clássico: apontamentos sobre a opressão e a libertação judiciais do meio ambiente e do consumidor. *In*: MILARÉ, Édis (coord.). **Ação civil pública – Lei 7.347/85**: reminiscências e reflexões após dez anos de aplicação, São Paulo: Revista dos Tribunais, 1995, p. 78.

230 MANCUSO, Rodolfo de Camargo. **Interesses difusos**: conceito e legitimação para agir. 5. ed. São Paulo: Revista dos Tribunais, 2000, p. 81-82.

231 MANCUSO, Rodolfo de Camargo. **Interesses difusos**: conceito e legitimação para agir. 5. ed. São Paulo: Revista dos Tribunais, 2000, p. 79.

232 CAPPELLETTI, Mauro. Tutela dos interesses difusos. **Revista Ajuris**, n. 33, Porto Alegre: Associação dos Juízes do Rio Grande do Sul, p. 169-182, 1985, p. 174.

parágrafo único: a) direitos difusos são "os transindividuais, de natureza indivisível, de que sejam titulares pessoas indeterminadas e ligadas por circunstâncias de fato"; b) direitos coletivos são "os transindividuais, de natureza indivisível de que seja titular grupo, categoria ou classe de pessoas ligadas entre si ou com a parte contrária por uma relação jurídica base"; e c) direitos individuais homogêneos são "os decorrentes de origem comum".[233]

Aqui cabe um parêntese sobre o fato de a legislação pátria utilizar, indiscriminadamente, as expressões direito ou interesse para defini-los.[234] Flávio Murilo Tartuce Silva entende ser desnecessária eventual diferenciação, tratando-as como sinônimas para o assunto em voga, em razão da proteção conferida pelo ordenamento jurídico brasileiro. Com efeito, causou perplexidade, de início, a necessidade de proteção da coletividade ou de determinados grupos ou categorias de pessoas, pois o enfoque até então dominante era o individualista. A concepção clássica do direito subjetivo o dividia entre direito privado, pertencente a um indivíduo, e direito público, pertencente ao Estado. Nesse contexto, foi necessário forjar o termo "interesses" para designar tal novo fenômeno, uma vez que inexistia tutela jurídica específica para esses novos titulares, quais sejam, a coletividade e a comunidade. A não inclusão dos interesses difusos e coletivos no rol de direitos ocorreu por uma restrita visão de direito subjetivo, calcada

[233] Tais conceitos são aplicáveis a quaisquer direitos e não apenas aos consumeristas, *ex vi* do artigo 1º, *caput*, inciso IV, da Lei n. 7.347, de 24 de julho de 1985.

[234] A título exemplificativo, menciona-se que o Código de Defesa do Consumidor, no citado artigo 81, parágrafo único, incisos I a III, fala tanto em *direito* quanto em *interesse*. No mesmo sentido encontra-se o artigo 21 da Lei n. 12.016, de 7 de agosto de 2009 – Lei do Mandado de Segurança (destaques nossos): "Art. 21. O mandado de segurança coletivo pode ser impetrado por partido político com representação no Congresso Nacional, na defesa de seus **interesses** legítimos relativos a seus integrantes ou à finalidade partidária, ou por organização sindical, entidade de classe ou associação legalmente constituída e em funcionamento há, pelo menos, 1 (um) ano, em defesa de direitos líquidos e certos da totalidade, ou de parte, dos seus membros ou associados, na forma dos seus estatutos e desde que pertinentes às suas finalidades, dispensada, para tanto, autorização especial. Parágrafo único. Os **direitos** protegidos pelo mandado de segurança coletivo podem ser: I – coletivos, assim entendidos, para efeito desta Lei, os transindividuais, de natureza indivisível, de que seja titular grupo ou categoria de pessoas ligadas entre si ou com a parte contrária por uma relação jurídica básica; II – individuais homogêneos, assim entendidos, para efeito desta Lei, os decorrentes de origem comum e da atividade ou situação específica da totalidade ou de parte dos associados ou membros do impetrante."

em um liberalismo individualista, o qual pressupunha, para a existência de um direito, a determinação do seu titular.[235]

E prossegue Tartuce aduzindo que, mesmo nesta visão clássica e superada, começou a ser reconhecida a distinção entre "interesses simples", sem tutela jurisdicional, e "interesses legítimos", que possuem a proteção estatal jurisdicional nos mesmos moldes conferidos aos direitos subjetivos. Em países que mantêm estruturas jurisdicionais diferentes para proteger cada instituto, é possível se vislumbrar alguma importância quanto à distinção entre direito subjetivo e interesse legítimo. O autor cita o exemplo da Itália, onde a Justiça ordinária aprecia os direitos subjetivos e a Justiça administrativa avalia os interesses legítimos. Todavia, tal situação não se assemelha ao nosso país, pois, aqui, a jurisdição é una e indivisível, tutelando tanto o direito subjetivo quanto o interesse legítimo – caso se admita distinção entre essas figuras.[236]

Em tal contexto, é forçoso concluir que, hoje, devem ser considerados como direitos subjetivos aqueles interesses da coletividade ou de uma comunidade que, inicialmente, eram considerados como meros interesses e, em seguida, foram admitidos como interesses legítimos. Assim, finaliza Tartuce consignando ser desnecessário permanecer utilizando-se da expressão "interesses" quando se tratar de tutela coletiva, seja na produção legislativa, seja na doutrina, seja na jurisprudência. É suficiente, portanto, a utilização do vocábulo "direito".[237]

Nessa seara, também é relevante anotar a conceituação proposta por Karel Vasak em relação às gerações ou dimensões de direitos, conforme o lema da Revolução Francesa de 1789: *Liberté, Egalité, Fraternité* – tradução livre: Liberdade, Igualdade, Fraternidade.[238]

O jurista tcheco-francês definiu os direitos de primeira geração como aqueles concernentes à liberdade do indivíduo frente ao Estado – *non facere*. Sua existência remonta às revoluções liberais do século XVIII. Trata-se

[235] Silva, Flávio Murilo Tartuce. **Direito do Consumidor**: direito material e processual. 7. ed. São Paulo: Método, 2018, p. 674-675.

[236] Silva, Flávio Murilo Tartuce. **Direito do Consumidor**: direito material e processual. 7. ed. São Paulo: Método, 2018, p. 674-675.

[237] Silva, Flávio Murilo Tartuce. **Direito do Consumidor**: direito material e processual. 7. ed. São Paulo: Método, 2018, p. 674-675.

[238] Conferência ministrada no Instituto Internacional de Direitos Humanos (Estrasburgo) em 1979.

dos direitos civis e políticos, reconhecidos a todas as pessoas – direito à vida, à liberdade, à integridade física, ao patrimônio individualizado *etc.* Já a segunda geração refere-se ao ideal de igualdade, consistindo num *facere* do Estado, que deve implementar a isonomia entre todos os cidadãos. Os exemplos são os direitos sociais, como o trabalho, a previdência, a saúde, a educação, entre outros. E a terceira geração, baseando-se na fraternidade ou solidariedade, engloba os chamados direitos difusos e coletivos – alvo do presente estudo. Como exemplos, citam-se os direitos relativos ao meio ambiente, consumidor, patrimônio público *etc.*[239]

Acerca do assunto, o então ministro José Celso de Mello Filho, do Supremo Tribunal Federal, sintetizou essa divisão da matéria no julgamento do mandado de segurança n. 22.164. Com efeito, os direitos de primeira geração destacam o princípio da liberdade, consistindo em direitos civis e políticos, bem como abrangendo as liberdades clássicas. Já os direitos de segunda geração enaltecem o princípio da igualdade, versando sobre direitos econômicos, sociais e culturais; identificam-se, desse modo, com as liberdades positivas, reais ou concretas. E, por derradeiro, os direitos de terceira geração sedimentam o princípio da solidariedade, pois concretizam "poderes de titularidade coletiva atribuídos genericamente a todas as formações sociais". E finaliza Celso de Mello salientando que essa última figura compõe "um momento importante no processo de desenvolvimento, expansão e reconhecimento dos direitos humanos", os quais, segundo leciona, possuem a qualidade de "essencial inexauribilidade", uma vez que se trata de "valores fundamentais indisponíveis".[240]

Registra-se, ademais, que o termo "geração" é criticado por alguns autores, os quais preferem utilizar a expressão "dimensão" para reforçar a qualidade de coexistência harmônica entre os direitos, que não se substituem no tempo.[241] Em tal senda dispõe a Declaração e Programa de Ação de Viena, conforme a Conferência Mundial sobre Direitos Humanos de

[239] VASAK, Karel. **As dimensões internacionais dos direitos do homem**. Lisboa: Livros Técnicos e Científicos, 1978.

[240] Supremo Tribunal Federal, mandado de segurança n. 22.164, relator ministro Celso de Mello, julgado em: 30 out. 1995, DJ: 17 nov. 1995.

[241] Cf. DIÓGENES JÚNIOR, José Eliaci Nogueira. **Gerações ou dimensões dos direitos fundamentais?** Disponível em: http://professor.pucgoias.edu.br/SiteDocente/admin/arquivosUpload/7771/material/GERA%C3%87%C3%95ES%20OU%20DIMENS%C3%95ES%20DOS%20DIREITOS%20FUNDAMENTAIS.pdf. Acesso em: 27 abr. 2021.

1993, que preconiza a proteção de todos os direitos humanos e todas as liberdades fundamentais.[242]

De outra banda, alguns doutrinadores prosseguem na classificação de gerações ou dimensões dos direitos: afirmam haver quarta, quinta e até sexta dimensões. Para Paulo Bonavides, a quarta dimensão advém da globalização, como os direitos à democracia, à informação, ao pluralismo, entre outros – Norberto Bobbio cita também o direito à bioética. Bonavides menciona, outrossim, a quinta geração de direitos fundamentais, reforçando o direito à paz. E, para Bernardo Gonçalves Fernandes, o direito à água potável pertence à sexta geração ou dimensão, reforçando sua essencialidade.[243]

Porém, para o presente estudo, faz-se relevante a terceira dimensão dos direitos, atinente aos interesses difusos e coletivos. Os danos causados a direitos ou bens de titularidade difusa são considerados danos sociais ou difusos.[244]

5.2. Conceito de dano social

Além das categorias ordinárias de dano, Antonio Junqueira de Azevedo especificou a figura do "dano social", aferível pela sociologia e estatística, conceituando-o como "lesões à sociedade, no seu nível de vida, tanto por seu rebaixamento de seu patrimônio moral – principalmente a respeito da segurança – quanto por diminuição de sua qualidade de vida".[245] De acordo com Flávio Murilo Tartuce Silva, trata-se de "condutas socialmente reprováveis, que não podem ser admitidas pelo Direito Privado."[246]-[247]

[242] "Todos os Direitos Humanos são universais, indivisíveis, interdependentes e interrelacionados. A comunidade internacional deve considerar os Direitos Humanos, globalmente, de forma justa e eqüitativa, no mesmo pé e com igual ênfase. Embora se deva ter sempre presente o significado das especificidades nacionais e regionais e os diversos antecedentes históricos, culturais e religiosos, compete aos Estados, independentemente dos seus sistemas políticos, econômicos e culturais, promover e proteger todos os Direitos Humanos e liberdades fundamentais."

[243] Fernandes, Bernardo Gonçalves. **Curso de Direito Constitucional**. Salvador: Juspodivm, 2019, p. 355.

[244] Apesar da mesma nomenclatura, não se trata de danos causados aos direitos de segunda dimensão, denominados de "direitos sociais".

[245] Azevedo, Antonio Junqueira de. **Novos estudos e pareceres de Direito Privado**. São Paulo: Saraiva, 2009, p. 382.

[246] Silva, Flávio Murilo Tartuce. **Responsabilidade civil**. 2. ed. São Paulo: Forense, 2020, p. 511.

[247] Anotam-se, por oportuno, as seguintes críticas de Judith Martins-Costa acerca do tema em voga (Dano moral à brasileira. **Revista do Instituto de Direito Brasileiro**, Lisboa, v. 3,

Como consequência, o professor Junqueira ensina que tais danos devem receber uma indenização punitiva por dolo ou culpa grave, notadamente quando reduzirem as condições coletivas de segurança, bem como devem receber indenização dissuasória, quando causados por atos em geral de pessoas jurídicas, que proporcionam uma diminuição do índice de qualidade de vida da população.[248]

Reforçando esses ensinamentos, Flávio Murilo Tartuce Silva aponta os motivos pelos quais deve ser reconhecida a existência dos danos sociais. Com efeito, ele aduz acerca da nova visão inaugurada pelo atual Código Civil, no qual o coletivo prepondera sobre o individualismo, bem como consigna a exigência de uma "função social da responsabilidade civil", calcada na necessidade de se protegerem a pessoa humana e sua respectiva dignidade. Tal conceito possui estrita relação com a principiologia adotada pelo referido *codex*, o qual adotou a socialidade como um de seus fundamentos, vale dizer, a preponderância do coletivo sobre o individual, superando a característica individualista e egoística do estatuto predecessor.[249-250]

n. 9, p. 7073-7122, 2014, p. 7100-7101): "Na tentativa de ultrapassar as claras barreiras de ordem constitucional à aplicação judicial de *punitive damages*, ensaia-se a 'troca de etiqueta', passando-se a denominá-lo de *dano social*. Esta figura nasceu de opinião externada em artigo doutrinário pelo Professor Antonio Junqueira de Azevedo, que, preocupado com uma *situação pontual* – o problema da segurança de vida e de integridade física e psíquica – propôs refletir sobre a conveniência de, em certos casos, agravar o *quantum* indenizatório, na responsabilização por dano moral, a título de 'desestímulo' *àqueles que agem dolosamente ou em culpa grave*, atingindo a segurança física e psíquica do ser humano. A partir dessa inspiração doutrinaria – um único artigo de poucas páginas, propondo refletir sobre um 'tema novo', inconcluso quanto a vários aspectos e que não teve seguimento, em face do falecimento daquele Professor – começaram a ser emitidas decisões judiciais dando *valor de lei* àquela opinião. Mais ainda, passou-se a condenar empresas a pagar indenização do dano social inclusive abstraindo dos pressupostos aventados pelo Professor Junqueira de Azevedo, a saber: o dano social caberia apenas quando praticado ato doloso ou gravemente culposo capaz de pôr em perigo a segurança física ou psíquica das pessoas humanas ou afetar a qualidade de vida de uma população. Porém, embora essas condicionantes, começam a pipocar decisões que, sem pedido e sem prova, há condenação a indenizar por dano social, em acréscimo à indenização por dano moral."

248 AZEVEDO, Antonio Junqueira de. **Novos estudos e pareceres de Direito Privado**. São Paulo: Saraiva, 2009, p. 382.

249 SILVA, Flávio Murilo Tartuce. **Responsabilidade civil**. 2. ed. São Paulo: Forense, 2020, p. 509-510.

250 No mesmo sentido são os ensinamentos do professor Rogério José Ferraz Donnini (Fundamento legal da função punitiva na responsabilidade civil. *In*: ________________ (coord.). **Risco, dano e responsabilidade civil**. Salvador: Juspodivm, 2018).

E prossegue Tartuce aduzindo que, em razão dessa premissa, os mais relevantes institutos do Direito Privado possuem acentuada função social: propriedade, contrato, posse, família, empresa e responsabilidade civil. Por conseguinte, a função social da responsabilidade civil é um importante norte para o cotejo de tal instituto em relação aos escopos admitidos pela indenização perante o seio social, máxime de sanção e prevenção. E, para além desse entendimento, o autor conclui que a proteção da pessoa humana e a tutela de sua dignidade são cânones fundamentais que não podem ser dissociados da responsabilidade civil.[251]

Por seu turno, Yuri Fisberg aponta que inexistem, na experiência estrangeira, alusões expressas à figura do dano social. Assim, o autor relata que é considerado pioneiro o ensaio do professor Antonio Junqueira de Azevedo, já que "não há notícia de 'dano social' em outros modelos jurídicos, ao menos sob tal terminologia". Todavia, Yuri Fisberg ressalva que essa constatação não significa inexistirem figuras análogas em ordenamentos estrangeiros, as quais podem possuir nomenclatura diversa ou serem "fundadas em bases jurídicas absolutamente distintas".[252]

Sendo assim, é inegável a existência de danos que atingem bens ou direitos cuja titularidade está além de uma pessoa ou de um grupo determinado de indivíduos – são, com efeito, os danos difusos, também denominados de danos sociais, pois afligem toda a sociedade. Esse conceito e sua respectiva observação são de extrema importância na conjuntura hodierna, conforme consta expressamente na Exposição de Motivos do Código Civil de 2002. Ao justificar a atualização do diploma normativo de Direito Privado em razão da superação do individualismo, salientou-se que "cada vez mais que o Direito é social em sua origem e em seu destino, impondo a correlação concreta e dinâmica dos valores coletivos com os individuais, para que a pessoa humana seja preservada sem privilégios e exclusivismos [...]."[253]

[251] SILVA, Flávio Murilo Tartuce. **Responsabilidade civil**. 2. ed. São Paulo: Forense, 2020, p. 509-510.

[252] FISBERG, Yuri. **Dano social**: considerações propositivas. 2018. 348 f. Dissertação (Mestrado em Direito Civil) – Faculdade de Direito, Universidade de São Paulo, São Paulo, 2018, p. 79.

[253] Confira-se na íntegra o excerto em apreço: "Não é de hoje que vem sendo reclamada a reforma da Lei Civil em vigor, como decorrência das profundas alterações havidas no plano dos fatos e das idéias, tanto em razão do progresso tecnológico como em virtude da nova dimensão adquirida pelos valores da solidariedade social. [...] Superado de vez o individualismo, que

Conforme a citação acima, expressada no bojo do processo legislativo que resultou na aprovação e promulgação do atual diploma, resta clara a relevância de se atualizar o ordenamento jurídico para proteger os direitos e bens coletivos, considerados em sentido amplo, abrangendo, dessa forma, os difusos, coletivos e individuais homogêneos. A visão estritamente individualista concede lugar a um novo enfoque, agora coletivo, propiciando proteção também a direitos e bens antes não facilmente vislumbrados, como é o caso atinente à reparação dos danos sociais.

É importante registrar, por oportuno, que tal desiderato não significa, de nenhum modo, o menoscabo de direitos individuais, mas, sim, o reforço do caráter social de nosso Estado, que deve defender todos os direitos de todas as pessoas, notadamente para efetivar e garantir a dignidade da pessoa humana. Sem entender a necessidade dessa premissa, no sentido de que são outros os tempos em que se deram a promulgação do Código Civil de 1916, prejudicam-se a tutela estatal na garantia dos direitos coletivos, nos termos consignados expressamente no preâmbulo da Constituição Federal.[254]

E a própria Carta Magna robustece esse entendimento em diversas de suas passagens, como, por exemplo, no Capítulo I do Título II – Dos Direitos e Garantias Fundamentais, que trata "Dos Direitos e Deveres Individuais e **Coletivos**" (destaque nosso). O Estado Democrático de Direito deve respeitar e fazer respeitar todos os direitos e bens, sejam individuais, sejam

condicionara as fontes inspiradoras do Código vigente, reconhecendo-se cada vez mais que o Direito é social em sua origem e em seu destino, impondo a correlação concreta e dinâmica dos valores coletivos com os individuais, para que a pessoa humana seja preservada sem privilégios e exclusivismos, numa ordem global de comum participação, não pode ser julgada temerária, mas antes urgente e indispensável, a renovação dos códigos atuais, como uma das mais nobres e corajosas metas de governo. Por outro lado, os que têm se manifestado sobre a chamada "crise da Justiça" reconhecem que uma das causas desta advém do obsoletismo de muitas normas legais vigentes, quer pela inadequação de seu conteúdo à realidade social contemporânea, quer pelo vincado sentido formalista que as inspira, multiplicando as áreas e os motivos dos conflitos de interesse."

[254] "Nós, representantes do povo brasileiro, reunidos em Assembléia Nacional Constituinte para instituir um Estado Democrático, destinado a **assegurar o exercício dos direitos sociais e individuais**, a liberdade, a segurança, o bem-estar, o desenvolvimento, a igualdade e a justiça como valores supremos de uma sociedade fraterna, pluralista e sem preconceitos, fundada na harmonia social e comprometida, na ordem interna e internacional, com a solução pacífica das controvérsias, promulgamos, sob a proteção de Deus, a seguinte CONSTITUIÇÃO DA REPÚBLICA FEDERATIVA DO BRASIL." (Destaques nossos.)

coletivos, da maioria e da minoria, garantindo assim um ambiente pacífico para o desenvolvimento da personalidade de cada um de seus cidadãos.

Para ilustrar a conceituação de dano social, Flávio Tartuce menciona alguns casos hipotéticos: inundação de uma metrópole em dias chuvosos; acidente aéreo de grandes proporções causado por problema de comunicação do avião; transtorno causado pelo não fornecimento de alimentos a passageiros de voo de longa duração; explosão de posto de combustível; falecimento de pacientes; incêndio causado por balão *etc.*[255] Nos exemplos colacionados, retratam-se situações que, em regra, se referem à iniciativa privada.[256] Mas nada afasta ou impede a existência de dano social atinente a atividades públicas, como é a proposição preconizada no presente livro, que se refere ao dano social causado por corrupção e improbidade administrativa.

Por fim, registra-se que, segundo preleciona Junqueira, os danos sociais, conceituados como verdadeiras lesões à sociedade, podem expressar-se tanto a) materialmente, quando diminuem a qualidade de vida da população, quanto b) moralmente, quando rebaixam seu patrimônio moral.[257] E essa divisão é importante para se diferenciar de figuras análogas, conforme mencionado a seguir, inclusive no que tange à destinação da respectiva indenização.

5.3. Diferença de dano moral coletivo

Segundo parcela minoritária da doutrina, o dano moral coletivo é aquele que atinge um bem ou direito coletivo em sentido estrito.[258] Para tanto, convém repisar a definição fornecida pelo artigo 81, parágrafo único, inciso II, do Código de Defesa do Consumidor.[259] Conclui-se, conforme

[255] SILVA, Flávio Murilo Tartuce. **Responsabilidade civil**. 2. ed. São Paulo: Forense, 2020, p. 512.

[256] Há uma justificativa para o estudo do dano social ainda estar restrito, até hoje, à esfera privada: os doutrinadores que notaram sua existência estão habituados à análise das relações particulares, pois são estudiosos do Direito Privado. Assim, é importante examinar o alcance dessa nova modalidade de dano, que, não se resumindo à iniciativa privada, também atinge institutos de Direito Público.

[257] AZEVEDO, Antonio Junqueira de. **Novos estudos e pareceres de Direito Privado**. São Paulo: Saraiva, 2009, p. 382.

[258] Cf. SILVA, Flávio Murilo Tartuce. **Responsabilidade civil**. 2. ed. São Paulo: Forense, 2020, p. 522.

[259] "Art. 81. A defesa dos interesses e direitos dos consumidores e das vítimas poderá ser exercida em juízo individualmente, ou a título coletivo. Parágrafo único. A defesa coletiva

esse entendimento, que o dano moral coletivo atinge pessoas determinadas ou determináveis. Por esse motivo, a sua indenização deve ser destinada a tais indivíduos – e não a um fundo, como é o caso do dano difuso ou social.

Em tal sentido, Flávio Murilo Tartuce Silva salienta que os danos morais coletivos atingem vários direitos da personalidade, abrangendo direitos individuais homogêneos ou coletivos em sentido estrito. Assim, as respectivas vítimas são determinadas ou determináveis, e a indenização é destinada às referidas pessoas. Já os danos sociais ou difusos causam um rebaixamento no nível de vida da coletividade, conforme preleciona o professor Junqueira. Desse modo, Tartuce assevera que estes últimos afligem direitos difusos, atinentes a vítimas indeterminadas – vale dizer, toda a sociedade é vítima da conduta, e, como consequência, a indenização deve ser destinada a um fundo de proteção ou instituição de caridade.[260]

A diferença, conforme essa ótica, é sútil e refere-se, primordialmente, ao direito ou bem aviltado. Nesses termos, quando se trata de dano a direitos ou bens transindividuais, de natureza indivisível, cujos titulares são indetermináveis, está-se diante de dano social ou difuso. Em tal situação, a indenização é destinada ao fundo previsto no artigo 13 da Lei n. 7.347, de 24 de julho de 1985. Porém, se se trata de dano a direitos ou bens cujos titulares são determinados ou determináveis, está-se diante de dano moral coletivo. Aqui, a indenização é destinada às vítimas, exceto se os interessados não se habilitarem no prazo mencionado no artigo 100 do Código de Defesa do Consumidor.[261]

Todavia, é importante registrar, por oportuno, que o entendimento majoritário é em sentido diverso ao consignado acima. Com efeito, a corrente prevalente sustenta que a expressão "dano moral coletivo" refere-se a qualquer direito coletivo *lato sensu*, vale dizer, abrange os direitos individuais homo-

será exercida quando se tratar de: [...] II – interesses ou direitos coletivos, assim entendidos, para efeitos deste código, os **transindividuais, de natureza indivisível de que seja titular grupo, categoria ou classe de pessoas** ligadas entre si ou com a parte contrária por uma relação jurídica base; [...]." (Destaques nossos.)

[260] Silva, Flávio Murilo Tartuce. **Responsabilidade civil**. 2. ed. São Paulo: Forense, 2020, p. 522.

[261] "Art. 100. Decorrido o prazo de um ano sem habilitação de interessados em número compatível com a gravidade do dano, poderão os legitimados do art. 82 promover a liquidação e execução da indenização devida. Parágrafo único. O produto da indenização devida reverterá para o fundo criado pela Lei n.º 7.347, de 24 de julho de 1985."

gêneos, coletivos em sentido estrito e difusos.[262] Nessa toada, Paulo Sergio Uchôa Fagundes Ferraz de Camargo o define como uma "injusta lesão da esfera moral de uma dada comunidade, ou seja, é a violação antijurídica de um determinado círculo de valores coletivos".[263] Na mesma senda, André Gustavo de Andrade posiciona-se da seguinte forma: o "dano moral coletivo constitui a agressão a bens e valores jurídicos comuns a toda coletividade ou parte dela. Parte-se, pois, da ideia de um património moral coletivo e indivisível, inerente aos homens em sua dimensão social".[264]

Assim, de acordo com essa segunda posição, hoje preponderante tanto na doutrina quanto na jurisprudência,[265] o dano moral coletivo pode, em

[262] Confira-se, a propósito, a explanação de Yuri Fisberg acerca do tema em análise (**Dano social**: considerações propositivas. 2018. 348 f. Dissertação (Mestrado em Direito Civil) – Faculdade de Direito, Universidade de São Paulo, São Paulo, 2018, p. 152-153): "Como já aventado da lição de CLÁUDIO LUIZ BUENO DE GODOY, a ampliação do conceito de dano moral o aproxima de outras figuras, inclusive do dano social. Uma vez reconhecido que melhor seria a adoção da terminologia do Código Civil Italiano ('dano extrapatrimonial ou não patrimonial'), crescente o conceito de dano perante ao panorama de ampliação dos interesses tutelados juridicamente, superada a acepção histórica que atrelava o dano moral à dor ou ao sofrimento foi superada – sequer compatível com a figura de interesses transindividuais – o dano moral coletivo assemelha-se ao dano social. Ambos consubstanciam a repercussão difusa ou coletiva de um evento danoso sobre a coletividade. A efetiva distinção constitui no propósito da fixação de um ou de outro. A admissão do dano social como espécie coexistente de dano-prejuízo significa reconhecê-lo nas mais distintas hipóteses de lesão, individuais ou coletivas; transbordando os limites da responsabilidade civil, reconhecendo consequências do dano-evento para além da relação entre ofensor e ofendido – com notável propósito punitivo e pedagógico. A única distinção remanescente, portanto, seria o aspecto expressamente punitivo do dano social – o qual também pode não subsistir se admitido este viés no âmbito do dano extrapatrimonial coletivo."

[263] CAMARGO, Paulo Sergio Uchôa Fagundes Ferraz de. **Dano moral coletivo**: uma possibilidade de aplicação dos danos punitivos. São Paulo: Almedina, 2016, p. 135. E o conclui o citado autor: "Quando se fala em dano moral coletivo, está-se fazendo menção ao fato de que o patrimônio valorativo de uma certa comunidade (maior ou menor), idealmente considerado, foi agredido de maneira absolutamente injustificável do ponto de vista jurídico: quer isso dizer, em última instância, que se feriu a própria cultura, em seu aspecto imaterial. Tal como se dá na seara do dano moral individual, aqui também não que se cogitar de prova de culpa, devendo-se responsabilizar o agente pelo simples fato da violação (*damnum in re ipsa*)."

[264] ANDRADE, André Gustavo de. **Dano moral e indenização punitiva**: os *punitives damages* na experiência do *common law* e na perspectiva do Direito brasileiro. 22 ed. Rio de Janeiro: Lumen Juris, 2009, p. 60.

[265] Exemplo: "[...] IMPROBIDADE ADMINISTRATIVA. [...] DANO MORAL COLETIVO. RECONHECIMENTO PELO TRIBUNAL DE ORIGEM DE REQUISITOS CONFIGURADORES DE DANO EXTRAPATRIMONIAL. [...] RECURSO ESPECIAL

determinados casos, coincidir com o dano social, pois este, quando considerado em sua vertente extrapatrimonial, se trata, na realidade, de uma espécie daquele. Explica-se: segundo a definição de Antonio Junqueira de Azevedo – já colacionada no subitem 5.2 deste capítulo –, o dano social, que se refere a lesões causadas à sociedade no seu nível de vida, possui duas modalidades: a) rebaixamento de seu patrimônio moral – dano social moral; e b) diminuição de sua qualidade de vida – dano social material.[266]

Portanto, percebe-se que a primeira vertente aventada acima é uma subespécie do dano moral coletivo preconizado pela posição dominante.[267] Vale dizer, o dano social caracterizado pelo rebaixamento do patrimônio

PARCIALMENTE CONHECIDO E NÃO PROVIDO. 1. No caso dos autos, o Ministério Público do Distrito Federal ajuizou ações cautelares e ação civil de improbidade administrativa contra Eurides Brito da Silva em face do recebimento de propina para prestar "apoio legislativo" aos interesses do Poder Executivo do Distrito Federal. Por ocasião da sentença, os pedidos foram julgados procedentes (fls. 869/926), o que foi mantido pelo Tribunal de origem. [...] 8. A Corte *a quo*, ao analisar a configuração de danos morais coletivos decorrente do ato ímprobo, asseverou (e-STJ fls. 1.050/1.052): 'A meu ver, os fatos narrados na inicial e devidamente comprovados nos autos se mostram suficientes para caracterizar o dano moral coletivo, diante do abalo causado à credibilidade da Administração Pública do Distrito Federal e a toda a sociedade local, pois se trata de evento de extrema gravidade que ganhou repercussão nacional nos diversos meios de comunicação. (...) De fato o recebimento de vantagem patrimonial indevida, por membro do Poder Legislativo do Distrito Federal, em troca de apoio político, afeta a confiança, depositada não apenas, no parlamentar envolvido, mas sobretudo na Administração Pública, causando perplexidade em toda a sociedade que se sente menosprezada e atingida negativamente em sua honra e dignidade por tal conduta. (...) Assim, a gravidade dos fatos narrados na inicial e os efeitos nocivos decorrentes da conduta da ré, ao receber verbas ilícitas para viabilizar o apoio político ao Governo do Distrito Federal, impõe a sua condenação ao pagamento de indenização pelos danos morais coletivos causados à sociedade na forma estabelecida na r. sentença recorrida.' 9. A Corte de origem considerou presentes, no caso concreto, os requisitos para a configuração dos danos morais difusos ou coletivos diante do contexto fático e probatório. A reversão do referido entendimento demandaria, necessariamente, reexame de matéria fático-probatória, o que é inviável em recurso especial, nos termos da Súmula 7/STJ. 10. Recurso especial parcialmente conhecido e, nessa parte, não provido." (Superior Tribunal de Justiça, recurso especial n. 1.485.514/DF, relator ministro Mauro Campbell Marques, 2ª Turma, julgado em: 09 out. 2018, publicado em: 24 out. 2018.)

[266] AZEVEDO, Antonio Junqueira de. **Novos estudos e pareceres de Direito Privado**. São Paulo: Saraiva, 2009, p. 382.

[267] Cf. FISBERG, Yuri. **Dano social**: considerações propositivas. 2018. 348 f. Dissertação (Mestrado em Direito Civil) – Faculdade de Direito, Universidade de São Paulo, São Paulo, 2018, p. 152-153; CAMARGO, Paulo Sergio Uchôa Fagundes Ferraz de. **Dano moral coletivo**: uma possibilidade de aplicação dos danos punitivos. São Paulo: Almedina, 2016, p. 135; e ANDRADE, André Gustavo de. **Dano moral e indenização punitiva**: os *punitives damages*

moral da sociedade está inserido dentro do conceito de dano moral coletivo em sentido amplo, uma vez que este último, por ser gênero, engloba todos os danos coletivos morais: individuais homogêneos, coletivos em sentido estrito e difusos; e esta derradeira figura é justamente o dano social, uma vez que, além de possuir objeto indivisível, atinge pessoas indeterminadas ou indetermináveis.

Na prática, então, é possível haver a cumulação de pedidos em uma mesma demanda: no que tange à responsabilidade civil, o agente público ímprobo também pode ser processado e condenado a reparar eventuais danos morais coletivos, qualificados pelo rebaixamento do patrimônio moral da sociedade, além dos danos sociais materiais, qualificados pela redução da qualidade de vida dos cidadãos. Por conseguinte, é perfeitamente cabível nesse cenário que o autor da ação assim o solicite e que o Poder Judiciário acolha tal pleito, determinando que o réu seja obrigado a reparar ambos os danos – morais coletivos e sociais.

Tal entendimento é aplicável, inclusive, aos procedimentos extrajudiciais. Cita-se, a título exemplificativo, o acordo de não persecução cível, em cujo bojo o Ministério Público e o investigado podem formalizar um pacto, nos termos do artigo 17-B da Lei n. 8.429/1992,[268] obrigando o ave-

na experiência do *common law* e na perspectiva do Direito brasileiro. 22 ed. Rio de Janeiro: Lumen Juris, 2009, p. 60.

[268] "Art. 17-B. O Ministério Público poderá, conforme as circunstâncias do caso concreto, celebrar acordo de não persecução civil, desde que dele advenham, ao menos, os seguintes resultados: I – o integral ressarcimento do dano; II – a reversão à pessoa jurídica lesada da vantagem indevida obtida, ainda que oriunda de agentes privados. § 1º A celebração do acordo a que se refere o *caput* deste artigo dependerá, cumulativamente: I – da oitiva do ente federativo lesado, em momento anterior ou posterior à propositura da ação; II – de aprovação, no prazo de até 60 (sessenta) dias, pelo órgão do Ministério Público competente para apreciar as promoções de arquivamento de inquéritos civis, se anterior ao ajuizamento da ação; III – de homologação judicial, independentemente de o acordo ocorrer antes ou depois do ajuizamento da ação de improbidade administrativa. § 2º Em qualquer caso, a celebração do acordo a que se refere o *caput* deste artigo considerará a personalidade do agente, a natureza, as circunstâncias, a gravidade e a repercussão social do ato de improbidade, bem como as vantagens, para o interesse público, da rápida solução do caso. § 3º Para fins de apuração do valor do dano a ser ressarcido, deverá ser realizada a oitiva do Tribunal de Contas competente, que se manifestará, com indicação dos parâmetros utilizados, no prazo de 90 (noventa) dias. § 4º O acordo a que se refere o *caput* deste artigo poderá ser celebrado no curso da investigação de apuração do ilícito, no curso da ação de improbidade ou no momento da execução da sentença condenatória. § 5º As negociações para a celebração do acordo a que se refere o *caput* deste artigo ocorrerão entre o Ministério Público, de um lado, e, de outro, o investigado

riguado, dentre outras cominações, a reparar tanto os danos morais coletivos quanto os danos sociais.[269]

5.4. Quantificação do dano social

Constatada e admitida a existência do dano social, apurável pela sociologia e estatística,[270] bem como reconhecidas a premência e a necessidade de sua reparação, exsurge-se uma questão de capital importância para o tema *sub examine*: como realizar a respectiva quantificação, visando à sua devida, completa e suficiente reparação?

Acerca desse assunto, o artigo 944, *caput*, do Código Civil dispõe que a "indenização mede-se pela extensão do dano". No caso dos danos puramente materiais, a situação é, como regra, de fácil solução, uma vez que, versando geralmente acerca de bens corpóreos, são suficientes os cálculos atinentes aos danos emergentes (*v.g.*, conserto do veículo abalroado) e aos lucros cessantes (p. ex., número de dias em que o motorista ficou sem utilizar seu veículo).

Já no que tange à quantificação dos danos morais, por se tratar de situações que comumente envolvem direitos da personalidade, o Código Civil não trouxe regulamentação específica. Relegou-se, desse modo, à jurisprudência, com espeque na doutrina, a concretização da reparação em tais casos.

E atinente ao dano social, por haver dificuldade quanto à extensão do dano e a sua forma de quantificação, sugere-se, neste livro, a utilização dos critérios estabelecidos jurisprudencialmente para o dano moral.[271] Vale dizer, aplica-se, por um lado, o método bifásico preconizado pelo Superior

ou demandado e o seu defensor. § 6º O acordo a que se refere o *caput* deste artigo poderá contemplar a adoção de mecanismos e procedimentos internos de integridade, de auditoria e de incentivo à denúncia de irregularidades e a aplicação efetiva de códigos de ética e de conduta no âmbito da pessoa jurídica, se for o caso, bem como de outras medidas em favor do interesse público e de boas práticas administrativas. § 7º Em caso de descumprimento do acordo a que se refere o *caput* deste artigo, o investigado ou o demandado ficará impedido de celebrar novo acordo pelo prazo de 5 (cinco) anos, contado do conhecimento pelo Ministério Público do efetivo descumprimento."

[269] Os acordos de não persecução são analisados no item 1 do Capítulo 5 deste livro.

[270] Cf. Azevedo, Antonio Junqueira de. **Novos estudos e pareceres de Direito Privado**. São Paulo: Saraiva, 2009, p. 383.

[271] Tais critérios foram paulatinamente estabelecidos durante décadas pela jurisprudência, sendo aplicados e experimentados em incontáveis casos concretos apresentados ao Poder Judiciário. Assim, é possível concluir que, para as situações em que os danos não sejam de

Tribunal de Justiça.[272] Nesse sentido, o valor a ser fixado a título de reparação, segundo o mencionado critério, passa por duas etapas. A primeira fase consiste no levantamento de casos semelhantes, com a finalidade de verificar quais os valores geralmente arbitrados e, desse modo, estimar-se um valor básico. Já no segundo momento, apreciam-se as circunstâncias do caso concreto *sub examine*, possibilitando chegar-se a um valor justo e proporcional para a reparação do dano em apreço.

De outro lado, também é importante mencionar o entendimento do Supremo Tribunal Federal acerca da matéria, pois explicita requisitos e circunstâncias a serem sopesados.[273] Essa posição assevera que há uma

plano monetariamente aferíveis, os referidos critérios são de extrema valia para a respectiva quantificação, permitindo a adequada e justa reparação.

272 "[...] DANO MORAL. VALOR DA INDENIZAÇÃO. EXCEPCIONALIDADE. INTERVENÇÃO DO STJ. DIREITO À INTIMIDADE, PRIVACIDADE, HONRA E IMAGEM. VALOR DA INDENIZAÇÃO. CRITÉRIOS DE ARBITRAMENTO EQUITATIVO. **MÉTODO BIFÁSICO**. VALOR BÁSICO E CIRCUNSTÂNCIAS ESPECÍFICAS DO CASO. CONDUTA QUE CONFIGURA SEXTING E CIBERBUL-LYING. [...] 6. Na **primeira etapa** do método bifásico de arbitramento de indenização por dano moral deve-se estabelecer um **valor básico para a indenização, considerando o interesse jurídico lesado, com base em grupo de precedentes** jurisprudenciais que apreciaram casos semelhantes. 7. Na **segunda etapa, devem ser consideradas as circunstâncias do caso**, para a fixação definitiva do valor da indenização, atendendo a determinação legal de arbitramento equitativo pelo juiz. 8. Para o caso dos autos, na primeira etapa, consideram-se, para fixação do quantum indenizatório, os interesses jurídicos lesados (direito à intimidade, privacidade, ofensa à honra e à imagem das pessoas, direitos da personalidade de cunho constitucional), assim como o valor estipulado em acordo firmado com um dos réus. 9. Para a segunda fase, de fixação definitiva, consideram-se: a) a ação voluntariamente dirigida a difamar, sem conteúdo informativo ou interesse público; b) o meio utilizado para divulgação das fotografias, a rede mundial de computadores; c) o dano sofrido pela recorrente, de proporções catastróficas na psique de uma adolescente; d) a gravidade do fato; e) a circunstância da vítima ser menor de idade à época dos acontecimentos. [...] 11. Indenização fixada em 130 (cento e trinta) salários mínimos tornando-se, assim, definitiva, equivalentes a R$114.400,00 (cento e quatorze mil e quatrocentos reais). 12. Recurso especial parcialmente provido." (Destaques nossos, Superior Tribunal de Justiça, recurso especial n. 1.445.240-SP, relator ministro Luis Felipe Salomão, 4ª Turma, julgado em: 10 out. 2017, publicado em: 22 nov. 2017.)

273 "[...] DANOS MORAIS. PROFESSOR. SALA DE AULA. ALUNOS. ADVERTÊNCIA. AMEAÇAS VERBAIS. AGRESSÃO MORAL E FÍSICA. [...] A valoração da **compensação moral** deve ser **apurada mediante prudente arbítrio** do Juiz, motivado pelo **princípio da razoabilidade**, e observadas a **gravidade** e a **repercussão do dano**, bem como a **intensidade**, os **efeitos do sofrimento** e o **grau de culpa ou dolo**. A **finalidade compensatória**, por sua vez, deve ter **caráter didático-pedagógico**, evitado o valor excessivo ou ínfimo, objetivando, sempre, o **desestímulo à conduta lesiva**. [...] Agravo Regimental a que se nega provimento."

finalidade compensatória na valoração do dano extrapatrimonial, cujo arbitramento deve ser realizado de forma prudente pelo Poder Judiciário, com base no princípio da razoabilidade. A reparação possui, outrossim, um caráter didático-pedagógico, almejando, por conseguinte, desestimular a conduta lesiva. Devem ser observados, para tal objetivo: o grau de culpa ou dolo; a gravidade e a repercussão do dano; e a intensidade e os efeitos do sofrimento. Registra-se, por fim, o impedimento de se fixar valor excessivo ou ínfimo, sob pena de desvirtuamento do instituto.

Ademais, é imprescindível, em complemento, abordar a questão da possibilidade de a indenização do dano social possuir caráter punitivo.[274]

(Destaques nossos, Supremo Tribunal Federal, agravo regimental em recurso extraordinário n. 633138, relator ministro Luiz Fux, 1ª Turma, julgado em: 04 set. 2012, publicado em: 21 set. 2012.)

[274] Atinente ao assunto *sub examine*, cita-se a seguinte análise de Ricardo Dal Pizzol (**Responsabilidade civil**: funções punitiva e preventiva. Indaiatuba: Foco, 2020, p. 287-288): "Nos países de *civil law*, em contrapartida, percebe-se, nas últimas décadas, um sutil movimento de reabilitação das funções punitiva e dissuasiva na responsabilidade civil, embora ainda restrito ao âmbito dos danos extrapatrimoniais. Apesar da ausência de qualquer autorização legislativa nesse sentido, os tribunais, em muitos países de *civil law*, passaram a afirmar que as indenizações referentes a danos extrapatrimoniais possuem três funções: (i) compensar ofensas psíquicas e à reputação das vítimas; (ii) punir o ofensor; e (iii) prevenir a repetição das condutas danosas. Esta tendência pode ser observada, como vimos, na jurisprudência de países como Alemanha, França, Itália e Brasil. As razões para essa mudança são muitas. Primeiro, a percepção crescente nesses países de que um modelo exclusivamente compensatório é insuficiente para dissuadir futuros ilícitos, especialmente os lucrativos. Segundo, a ineficiência do Direito Penal como instrumento de prevenção de crimes e contravenções, em especial os que dizem respeito a direitos da personalidade (honra, privacidade, integridade física, etc.), o que se soma à tendência de retração desse campo do Direito, observada nas últimas décadas. Terceiro, a necessidade de fortalecer a proteção aos direitos da personalidade, através de indenizações que sejam efetivamente capazes de dissuadir violações a esses direitos. Quarto, o avanço já referido da abordagem funcionalista do Direito, que faz da responsabilidade civil um instrumento de intervenção social, abrindo esse campo à busca de objetivos de caráter público (punição e dissuasão), para além de simplesmente resolver a questão privada entre ofensor e vítima (reparação do dano). [...] Nesse contexto, para que as funções punitiva e dissuasiva sejam efetivamente postas em prática no que diz respeito aos danos extrapatrimoniais, sugerimos quatro mudanças, as quais não dependem de alterações legislativas, podendo ser levadas a cabo diretamente pelos tribunais: (i) As decisões deveriam especificar o quanto é fixado para compensar a vítima e o quanto é fixado para punir e dissuadir o ofensor; (ii) O princípio da vedação ao enriquecimento sem causa deveria deixar de operar como um fator limitador das indenizações por danos extrapatrimoniais. Isso porque a indenização de caráter punitivo, quando efetivamente necessária (v.g., para barrar o lucro ilícito, para compensar as oportunidades em que o agente consegue escapar da responsabilização, para

Acerca do tema, Antonio Junqueira de Azevedo ensina que o Código Civil de 2002 inovou ao introduzir uma disposição que não possui correspondência no estatuto predecessor, consistente no mencionado artigo 944, *caput*. Tal dispositivo reza que a "indenização mede-se pela extensão do dano", e, como corolário e em tese, seria inviável qualquer acréscimo na indenização, a qual, conforme essa norma, somente poderia existir nos limites do dano. Por conseguinte, também em tese, não poderia haver qualquer imputação de *punitive damages*, seja como punição, seja como desestímulo. Porém, o mesmo autor expõe por que no caso do dano social é possível haver a característica punitiva.[275]

Com efeito, Junqueira inicia sua argumentação mencionando diversos casos em que a lei civil prevê verdadeiras punições.[276] E, na sequência, explicita que a pena possui fundamento em um fato passado, enquanto o desestímulo visa a comportamento futuro, havendo, em tal contexto, um antagonismo entre punição *versus* prevenção. Esta última figura destina-se tanto para o agente quanto para terceiros, e, dessa forma, a indenização dissuasória possui inegável caráter didático. Em arremate, Junqueira aduz que o dano social pode ensejar tanto uma indenização punitiva, atinente em regra a pessoas físicas, quanto uma indenização dissuasória, admitida geralmente em relação a pessoas jurídicas, pois o que se busca, em verdade, é a recomposição da qualidade de vida e do patrimônio moral da sociedade. Assim, negar tal incidência impediria uma efetiva reparação do dano *sub examine*.[277]

impedir o chamado *contractual bypass*, para proteger direitos essenciais de violações dolosas [vide capítulo 8º]), nada tem de enriquecimento sem causa. Sua 'causa' está no evento danoso que a desencadeia e no interesse público de punir e dissuadir, sendo o enriquecimento do autor uma mera consequência; (iii) Os magistrados deveriam permitir, na medida do possível (considerando o número invencível de processos de danos extrapatrimoniais), a dilação probatória acerca dos aspectos relevantes para as funções punitiva e dissuasiva (v.g., patrimônio do réu, lucro obtido com o ilícito, probabilidade de o réu escapar da responsabilização, grau de culpabilidade); (iv) A aplicação da indenização punitiva deveria ser reservada apenas aos casos de dolo e culpa grave."

275 Azevedo, Antonio Junqueira de. **Novos estudos e pareceres de Direito Privado**. São Paulo: Saraiva, 2009, p. 377-378.

276 O autor cita diversos dispositivos do Código Civil, como, por exemplo, os artigos 939 e 940, que punem o credor ganancioso, o artigo 1.814, que prevê situações de exclusão de herdeiros ou legatários, entre diversos outros.

277 Azevedo, Antonio Junqueira de. **Novos estudos e pareceres de Direito Privado**. São Paulo: Saraiva, 2009, p. 379.

Rogério José Ferraz Donnini, na mesma direção, leciona que, desde a promulgação da atual Constituição Federal, existe um processo de transformação do Direito Privado. O enfoque patrimonialista, antes prevalente em tal ramo jurídico, cedeu lugar a uma visão humanista, máxime a partir do Código Civil de 2002, "pois o cuidado, a proteção e a atenção à vítima, ou com os possíveis futuros lesados, devem estar em consonância com o que impõe a justiça protetiva (*iustitia protectiva*) e com uma das bases centrais de nossa legislação civil: a eticidade". Em tal contexto, sustenta o professor, há danos insuscetíveis de adequada avaliação pecuniária, em razão de sua gravidade, extensão, complexidade e irreversibilidade, como é o caso dos danos difusos, entre outros. Assim, Donnini conclui que desprezar a função punitiva implica um desrespeito à função da responsabilidade civil, porque é necessário haver uma reparação adequada, proporcional e justa, a qual, por consequência, deve permitir uma parcela punitiva.[278]

Tal entendimento é esposado por Paulo Sergio Uchôa Fagundes Ferraz de Camargo, o qual salienta o seguinte: "Diante da previsão legal da aplicação de sanção com caráter punitivo no âmbito do sistema de defesa do consumidor e do caráter fluído da reparação, admite-se a possibilidade de aplicação" da indenização punitiva na reparação do dano moral coletivo.[279]

Conclui-se, nesse diapasão, que, assim como para o dano moral, inexiste critério legal específico para a quantificação do dano social. Desse modo, sugere-se a aplicação do método bifásico, amplamente reconhecido e sedimentado em nossa jurisprudência para o dano moral – especialmente do Superior Tribunal de Justiça –, com as balizas preconizadas pelo Supremo Tribunal Federal. E, por fim, são permitidas as cominações a título de punição e desestímulo, reprimindo-se atos pretéritos e prevenindo-se novas condutas ensejadoras de dano social.

[278] DONNINI, Rogério José Ferraz. Fundamento legal da função punitiva na responsabilidade civil. *In*: ________________ (coord.). **Risco, dano e responsabilidade civil**. Salvador: Juspodivm, 2018, p. 16, 19 e 24. E, por fim, o professor registra o seguinte: "A expressão *indústria das indenizações* é falaciosa, pois, embora existam pleitos inadmissíveis, o certo é que somos vítimas de uma *indústria das lesões*."

[279] CAMARGO, Paulo Sergio Uchôa Fagundes Ferraz de. **Dano moral coletivo**: uma possibilidade de aplicação dos danos punitivos. São Paulo: Almedina, 2016, p. 206. Registra-se que, para esse autor, conforme aduzido acima, o dano moral coletivo abrange o dano moral difuso, pois aquele é gênero, enquanto este é espécie.

5.5. Destinação da indenização atinente ao dano social

O dano social, segundo se estudou, atinge bens de titularidade difusa, ou seja, aqueles pertencentes a pessoas indeterminadas e cujo objeto é indivisível.[280] É o caso do "patrimônio público", nos termos do que se relatou no subitem 4.2 deste capítulo. E, uma vez apurado o respectivo valor de indenização, de acordo com os critérios salientados no subitem anterior, resta saber qual será a sua destinação.

Para se elucidar esse questionamento, convém registrar que, acerca do assunto, são preconizadas, ao menos, duas soluções. A primeira, de autoria do professor Junqueira, consiste em destinar a indenização do dano social diretamente às respectivas vítimas.[281] Já a segunda, conforme preleciona Tartuce, recomenda a aplicação no fundo de defesa de interesses difusos, criado pela Lei n. 7.347, de 24 de julho de 1985 – Lei da Ação Civil Pública.[282]

Antonio Junqueira de Azevedo justifica sua posição como uma opção de política legislativa, devendo a indenização do dano social ser um *plus* a ser entregue à vítima que aciona o Poder Judiciário. O citado professor argumenta que, nessas situações, a vítima é quem, de fato, trabalhou, buscando seus direitos perante a Justiça e assumindo todos os ônus ao ser parte no processo – e, por esse motivo, merece receber tais valores. Finaliza o autor aduzindo que a indenização somente deveria ser destinada a um fundo caso fosse pleiteada e obtida por órgãos públicos, como é o caso do Ministério Público.[283]

Por seu turno, Flávio Murilo Tartuce Silva defende que a indenização em apreço se destina ao fundo criado pela Lei n. 7.347/1985, pois se trata de lesões causadas a bens de titularidade difusa, vale dizer, pertencentes a pessoas indetermináveis.[284] Assim, não se podendo identificar o titular do patrimônio aviltado, os valores pagos a título de reparação devem ser

[280] Cf. artigo 81, inciso I, do Código de Defesa do Consumidor.

[281] AZEVEDO, Antonio Junqueira de. **Novos estudos e pareceres de Direito Privado**. São Paulo: Saraiva, 2009, p. 383.

[282] SILVA, Flávio Murilo Tartuce. **Responsabilidade civil**. 2. ed. São Paulo: Forense, 2020, p. 512.

[283] AZEVEDO, Antonio Junqueira de. **Novos estudos e pareceres de Direito Privado**. São Paulo: Saraiva, 2009, p. 383.

[284] SILVA, Flávio Murilo Tartuce. **Responsabilidade civil**. 2. ed. São Paulo: Forense, 2020, p. 512.

depositados no citado fundo, que possui o objetivo de reconstituir os bens lesados, *ex vi* do artigo 13, *caput*, da citada lei.[285] Essa é a posição adotada também por Paulo Sergio Uchôa Fagundes Ferraz de Camargo, para quem "a indenização nas ações que tutelam direitos difusos e coletivos é destinada ao Fundo de Defesa de Direitos Difusos e Coletivos".[286]

Com todo o respeito ao entendimento esposado pelo professor Junqueira, os valores referentes à indenização dos danos sociais, na realidade, devem ser encaminhados ao fundo de interesses difusos, criado pela Lei da Ação Civil Pública. E a justificativa é simples, apesar de o tema possuir considerável complexidade: a impossibilidade de identificação das vítimas, que são indetermináveis, implica a indivisibilidade do valor a ser pago a título de indenização. O dinheiro, desse modo, deve ser aplicado em favor de toda a sociedade – que foi aviltada em razão do dano social –, por meio de ações financiadas pelo fundo de interesses difusos.

Também é possível se vislumbrar um problema prático caso o valor seja destinado apenas àquela pessoa determinada que ajuizou ação: tanto as pessoas físicas quanto as jurídicas, quando pleiteiam tutela jurisdicional, buscam satisfazer, em primeiro lugar e como regra, os seus próprios interesses, o que é natural e perfeitamente compreensível. Todavia, em razão dessa inegável e inexorável circunstância fática, os direitos difusos da sociedade ficariam relegados a segundo plano e não receberiam a devida atenção do autor da demanda. Como consequência, deixariam de ser adequada e devidamente defendidos, fato que não pode ser admitido diante de sua grande relevância social.

A destinação ao citado fundo é corroborada pela própria legislação em vigor, uma vez que as indenizações atinentes a danos coletivos – cujos titulares são identificáveis – são revertidas, a princípio, a tais pessoas, as quais, segundo se explicou, são determináveis. Todavia, caso elas não se habilitem no prazo de um ano, a respectiva indenização pode ser depositada no fundo de interesses difusos, por expressa disposição do artigo 100 do Código de Defesa do Consumidor.

[285] "Art. 13. Havendo condenação em dinheiro, a indenização pelo dano causado reverterá a um fundo gerido por um Conselho Federal ou por Conselhos Estaduais de que participarão necessariamente o Ministério Público e representantes da comunidade, sendo seus recursos **destinados à reconstituição dos bens lesados.**" (Destaques nossos.)

[286] CAMARGO, Paulo Sergio Uchôa Fagundes Ferraz de. **Dano moral coletivo**: uma possibilidade de aplicação dos danos punitivos. São Paulo: Almedina, 2016, p. 148.

Além disso, também se faz relevante salientar a vedação de enriquecimento sem causa, preconizada pelos artigos 884 a 886 do Código Civil.[287] Com efeito, a vítima não pode se enriquecer ilicitamente, pois a reparação do dano social deve alcançar toda a sociedade – e não somente uma pessoa, a qual, inegavelmente, estaria recebendo indevidamente valores pertencentes a outros indivíduos. Por isso, a indenização deve ser revertida em prol de todo o corpo social, por meio do instrumento próprio para essa finalidade, que é o fundo de interesses difusos.

Por derradeiro, é necessário lembrar que a pessoa física não possui legitimidade para ajuizar ação civil pública ou ação coletiva, conforme dispõem expressamente o artigo 5º, *caput*, incisos I a V, da Lei n. 7.347/1985[288] e o artigo 82, *caput*, incisos I a IV, da Lei n. 8.078/1990.[289] Tal vedação impede que a pessoa física pleiteie judicialmente a reparação do dano social – que versa sobre direito difuso – e, por consequência, receba para si a respectiva indenização.

[287] "Art. 884. Aquele que, sem justa causa, se enriquecer à custa de outrem, será obrigado a restituir o indevidamente auferido, feita a atualização dos valores monetários. Parágrafo único. Se o enriquecimento tiver por objeto coisa determinada, quem a recebeu é obrigado a restituí-la, e, se a coisa não mais subsistir, a restituição se fará pelo valor do bem na época em que foi exigido. Art. 885. A restituição é devida, não só quando não tenha havido causa que justifique o enriquecimento, mas também se esta deixou de existir. Art. 886. Não caberá a restituição por enriquecimento, se a lei conferir ao lesado outros meios para se ressarcir do prejuízo sofrido."

[288] "Art. 5º Têm legitimidade para propor a ação principal e a ação cautelar: I – o Ministério Público; II – a Defensoria Pública; III – a União, os Estados, o Distrito Federal e os Municípios; IV – a autarquia, empresa pública, fundação ou sociedade de economia mista; V – a associação que, concomitantemente: a) esteja constituída há pelo menos 1 (um) ano nos termos da lei civil; b) inclua, entre suas finalidades institucionais, a proteção ao patrimônio público e social, ao meio ambiente, ao consumidor, à ordem econômica, à livre concorrência, aos direitos de grupos raciais, étnicos ou religiosos ou ao patrimônio artístico, estético, histórico, turístico e paisagístico. [...]."

[289] "Art. 82. Para os fins do art. 81, parágrafo único, são legitimados concorrentemente: I – o Ministério Público; II – a União, os Estados, os Municípios e o Distrito Federal; III – as entidades e órgãos da Administração Pública, direta ou indireta, ainda que sem personalidade jurídica, especificamente destinados à defesa dos interesses e direitos protegidos por este código; IV – as associações legalmente constituídas há pelo menos um ano e que incluam entre seus fins institucionais a defesa dos interesses e direitos protegidos por este código, dispensada a autorização assemblear. [...]."

5.6. Outras questões correlatas

Paulo Sergio Uchôa Fagundes Ferraz de Camargo ensina que, para a tutela do dano social, se aplicam à espécie os princípios e as normas atinentes ao microssistema do Direito Processual Coletivo.[290] Mencionam-se, nesse sentido, a Lei n. 7.347/1985 – Lei da Ação Civil Pública[291] –, e a Lei n. 8.078/1990 – Código de Defesa do Consumidor[292] –, a qual dispõe em seu artigo 90 o seguinte: "Aplicam-se às ações previstas neste título as normas do Código de Processo Civil e da Lei nº 7.347, de 24 de julho de 1985, inclusive no que respeita ao inquérito civil, naquilo que não contrariar suas disposições."

Em tal contexto, convém colacionar o fundamento expresso para a tutela do dano social, previsto no artigo 6º, *caput*, inciso VI, do Código de Defesa do Consumidor: "São direitos básicos do consumidor: VI – a efetiva prevenção e reparação de danos patrimoniais e morais, individuais, coletivos e difusos; [...]."[293]

E a proteção específica para o patrimônio público está encartada no artigo 1º, *caput*, inciso VIII, da Lei da Ação Civil Pública, *in verbis*: "Regem-se pelas disposições desta Lei, sem prejuízo da ação popular, as ações de responsabilidade por danos morais e patrimoniais causados: [...] VIII – ao patrimônio público e social."

Por fim, consigna-se que, em razão dos princípios da inércia e da demanda, segundo preceituam os artigos 2º,[294] 141[295] e 492[296] do Código de

[290] CAMARGO, Paulo Sergio Uchôa Fagundes Ferraz de. **Dano moral coletivo**: uma possibilidade de aplicação dos danos punitivos. São Paulo: Almedina, 2016, p. 148. Tal autor ainda leciona, na página 127 da citada obra, que "o dano moral coletivo é relativamente novo, teve sua previsão inicial com o Código de Defesa do Consumidor em 1990".

[291] "Disciplina a ação civil pública de responsabilidade por danos causados ao meio-ambiente, ao consumidor, a bens e direitos de valor artístico, estético, histórico, turístico e paisagístico (VETADO) e dá outras providências."

[292] "Dispõe sobre a proteção do consumidor e dá outras providências."

[293] Apesar de a previsão estar contida no código consumerista, tal proteção alcança qualquer direito coletivo, pois está inserida no supracitado microssistema do Direito Processual Coletivo, cujas normas extravasam cada área para regrarem as demais.

[294] "Art. 2º O processo começa por iniciativa da parte e se desenvolve por impulso oficial, salvo as exceções previstas em lei."

[295] "Art. 141. O juiz decidirá o mérito nos limites propostos pelas partes, sendo-lhe vedado conhecer de questões não suscitadas a cujo respeito a lei exige iniciativa da parte."

[296] "Art. 492. É vedado ao juiz proferir decisão de natureza diversa da pedida, bem como condenar a parte em quantidade superior ou em objeto diverso do que lhe foi demandado.

Processo Civil, o Poder Judiciário somente pode condenar a parte adversa à reparação do dano social se o autor assim solicitar expressamente. Esse é o entendimento do Superior Tribunal de Justiça, conforme o acórdão prolatado na reclamação n. 13.200 (relator ministro Luís Felipe Salomão, 2ª Seção, julgado em 8 de outubro de 2014), que visa a evitar julgamentos *extra petita*: "os danos sociais, difusos, coletivos e individuais homogêneos devem ser reclamados pelos legitimados para propor ações coletivas". Ademais, ainda de acordo com esse entendimento, apenas podem pleitear tal condenação os legitimados para a ação civil pública ou ação coletiva,[297] conforme já se pontuou ao final do subitem anterior.

5.7. Dano social decorrente de corrupção e de improbidade administrativa

Em pesquisa preliminar realizada sobre o tema "dano social", nota-se a completa inexistência de estudo específico acerca de sua decorrência de corrupção ou de improbidade administrativa. Tampouco há análise, ainda que perfunctória, acerca do respectivo regime jurídico de responsabilidade civil – os estudos relativos ao dano social geralmente restringem-se às relações privadas.[298]

Parágrafo único. A decisão deve ser certa, ainda que resolva relação jurídica condicional."

[297] Ementa: "RECLAMAÇÃO. JUIZADOS ESPECIAIS. DIREITO DO CONSUMIDOR. AGÊNCIA BANCÁRIA. 'FILA'. TEMPO DE ESPERA. AÇÃO DE INDENIZAÇÃO POR DANOS MORAIS. CONDENAÇÃO POR DANOS SOCIAIS EM SEDE DE RECURSO INOMINADO. JULGAMENTO *ULTRA PETITA*. RECLAMAÇÃO PROCEDENTE. 1. Os artigos 2º, 128 e 460 do Código de Processo Civil concretizam os princípios processuais consabidos da inércia e da demanda, pois impõem ao julgador – para que não prolate decisão inquinada de vício de nulidade – a adstrição do provimento jurisdicional aos pleitos exordiais formulados pelo autor, estabelecendo que a atividade jurisdicional está adstrita aos limites do pedido e da causa de pedir. 2. Na espécie, proferida a sentença pelo magistrado de piso, competia à Turma Recursal apreciar e julgar o recurso inominado nos limites da impugnação e das questões efetivamente suscitadas e discutidas no processo. Contudo, ao que se percebe, o acórdão reclamado valeu-se de argumentos jamais suscitados pelas partes, nem debatidos na instância de origem, para impor ao réu, de ofício, condenação por dano social. 3. Nos termos do Enunciado 456 da V Jornada de Direito Civil do CJF/STJ, os danos sociais, difusos, coletivos e individuais homogêneos devem ser reclamados pelos legitimados para propor ações coletivas. 4. Assim, ainda que o autor da ação tivesse apresentado pedido de fixação de dano social, há ausência de legitimidade da parte para pleitear, em nome próprio, direito da coletividade. 5. Reclamação procedente."

[298] Já se apontou, neste livro, uma justificativa para o estudo do dano social ainda estar restrito à esfera privada: os doutrinadores que notaram sua existência estão habituados à análise

Antonio Junqueira de Azevedo salienta que, apesar de o Código Civil – Lei n. 10.406, de 10 de janeiro de 2002 – ter inovado ao limitar a indenização à extensão do dano (artigo 944, *caput*), é possível aferir a existência da figura do dano social, que ocorre quando há um rebaixamento da qualidade de vida da população.[299] E, inegavelmente, os atos de improbidade administrativa, notadamente aqueles relacionados à corrupção, causam flagrante dano social, além de outros malefícios à população em geral.

Com efeito, o agente público e eventual partícipe que praticam atos de corrupção ou de improbidade administrativa rompem violentamente o pacto social,[300] causando descrença generalizada das pessoas quanto às normas postas e colocando em xeque as instituições e outros predicados que sustentam os alicerces de nossa democracia. Os efeitos deletérios desses atos são avassaladores e ultrapassam sobremaneira a relação jurídica originária, pois atingem toda a sociedade, que sofre evidente rebaixamento de sua qualidade de vida e de seu patrimônio moral.

Nesse sentido, a corrupção forma um ciclo vicioso de desmandos que se enraíza e se espalha por toda a sociedade, cuja origem advém justamente daqueles que, ocupando cargos e funções públicas, deveriam ser os primeiros a defenderem o patrimônio público e atuarem com inabaláveis moralidade e probidade, servindo de exemplo aos demais componentes do corpo social, mas que, ao contrário, se aproveitam dessa situação para auferirem benefícios indevidos, enriquecendo-se ilicitamente às custas da população. Com essa conduta, gera-se uma sucessão de atos imorais, perpetuando o famigerado "jeitinho", consistente em buscar vantagem em tudo, mesmo que de forma ilícita e prejudicial a outras pessoas. Em tal contexto, a causação de dano social é manifesta e inequívoca.

Para corroborar esse entendimento, basta responder à seguinte indagação: quando se pratica um ato de corrupção ou de improbidade administrativa, o Índice de Desenvolvimento Humano cresce, diminui ou permanece no mesmo patamar? Utilizando-se dos exemplos mencionados no Capí-

das relações particulares, porque são estudiosos do Direito Privado. Desse modo, faz-se importante examinar o alcance dessa nova modalidade de dano, que, não ocorrendo apenas na iniciativa privada, também atinge institutos de Direito Público.

299 Azevedo, Antonio Junqueira de. **Novos estudos e pareceres de Direito Privado**. São Paulo: Saraiva, 2009.

300 Cf. Rousseau, Jean-Jacques. **Do contrato social**. Trad. Pietro Nassetti. São Paulo: Martin Claret, 2001, p. 31-32.

tulo 1 desta obra, nota-se que o referido índice e outros correlatos sofrem um descenso, pois a qualidade de vida da população é afetada com a consequente piora na educação, saúde pública, segurança *etc.* Como consequência, o dano social é flagrante e, desse modo, deve ser integralmente reparado por aquele que o causou.[301]

Concernente ao mencionado artigo 944, *caput*, do Código Civil – "A indenização mede-se pela extensão do dano" –, é importante o entendimento consolidado no Enunciado 456, aprovado na V Jornada de Direito Civil, que trata justamente dos danos sociais e difusos (destaques nossos): "A expressão 'dano' no art. 944 abrange não só os danos individuais, materiais ou imateriais, mas também os **danos sociais**, **difusos**, coletivos e individuais homogêneos, a serem reclamados pelos legitimados para propor ações coletivas."[302] E, em sua justificativa, o enunciado em apreço preconiza que há uma nova dicotomia na responsabilidade civil: danos individuais e danos sociais. Por seu turno, estes últimos se distinguem daqueles notadamente quanto à sua titularidade – e não em relação ao seu conteúdo ser patrimonial ou moral.[303]

[301] E mesmo que, em uma situação hipotética, o IDH permaneça subindo após um certo período, isso não significa dizer que a corrupção não causou dano social. Por óbvio, em tal exemplo, o índice subiu **apesar** da corrupção, que inegavelmente rebaixou a qualidade de vida da população. A sociedade, com seus esforços e seu trabalho, compensou os efeitos nefastos perpetrados pelo agente ímprobo, fazendo com o que os indicadores em apreço subissem, não obstante as dificuldades impostas pelo corrupto.

[302] Disponível em: https://www.cjf.jus.br/cjf/corregedoria-da-justica-federal/centro-de-estudos-judiciarios-1/publicacoes-1/jornadas-cej/vjornadadireitocivil2012.pdf, p. 196-197. Acesso em: 14 mai. 2021.

[303] Confira na íntegra a justificativa em questão: "O dano social, como nova categoria de dano-prejuízo, surgiu com os estudos de Antônio Junqueira de Azevedo (*in*: **Novos estudos e pareceres de Direito Privado**. São Paulo: Saraiva, 2009, p. 377) e já encontra aplicação na jurisprudência: 'O dano social é aquele que repercute socialmente, podendo gerar prejuízos de ordem patrimonial ou imaterial aos membros da coletividade. Há um rebaixamento moral, uma perda de qualidade de vida. O dano social está caracterizado, por exemplo, nas condutas socialmente reprováveis, que fazem mal ao coletivo, movidas pelo intuito egoísta.' (Tribunal Superior do Trabalho, processo n. 116700-09.2009.5.14.0041, relator ministro Emmanoel Pereira, 5ª Turma, julgado em: 04 mai. 2011.) Há, portanto, uma nova dicotomia na responsabilidade civil: danos individuais e danos sociais. Estes se diferenciam do individual em relação à pessoa que sofre a lesão, e não quanto ao conteúdo ser patrimonial ou não. A indenização dessa modalidade de dano representa as funções de punição e prevenção em relação aos danos não patrimoniais e em relação aos patrimoniais, guarda a função de equivalência. Ao limitar a indenização, o art. 944 não impede a reparação por dano social,

Reforça esse entendimento a Convenção das Nações Unidas contra a Corrupção, adotada pela Assembleia-Geral das Nações Unidas em 31 de outubro de 2003 e assinada pelo Brasil em 9 de dezembro de 2003. O artigo 2º, alínea "d", do referido diploma internacional, que foi incorporado ao ordenamento jurídico brasileiro após ser aprovado pelo Decreto Legislativo n. 348, de 18 de maio de 2005, e promulgado pelo Decreto n. 5.687, de 31 de janeiro de 2006, define "bens" como "os ativos de qualquer tipo, corpóreos ou incorpóreos, móveis ou imóveis, tangíveis ou intangíveis e os documentos ou instrumentos legais que creditem a propriedade ou outros direitos sobre tais ativos." Vale dizer, além dos bens materiais, também são protegidos pelas normas de combate à corrupção os bens imateriais pertencentes a qualquer pessoa, seja física, seja jurídica, seja a própria sociedade considerada como um todo.

Assim, a presente obra pretende auxiliar na consolidação e no aprofundamento dos estudos concernentes ao dano social, sedimentando seu regime jurídico inclusive no que tange à responsabilidade civil e à prescritibilidade, considerada a decisão do Supremo Tribunal Federal exarada no recurso extraordinário n. 852.475.[304] E a pesquisa correlata, nesse diapasão, possui o fito de colaborar no desenvolvimento de mecanismos que assegurem a completa reparação dos danos causados por corrupção e improbidade administrativa.[305]

6. Conclusão parcial

A existência do dano social, conforme o conceito aduzido acima,[306] é latente em nossa sociedade. Com efeito, o acelerado desenvolvimento da tecnologia e a massificação das atividades, principalmente econômicas, conferi-

pois o quantitativo visa restaurar o nível social ao status quo ante diminuído pelo ilícito. A indenização não seria um plus, mas a 'medida da extensão do dano', no caso, o social."

304 Cf. o item 2.3 do Capítulo 5.

305 Reforçam-se, desse modo, os instrumentos jurídicos que viabilizam o cumprimento dos objetivos encartados no artigo 3º da Constituição Federal: construir uma sociedade livre, justa e solidária; garantir o desenvolvimento nacional; erradicar a pobreza e a marginalização e reduzir as desigualdades sociais e regionais; promover o bem de todos, sem preconceitos de origem, raça, sexo, cor, idade e quaisquer outras formas de discriminação.

306 Definido por Antonio Junqueira de Azevedo como "lesões à sociedade, no seu nível de vida, tanto por seu rebaixamento de seu patrimônio moral – principalmente a respeito da segurança – quanto por diminuição de sua qualidade de vida" (**Novos estudos e pareceres de Direito Privado**. São Paulo: Saraiva, 2009, p. 382).

ram uma diferente dinâmica às relações jurídicas.[307] E, nesse contexto, os danos ganharam novéis contornos, atingindo, com considerável preponderância, bens e direitos de titularidade difusa.

Deixou-se de haver, em tal quadra, exclusivo escopo da tutela jurídica quanto aos danos individuais. Estes – é importante consignar – permanecem sendo objeto de específica tutela estatal, o que não poderia ser diferente, uma vez que a reparação dos danos é geralmente assimilada pela população como a corporificação da justiça no caso concreto. Porém, também ganharam relevância prática e teórica os danos difusos – ou danos sociais –, vale dizer, aqueles causados a bens e direitos pertencentes a toda a sociedade.

Convém registrar que o dano social sempre existiu,[308] mas hoje ele está mais em evidência, ocorrendo com maior frequência justamente pelo acelerado desenvolvimento das relações notadamente econômicas. E, por esse motivo, não pode o Direito descurar-se de sua existência, devendo determinar a sua adequada reparação, sob pena de não cumprimento dos mandamentos encartados na Constituição Federal e no Código Civil, de acordo com o que se debateu no item 2 deste capítulo.

A origem dos danos sociais pode advir de ilícitos praticados na seara privada, assim como decorrer de ilícitos praticados na área pública. E, atinente ao tema tratado neste livro, verifica-se a necessidade de se reparar o dano social causado por corrupção e improbidade administrativa. Primeiro, porque todos os direitos e bens são protegidos pelo Código Civil e pela Constituição Federal, devendo ser alvo de integral reparação quaisquer danos que lhe sejam infligidos. Segundo, porque, conforme se relatará nos capítulos seguintes, é necessário haver um desincentivo à prática de ilícitos que aflijam a sociedade como um todo, prevenindo a ocorrência de novos desmandos praticados por agentes ímprobos.

[307] Cf. BENJAMIN, Antônio Herman Vasconcellos. A insurreição da aldeia global contra o processo civil clássico: apontamentos sobre a opressão e a libertação judiciais do meio ambiente e do consumidor. *In*: MILARÉ, Édis (coord.). **Ação civil pública – Lei 7.347/85**: reminiscências e reflexões após dez anos de aplicação, São Paulo: Revista dos Tribunais, 1995, p. 78.

[308] Registra-se o exemplo de uma pessoa que, na Idade Média, ateou fogo em uma floresta, destruindo o ecossistema de uma região inteira – em tal situação, é inegável a ocorrência de dano social, apesar de que, na época, essa conduta muito provavelmente não tenha sido tutelada como tal pelo Direito então vigente.

Constatar a existência do dano social e aplicar-lhe os mesmos regramentos existentes para a reparação do dano individual é um avanço do qual não podemos nos furtar. O Direito possui a missão maior de pacificar a sociedade, permitindo a toda pessoa o livre desenvolvimento de sua personalidade. Assim, todos os bens e direitos, pertencentes a um indivíduo ou à coletividade, devem ser protegidos, e os danos que eles porventura sofram necessitam ser alvo de completa reparação, independentemente da respectiva titularidade.

CAPÍTULO 3
CORRUPÇÃO E IMPROBIDADE ADMINISTRATIVA

1. Conceitos de corrupção e de improbidade administrativa

O autor português José António de Sousa Lameira ensina que é desejo de todos os cidadãos uma sociedade onde prevaleçam a justiça e a transparência, devendo a luta contra a corrupção ser um imperativo ético. Ademais, segundo as lições desse autor, a ausência de ética na conduta pessoal ocasiona a corrupção individual, e a falta de ética em âmbito coletivo gera uma corrupção generalizada – por isso, a corrupção deve ser combatida com ética no comportamento, estimulando e imprimindo valores e regras de conduta socialmente aceitas. Para ele, a corrupção é a ação de decomposição, apodrecimento, referindo-se a determinada conduta que está desconforme a regras e valores. Assim, "uma conduta que não se pauta pela honestidade é uma conduta corrupta."[309]

Valdir Moysés Simão aduz que, há anos, a corrupção é motivo de grande angústia e instabilidade social no Brasil. Inclusive, tal fenômeno foi considerado em 2015 como o maior problema do país.[310] Ademais, tal fenômeno não é algo distante dos cidadãos, pois, de acordo com José Marcelo Martins Proença, citando pesquisa realizada em 2017 pela Transparência Internacional, 25% dos entrevistados admitiram que pagaram propina em

[309] LAMEIRA, José António de Sousa. Ética e corrupção nas relações contratuais. *In*: CASTRO, Manuella Santos de (org.) *et al.* **Governança, *compliance* e corrupção**. São Paulo: Almedina, 2019, p. 148 e 151.

[310] SIMÃO, Valdir Moysés. *Compliance* e setor privado. *In*: BECHARA, Fábio Ramazzini (coord.) *et al.* **Corrupção**. São Paulo: Almedina, 2020, p. 39.

serviços públicos, bem como 36% dos participantes disseram enxergar os políticos e os órgãos policiais como os mais corruptos.[311]

Susan Rose-Ackerman define a corrupção como o "mau uso do poder público para ganho privado ou político".[312] Contudo, é importante registrar que, segundo Marco Aurélio Florêncio Filho e Amanda Scalisse Silva, ainda há dificuldades, em âmbito internacional, para se chegar a um conceito uníssono de corrupção. Esse desconcerto entre definições ocorre porque se trata de um vocábulo com muitos sentidos, o qual, inclusive, abrange distintos comportamentos que se alteram de acordo com as diferentes culturas e contextos políticos e jurídicos.[313]

Nesse sentido, Monica Herman Caggiano registra que a expressão "corrupção" indica qualquer conduta praticada de forma dissimulada, "a partir de uma zona de penumbra, à margem das linhas comportamentais norteadas pela lei e pela moral, sempre com vistas à obtenção de vantagens individuais ou em prol de um grupo, intangíveis pelas vias ordinárias". Por conseguinte, a corrupção está presente em todos os segmentos da sociedade, sob distintos nuances e coloridos, atuando nas mais variadas esferas, seja no âmbito público, seja no âmbito privado.[314]

[311] PROENÇA, José Marcelo Martins. Custo econômico da corrupção para as empresas. *In*: BECHARA, Fábio Ramazzini (coord.) *et al.* **Corrupção**. São Paulo: Almedina, 2020, p. 64.

[312] ROSE-ACKERMAN, Susan. *The challenge of poor governance and corruption*. **Revista Direito GV**, v. 1, p. 207-266, 2005, p. 207-208. Tradução livre de "misuse of public power for private or political gain".

[313] FLORÊNCIO FILHO, Marco Aurélio; SILVA, Amanda Scalisse. A (des)necessidade do ato de ofício para configuração da corrupção passiva no Direito Penal brasileiro. *In*: BECHARA, Fábio Ramazzini (coord.) *et al.* **Corrupção**. São Paulo: Almedina, 2020, p. 171. Os autores ainda citam Fernando Filgueiras (**Corrupção, democracia e legitimidade**. Belo Horizonte: UFMG, 2008, p. 21), informando que tal escritor "explica que o conceito de corrupção, tomando como base sua essência de elevação dos interesses privados ao interesse público, precisa de uma atribuição de sentido que só é possível por uma compreensão mais alargada dos elementos formais dos valores e normas que organizam a política. Ou seja, o conceito de corrupção só é possível se tomarmos, de forma pressuposta, a discussão de valores e normas de uma sociedade, alterando-se, portanto, nas diferentes modulações do mundo social e político."

[314] CAGGIANO, Monica Herman. Corrupção, *lobbies* e esvaziamento da democracia. *In*: BECHARA, Fábio Ramazzini (coord.) *et al.* **Corrupção**. São Paulo: Almedina, 2020, p. 227-228. E conclui a professora: "Esta evidente flexibilidade do elemento corrupção – com o seu potencial mutante – lhe assegura aclimatação a distintas situações, conduzindo a uma vasta possibilidade classificatória, na conformidade com as suas múltiplas manifestações e atendendo às diferentes perspectivas do analista. Assim é que, num primeiro plano, é viável apresentar

Luiz Flávio Gomes e Artur Cardoso Carvalho Santana asseveram que a corrupção, por se caracterizar como a utilização indevida da função pública para fins privados, possui dois traços principais: a) abuso de posição de confiança, pois há exploração indevida dessa função em desrespeitos às normas de estilo; b) proveito de caráter particular, vale dizer, um benefício "extraposicional", estranho às funções desempenhadas pelo corrupto. Em arremate, os autores concluem que o núcleo da questão se refere à indevida confusão entre público e privado.[315]

De todo modo, assevera-se que a palavra "corrupção" possui origem no latim *corruptĭo*, que significa ato, processo ou efeito de corromper, ou, ainda, deterioração.[316] Dessa definição, vislumbra-se um **conceito amplíssimo** de corrupção, que abarca, inclusive, atos praticados na área privada, vale dizer, quando uma pessoa física ou jurídica, de qualquer forma, corrompe outra para obter fins ilícitos, ainda que tal relação espúria ocorra totalmente fora do âmbito estatal.

Na área pública, também a partir dessa etimologia, pode-se dessumir um **conceito amplo** de corrupção, que consiste em ato comissivo ou omissivo praticado por agente público que, utilizando o poder conferido pela lei, busca obter vantagem indevida para si ou para terceiros. Dessa forma, as finalidades da norma são relegadas a segundo plano, havendo, como característica, desvio de poder e enriquecimento ilícito.[317]

Já em **sentido estrito**, menciona-se o conceito advindo do Direito Penal, elencado no artigo 317, *caput*, do Código Penal – Decreto-lei n. 2.848, de 7 de dezembro de 1940 –, que trata do crime de corrupção passiva. Tal dispositivo tipifica a conduta de quem solicita ou recebe, "para si ou para outrem, direta ou indiretamente, ainda que fora da função ou antes de assumi-la, mas em razão dela, vantagem indevida, ou aceitar promessa de tal vantagem". As penas previstas para tal delito são reclusão, de dois a dozes anos,

uma classificação partindo do critério do lócus que a acolhe, onde se identifica: a) a corrupção praticada no âmbito governamental e b) a corrupção que se opera na área privada."

[315] GOMES, Luiz Flávio; SANTANA, Artur Cardoso Carvalho. A interdisciplinaridade no Direito brasileiro e a multiplicidade de instrumentos jurídicos no combate à corrupção. *In*: BECHARA, Fábio Ramazzini (coord.) *et al.* **Corrupção**. São Paulo: Almedina, 2020, p. 306.

[316] Cf. Dicionário Michaelis. Disponível em: https://michaelis.uol.com.br/busca?id=welw. Acesso em: 16 fev. 2021.

[317] Cf. GARCIA, Emerson; ALVES, Rogério Pacheco. **Improbidade administrativa**. 9. ed. São Paulo: Saraiva, 2017, p. 53.

e multa. E, segundo o § 1º, a "pena é aumentada de um terço, se, em conseqüência da vantagem ou promessa, o funcionário retarda ou deixa de praticar qualquer ato de ofício ou o pratica infringindo dever funcional".

Veja-se que, para fins criminais, o delito de corrupção passiva possui elementos típicos muito bem definidos. Com efeito, somente há o referido crime se um funcionário público solicitar ou receber vantagem indevida ou aceitar promessa de tal vantagem.[318] Vale dizer, é necessário existir uma vantagem, geralmente monetária, para que o funcionário retarde ou deixe de praticar ato de ofício ou o pratique infringindo dever funcional. Trata-se, na realidade, de um elemento normativo do tipo, conforme ensina Cezar Roberto Bitencourt.[319]

Nessa temática, registra-se o entendimento esposado por Marco Aurélio Florêncio Filho e Amanda Scalisse Silva; segundo eles, é imprescindível, para a existência desse delito, haver o mercadejo da função pública, ou seja, que o agente público possua "consciência e intenção de retribuir o benefício ilegal mediante a prática de conduta funcional relacionada às suas funções oficiais". Assim, para os autores, inexiste o crime *sub examine* quando se recebe uma gratificação sem qualquer contrapartida. Faz-se necessário, então, que a vantagem tenha relação de dependência com a prática de um ato de ofício, "mesmo que em perspectiva de ocorrência futura, certo e determinado quando do acordo entre os agentes."[320]

E a outra face da mesma moeda é o delito de corrupção ativa, aplicável aos particulares, definido pelo artigo 333, *caput*, do citado *codex* como o ato de "oferecer ou prometer vantagem indevida a funcionário público,

[318] O próprio Código Penal fornece um conceito bastante amplo de funcionário público: "Art. 327 – Considera-se funcionário público, para os efeitos penais, quem, embora transitoriamente ou sem remuneração, exerce cargo, emprego ou função pública. § 1º – Equipara-se a funcionário público quem exerce cargo, emprego ou função em entidade paraestatal, e quem trabalha para empresa prestadora de serviço contratada ou conveniada para a execução de atividade típica da Administração Pública. § 2º – A pena será aumentada da terça parte quando os autores dos crimes previstos neste Capítulo forem ocupantes de cargos em comissão ou de função de direção ou assessoramento de órgão da administração direta, sociedade de economia mista, empresa pública ou fundação instituída pelo poder público."

[319] Bitencourt, Cezar Roberto. **Tratado de Direito Penal**: parte especial, crimes contra a Administração Pública e crimes praticados por prefeitos. 12. ed. São Paulo: Saraiva, v. 5, 2018, p. 112-113.

[320] Florêncio Filho, Marco Aurélio; Silva, Amanda Scalisse. A (des)necessidade do ato de ofício para configuração da corrupção passiva no direito penal brasileiro. *In*: Bechara, Fábio Ramazzini (coord.) *et al.* **Corrupção**. São Paulo: Almedina, 2020, p. 191-192.

para determiná-lo a praticar, omitir ou retardar ato de ofício".[321] As penas infligidas para o autor do referido delito são as mesmas da corrupção passiva – reclusão, de dois a dozes anos, e multa –, havendo, outrossim, um aumento "de um terço, se, em razão da vantagem ou promessa, o funcionário retarda ou omite ato de ofício, ou o pratica infringindo dever funcional" (parágrafo único). É importante gizar, conforme se extrai do citado dispositivo legal, que também para os particulares o crime de corrupção ativa apenas se configura se há uma vantagem indevida oferecida ou prometida.[322]

De outro vértice, a improbidade administrativa, como será detalhado no item 5 abaixo, possui um escopo maior e mais abrangente, abarcando situações outras. Ela é definida como toda conduta comissiva ou omissiva que se amolda ao artigo 9º, 10 ou 11 da Lei de Improbidade Administrativa – Lei n. 8.429, de 2 de junho de 1992 –, os quais tratam respectivamente dos atos de improbidade administrativa que importam enriquecimento ilícito (artigo 9º), que causam prejuízo ao erário (artigo 10) e que atentam contra os princípios da Administração Pública (artigo 11).

Por conseguinte, as três modalidades de improbidade administrativa, elencadas acima, são assim definidas pela lei: a) recebimento, mediante a prática de ato doloso, de qualquer tipo de vantagem patrimonial indevida em razão do exercício de cargo, mandato, função, emprego ou atividade em entidades públicas; b) ação ou omissão dolosa que enseje, efetiva e comprovadamente, perda patrimonial, desvio, apropriação, malbaratamento ou dilapidação dos bens ou haveres de entidades públicas; e c) ação ou omissão que viole os deveres de honestidade, imparcialidade, legalidade e lealdade às instituições públicas, conforme rol taxativo.

Vislumbra-se, em tal contexto, que todo ato de corrupção em sentido estrito é também um ato de improbidade administrativa, mas a assertiva inversa não é verdadeira. Assim, conclui-se que a improbidade administrativa é conceito técnico-jurídico mais amplo – gênero –, abarcando a corrupção – espécie.

[321] Há, aqui, exceção ao princípio monista do concurso de pessoas, em que os coautores e partícipes respondem pelo mesmo crime na medida de sua culpabilidade (artigo 29, *caput*, do Código Penal).

[322] Cf. BITENCOURT, Cezar Roberto. **Tratado de Direito Penal**: parte especial, crimes contra a Administração Pública e crimes praticados por prefeitos. 12. ed. São Paulo: Saraiva, v. 5, 2018, p. 232.

Dessa forma, sintetizando as explanações realizadas acima, pode-se asseverar que o conceito amplo de corrupção possui similitude com o conceito de improbidade administrativa. Já o conceito estrito de corrupção assemelha-se à modalidade de improbidade administrativa que importa em enriquecimento ilícito.

E, para a finalidade do presente livro, consigna-se que será analisada a responsabilidade civil atinente a ambas as figuras – corrupção e improbidade administrativa –, pois se constata a necessidade de aprimoramento dos instrumentos jurídicos correlatos para a completa reparação de todos os danos por elas causados.

2. Histórico do combate à corrupção nos ordenamentos estrangeiros e nacional

Como se mencionou no item anterior, no Brasil são utilizados tanto o Código Penal quanto a Lei de Improbidade Administrativa para se definirem, respectivamente, a corrupção e a improbidade administrativa. Já no que tange à responsabilidade civil dos danos decorrentes de tais figuras, afiguram-se de capital importância as disposições encartadas no Código Civil, conforme se mencionou no Capítulo 2 e se detalhará no Capítulo 4.

Em outros países, a legislação trata apenas de figuras jurídicas relacionadas à corrupção – no Direito alienígena inexiste diploma normativo similar à nossa Lei de Improbidade Administrativa. Por isso, ater-se-á, no presente estudo, aos contornos jurídicos da corrupção em alguns países europeus e americanos.

Emerson Garcia e Rogério Pacheco Alves ensinam que, segundo a lei mosaica, o juiz corrupto era punido com a flagelação. E, na Grécia e Roma antigas, a pena cominada era a morte.[323] Como exemplo trazido por Nélson Hungria,[324] os autores mencionam o caso do rei persa Cambises, do século IV a.c., o qual descobriu que o juiz supremo Sisamnes recebera dinheiro para vender uma sentença.[325] O rei, então, mandou esfolar o juiz, determinado que a sua pele fosse inteiramente retirada para cobrir a cadeira

[323] GARCIA, Emerson; ALVES, Rogério Pacheco. **Improbidade administrativa.** 9. ed. São Paulo: Saraiva, 2017, p. 268.

[324] HUNGRIA, Nélson. **Comentários ao Código Penal**. Rio de Janeiro: Forense, v. 9, 1955, p. 365.

[325] GARCIA, Emerson; ALVES, Rogério Pacheco. **Improbidade administrativa**. 9. ed. São Paulo: Saraiva, 2017, p. 268.

da Justiça. Na sequência, Cambises designou, como novo juiz, o filho de Sisamnes, que se chamava Otanes, alertando-o para não se olvidar de onde estava sentado enquanto praticava seu ofício.

Os referidos doutrinadores registram o primeiro traço de combate à corrupção entre os romanos, consistente na Lei das XII Tábuas: "*Si judex aut arbiter jure datur ob rem judicandam pecuniam acceperit capite luito*", a qual impunha a pena capital ao juiz que ilicitamente auferisse valores (*qui pecuniam acceperit*). Posteriormente, novas leis empreenderam alterações quanto às sanções e, afastando a pena de morte, instituíram a obrigação de restituir o valor recebido de forma indevida (*lex de repetundis*).[326]

Salientam, ainda, que, durante a Idade Média, também era punida a corrupção de outros agentes públicos além dos juízes, mas geralmente de forma arbitrária pelo soberano. Na França havia tipos penais distintos para a concussão e a corrupção, conforme seus códigos criminais de 1791 e 1810. Já na Inglaterra, o juiz Thorpe foi condenado por corrupção à pena capital (forca), sob o governo do rei Eduardo III. O *Corrupt and Ilegal Practices Act de 1883* visava ao combate da corrupção nas eleições. E o Direito Eclesiástico tratava da corrupção de forma difusa, cominando ao juiz que vendesse sua sentença as penas de excomunhão e suspensão do ofício.[327]

Quanto às Ordenações Filipinas, Emerson Garcia e Rogério Pacheco Alves relatam que tais normas, que vigoraram no Brasil e em Portugal por um grande período, vedavam aos oficiais da Justiça e da Fazenda o recebimento de vantagens. Em descumprindo essa normativa, os servidores estavam sujeitos à perda do ofício e à obrigação de pagar vinte vezes mais do que receberam – a metade do valor era destinada ao acusador, enquanto a outra metade cabia à Câmara do Conselho. E, dependendo do montante da propina, o agente era punido com o degredo para o Brasil. Todavia, não se vedava o recebimento de pequenos presentes, aparentemente seguindo a linha de vetustas leis espanholas que previam a juízes corruptos as penas de exílio perpétuo e confisco.[328]

[326] GARCIA, Emerson; ALVES, Rogério Pacheco. **Improbidade administrativa**. 9. ed. São Paulo: Saraiva, 2017, p. 268.

[327] GARCIA, Emerson; ALVES, Rogério Pacheco. **Improbidade administrativa**. 9. ed. São Paulo: Saraiva, 2017, p. 270.

[328] GARCIA, Emerson; ALVES, Rogério Pacheco. **Improbidade administrativa**. 9. ed. São Paulo: Saraiva, 2017, p. 272.

Após a Revolução de 1789, na França "restou condenada a prática da avocatória e pacificada a tese de que o agente deveria ser responsabilizado pelos danos causados ao particular." Na sequência, desenvolveu-se o entendimento no sentido de que, além da responsabilidade penal, também se deveria perquirir a responsabilidade civil, obrigando o corrupto a reparar os danos causados, pois um instituto não exclui o outro. E, afora esse entendimento, reconheceu-se, com base no artigo 1.382 do *Code Civil*, a necessidade de responsabilidade patrimonial mesmo nos casos em que ausente infração penal. Em tal contexto, "estatuiu a lei de finanças de 25 de maio de 1817 a proibição da prática de determinados atos, os quais, se praticados, o seriam sob a responsabilidade pessoal dos Ministros de Estado."[329]

Após algumas décadas, conforme assinalam Emerson Garcia e Rogério Pacheco Alves, a lei francesa de 15 de maio de 1850 declarou que eram deixadas a cargo pessoal do ministro contraventor todas as despesas não creditadas ou a parte das despesas que ultrapassasse o crédito. Os autores entendem que se trata de importante marco da responsabilidade dos agentes públicos no que tange a ilícitos praticados no exercício de suas funções, apesar dos embaraços vislumbrados posteriormente quanto a qual seria o órgão incumbido de julgar os pedidos constantes nas respectivas ações de ressarcimento.[330]

Hoje na França um importante instrumento no combate à corrupção é a Lei Sapin II – "*Loi n. 2016-1691, du 9 décembre 2016, relative à la transparence, à la lutte contre la corruption et à la modernisation de la vie économique*".[331] Tal diploma possui nove títulos, abordando os seguintes temas: luta contra a violação de probidade (artigos 1 a 24), transparência das relações entre representantes de interesse e autoridades públicas (artigos 25 a 33), modernização das regras de dominialidade e ordens públicas (artigos 34 a 41), reforço do regulamento financeiro (artigos 42 a 60), proteção e direitos do consumidor em assuntos financeiros (artigos 61 a 85), melhoria da situação financeira das empresas agrícolas e do financiamento das empresas (artigos

[329] Cf. GARCIA, Emerson; ALVES, Rogério Pacheco. **Improbidade administrativa**. 9. ed. São Paulo: Saraiva, 2017, p. 53.

[330] GARCIA, Emerson; ALVES, Rogério Pacheco. **Improbidade administrativa**. 9. ed. São Paulo: Saraiva, 2017, p. 272-273.

[331] Tradução livre: "Lei n. 2016-1691, de 9 de dezembro de 2016, relativa à transparência, combate à corrupção e modernização da vida econômica".

86 a 123), melhoria do caminho de crescimento das empresas (artigos 124 a 147), disposições para modernizar a vida econômica e financeira (artigos 148 a 164) e disposições relativas aos exteriores (artigos 165 a 169).[332]

No Título I, nomeado como "*De La Lutte Contre Les Manquements À La Probité*", há três capítulos: no primeiro, cria-se a Agência Francesa de Anticorrupção; no segundo, estabelecem-se medidas para a proteção de denunciantes; e, no último, preceituam-se outras medidas de combate à corrupção e a várias violações de probidade, como, por exemplo, a necessidade de projetos de integridade para as empresas francesas (*compliance*).[333]

Já na Itália, menciona-se a *Legge Anticorruzione* n. 190, de 6 de novembro de 2012, que trata da prevenção e repressão da corrupção e da ilegalidade na Administração Pública. Tal diploma identifica a Autoridade Nacional Anticorrupção e os demais órgãos encarregados de realizar atividades de controle, prevenção e combate à corrupção e ilegalidade na Administração Pública, de forma a garantir uma ação coordenada.[334]

E designou-se como essa autoridade a Comissão de Avaliação, Transparência e Integridade das Administrações Públicas, tratada no artigo 13 do Decreto n. 150, de 27 de outubro de 2009. Incumbem a esse órgão as seguintes funções de aconselhamento, supervisão e controle, entre outras: a) colaborar com entidades estrangeiras iguais, bem como com as organizações regionais e internacionais competentes; b) aprovar o Plano Nacional Anticorrupção, elaborado pelo Departamento de Função Pública; c) analisar as causas e os fatores da corrupção e identificar as intervenções que podem favorecer a sua prevenção e repressão.

[332] Disponível em: https://www.legifrance.gouv.fr/jorf/id/JORFTEXT000033558528. Acesso em: 12 set. 2021.

[333] "A lei tem como objetivo principal proteger as empresas francesas de práticas ilegais, sobretudo no cenário internacional. Isso impacta diversos países, inclusive o Brasil, pois a nova regulamentação abrange também as sucursais internacionais de grupos franceses no exterior. Estão sujeitas à lei as organizações com faturamento consolidado superior a 100 milhões de euros e com mais de 500 funcionários. Os infratores estão expostos a multas de até 1 milhão de euros (para pessoas jurídicas) e 200 mil euros (para pessoas físicas)." DELOITTE. *França Intensifica o Combate à Corrupção*. Disponível em: https://patrocinados.estadao.com.br/deloitte/2018/08/14/nova-revolucao-francesa-no-combate-a-corrupcao/. Acesso em: 22 abr. 2021.

[334] Cf. FAINI, Fernanda. ***Legge Anticorruzione****: analisi della legge n. 190/2012*. Disponível em: https://www.altalex.com/documents/news/2013/02/19/legge-anticorruzione-analisi-della-legge-n-190-2012. Acesso em: 29 abr. 2021.

A Comissão possui poderes de fiscalização e, nesse sentido, pode: a) solicitar notícias, informações, atos e documentos; b) ordenar a adoção de atos ou medidas exigidos pelos planos e normas sobre a transparência da atividade administrativa; c) ordenar a remoção de comportamentos e atos que conflitem com os planos e as regras de transparência. A Comissão e as administrações interessadas devem comunicar, em seus respectivos *sites* institucionais, as medidas adotadas.

Também convém citar o Departamento de Função Pública, que, de acordo com as orientações adotadas pela Comissão Interministerial instituída e regulada por decreto do presidente do Conselho de Ministros, desempenha as seguintes funções: a) coordenar a implementação de estratégias nacionais e internacionais de prevenção e combate à corrupção e ilegalidade na Administração Pública; b) promover e definir padrões e metodologias comuns para a prevenção da corrupção, consistentes com as diretrizes, programas e projetos internacionais; c) elaborar o Plano Nacional de Combate à Corrupção; d) definir modelos padronizados de informações e dados necessários ao cumprimento dos objetivos fixados por lei, de acordo com métodos que permitam a sua gestão e análise informatizada; e) definir critérios para garantir a rotatividade de gestores em setores particularmente expostos à corrupção e medidas para evitar sobreposição de funções e acúmulo de cargos nominativos sob a égide de executivos públicos, inclusive externos.

Importante figura preconizada pela lei em apreço é o "responsável pela prevenção da corrupção", que é identificado pelo órgão de orientação política, geralmente, entre os gestores administrativos de primeiro escalão em exercício. Nas autoridades locais, a pessoa responsável pela prevenção da corrupção é comumente identificada como o secretário, a menos que seja determinado e justificado de outra forma. Possui as seguintes funções, dentre outras: propor o plano de prevenção da corrupção de três anos, que é adotado pelo órgão de formulação de políticas até 31 de janeiro de cada ano; até 31 de janeiro de cada ano, definir procedimentos adequados para a seleção e treinamento de funcionários destinados a atuar em setores particularmente expostos à corrupção. Também incumbe a essa pessoa: a) verificar a efetiva implementação do plano e sua adequação, bem como propor sua modificação quando constatadas violações significativas das disposições ou quando ocorrerem mudanças na organização ou na atividade da administração; b) verificar, de comum acordo com o gestor competente, a efetiva rotatividade de cargos nos órgãos responsáveis pelo exercício das atividades de maior risco de corrupção; c) identificar o pessoal a ser incluído nos programas de treinamento.

A lei italiana ainda estabelece, como importante ferramenta, a implementação de um "código de conduta", a ser definido pelo governo para os funcionários públicos de cada órgão estatal. Os objetivos são: garantir a qualidade dos serviços; prevenção da corrupção; e cumprimento de deveres e princípios constitucionais de diligência, lealdade, imparcialidade e serviço exclusivo ao cuidado do interesse público.[335] O código deve conter um seção específica dedicada às funções dos gestores, dividida em relação às funções atribuídas, e, em qualquer caso, necessita prever que todos os funcionários públicos são proibidos de pedir ou aceitar, a qualquer título, compensação, presentes ou outros benefícios, em conexão com o desempenho de suas funções ou tarefas confiadas.[336] A violação dos deveres contidos no código de conduta é uma fonte de responsabilidade disciplinar, bem como é relevante para fins responsabilidade civil, administrativa e contábil.

E, na seara repressiva, a lei empreende alterações no Código Penal italiano, tais como: aumenta a pena mínima de prisão para os crimes de peculato e abuso de poder; remodela o crime de extorsão, introduzindo o caso de extorsão por indução e limitando a extorsão por coação apenas ao funcionário público; distingue a corrupção adequada, relativa à prática de ato contrário aos deveres oficiais, da corrupção indevida, redefinindo assim a figura do criminoso; pune a corrupção entre particulares com pena de reclusão de um a três anos; tipifica o novo crime de tráfico de influência ilícita, prevendo a pena de um a três anos de reclusão.[337]

[335] Trata-se de figura análoga ao *public compliance*, analisado no item 4 do Capítulo 5 desta obra.

[336] Curiosamente, a norma ressalva, em sua parte final, os "*regali d'uso, purche' di modico valore e nei limiti delle normali relazioni di cortesia*" (alteração empreendida pelo § 44 da lei em questão no artigo 54 do Decreto Legislativo n. 165, de 30 de março de 2001). Tradução livre: "presentes habituais, desde que sejam de valor modesto e dentro dos limites relações normais de cortesia".

[337] Cf. FAINI, Fernanda. ***Legge Anticorruzione****: analisi della legge n. 190/2012*. Disponível em: https://www.altalex.com/documents/news/2013/02/19/legge-anticorruzione-analisi-della-legge-n-190-2012. Acesso em: 29 abr. 2021.

Registra-se, ademais, que os Código Penais da França,[338] Alemanha,[339] Itália,[340] Espanha[341], Portugal[342]-[343] e Argentina[344]-[345] tipificam criminal-

[338] *"Article 432-11. Est puni de dix ans d'emprisonnement et d'une amende de 1 000 000 €, dont le montant peut être porté au double du produit tiré de l'infraction, le fait, par une personne dépositaire de l'autorité publique, chargée d'une mission de service public, ou investie d'un mandat électif public, de solliciter ou d'agréer, sans droit, à tout moment, directement ou indirectement, des offres, des promesses, des dons, des présents ou des avantages quelconques pour elle-même ou pour autrui [...]."* Tradução livre: "Artigo 432-11. É punido com dez anos de prisão e multa de € 1.000.000, cujo montante pode ser duplicado o produto da infracção, pelo fato, por pessoa titular de autoridade pública, responsável por missão de serviço público, ou investida de mandato público eletivo, para solicitar ou aprovar, sem direito, a qualquer tempo, direta ou indiretamente, ofertas, promessas, doações, presentes ou quaisquer vantagens para si ou para outrem [...]."

[339] *"§ 331 Vorteilsannahme (1) Ein Amtsträger, ein Europäischer Amtsträger oder ein für den öffentlichen Dienst besonders Verpflichteter, der für die Dienstausübung einen Vorteil für sich oder einen Dritten fordert, sich versprechen läßt oder annimmt, wird mit Freiheitsstrafe bis zu drei Jahren oder mit Geldstrafe bestraft. [...]."* Tradução livre: "§ 331 Aceitação de benefícios (1) O funcionário público, funcionário público europeu ou pessoa especialmente obrigada para o serviço público que solicite, se permita ser prometido ou aceite uma vantagem para si ou para terceiros no desempenho das suas funções, é punido com pena de prisão por até três anos ou com multa. [...]."

[340] "Art. 318. Il pubblico ufficiale che, per l'esercizio delle sue funzioni o dei suoi poteri, indebitamente riceve, per se' o per un terzo, denaro o altra utilita' o ne accetta la promessa e' punito con la reclusione da tre a otto anni." Tradução livre: "Art. 318. O funcionário público que, pelo exercício das suas funções ou atribuições, receber indevidamente, para si ou para terceiro, dinheiro ou outras vantagens ou aceitar a promessa, é punido com pena de prisão de três a oito anos."

[341] *"Artículo 419. La autoridad o funcionario público que, en provecho propio o de un tercero, recibiere o solicitare, por sí o por persona interpuesta, dádiva, favor o retribución de cualquier clase o aceptare ofrecimiento o promesa para realizar en el ejercicio de su cargo un acto contrario a los deberes inherentes al mismo o para no realizar o retrasar injustificadamente el que debiera practicar, incurrirá en la pena de prisión de tres a seis años, multa de doce a veinticuatro meses, e inhabilitación especial para empleo o cargo público y para el ejercicio del derecho de sufragio pasivo por tiempo de nueve a doce años, sin perjuicio de la pena correspondiente al acto realizado, omitido o retrasado en razón de la retribución o promesa, si fuera constitutivo de delito."* Tradução livre: "Artigo 419. A autoridade ou funcionário público que, em benefício próprio ou de terceiros, receba ou solicite, por si ou por intermediário, um presente, favor ou remuneração de qualquer espécie ou aceite oferta ou promessa de prática de ato contrário no exercício do cargo às funções inerentes ao mesmo ou por não exercer ou atrasar injustificadamente a que deveria ser exercida, incorre em pena de prisão de três a seis anos, multa de doze a vinte e quatro meses, e especial inabilitação para o emprego ou cargo público e para o exercício do direito ao sufrágio passivo pelo prazo de nove a doze anos, sem prejuízo da pena correspondente ao ato praticado, omitido ou retardado em razão da remuneração ou promessa, se for constitutiva de um crime."

[342] "Artigo 373º Corrupção passiva 1 – O funcionário que por si, ou por interposta pessoa, com o seu consentimento ou ratificação, solicitar ou aceitar, para si ou para terceiro, vantagem

mente, entre outros delitos correlatos, a corrupção passiva, cominando penas que chegam até dez anos de prisão, além de multa e outras sanções. Nos Estados Unidos da América, cita-se, por exemplo, o § 201 do Título 18 do *US Code*, que prevê o delito de *bribery of public officials and witnesses*.[346]-[347]

patrimonial ou não patrimonial, ou a sua promessa, para a prática de um qualquer acto ou omissão contrários aos deveres do cargo, ainda que anteriores àquela solicitação ou aceitação, é punido com pena de prisão de um a oito anos. 2 – Se o acto ou omissão não forem contrários aos deveres do cargo e a vantagem não lhe for devida, o agente é punido com pena de prisão de um a cinco anos."

[343] Quanto ao código português, José António de Sousa Lameira realiza as seguintes observações (Ética e corrupção nas relações contratuais. *In*: CASTRO, Manuella Santos de (org.) *et al.* **Governança, *compliance* e corrupção**. São Paulo: Almedina, 2019, p. 150): "Muito sucintamente referirei que o Código Penal Português pune a apropriação ilegítima de bens, artigo 234, a administração danosa, artigo 235, o tráfico de influências, artigo 335, o suborno para falsidade de depoimento ou de testemunho, artigo 363, o favorecimento pessoal, artigo 367, o favorecimento pessoal praticado por funcionário, artigo 368 o branqueamento, artigo 368-A, o recebimento indevido de vantagem, artigo 372, o peculato, artigo 375 e o peculato de uso, artigo 376, a participação económica em negócio, artigo 377, definindo o artigo 386 conceito de funcionário para efeitos penais. Todos estes crimes são muitas vezes associados ao fenómeno da corrupção. Mas o Código Penal Português prevê o crime de corrupção como crime autônomo (nº 1 do artigo 373 e artigo 374). O tema da corrupção e os ilícitos a ela ligados têm merecido uma maior atenção, constituindo o seu combate uma prioridade do sistema de Justiça nos últimos anos."

[344] *"Articulo 256. – Será reprimido con reclusión o prisión de uno a seis años e inhabilitación especial perpetua, el funcionario público que por sí o por persona interpuesta, recibiere dinero o cualquier otra dádiva o aceptare una promesa directa o indirecta, para hacer, retardar o dejar de hacer algo relativo a sus funciones."* Tradução livre: "Artigo 256. – Será punido com reclusão ou prisão de um a seis anos e inabilitação especial perpétua o funcionário público que, por si ou por interposta pessoa, receba dinheiro ou qualquer outro presente ou aceite uma promessa direta ou indireta para fazer, atrasar ou deixar de fazer algo relativo às suas funções."

[345] Marco Aurélio Florêncio Filho e Amanda Scalisse Silva analisam esse dispositivo do código argentino (A (des)necessidade do ato de ofício para configuração da corrupção passiva no Direito Penal brasileiro. *In*: BECHARA, Fábio Ramazzini (coord.) *et al.* **Corrupção**. São Paulo: Almedina, 2020, p. 185): "O Código Penal argentino tipifica a corrupção como a conduta do funcionário público que, por si só, ou por pessoa interposta, recebe dinheiro ou outra dádiva, ou aceita uma promessa direta ou indireta, para fazer, retardar ou deixar de fazer algo relativo a suas funções, culminando pena máxima de seis anos; enquanto que o crime de aceitação de dádivas, definido como a conduta do funcionário público que admite dádivas que foram dadas em consideração a seu ofício, é considerado de menor gravidade, tendo pena máxima cominada de um ano."

[346] Tradução livre: "suborno de funcionários públicos e testemunhas".

[347] Marco Aurélio Florêncio Filho e Amanda Scalisse Silva apreciam a citada norma penal dos Estados Unidos da América (A (des)necessidade do ato de ofício para configuração da

E, na Inglaterra, menciona-se o *UK Bribery Act*, de 2010,[348] que tipifica e pune condutas como *offences relating to being bribed* e *offences of bribing another person*.[349]

Renato Romero Polillo leciona que, "a partir da segunda metade do século XX, houve uma onda crescente de combate à corrupção no mundo."[350] Segundo o autor, os casos ocorridos nos Estados Unidos da

corrupção passiva no Direito Penal brasileiro. *In*: BECHARA, Fábio Ramazzini (coord.) *et al.* **Corrupção**. São Paulo: Almedina, 2020, p. 186-187): "A mesma corrente foi adotada pelos Estados Unidos da América, cuja legislação federal prevê duas condutas criminosas referentes à solicitação ou recebimento de benefícios por funcionário público: o suborno (*bribery*) e a gratificação (*gratuites*). O suborno, previsto no 18 U.S.C. §201 (b) do *Federal Bribery Statute*, determina que qualquer funcionário público ou pessoa selecionada por um agente do Estado que exigir, receber ou aceitar, de maneira direta ou indireta, qualquer coisa de valor em troca de ser influenciado na execução de qualquer ato oficial, cometer ou ajudar a realizar qualquer fraude ou praticar ou omitir qualquer ato que implique a violação de seu dever funcional, será multado ou preso por até 15 (quinze) anos, ou ambos. [...] Já a gratificação, prevista no 18 U.S.C. §201 (c) do *Federal Bribery Statute*, criminaliza a conduta do funcionário púbico que, direta ou indiretamente, exija, busque, receba, aceite ou concorde em receber ou aceitar, pessoalmente ou a ser realizado por esse funcionário ou pessoa, cominando a pena de multa ou de prisão de até 2 (dois) anos, ou ambos. A diferença entre o suborno e a gratificação é, portanto, a compra do ato de ofício."

348 Irene Patrícia Nohara e Flávio de Leão Bastos Pereira discorrem sobre a origem dessa normativa inglesa (Introjeção da disciplina legal de combate à corrupção no Brasil: inspiração e regime jurídico. *In*: CASTRO, Manuella Santos de (org.) *et al.* **Governança, *compliance* e corrupção**. São Paulo: Almedina, 2019, p. 401): "No mesmo sentido e com preocupações muito próximas, é aprovado em 2010 o *UK Bribery Act*, vale dizer, norma britânica conhecida como a lei contra o suborno e contra a corrupção no plano internacional e que, semelhantemente ao FCPA, busca impedir e sancionar referidas condutas (de suborno ou corrupção) praticadas por funcionários de empresas britânicas em outros países ou, ainda, praticadas por funcionários de outros países, no Reino Unido. Referida norma recebeu o *Royal Assent*, ou seja, foi promulgada em abril de 2010. O *UK Bribery Act* tipifica principalmente as seguintes condutas: corrupção ativa de sujeitos públicos ou privados; corrupção passiva de sujeitos públicos ou privados; corrupção de funcionários públicos estrangeiros; falha da organização comercial na prevenção da corrupção. Resta evidente a preocupação com ações e consequências produzidas em territórios estrangeiros nos quais companhias britânicas mantenham operações, ações em bolsa *etc.*, assim como em relação à conduta de funcionários estrangeiros que desenvolvam suas atividades profissionais em território britânico."

349 Tradução livre: "ofensas a ser subornado" e "ofensas de subornar outra pessoa".

350 POLILLO, Renato Romero. **Responsabilidade e corrupção**. São Paulo: Contracorrente, 2020, p. 147-148. Registra-se, por oportuno, que tal obra é decorrente da Tese de Doutorado orientada pelo professor titular Carlos Alberto Dabus Maluf e apresentada à Faculdade de Direito da Universidade de São Paulo.

América, notadamente o escândalo Watergate,[351] deram ensejo em tal país a uma intensificação no combate à corrupção, seja nacional, seja estrangeira.[352] Nesse contexto, promulgou-se em 1977 a *Foreign Corrupt Practices Act* (FCPA), visando a punir as pessoas físicas ou jurídicas autoras de atos

[351] "Watergate é um dos mais conhecidos episódios da história política norteamericana. Ocorreu em 1972, na época das eleições presidenciais, quando um grupo de cinco funcionários do partido de Richard Nixon (Partido Republicano) invadiu a sede do Partido Democrata (Hotel Watergate) no intuito de instalar escutas nas linhas telefônicas e furtar documentos com objetivo de beneficiar o comitê de Nixon. Os invasores acabaram sendo presos e, no início de 1973, um dos acusados informou ao juiz John Sirica que o governo americano, atuando nas entrelinhas, fazia uma grande manobra para dificultar as investigações e esconder o escândalo. Após este episódio, com a repercussão midiática aliada às investigações de agentes federais, o Congresso exigiu que fossem apreendidas todas as conversas de Nixon sobre o caso, que tinham sido secretamente gravadas na Casa Branca, e abriu um processo de impeachment. Após análise das conversações das fitas, a Comissão de Justiça da Câmara de Representantes chegou à conclusão de que Nixon tentava atrapalhar as investigações utilizando sua influência. Com isso, as críticas ao presidente e ao Partido Republicano foram ampliadas e a opinião pública começou a fazer grande pressão, levando Nixon a ser o primeiro presidente dos EUA a renunciar ao cargo. Dois nomes importantes neste episódio foram Bob Woodward e Carl Bernstein, dois repórteres do Washington Post que investigaram o caso. A primeira reportagem do jornal sobre o assunto começava da seguinte forma: 'Cinco homens, um dos quais que afirma ser empregado da Agência Central de Inteligência (CIA, na sigla em inglês), foram presos às 2:30 a.m., ontem, no que as autoridades descrevem como um plano elaborado para colocar microfones secretos na sede do Comitê Democrata Nacional'. Entre as principais consequências do caso Watergate nos EUA, estão a visão trágica que foi revelada sobre o grau da corrupção do governo americano, que atingiu em cheio a população pelos meios de comunicação. Outro ponto relevante do acontecimento foi a grande investigação realizada. Segundo o jornalista Carlos Eduardo Lins da Silva, em reportagem especial para o jornal Folha de São Paulo (18 de junho de 2012), 'o que fez de Watergate um marco histórico foram instituições coletivas que funcionaram bem. O que Woodward, Bernstein e outros fizeram de virtuoso foi terem agido rigidamente de acordo com os preceitos dessas instituições (a imprensa, o Legislativo, o Judiciário) e terem colocado à margem suas próprias preferências ideológicas e partidárias ou suas conveniências e gostos pessoais'. Porém, a complexidade e a repercussão do caso geraram diversos mitos, como a de que o informante de Woodward, denominado 'Garganta Profunda', teria dito ao jornalista a frase 'siga o rastro do dinheiro'. Na verdade, essa frase nunca foi dita, mas ficou famosa por ter sido utilizada em diálogo do personagem de Hal Holbrook, ator que interpretou o informante no filme 'Todos os Homens do Presidente', a produção mais famosa sobre o caso." Disponível em: https://www.infoescola.com/estados-unidos/watergate/. Acesso em: 28 nov. 2021.

[352] POLILLO, Renato Romero. **Responsabilidade e corrupção**. São Paulo: Contracorrente, 2020, p. 147-148.

de corrupção.[353] Todavia, como apenas as empresas dos Estados Unidos da América se sujeitavam ao citado diploma normativo, houve notória desvantagem competitiva no mercado externo para tais companhias, o que levou o país a exigir, no âmbito internacional, a edição de tratados para o combate à corrupção,[354] conforme relatado a seguir.

Monica Teresa Costa Sousa e Alex Bruno Canela Vilela ensinam que, em âmbito internacional, os principais tratados sobre combate à corrupção hoje vigentes – dos quais, inclusive, o Brasil participa – são: a) Convenção das Nações Unidas contra a Corrupção, b) Convenção Interamericana contra a Corrupção e c) Convenção sobre o Combate da Corrupção de Funcionários Públicos Estrangeiros em Transações Comerciais Internacionais.[355]

A Convenção das Nações Unidas contra a Corrupção, conhecida como Convenção de Mérida (México), foi adotada pela Assembleia-Geral das

[353] Irene Patrícia Nohara e Flávio de Leão Bastos Pereira também analisam a conjuntura por meio da qual se originou tal diploma (Introjeção da disciplina legal de combate à corrupção no Brasil: inspiração e regime jurídico. *In*: Castro, Manuella Santos de (org.) *et al.* **Governança, *compliance* e corrupção**. São Paulo: Almedina, 2019, p. 399-400): "O FCPA – *Foreign Corrupt Practices Act* (Lei de Práticas Corruptas no Exterior), de 1977, resulta da experiência e importante precedente histórico das decorrências do caso Watergate (1974) e que causou a renúncia do Presidente dos Estados Unidos, Richard Nixon. Referido caso de corrupção nos Estados Unidos da América pode ser considerado um divisor de águas para a normatização do combate à prática da corrupção, inicialmente nos Estados Unidos e, posteriormente, em diversos países impactos por referida norma. Assim, aprovada em 1977 e com alterações ocorridas em 1998, o FCPA passou por evidente ampliação em suas competência e jurisdição, passando a atuar em casos de oferta de suborno, por exemplo, a profissionais com responsabilidades de gestão e atuantes em estruturas oficiais e governamentais estrangeiros. Duas estruturas atuam com as ações do FCPA, conferindo-lhe suporte e efetividade – inclusive operacional –, dentre as quais a *Securities and Exchange Commission* (SEC), além do *Department of Justice*. Aquela, responsável pela operacionalização das ações civis previstas pelo FCPA; este último, competente pelas execuções penais, na hipótese de configuração de tal espécie de ilícitos. Dentre os principais objetivos estabelecidos pelo FCPA podemos mencionar a prevenção e repressão à conduta do suborno, bem como da escrituração falsa e fraudulenta. E, de forma sistemática, delineia três eixos importantes de ação, quais sejam: a) vedação de entrega de quaisquer itens de valor; b) proibição de referida entrega, acima citada, a dirigente estrangeiro; c) apresentação do resultado consistente em obter ou manter, ne ócios."

[354] Cf. Polillo, Renato Romero. **Responsabilidade e corrupção**. São Paulo: Contracorrente, 2020, p. 147-148.

[355] Sousa, Monica Teresa Costa; Vilela, Alex Bruno Canela. A contribuição das Nações Unidas no combate à corrupção: evolução normativa e perspectiva internacional. **Revista de Direito da Administração Pública**, Rio de Janeiro, ano 3, v. 1, n. 2, p. 135-160, jul./dez. 2018, p. 136.

Nações Unidas (ONU) em 31 de outubro de 2003 e assinada pelo Brasil em 9 de dezembro do mesmo ano.[356] O Congresso Nacional brasileiro aprovou o respectivo texto por meio do Decreto Legislativo n. 348, de 18 de maio de 2005, e o Decreto n. 5.687, de 31 de janeiro de 2006, promulgou o referido tratado em âmbito interno.[357]

Trata-se do maior e mais completo diploma internacional vigente hoje contra a corrupção. É corolário de debates realizados durante décadas acerca dos reflexos da corrupção nas relações econômicas e sociais; todavia, alguns Estados membros da ONU ainda não subscreveram o citado documento.[358]

Irene Patrícia Nohara e Flávio de Leão Bastos Pereira registram a relevância desse tratado no combate à corrupção, vislumbrada no alcance de suas determinações e seus instrumentos, os quais produzem efeitos em todos os continentes. Estruturado em oito capítulos e setenta e um artigos, o diploma destaca-se pelo disciplinamento conferido à prevenção, penalização, recuperação de ativos e cooperação internacional. E, para tanto, o documento obriga os signatários a implementarem alterações em suas leis, com a finalidade de se harmonizarem com os correlatos instrumentos internacionais de combate à corrupção.[359]

Os mencionados autores complementam aduzindo que a adesão à referida convenção, na realidade, demonstra exercício pleno da soberania de cada país. Nesse sentido, as nações, "ao reforçarem a transparência como fio condutor na implantação de verdadeira governança nas searas públicas e privadas, tornam mais saudável e duradoura a legitimidade que deve qualificar governos democráticos". E o Brasil foi impactado por essa nova ordem mundial, permitindo a aprovação da Lei Anticorrupção Empresarial (Lei n. 12.846/2013),[360] analisada no item 6 deste capítulo.

[356] Essa convenção foi ratificada pelo governo brasileiro em 15 de junho de 2005 e entrou em vigor internacional, inclusive para o Brasil, em 14 de dezembro de 2005.

[357] Disponível em: http://www.planalto.gov.br/ccivil_03/_ato2004-2006/2006/decreto/d5687.htm. Acesso em: 29 mai. 2021.

[358] Atualmente 187 (cento e oitenta e sete) países são partes desse tratado. Disponível em: https://www.unodc.org/unodc/en/corruption/ratification-status.html. Acesso em: 25 abr. 2021.

[359] NOHARA, Irene Patrícia; PEREIRA, Flávio de Leão Bastos. Introjeção da disciplina legal de combate à corrupção no Brasil: inspiração e regime jurídico. *In*: CASTRO, Manuella Santos de (org.) *et al.* **Governança, *compliance* e corrupção**. São Paulo: Almedina, 2019, p. 398-399.

[360] NOHARA, Irene Patrícia; PEREIRA, Flávio de Leão Bastos. Introjeção da disciplina legal de combate à corrupção no Brasil: inspiração e regime jurídico. *In*: CASTRO, Manuella Santos de (org.) *et al.* **Governança, *compliance* e corrupção**. São Paulo: Almedina, 2019, p. 398-399.

Os temas abordados no referido tratado – que, na realidade, constituem quatro eixos estratégicos de atuação – são: a) medidas preventivas; b) penalização e aplicação da lei; c) cooperação internacional; e d) recuperação de ativos. E as suas finalidades consistem em: a) promover e fortalecer as medidas para prevenir e combater mais eficaz e eficientemente a corrupção; b) promover, facilitar e apoiar a cooperação internacional e a assistência técnica na prevenção e na luta contra a corrupção, incluída a recuperação de ativos; e c) promover a integridade, a obrigação de render contas e a devida gestão dos assuntos e dos bens públicos.

A Convenção de Mérida, que determina a tipificação de diversos delitos em seus artigos 15 e seguintes,[361] é aplicável à prevenção, investigação e instrução judicial da corrupção, do embargo preventivo, da apreensão, do confisco e da restituição de produto dos delitos correlatos. E, para essa finalidade, não é necessário que tais delitos produzam dano ou prejuízo patrimonial, exceto se houver disposição em contrário. Os Estados signatários devem adotar as medidas necessárias, de acordo com os princípios de sua legislação interna, para garantir que as pessoas físicas ou jurídicas prejudicadas por um ato de corrupção tenham direito de ajuizar ação contra os responsáveis pleiteando a respectiva indenização.[362]

Afora essas medidas preconizadas pela Convenção de Mérida, também podem ser citadas outras, conforme preleciona Lucas Medeiros Gomes.

[361] Exemplos: suborno, malversação ou peculato, apropriação indébita, tráfico de influência, abuso de função, enriquecimento ilícito, lavagem de produto de delito, encobrimento, obstrução da justiça. "Muitas das condutas descritas na UNCAC já fazem parte da legislação penal de muitos países, inclusive no Brasil. Peculato, apropriação indébita e corrupção passiva são delitos tradicionalmente conhecidos por atingir a administração pública, porém outros crimes como o enriquecimento ilícito e corrupção privada são propostas inovadoras da Convenção para muitos países." (Sousa, Monica Teresa Costa; Vilela, Alex Bruno Canela. A contribuição das Nações Unidas no combate à corrupção: evolução normativa e perspectiva internacional. *Revista de Direito da Administração Pública*, ISSN 2595-5667, Rio de Janeiro, ano 3, v. 1, n. 2, p. 135-160, jul./dez. 2018, p. 144.)

[362] Nesse sentido (Sousa, Monica Teresa Costa; vilela, Alex Bruno Canela. A contribuição das Nações Unidas no combate à corrupção: evolução normativa e perspectiva internacional. **Revista de Direito da Administração Pública**, Rio de Janeiro, ano 3, v. 1, n. 2, p. 135-160, jul./dez. 2018, p. 148.): "a estrutura normativa da Convenção permite o combate à corrupção por diversas frentes. Prevenção, criminalização, cooperação e recuperação apresentam-se como as estratégias do tratado para frear esse problema de amplitude global. Todavia, essa norma não pode ser compreendida apenas como um conjunto de sugestões sem eficácia aos países signatários. Para isso, a própria UNCAC trouxe mecanismos para sua aplicação, como encontros, grupos temáticos e projetos [...]."

Nesse sentido, o tratado também fomenta o estabelecimento de programas de integridade e a criação de códigos de conduta para os servidores públicos, bem como programas de formação e capacitação para tais agentes, aos quais devem ser fixadas escalas de remuneração adequadas e equitativas. Exige-se um funcionamento adequado e independente para o Poder Judiciário e o Ministério Público. São imprescindíveis, outrossim, o aperfeiçoamento dos métodos de seleção e a formação dos titulares de cargos públicos especialmente vulneráveis à corrupção. Do mesmo modo, visando a preservar a integridade de livros e registros contábeis e financeiros atinentes a receitas e gastos públicos, bem como para impedir a falsificação desses documentos, estimula-se a elaboração de um sistema de normas de contabilidade, auditoria e supervisão. Ao mesmo tempo, fazem-se necessárias campanhas periódicas alertando acerca dos riscos de corrupção na Administração Pública.[363]

Já a Convenção Interamericana contra a Corrupção foi adotada pela Organização dos Estados Americanos (OEA) em 29 de março de 1996 na cidade de Caracas (Venezuela).[364] Tal diploma foi aprovado pelo Congresso Nacional brasileiro por meio do Decreto Legislativo n. 152, de 25 de junho de 2002, e promulgado por meio do Decreto n. 4.410, de 7 de outubro de 2002,[365] com reserva para o artigo XI, § 1º, alínea “c”.[366]

De acordo com Irene Patrícia Nohara e Flávio de Leão Bastos Pereira, esse tratado consiste em norma regional pioneira e vinculante no com-

[363] GOMES, Lucas Medeiros. O combate internacional à corrupção como política externa desenvolvimentista. **Revista Jus Navigandi**, Teresina, ano 22, n. 5131, 19 jul. 2017. Disponível em: https://jus.com.br/artigos/58794. Acesso em: 21 abr. 2021.

[364] Atualmente, constam como signatários dessa convenção 35 (trinta e cinco) países. Disponível em: http://www.oas.org/es/sla/ddi/tratados_multilaterales_interamericanos_firmas_estados.asp. Acesso em: 21 abr. 2021.

[365] O Brasil ratificou esse tratado em 10 de julho de 2002 e depositou o respectivo instrumento em 24 de julho de 2002. E essa convenção entrou em vigor internacional, inclusive para o Brasil, em 24 de agosto de 2002. Disponível em: http://www.planalto.gov.br/ccivil_03/decreto/2002/d4410.htm. Acesso em: 29 mai. 2021.

[366] A reserva refere-se à seguinte disposição: “A fim de impulsionar o desenvolvimento e a harmonização das legislações nacionais e a consecução dos objetivos desta Convenção, os Estados Partes julgam conveniente considerar a tipificação das seguintes condutas em suas legislações e a tanto se comprometem: [...] c. toda ação ou omissão realizada por qualquer pessoa que, por si mesma ou por interposta pessoa, ou atuando como intermediária, procure a adoção, por parte da autoridade pública, de uma decisão em virtude da qual obtenha ilicitamente, para si ou para outrem, qualquer benefício ou proveito, haja ou não prejuízo para o patrimônio do Estado [...].”

bate à corrupção, cujo teor estabelece metas a serem cumpridas em toda a América. Citam-se, como exemplo, a cooperação internacional e o desenvolvimento de mecanismos preventivos, visando à identificação, punição e erradicação da corrupção. O documento também preceitua, como objetivo, o combate à corrupção no exercício das funções públicas, bem como tipifica "condutas próprias dos atos de corrupção" e "estabelece como escopo a recuperação de ativos fraudados".[367]

Conforme ensinam Monica Teresa Costa Sousa e Alex Bruno Canela Vilela, a convenção da OEA possui medidas de "prevenção, descrição de atos de corrupção, suborno transnacional e enriquecimento ilícito, assistência técnica e cooperação".[368] Os objetivos do referido tratado são: a) promover e fortalecer o desenvolvimento, por cada um dos Estados-partes, dos mecanismos necessários para prevenir, detectar, punir e erradicar a corrupção; e b) promover, facilitar e regular a cooperação entre os Estados-partes a fim de assegurar a eficácia das medidas e ações adotadas para prevenir, detectar, punir e erradicar a corrupção no exercício das funções públicas, bem como os atos de corrupção especificamente vinculados a seu exercício.

Convém salientar, por oportuno, que o tratado *sub examine* também fomenta a criação de sistemas de publicação, por aqueles que desempe-

[367] NOHARA, Irene Patrícia; PEREIRA, Flávio de Leão Bastos. Introjeção da disciplina legal de combate à corrupção no Brasil: inspiração e regime jurídico. *In*: CASTRO, Manuella Santos de (org.) *et al.* **Governança, *compliance* e corrupção**. São Paulo: Almedina, 2019, p. 396-397. Consigna-se, por oportuno, outro excerto dos mesmos autores quanto à temática em voga: "Recorde-se que as normas internacionais às quais a República Federativa do Brasil aderiu, possuem efetividade em território brasileiro, como norma imposta a todos os cidadãos. Ocupando posição equivalente à de lei ordinária, são interpretadas de forma inter-relacionada e complementar a outros tratados internacionais de objeto semelhante, bem como à normas pátrias. Assim, constitui referido tratado regional importante e pioneira iniciativa no sentido de viabilização de um projeto regional marcado pela boa governança no continente, tanto no setor público, quanto no privado. Importante contribuição no sentido de alcançar a concepção de um sistema coeso, harmónico e eficiente no combate à corrupção que, via de regra, encontra em ambientes assimétricos e burocraticamente ineficientes, terreno fértil para incrementar sua capilarização até o sequestro do Estado democrático, até o ponto de inviabilizar sua legitimidade e continuidade de sua existência."

[368] SOUSA, Monica Teresa Costa; VILELA, Alex Bruno Canela. A contribuição das Nações Unidas no combate à corrupção: evolução normativa e perspectiva internacional. **Revista de Direito da Administração Pública**, Rio de Janeiro, ano 3, v. 1, n. 2, p. 135-160, jul./dez. 2018, p. 141-142.

nham funções públicas, de receitas, ativos e passivos. Ademais, para dificultar e obstar a prática da corrupção, preconiza-se a institucionalização de sistemas de controle da renda do Estado. O diploma ainda pode considerar outros atos de corrupção não definidos em seu texto, inclusive o delito de suborno transnacional, na hipótese de sua tipificação no Estado-parte. De todo modo, relembra-se que a Convenção estabelece um "arcabouço institucional para a repressão do enriquecimento ilícito".[369]

Uma importante medida implementada pelo tratado da OEA foi a criação do Mecanismo de Acompanhamento da Implantação da Convenção Interamericana contra a Corrupção (MESICIC), cuja declaração foi assinada pelo Brasil em 9 de agosto de 2002. Tal órgão "emitiu centenas de informes com recomendações para que os países-membros aperfeiçoassem seus ordenamentos jurídicos e suas instituições para combater a corrupção em diversas matérias".[370]

Os relatórios são bastante detalhados e enfrentam diversos temas para uma boa governança na seara pública.[371] Citam-se, a título exemplificativo, algumas das últimas recomendações exaradas pelo MESICIC ao Brasil: a) regular, no âmbito dos três Poderes da União, os casos, as condições e os

[369] Cf. GOMES, Lucas Medeiros. O combate internacional à corrupção como política externa desenvolvimentista. **Revista *Jus Navigandi***, Teresina, ano 22, n. 5131, 19 jul. 2017. Disponível em: https://jus.com.br/artigos/58794. Acesso em: 21 abr. 2021.

[370] Cf. POLILLO, Renato Romero. **Responsabilidade e corrupção**. São Paulo: Contracorrente, 2020, p. 150-151.

[371] Acerca da expressão "governança", colacionam-se os seguintes ensinamentos de Antonio Cecilio Moreira Pires e Lilian Regina Gabriel Moreira Pires (Governança pública como forma de controle da corrupção. *In*: CASTRO, Manuella Santos de (org.) *et al.* **Governança, *compliance* e corrupção**. São Paulo: Almedina, 2019, p. 162): "No Brasil, a terminologia governança, no âmbito da Administração Pública, ganhou relevo no momento em que se discutia a administração gerencial. Não é o caso aqui de discutir as diversas formas de Administração, ainda que não possamos deixar de pontuá-las. O Brasil passou por três modelos de administração — patrimonialista, burocrática e gerencial. No modelo administração patrimonialista há confusão entre o interesse público e o interesse dos integrantes do corpo diretivo do Estado. De sua vez, o modelo administração burocrática surge no início da década de 30, como resposta e tentativa de conter o nepotismo, prestigiando o controle dos procedimentos, que se mostrou excessivo a ponto de resultar na ineficiência do atendimento das demandas da sociedade, isso sem falar que não obteve sucesso no expurgo do patrimonialismo. Por fim, o modelo da administração gerencial tem início na década de 80, com a bandeira de redução de custos e melhoria da prestação dos serviços públicos, culminando com a Emenda Constitucional ne 19/98, que veio a inserir o princípio da eficiência no artigo 37, 'caput' da Constituição Federal, como o ponto nodal da Administração Gerencial."

percentuais mínimos de servidores de carreira que deverão preencher os cargos em comissão; b) fortalecer os mecanismos de controle do sistema de contratação de bens e serviços por parte do Estado; c) continuar a fortalecer os meios eletrônicos e os sistemas de informação para a contratação pública; d) fortalecer os sistemas para a contratação de obras públicas; e) fortalecer os sistemas para proteger funcionários públicos e cidadãos particulares que denunciem, de boa-fé, atos de corrupção; f) formular e implementar, quando for o caso, programas de capacitação para os servidores públicos responsáveis pela aplicação dos sistemas, das normas, das medidas e dos mecanismos considerados no relatório, objetivando assegurar seus adequados conhecimento, gerenciamento e aplicação.[372]

E, por fim, a Convenção sobre o Combate da Corrupção de Funcionários Públicos Estrangeiros em Transações Comerciais Internacionais foi concluída em Paris (França) pela Organização para Cooperação e Desenvolvimento Econômico (OCDE) no dia 17 de dezembro de 1997, entrando em vigor internacional em 15 de fevereiro de 1999.[373] O Congresso Nacional brasileiro aprovou tal diploma por meio do Decreto Legislativo n. 125, de 14 de junho de 2000, promulgado pelo Decreto n. 3.678, de 30 de novembro de 2000.[374] Como o próprio nome indica, tal fonte normativa "tem por finalidade prevenir e combater o suborno de funcionários públicos estrangeiros em transações internacionais."[375]

Segundo esse tratado, cada Estado-parte deve tipificar criminalmente a conduta de qualquer pessoa que intencionalmente oferecer, prometer ou dar qualquer vantagem pecuniária indevida ou de outra natureza, diretamente ou por intermediários, a um funcionário público estrangeiro, para

[372] MECANISMO DE ACOMPANHAMENTO DA IMPLEMENTAÇÃO DA CONVENÇÃO INTERAMERICANA CONTRA A CORRUPÇÃO. **Relatório final da trigésima reunião da comissão de peritos – Brasil**. Washington: OEA, 2018, p. 4, 31, 43, 51, 73 e 90.

[373] Assinaram esse tratado 34 (trinta e quatro) países. Disponível em: https://www.oecd.org/corruption/oecdantibriberyconvention.htm. Acesso em: 25 abr. 2021.

[374] O governo brasileiro ratificou essa convenção em 15 de junho de 2000 e depositou o respectivo instrumento em 24 de agosto de 2000. O início da vigência internacional para o Brasil foi em 23 de outubro de 2000. Disponível em: http://www.planalto.gov.br/ccivil_03/decreto/d3678.htm. Acesso em: 29 mai. 2021.

[375] Cf. SOUSA, Monica Teresa Costa; VILELA, Alex Bruno Canela. A contribuição das Nações Unidas no combate à corrupção: evolução normativa e perspectiva internacional. **Revista de Direito da Administração Pública**, Rio de Janeiro, ano 3, v. 1, n. 2, p. 135-160, jul./dez. 2018, p. 142.

esse funcionário ou para terceiros, causando a ação ou a omissão do funcionário no desempenho de suas funções oficiais, com a finalidade de realizar ou dificultar transações ou obter outra vantagem ilícita na condução de negócios internacionais.[376] Ademais, os Estados-partes também devem tipificar criminalmente a cumplicidade, inclusive por incitamento, auxílio ou encorajamento, ou a autorização de ato de corrupção de um funcionário público estrangeiro, assim como a tentativa e conspiração para subornar um funcionário público estrangeiro.

Irene Patrícia Nohara e Flávio de Leão Bastos Pereira ensinam que o combate ao suborno transnacional demonstrou-se ser de grande importância, pois "a corrupção dificulta ou impede o acesso aos mercados internacionais, bem como impacta relevantemente sobre a competitividade".[377]

Exposto esse panorama geral e global acerca do tema "corrupção", relatar-se-á no próximo item o desenvolvimento da matéria no que tange às Constituições, leis e outras normas brasileiras, com a finalidade de aferir a evolução do tratamento jurídico dispensado ao assunto até os dias atuais.

[376] No Brasil, o tratado deu ensejo à promulgação da Lei n. 10.467, de 11 de junho de 2002, que incluiu, no Código Penal, os crimes de corrupção ativa e tráfico de influência em transação comercial internacional, definindo funcionário público estrangeiro (artigos 337-B, 337-C e 333-D).

[377] NOHARA, Irene Patrícia; PEREIRA, Flávio de Leão Bastos. Introjeção da disciplina legal de combate à corrupção no Brasil: inspiração e regime jurídico. *In*: CASTRO, Manuella Santos de (org.) *et al.* **Governança, *compliance* e corrupção**. São Paulo: Almedina, 2019, p. 395-396. E, por derradeiro, os citados autores discorrem sobre os objetivos do tratado: "Dentre os objetivos que compõem o teor da referida convenção, merecem especial destaque os seguintes: a) incentivar os Estados-partes a concretizar mecanismos preventivos e repressivos à prática de corrupção por parte de funcionários públicos estrangeiros, nas transações comerciais transnacionais; b) garantir a responsabilização de pessoas jurídicas que pratiquem atos de corrupção nas transações comerciais internacionais; c) responsabilizar individualmente aos condenados por corrupção de funcionários públicos estrangeiros nas transações comerciais internacionais, por meio da imposição de sanções civil, penal e administrativa; d) incrementar a reciprocidade efetiva e célere na prestação jurídica entre os Estados-Parte; e) combate à concorrência desleal causada pela corrupção. Importante instrumento para combate à corrupção, a Convenção Sobre o Combate da Corrupção de Funcionários Públicos Estrangeiros em Transações Comerciais Internacionais da Organização Para Cooperação e Desenvolvimento Econômico traduz a efetivação de importante passo no sentido da formulação da ideia de governança global, cujo escopo fundamental consiste na busca por soluções para questões e desafios cujos impactos transbordam as fronteiras políticas dos Estados."

3. Evolução da legislação pátria no combate aos ilícitos praticados por agentes públicos ímprobos

3.1. Âmbito constitucional

Fernando Menezes de Almeida ensina que todas as Constituições do país, com intensidades distintas, sempre trataram do tema "corrupção política" e dos "sistemas para o controle da ação dos agentes públicos".[378] A atual Carta Magna, conforme se verá ao final deste subitem, foi a que mais se aprofundou no tema; de todo modo, far-se-á um breve histórico da regulamentação desse assunto pelas normas máximas de nosso ordenamento jurídico, visando a compreender a evolução legislativa no trato da matéria.

Nesse compasso, a "Constituição Politica do Imperio do Brazil", de 25 de março de 1824, elaborada por um Conselho de Estado e outorgada pelo então imperador D. Pedro I, dispunha em seu artigo 99 que: "A Pessoa do Imperador é inviolavel, e Sagrada: Elle não está sujeito a responsabilidade alguma." Assim, à época, a mais alta autoridade do país era impunível em qualquer seara – política, penal, cível ou administrativa. E, em tal contexto, os danos porventura causados por ele na condução dos negócios públicos não eram objeto de qualquer reparação, arcando eventuais vítimas com os respectivos prejuízos.

Todavia, é importante registrar que somente o imperador não era responsabilizado.[379] Com efeito, a referida Constituição previa expressamente a punição para os ministros de Estado, conforme o seu artigo 133, o qual

[378] Almeida, Fernando Menezes de. Combate à corrupção pelo Direito brasileiro: perspectiva constitucional e nova tendência trazida pela Lei das Empresas Estatais. *In*: Cunha Filho, Alexandre Jorge Carneiro da (org.) *et al.* **48 visões sobre a corrupção**. São Paulo: Quartier Latin, 2016, p. 708.

[379] Acerca do assunto, colacionam-se os seguintes apontamentos de Fernando Menezes de Almeida (Combate à corrupção pelo Direito brasileiro: perspectiva constitucional e nova tendência trazida pela Lei das Empresas Estatais. *In*: Cunha Filho, Alexandre Jorge Carneiro da (org.) *et al.* **48 visões sobre a corrupção**. São Paulo: Quartier Latin, 2016, p. 708): "É certo que havia uma notória exceção quanto à responsabilidade: o imperador era constitucionalmente (art. 99) irresponsável, irresponsabilidade essa estendida ao regente, que atuava em nome do imperador durante o período de sua menoridade (arts. 121 a 129). De resto, os ministros de Estado, juízes de direito e demais agentes públicos eram pessoalmente responsáveis por atos de corrupção (arts. 133, 11; 157; e 179, XXIX e XXX). Falava-se, então, mais correntemente em 'peita' ou 'suborno', tal como tipificados pelo Código Criminal de 1830 e acarretando ambos, aliás, as mesmas penas. Esses tipos penais, entre outros capitulados como crimes contra a administração pública, estão mais relacionados ao sentido atual de corrupção, sendo de se notar o uso do verbo 'corromper' na tipificação do 'suborno' [...]."

dispunha que os ministros de Estado eram responsáveis por determinados atos.[380] Nesse sentido, percebe-se uma preocupação do legislador constituinte de 1824 acerca da necessidade de responsabilizar os ministros em caso de atos hoje considerados como corrupção ou improbidade administrativa, apesar de, na época, não se utilizarem tais termos.[381]

No referido dispositivo, quanto ao tema atinente à presente obra, previu-se a responsabilização em caso de a) peita, suborno ou concussão, b) abuso de poder, c) falta de observância da lei, d) ato contrário à liberdade, segurança ou propriedade dos cidadãos e e) dissipação dos bens públicos. E, para a efetivação desses mandamentos, dispunha-se que uma lei específica discriminaria a natureza desses ilícitos e a respectiva forma de processamento e punição.[382]

Colaciona-se, por oportuno, o afastamento expresso de excludente de responsabilidade preconizado pelo artigo 135 da Constituição de 1824: "Não salva aos Ministros da responsabilidade a ordem do Imperador vocal, ou por escripto." De acordo com este dispositivo, seria insuficiente para se excluir sua responsabilidade o fato de o ministro cumprir ordem, oral ou escrita, do imperador.

Também é importante trazer à baila a redação dos artigos 156 e 157 da referida Constituição, que tratavam dos atos ilícitos praticados por juízes e oficiais de Justiça.[383] Em tais dispositivos, era prevista a responsabilização desses dois agentes públicos em caso de a) abuso de poder, b) prevarica-

380 "Art. 133. Os Ministros de Estado serão responsaveis I. Por traição. II. Por peita, suborno, ou concussão. III. Por abuso do Poder. IV. Pela falta de observancia da Lei. V. Pelo que obrarem contra a Liberdade, segurança, ou propriedade dos Cidadãos. VI. Por qualquer dissipação dos bens publicos."

381 "Sob o regime imperial, a Constituição de 1824 já conhecia algumas regras para sanção da corrupção de agentes públicos, ainda que sem empregar a expressão 'corrupção'." (Almeida, Fernando Menezes de. Combate à corrupção pelo Direito brasileiro: perspectiva constitucional e nova tendência trazida pela Lei das Empresas Estatais. *In*: Cunha Filho, Alexandre Jorge Carneiro da (org.) *et al.* **48 visões sobre a corrupção**. São Paulo: Quartier Latin, 2016, p. 708.)

382 "Art. 134. Uma Lei particular especificará a natureza destes delictos, e a maneira de proceder contra elles."

383 "Art. 156. Todos os Juizes de Direito, e os Officiaes de Justiça são responsaveis pelos abusos de poder, e prevaricações, que commetterem no exercicio de seus Empregos; esta responsabilidade se fará effectiva por Lei regulamentar. Art. 157. Por suborno, peita, peculato, e concussão haverá contra elles acção popular, que poderá ser intentada dentro de anno, e dia pelo proprio queixoso, ou por qualquer do Povo, guardada a ordem do Processo estabelecida na Lei."

ção, c) suborno, d) peita, e) peculato e f) concussão. E, nos casos mencionados nos itens "c" a "f", era cabível ação popular a ser ajuizada dentro de ano e dia pelo ofendido ou por qualquer um do povo. Essa disposição é o embrião da atual e vigente Lei n. 4.717, de 29 de junho de 1965, que regula a ação popular.

Atinente à Constituição de 1824, citam-se, por fim, os seguintes dispositivos: o artigo 37, inciso I, que determinava à Câmara dos Deputados "O Exame da administração passada, e reforma dos abusos nella introduzidos", denotando a necessidade de o referido órgão analisar os atos da administração anterior e anular aqueles que configurassem "abusos"; e o artigo 75, que exigia prova de probidade dos integrantes do "Dos Conselhos Geraes de Provincia", preceituando como requisitos "A idade de vinte e cinco annos, probidade, e decente subsistencia são as qualidades necessarias para ser Membro destes Conselhos."

A primeira carta republicana brasileira foi a Constituição da República dos Estados Unidos do Brasil, de 24 de fevereiro de 1891. Quanto ao tema *sub examine*, ela previa expressamente em seu artigo 54, *caput*, os crimes de responsabilidade do presidente da República, consistentes em atos que atentassem contra: a existência política da União; a Constituição e a forma do governo federal; o livre exercício dos poderes políticos; o gozo e exercício legal dos direitos políticos ou individuais; a segurança interna do país; a probidade da administração; a guarda e emprego constitucional dos dinheiros públicos; e as leis orçamentárias votadas pelo Congresso.[384-385]

[384] "Art. 54 – São crimes de responsabilidade os atos do Presidente que atentarem contra: 1º) a existência política da União; 2º) a Constituição e a forma do Governo federal; 3º) o livre exercício dos Poderes políticos; 4º) o gozo, e exercício legal dos direitos políticos ou individuais; 5º) a segurança interna do Pais; 6º) a probidade da administração; 7º) a guarda e emprego constitucional dos dinheiros públicos; 8º) as leis orçamentárias votadas pelo Congresso."

[385] Registram-se, por oportuno, as considerações de Fernando Menezes de Almeida acerca da temática em voga (Combate à corrupção pelo Direito brasileiro: perspectiva constitucional e nova tendência trazida pela Lei das Empresas Estatais. *In*: CUNHA FILHO, Alexandre Jorge Carneiro da (org.) *et al.* **48 visões sobre a corrupção**. São Paulo: Quartier Latin, 2016, p. 708-709): "A República, por meio de sua primeira Constituição, de 1891, manteve a responsabilidade pessoal dos agentes públicos, inclusive ministros de Estado e magistrados (arts. 52, 57 e 82), e, como é da essência desse regime, acrescentou a responsabilidade do chefe de Estado, no caso, o presidente da república. Escreve-se este texto no momento em que o Brasil vive situação inédita, por suas dimensões, de apuração e punição de agentes públicos e agentes empresariais privados, envolvidos em corrupção, Constata-se como o mais evidente – e certamente não único foco do problema – a maior empresa estatal nacional, a Petrobras.

Nota-se, desse modo, que, ao contrário da carta anterior – que previa a total irresponsabilidade do chefe do Poder Executivo (artigo 99) –, a Constituição de 1891 tipificou como crimes de responsabilidade algumas condutas do presidente da República (1º a 8º do referido artigo 54). Dentre elas, possuem maior relevo para o presente livro aquelas consignadas nos itens 6º e 7º do citado dispositivo, relativas à "probidade da administração" e à "guarda e emprego constitucional dos dinheiros públicos", pois preconizavam a necessidade de a mais alta autoridade nacional agir com honestidade e retidão no trato da coisa pública.

Também se salientou, no mesmo artigo 54, que "Esses delitos serão definidos em lei especial (§ 1º), "Outra lei regulará a acusação, o processo e o julgamento" (§ 2º) e "Ambas essas leis serão feitas na primeira sessão do Primeiro Congresso" (§ 3º).

Em tal contexto, percebe-se que, ao menos no campo normativo, a República brasileira foi inaugurada com explícita preocupação com a probidade na gestão pública, o que deveria ser um norte para todo e qualquer agente investido de poderes estatais. E o fundamento para esse entendimento é simples: o Estado não mais pertencia a uma pessoa – no caso anterior, ao imperador –, mas, sim, ao povo.

Nesse sentido, consigna-se a redação do artigo 82 da Constituição de 1891,[386] que previa a responsabilidade dos funcionários públicos por abusos e omissões, bem como por indulgência ao não responsabilizarem subalternos autores de irregularidades. E, como garantia dessa disposição, exigia-se, no ato da posse, um compromisso formal do funcionário público para o fiel desempenho de seus deveres legais. Vale dizer, ele era admitido nos quadros da Administração Pública ciente formal e materialmente de seus deveres perante o Estado, entre eles, o de probidade.[387]

[...] Com efeito, o presidente da república, além de sujeitar-se à responsabilidade criminal e civil comuns, tornou-se passível de julgamento político, perante o Senado Federal, pelos chamados 'crimes de responsabilidade', cuja pena importava a perda do cargo (art. 53). E uma das hipóteses de tipificação do crime de responsabilidade era atentar contra a probidade da administração (art. 54, 60)."

[386] "Art. 82 – Os funcionários públicos são estritamente responsáveis pelos abusos e omissões em que incorrerem no exercício de seus cargos, assim como pela indulgência ou negligência em não responsabilizarem efetivamente os seus subalternos. Parágrafo único – O funcionário público obrigar-se-á por compromisso formal, no ato da posse, ao desempenho dos seus deveres legais."

[387] Tal exigência é mantida até hoje, segundo se exemplifica com o artigo 13, *caput*, da Lei n. 8.112, de 11 de dezembro de 1990 – Estatuto dos Servidores Públicos da União –, *in verbis*:

E, para o auxílio na fiscalização e a respectiva correição de atos de administração, criou-se o Tribunal de Contas – entidade mantida até os dias atuais –, conforme seu artigo 89.[388] Tal órgão público, naquela época, possuía o escopo de liquidar as contas da receita e despesa e verificar a sua legalidade, antes de serem prestadas ao Congresso. Também se consignava que os membros do Tribunal eram nomeados pelo presidente da República, com a aprovação do Senado, bem como apenas podiam perder seus cargos por meio de sentença judicial.[389]

Também com essa finalidade de coibir abusos praticados por agentes públicos, o artigo 72, § 9º, da Constituição de 1891 permitia a qualquer pessoa peticionar aos poderes públicos para "denunciar abusos das autoridades e promover a responsabilidade de culpados".[390] Tal garantia era concedida a brasileiros e estrangeiros residentes no país, assegurando-se

"A posse dar-se-á pela assinatura do respectivo termo, no qual deverão constar as atribuições, os deveres, as responsabilidades e os direitos inerentes ao cargo ocupado, que não poderão ser alterados unilateralmente, por qualquer das partes, ressalvados os atos de ofício previstos em lei."

[388] "Art. 89 – É instituído um Tribunal de Contas para liquidar as contas da receita e despesa e verificar a sua legalidade, antes de serem prestadas ao Congresso. Os membros deste Tribunal serão nomeados pelo Presidente da República com aprovação do Senado, e somente perderão os seus lugares por sentença."

[389] Tais garantias e características são previstas até hoje, *ex vi* das atuais disposições encartadas na Constituição Federal de 1988, como, por exemplo: "Art. 73. O Tribunal de Contas da União, integrado por nove Ministros, tem sede no Distrito Federal, quadro próprio de pessoal e jurisdição em todo o território nacional, exercendo, no que couber, as atribuições previstas no art. 96. § 1º Os Ministros do Tribunal de Contas da União serão nomeados dentre brasileiros que satisfaçam os seguintes requisitos: I – mais de trinta e cinco e menos de sessenta e cinco anos de idade; II – idoneidade moral e reputação ilibada; III – notórios conhecimentos jurídicos, contábeis, econômicos e financeiros ou de administração pública; IV – mais de dez anos de exercício de função ou de efetiva atividade profissional que exija os conhecimentos mencionados no inciso anterior. § 2º Os Ministros do Tribunal de Contas da União serão escolhidos: I – um terço pelo Presidente da República, com aprovação do Senado Federal, sendo dois alternadamente dentre auditores e membros do Ministério Público junto ao Tribunal, indicados em lista tríplice pelo Tribunal, segundo os critérios de antigüidade e merecimento; II – dois terços pelo Congresso Nacional. § 3º Os Ministros do Tribunal de Contas da União terão as mesmas garantias, prerrogativas, impedimentos, vencimentos e vantagens dos Ministros do Superior Tribunal de Justiça, aplicando-se-lhes, quanto à aposentadoria e pensão, as normas constantes do art. 40. § 4º O auditor, quando em substituição a Ministro, terá as mesmas garantias e impedimentos do titular e, quando no exercício das demais atribuições da judicatura, as de juiz de Tribunal Regional Federal."

[390] "Art. 72 – A Constituição assegura a brasileiros e a estrangeiros residentes no País a inviolabilidade dos direitos concernentes à liberdade, à segurança individual e à propriedade, nos termos seguintes: [...] § 9º – É permitido a quem quer que seja representar, mediante

a inviolabilidade dos direitos concernentes à liberdade, à segurança individual e à propriedade.

A primeira carta do século XX foi a Constituição da República dos Estados Unidos do Brasil, de 16 de julho de 1934.[391] Assim como o diploma anterior, mantiveram-se como crimes de responsabilidade, no artigo 57, alíneas "f" e "g", os atos do presidente da República que atentassem respectivamente contra a "probidade da administração" e a "guarda ou emprego legal dos dinheiros públicos".[392] E, ao contrário da Constituição anterior, regulamentou-se detalhadamente em seu artigo 58 a forma de processamento para a punição dos referidos crimes.[393]

petição, aos Poderes Públicos, denunciar abusos das autoridades e promover a responsabilidade de culpados. [...]."

[391] Fernando Menezes de Almeida, quanto à cronologia em apreço, ensina o seguinte (Combate à corrupção pelo Direito brasileiro: perspectiva constitucional e nova tendência trazida pela Lei das Empresas Estatais. *In*: CUNHA FILHO, Alexandre Jorge Carneiro da (org.) *et al.* **48 visões sobre a corrupção.** São Paulo: Quartier Latin, 2016, p. 709): "As subsequentes Constituições republicanas, em linhas gerais, não alteraram essa lógica de responsabilização civil e penal dos agentes públicos em geral por atos que se podem genericamente dizer de corrupção (além de outros delitos contra a administração pública), além da responsabilidade de natureza política por 'crime de responsabilidade' para certas autoridades, incluído como motivo desta última o atentado contra a probidade da administração. Verifiquem-se, nesse sentido, o disposto nos seguintes artigos das Constituições: de 1934 (arts. 57, 'f'; 75; 76, 'b' e 'c'; 171; e 175, § 13); 1937 (arts. 85, 89, § 20; 100; 101, 1, 'b'; e 158); 1946 (arts. 89, V; 92; 100; 101, 1, 'c'; 124, IX); e 1964 (arts. 82, V; 83; 119, 1, 122, 1, 144, § 30). E, em decorrência do regime constitucional, verifique-se ainda o tratamento infraconstitucionalmente dado à matéria, de modo dirigido aos funcionários públicos em geral, no Código Penal de 1890 (o qual trata do crime de 'peita ou suborno' – arts. 214 a 218) e, atualmente, no Código Penal de 1940 (este já trazendo o crime de 'corrupção passiva' – praticado por funcionário público, conforme o art. 317 – e o crime de 'corrupção ativa' – praticado por quem corrompe o funcionário, nos termos do art. 333, e que, desde 2002, admite a variação de corrupção praticada tendo por alvo funcionário público estrangeiro em transação comercial internacional, tipificado no art. 337-B). Enfim, dessa vista panorâmica dos regimes constitucionais anteriores do Brasil, pode-se concluir que o tema 'a corrupção de agentes públicos', tendo como questão de fundo uma preocupação com a garantia da ética no exercício da função pública, sempre existiu."

[392] "Art. 57 – São crimes de responsabilidade os atos do Presidente da República, definidos em lei, que atentarem contra: a) a existência da União; b) a Constituição e a forma de Governo federal; c) o livre exercício dos Poderes políticos; d) o gozo ou exercício legal dos direitos políticos, sociais ou individuais; e) a segurança interna do País; f) a probidade da administração; g) a guarda ou emprego legal dos dinheiros públicos; h) as leis orçamentárias; i) o cumprimento das decisões judiciárias."

[393] "Art. 58 – O Presidente da República será processado e julgado nos crimes comuns, pela Corte Suprema, e nos de responsabilidade, por um Tribunal Especial, que terá como

Em seu artigo 91, inciso III, era previsto como competência do Senado Federal "propor ao Poder Executivo, mediante reclamação fundamentada dos interessados, a revogação de atos das autoridades administrativas, quando praticados contra a lei ou eivados de abuso de poder". O artigo 113, item 10, salientava ser "permitido a quem quer que seja representar, mediante petição, aos Poderes Públicos, denunciar abusos das autoridades e promover-lhes a responsabilidade", nos moldes da Constituição anterior, conforme salientado acima. De outra banda, o artigo 170, item 9º, rezava o seguinte: "o funcionário que se valer da sua autoridade em favor de Partido Político, ou exercer pressão partidária sobre os seus subordinados, será punido com a perda do cargo, quando provado o abuso, em processo judiciário".

E o artigo 171 da Constituição de 1934 tratava especificamente da responsabilidade civil dos funcionários públicos causadores de danos em razão de dolo ou culpa.[394] Com efeito, os funcionários públicos eram res-

presidente o da referida Corte e se comporá de nove Juízes, sendo três Ministros da Corte Suprema, três membros do Senado Federal e três membros da Câmara dos Deputados. O Presidente terá apenas voto de qualidade. § 1º – Far-se-á a escolha dos Juízes do Tribunal Especial por sorteio, dentro de cinco dias úteis, depois de decretada a acusação, nos termos do § 4º, ou no caso do § 5º deste artigo. § 2º – A denúncia será oferecida ao Presidente da Corte Suprema, que convocará logo a Junta Especial de Investigação, composta de um Ministro da referida Corte, de um membro do Senado Federal e de um representante da Câmara dos Deputados, eleitos anualmente pelas respectivas corporações. § 3º – A Junta procederá, a seu critério, à investigação dos fatos argüidos, e, ouvido o Presidente, enviara à Câmara dos Deputados um relatório com os documentos respectivos. § 4º – Submetido o relatório da Junta Especial, com os documentos, à Câmara dos Deputados, esta, dentro de 30 dias, depois de emitido parecer pela Comissão competente, decretará, ou não, a acusação e, no caso afirmativo, ordenará a remessa de todas as peças ao Presidente do Tribunal Especial, para o devido processo e julgamento. § 5º – Não se pronunciando a Câmara dos Deputados sobre a acusação no prazo fixado no § 4º, o Presidente da Junta de Investigação remeterá cópia do relatório e documentos ao Presidente da Corte Suprema, para que promova a formação do Tribunal Especial, e este decrete, ou não, a acusação, e, no caso afirmativo, processe e julgue a denúncia. § 6º – Decretada a acusação, o Presidente da República ficará, desde logo, afastado do exercício do cargo. § 7º – O Tribunal Especial poderá aplicar somente a pena de perda de cargo, com inabilitação até o máximo de cinco anos para o exercício de qualquer função pública, sem prejuízo das ações civis e criminais cabíveis na espécie."

[394] "Art. 171 – Os funcionários públicos são responsáveis solidariamente com a Fazenda nacional, estadual ou municipal, por quaisquer prejuízos decorrentes de negligência, omissão ou abuso no exercício dos seus cargos. § 1º – Na ação proposta contra a Fazenda pública, e fundada em lesão praticada por funcionário, este será sempre citado como litisconsorte. § 2º – Executada a sentença contra a Fazenda, esta promoverá execução contra o funcionário culpado."

ponsáveis, de forma solidária com a respectiva Fazenda – nacional, estadual ou municipal –, por quaisquer prejuízos decorrentes de negligência, omissão ou abuso no exercício dos seus cargos. Na ação ajuizada contra a Fazenda em razão de dano praticado por funcionário público, este era sempre citado como litisconsorte, e, uma vez executada a sentença contra a Fazenda, tal ente devia promover execução contra o servidor culpado.

Por fim, conforme já consignado anteriormente, o artigo 175, § 13, da Carta de 1934, dispunha acerca da responsabilização de todas as autoridades, inclusive do chefe de Estado: "O Presidente da República e demais autoridades serão responsabilizados, civil ou criminalmente, pelos abusos que cometerem."

Três anos após a promulgação da Constituição de 1934, outorgou-se um novo diploma constitucional, mais precisamente em 10 de novembro de 1937. A novel carta não avançou quanto às disposições constantes nos diplomas anteriores. Conservou, em seu artigo 85, a existência e punição de crimes de responsabilidade praticados pelo presidente da República.[395] E, na alínea "d" do citado dispositivo, tratou da "probidade administrativa" e da "guarda e emprego dos dinheiros públicos". O artigo 86 trouxe um pequeno retrocesso quanto à normativa anterior, pois desregulamentou a forma de processamento do presidente da República, relegando sua pormenorização a uma lei infraconstitucional.[396]

No mais, a Constituição de 1937 reproduziu algumas das disposições da carta anterior, como, por exemplo, a responsabilidade solidária do funcionário público com o Estado em caso de negligência, omissão ou abuso praticados no exercício do cargo (artigo 158).[397] Todavia, é necessário con-

[395] "Art. 85 – São crimes de responsabilidade os atos do Presidente da República definidos em lei, que atentarem contra: a) a existência da União; b) a Constituição; c) o livre exercício dos Poderes políticos; d) a probidade administrativa e a guarda e emprego dos dinheiros público; e) a execução das decisões judiciárias."

[396] "Art. 86 – O Presidente da República será submetido a processo e julgamento perante o Conselho Federal, depois de declarada por dois terços de votos da Câmara dos Deputados a procedência da acusação. § 1º – O Conselho Federal só poderá aplicar a pena de perda de cargo, com inabilitação até o máximo de cinco anos para o exercício de qualquer função pública, sem prejuízo das ações cíveis e criminais cabíveis na espécie. § 2º – Uma lei especial definirá os crimes de responsabilidade do Presidente da República e regulará a acusação, o processo e o julgamento."

[397] "Art. 158 – Os funcionários públicos são responsáveis solidariamente com a Fazenda nacional, estadual ou municipal por quaisquer prejuízos decorrentes de negligência, omissão ou abuso no exercício dos seus cargos."

signar que importantes disposições constantes na carta anterior foram suprimidas, em razão do estado de exceção então vivenciado, conforme se exemplifica com a seguinte norma que simplesmente dissolveu os Poderes Legislativos federal, estaduais e municipais: "Art. 178 – São dissolvidos nesta data a Câmara dos Deputados, o Senado Federal, as Assembléias Legislativas dos Estados e as Câmaras Municipais. [...]."[398]

Nesse contexto, é possível concluir que a Constituição de 1937 retrocedeu no combate a abusos cometidos por agentes públicos, incluída a corrupção, uma vez que não reproduziu importantes disposições constantes nas cartas anteriores. Cita-se, *verbi gratia*, a supressão de relevante dispositivo que concedia a qualquer um do povo o poder para denunciar abusos porventura cometidos por funcionários públicos – artigo 72, § 9º, da Constituição de 1891[399] e artigo 113, item 10, da Constituição de 1934,[400] conforme registrado acima.

A retomada democrática do país realizada com a Constituição de 1946 buscou reaproximar o ordenamento jurídico ao espírito republicano, o qual preconiza que o Estado pertence a todos.[401] Nesse sentido, resgataram-se disposições constitucionais anteriores, como, por exemplo, aquela contida no § 37 de seu artigo 141: "É assegurado a quem quer que seja o direito de representar, mediante petição dirigida aos Poderes Públicos, contra abusos de autoridades, e promover a responsabilidade delas".

De outro vértice, a referida carta manteve a tipificação de crimes de responsabilidade praticados pelo presidente da República, protegendo nos incisos V e VII de seu artigo 89, *caput*, "a probidade administrativa" e a "a guarda e o legal emprego dos dinheiros públicos". E o parágrafo único

[398] E a parte final desse dispositivo aduzia que "As eleições ao Parlamento nacional serão marcadas pelo Presidente da República, depois de realizado o plebiscito a que se refere o art. 187." O referido plebiscito referia-se à apreciação da Carta Magna: "Art. 187 – Esta Constituição entrará em vigor na sua data e será submetida ao plebiscito nacional na forma regulada em decreto do Presidente da República."

[399] "Art. 72 [...] § 9º – É permitido a quem quer que seja representar, mediante petição, aos Poderes Públicos, denunciar abusos das autoridades e promover a responsabilidade de culpados. [...]."

[400] "Art. 113 [...] 10) É permitido a quem quer que seja representar, mediante petição, aos Poderes Públicos, denunciar abusos das autoridades e promover-lhes a responsabilidade. [...]."

[401] O artigo 1º, *caput*, parte final, dispunha expressamente que: "Todo poder emana do povo e em seu nome será exercido."

do citado artigo dispunha que os referidos crimes "serão definidos em lei especial, que estabelecerá as normas de processo e julgamento".[402]

Além disso, a Constituição de 1946 introduziu um importante marco no combate à corrupção, nos termos do seu artigo 141, § 31, *in fine*: "A lei disporá sobre o seqüestro e o perdimento de bens, no caso de enriquecimento ilícito, por influência ou com abuso de cargo ou função pública, ou de emprego em entidade autárquica". Trata-se da primeira disposição de índole constitucional no Brasil que tratou especificamente do enriquecimento ilícito perpetrado por agente público que abusa de seu cargo, sua função ou seu emprego – figura atinente à corrupção. Tal dispositivo determinava o sequestro e o perdimento de bens do agente ímprobo, demonstrando uma incipiente intolerância em relação à corrupção praticada na seara pública.

Conforme lembram Emerson Garcia e Rogério Pacheco Alves,[403] Pontes de Miranda descreveu essa norma como uma "arma excelente contra o maior rival dos países sem longa educação da responsabilidade administrativa". De acordo com o professor alagoano, a honestidade dos homens públicos foi interrompida no fim do século XIX, pois, segundo ele, a ascensão daqueles que não produzem acirrou o apetite dos desonestos e dos aventureiros. Ademais, finaliza o jurista concluindo que a ausência de norma determinando o arrolamento anual de bens por parte dos servidores públicos e de seus familiares, entre outras medidas correlatas, dificulta a retomada de uma tradição proba.[404]

No período de regime militar, a Constituição da República Federativa do Brasil de 1967 manteve, acerca do tema *sub examine*, as disposições de seus diplomas anteriores. Permaneceram sendo punidos os crimes de

[402] "Art. 89 – São crimes de responsabilidade os atos do Presidente da República que atentarem contra a Constituição federal e, especialmente, contra: I – a existência da União; II – o livre exercício do Poder Legislativo, do Poder Judiciário e dos Poderes constitucionais dos Estados; III – o exercício dos direitos políticos, individuais e sociais; IV – a segurança interna do País; V – a probidade na administração; VI – a lei orçamentária; VII – a guarda e o legal emprego dos dinheiros públicos; VIII – o cumprimento das decisões judiciárias. Parágrafo único – Esses crimes serão definidos em lei especial, que estabelecerá as normas de processo e julgamento"

[403] GARCIA, Emerson; ALVES, Rogério Pacheco. **Improbidade administrativa**. 9. ed. São Paulo: Saraiva, 2017, p. 274.

[404] MIRANDA, Francisco Cavalcanti Pontes de. **Comentários à Constituição de 1946**. Rio de Janeiro: Henrique Cahen Editor, v. 3, 1947, p. 307.

reponsabilidade praticados pelo presidente da República, inclusive aqueles que atentam conta a probidade na Administração Pública (artigo 84, *caput*, inciso V).[405]

Introduziu-se importante determinação atinente ao Direito Eleitoral, consistente no artigo 148, inciso II, que permitia à lei complementar estabelecer outros casos de inelegibilidade, objetivando inclusive preservar a probidade administrativa.[406] Assim, os agentes públicos que porventura desrespeitassem a probidade administrativa poderiam ser declarados inelegíveis. Outra importante novidade para a época foi a disposição encartada na segunda parte do § 11 do artigo 150, que determinava a disposição por meio de lei acerca do perdimento de bens por danos causados ao erário ou no caso de enriquecimento ilícito no exercício de função pública.[407]

Tal norma, ao tratar dos direitos e das garantias individuais, vedava a pena de confisco. Todavia, permitia expressamente o perdimento de bens quando o agente público, em razão de sua função, enriquecia-se ilicitamente ou causava danos ao erário. Trata-se de importante norma constitucional embrionária para o tema tratado na presente obra, pois conjuga, de um lado, tanto a necessidade de reparação dos danos – responsabilidade civil – quanto, de outro, a configuração de ilícito praticado por agente público corrupto ou ímprobo.[408]

[405] "Art. 84 – São crimes de responsabilidade os atos do Presidente que atentarem contra a Constituição federal e, especialmente: I – a existência da União; II – o livre exercício do Poder Legislativo, do Poder Judiciário e dos Poderes constitucionais dos Estados; III – o exercício dos direitos políticos, individuais e sociais; IV – a segurança interna do País; V – a probidade na administração; VI – a lei orçamentária; VII – o cumprimento das decisões judiciárias e das leis. Parágrafo único – Esses crimes serão definidos em lei especial, que estabelecerá as normas de processo e julgamento."

[406] "Art. 148 – A lei complementar poderá estabelecer outros casos de inelegibilidade visando à preservação: I – do regime democrático; II – da probidade administrativa; III – da normalidade e legitimidade das eleições, contra o abuso do poder econômico e do exercício dos cargos ou funções públicas."

[407] "Art. 150 [...] § 11 – Não haverá pena de morte, de prisão perpétua, de banimento, nem de confisco. Quanto à pena de morte, fica ressalvada a legislação militar aplicável em caso de guerra externa. A lei disporá sobre o perdimento de bens por danos causados ao erário ou no caso de enriquecimento ilícito no exercício de função pública."

[408] A referida conjunção de normas de distintas áreas do direito é fundamental para a completa prevenção e reparação dos danos causados por corrupção e improbidade administrativa, conforme se explicitará no Capítulo 4.

A Constituição de 1967, reforçando a figura do Tribunal de Contas,[409] determinou que a referida corte representará ao Poder Executivo e ao Congresso Nacional quando verificar irregularidades e abusos apurados no exercício de suas atribuições de controle da administração financeira e orçamentária.[410]

O artigo 150, § 30, garantiu a qualquer pessoa o direito de representação e de petição aos Poderes Públicos, para a defesa de direitos ou contra abusos de autoridade. Convém consignar, contudo, as reconhecidas ocorrências de ilícitos praticados pelos então detentores do poder, notadamente a tortura, cujos processamento e punição, infelizmente, somente ocorreram após a redemocratização do país.[411] Em complemento à referida disposição, o artigo 151 ordenava a suspensão dos direitos políticos daqueles que desrespeitassem direitos individuais, atentando contra a ordem democrática ou praticando corrupção.[412]

[409] "Art. 71 – A fiscalização financeira e orçamentária da União será exercida pelo Congresso Nacional através de controle externo, e dos sistemas de controle interno do Poder Executivo, instituídos por lei. § 1º – O controle externo do Congresso Nacional será exercido com o auxílio do Tribunal de Contas e compreenderá a apreciação das contas do Presidente da República, o desempenho das funções de auditoria financeira e orçamentária, e o julgamento das contas dos administradores e demais responsáveis por bens e valores públicos. § 2º – O Tribunal de Contas dará parecer prévio, em sessenta dias, sobre as contas que o Presidente da República prestar anualmente. Não sendo estas enviadas dentro do prazo, o fato será comunicado ao Congresso Nacional, para os fins de direito, devendo o Tribunal, em qualquer caso, apresentar minucioso relatório do exercício financeiro encerrado. § 3º – A auditoria financeira e orçamentária será exercida sobre as contas das unidades administrativas dos três Poderes da União, que, para esse fim, deverão remeter demonstrações contábeis ao Tribunal de Contas, a quem caberá realizar as inspeções que considerar necessárias. § 4º – O julgamento da regularidade das contas dos administradores e demais responsáveis será baseado em levantamentos contábeis, certificados de auditoria e pronunciamentos das autoridades administrativas, sem prejuízo das inspeções referidas no parágrafo anterior. § 5º – As normas de fiscalização financeira e orçamentária estabelecidas nesta seção aplicam-se às autarquias."

[410] "Art. 73 [...] § 4º – No exercício de suas atribuições de controle da administração financeira e orçamentária, o Tribunal representará ao Poder Executivo e ao Congresso Nacional sobre irregularidades e abusos por ele verificados."

[411] Cf. SARTI, Cynthia. Enunciações da tortura: memórias da ditadura brasileira. **Revista Antropológica**, São Paulo, v. 62, n. 3, p. 505-529, 2019.

[412] "Art. 151 – Aquele que abusar dos direitos individuais previstos nos §§ 8º, 23, 27 e 28 do artigo anterior e dos direitos políticos, para atentar contra a ordem democrática ou praticar a corrupção, incorrerá na suspensão destes últimos direitos pelo prazo de dois a dez anos, declarada pelo Supremo Tribunal Federal, mediante representação do Procurador-Geral da República, sem prejuízo da ação civil ou penal cabível, assegurada ao paciente a mais ampla,

Porém, analisando os dispositivos mencionados por tal norma – artigo 150, §§ 8º, 23, 27 e 28[413] –, é importante assinalar que, na realidade, esses mandamentos prestavam-se para perseguir pessoas contrárias aos então governantes, pouco servindo para um efetivo combate à corrupção.[414]

A Emenda Constitucional n. 1, de 17 de outubro de 1969, que é tratada pela doutrina e jurisprudência como a Constituição de 1969, foi outorgada ainda durante o regime militar pelos ministros da Marinha de Guerra, do Exército e da Aeronáutica Militar, "usando das atribuições que lhes confere o artigo 3º do Ato Institucional nº 16, de 14 de outubro de 1969, combinado com o § 1º do artigo 2º do Ato Institucional nº 5, de 13 de dezembro de 1968". Cotejando com o diploma de dois anos atrás, não houve significativas alterações em relação aos temas em apreço. Apenas se reforçou a repressão a atos de corrupção, com a ressalva realizada acima acerca de eventuais perseguições, conforme a possibilidade de intervenção federal ou estadual (artigos 10, inciso III, e 15, § 3º, alínea "e").[415]

E, por fim, promulgou-se no dia 05 de outubro 1988 a atual e vigente Constituição Federal, inaugurando uma nova fase de redemocratização do Brasil, na qual, segundo Paulo Henrique dos Santos Lucon, o combate

defesa. Parágrafo único – Quando se tratar de titular de mandato eletivo federal, o processo dependerá de licença da respectiva Câmara, nos termos do art. 34, § 3º."

413 "Art. 150 [...] § 8º – É livre a manifestação de pensamento, de convicção política ou filosófica e a prestação de informação sem sujeição à censura, salvo quanto a espetáculos de diversões públicas, respondendo cada um, nos termos da lei, pelos abusos que cometer. É assegurado o direito de resposta. A publicação de livros, jornais e periódicos independe de licença da autoridade. Não será, porém, tolerada a propaganda de guerra, de subversão da ordem ou de preconceitos de raça ou de classe. [...] § 23 – É livre o exercício de qualquer trabalho, ofício ou profissão, observadas as condições de capacidade que a lei estabelecer. [...] § 27 – Todos podem reunir-se sem armas, não intervindo a autoridade senão para manter a ordem. A lei poderá determinar os casos em que será necessária a comunicação prévia à autoridade, bem como a designação, por esta, do local da reunião. § 28 – É garantida a liberdade de associação. Nenhuma associação poderá ser dissolvida, senão em virtude de decisão judicial."

414 Cf. GALLO, Carlos Artur. Memória, verdade, justiça e direitos humanos: um estudo sobre as relações entre o direito e a memória da ditadura civil-militar no Brasil. **Revista Plural**, São Paulo, v. 21.1, p. 31-48, 2014.

415 "Art. 10. A União não intervirá nos Estados, salvo para: [...] III – pôr têrmo a perturbação da ordem ou ameaça de sua irrupção ou a corrupção no poder público estadual; [...]. Art. 15 [...] § 3º A intervenção nos municípios será regulada na Constituição do Estado, somente podendo ocorrer quando: [...] e) forem praticados, na administração municipal, atos subversivos ou de corrupção; [...]."

à corrupção ganhou especial ênfase.[416] As palavras "probidade" e "improbidade" foram mencionadas em sete passagens do atual texto constitucional. A mais importantes das disposições quanto ao tema em apreço é, sem dúvida, aquela encartada no artigo 37, § 4º, que assim reza: "Os atos de improbidade administrativa importarão a suspensão dos direitos políticos, a perda da função pública, a indisponibilidade dos bens e o ressarcimento ao erário, na forma e gradação previstas em lei, sem prejuízo da ação penal cabível."

Essa norma, ao contrário do que propuseram as constituições anteriores, não restringiu a improbidade administrativa ao enriquecimento ilícito ou ao dano ao erário. Com efeito, deixou em aberto o respectivo conceito, relegando ao legislador ordinário a tarefa de definir e conceituar as espécies de improbidade administrativa. De antemão, determinou que a prática de tais atos implica a suspensão dos direitos políticos, a perda da função pública, a indisponibilidade dos bens e o ressarcimento ao erário.

Percebe-se, em tal contexto, que o citado dispositivo é a gênese normativa de todo o arcabouço jurídico que regulamenta a figura da improbidade administrativa, conforme se detalhará no item 5 abaixo. E, justamente por esse papel principiológico, foi fundamental não restringir o respectivo conceito, pois, caso contrário, se diminuiria a eficácia da lei editada para o seu cumprimento – no caso, a Lei n. 8.429, de 2 de junho de 1992 –, enfraquecendo, por consequência, o combate à corrupção.[417]

[416] LUCON, Paulo Henrique dos Santos. Improbidade administrativa no microssistema anticorrupção e viabilização dos acordos de leniência. *In*: BECHARA, Fábio Ramazzini (coord.) *et al.* **Corrupção**. São Paulo: Almedina, 2020, p. 197-198.

[417] Atinente a esse ponto específico, convém registrar as percucientes análises de Fernando Menezes de Almeida (Combate à corrupção pelo Direito brasileiro: perspectiva constitucional e nova tendência trazida pela Lei das Empresas Estatais. *In*: CUNHA FILHO, Alexandre Jorge Carneiro da (org.) *et al.* **48 visões sobre a corrupção**. São Paulo: Quartier Latin, 2016, p. 710-712): "Mas a diferença importante está em pelo menos dois aspectos: i) uma diretriz principiológica mais expressa; ii) a criação de novos instrumentos de controle. A Constituição de 1988 reproduz, com ligeiras adaptações, o tratamento já consolidado no direito constitucional brasileiro em matéria de responsabilidade de agentes públicos em casos de corrupção e de outros desvios em relação à boa administração, incluindo o 'crime de responsabilidade' de certas autoridades (arts. 85; 86; 96, 111; 102, 1, 105, 1, 'a'; e 108, 1). Acresça-se ainda ao regime vigente hoje no Brasil a Convenção Interamericana Contra a Corrupção, adotada no âmbito da Organização dos Estados Americanos (OEA), subscrita pelo Brasil em 1996 e internalizada (como norma infraconstitucional) em 2002. No entanto, dê-se ênfase aos dois aspectos do regime constitucional vigente, que marcam sua principal diferença em

relação à prática dos regimes anteriores. Em primeiro lugar, (i) uma diretriz principiológica mais expressa, no tocante ao tratamento da ética no exercício da função pública. Com efeito, a Constituição de 1988, elaborada, nesse aspecto, sob a influência de certos modos de pensamento constitucional de origem alemã, fortes também em Portugal e na Espanha, vale-se mais amplamente do recurso à figura normativa dos princípios, com formulação textual mais aberta e mais permeável à penetração de valores éticos (metajurídicos). Fala-se correntemente no Brasil, sob o influxo da ordem constitucional vigente, em uma 'expansão axiológica do direito' (LAFER, 2005, p. 13), em uma 'Constituição catalisadora da evolução de práticas administrativas em prol dos direitos fundamentais' (MEDAUAR, 2008, p. 107), em 'efeito expansivo das normas constitucionais' (BARROSO, 2008, p. 32). No que se refere ao objeto do presente artigo, duas menções a princípios merecem destaque: a indicação do princípio da moralidade como um dos cinco princípios gerais a que se submete a administração pública (art. 37, 'caput'); e, como desdobramento específico da moralidade administrativa, a menção à probidade administrativa (art. 37, § 40). [...] Em segundo lugar, (ii) a Constituição de 1988 criou novos instrumentos de controle da administração pública e também ampliou o alcance de instrumento existentes. Chama-se atenção especialmente para três deles: a expansão da atuação do Ministério Público; o reforço da ação civil pública, por meio da ação visando à sanção da improbidade administrativa; e o alargamento do objeto da ação popular, O Ministério Público não é criação da Constituição de 1988, mas teve seu papel ampliado por ela (arts. 127 a 130). Como observa Manoel Gonçalves Ferreira Filho (2015, p, 34), 'foi intendo constituinte fazer o Ministério Público representar a lei antes de servir aos governantes'; daí ter-lhe atribuído 'um estatuto praticamente idêntico ao do Judiciário', com garantias de vitaliciedade, inamovibilidade e irredutibilidade de vencimentos, além de entrada na carreira exclusivamente por meio de concurso público. E prossegue o citado autor para melhor precisar que, mais do que simplesmente zelar pelo controle da legalidade, a Constituição de 1988 estendeu ao Ministério Público o papel de defensor da legitimidade, cabendo-lhe fiscalizar o cumprimento de princípios ligados ao 'próprio cerne de justiça', dentre eles, o da moralidade. Como consequência, foi elevada ao nível constitucional a previsão do principal instrumento de atuação do Ministério Público: a ação civil pública. Por meio da ação civil pública, além de defender o património público, o Ministério Público tutela a moralidade administrativa, o meio ambiente, a ordem económica, a ordem urbanística e outros interesses ou direitos difusos ou coletivos. No entanto, ao lado da ação civil pública, a Constituição de 1988 manteve a chamada 'ação popular' (art. 50, LXXIII) — existente desde 1965 que pode ser ajuizada por qualquer cidadão, visando à anulação de atos administrativos lesivos ao património público. Ocorre que a Constituição atuai ainda alargou tarefas e deveres (em seu agir), atrita os denominados 'tipos' legais. A probidade, desse modo, seria o aspecto 'pessoal-funcional' da moralidade administrativa. E Wallace Paiva Martins Júnior (2002, p, 99), a seu turno, afirma: o princípio da moralidade administrativa prega a observância de regras éticas na atividade administrativa, informada por valores como boa-fé, diretivas de boa administração, honestidade, lealdade, interesse público e imparcialidade etc., que devem estar presentes na conduta do agente público e no ato praticado (objeto, motivo e finalidade), contido no princípio da moralidade administrativa está o da probidade. Ou, nas palavras de José Roberto Pimenta Oliveira (2009, p, 172), destacando o elemento subjetivo do conceito: 'Probidade é demonstração de integridade de caráter ou retidão, falar de probidade de determinado

A Constituição de 1988 manteve diversas disposições que já constavam nas cartas anteriores. Citam-se como exemplos: o artigo 14, § 9º, que determina o estabelecimento de inelegibilidades por meio de lei complementar, visando a proteger a moralidade e a probidade administrativas no exercício de mandato eletivo;[418] o artigo 15, inciso V, que, apesar de vedar a cassação de direitos políticos, permite a respectiva perda ou suspensão em caso de improbidade administrativa;[419] e o artigo 85, *caput*, que define os crimes de responsabilidade praticados pelo presidente da República, registrando, em especial, aquele que atenta contra a probidade na Administração Pública (inciso V).[420]

E a atual Carta Magna também introduziu novas normas, conforme se exemplificam os seguinte artigos do Ato das Disposições Constitucio-

agente público é reportar-se sua integridade de caráter e retidão, o que conduz a avaliar sua honestidade no exercício da função publica'. [...] O cabimento da ação popular, a qual agora também se presta à anulação de atos administrativos lesivos à moralidade administrativa, ao meio ambiente e ao patrimônio histórico e cultural. Ainda quanto à ação civil pública, ela, de um modo indireto, ganhou outro importante impulso com a Constituição de 1988. Com efeito, a Constituição previu no art. 37, § 40: 'Os atos de improbidade administrativa importarão a suspensão dos direitos políticos, a perda da função pública, a indisponibilidade dos bens e o ressarcimento ao erário, na forma e gradação previstas em lei, sem prejuízo da ação penal cabível'. A implementação dessa regra deu-se por meio da Lei n. 8.429/92, que tipificou atos de improbidade administrativa e previu ação judicial para sua apuração e punição, de competência do Ministério Público (e das pessoas jurídicas integrantes da administração pública). Na prática, a ação de improbidade administrativa, dadas a severidade de suas sanções e a desenvoltura com que o Ministério Público a tem manejado, tornou-se o principal instrumento de combate à corrupção política atualmente no Brasil."

418 "Art. 14 [...] § 9º Lei complementar estabelecerá outros casos de inelegibilidade e os prazos de sua cessação, a fim de proteger a probidade administrativa, a moralidade para exercício de mandato considerada vida pregressa do candidato, e a normalidade e legitimidade das eleições contra a influência do poder econômico ou o abuso do exercício de função, cargo ou emprego na administração direta ou indireta. § 10 – O mandato eletivo poderá ser impugnado ante a Justiça Eleitoral no prazo de quinze dias contados da diplomação, instruída a ação com provas de abuso do poder econômico, corrupção ou fraude. [...]."

419 "Art. 15. É vedada a cassação de direitos políticos, cuja perda ou suspensão só se dará nos casos de: [...] V – improbidade administrativa, nos termos do art. 37, § 4º. [...]."

420 "Art. 85. São crimes de responsabilidade os atos do Presidente da República que atentem contra a Constituição Federal e, especialmente, contra: I – a existência da União; II – o livre exercício do Poder Legislativo, do Poder Judiciário, do Ministério Público e dos Poderes constitucionais das unidades da Federação; III – o exercício dos direitos políticos, individuais e sociais; IV – a segurança interna do País; V – a probidade na administração; VI – a lei orçamentária; VII – o cumprimento das leis e das decisões judiciais. Parágrafo único. Esses crimes serão definidos em lei especial, que estabelecerá as normas de processo e julgamento."

nais Transitórias (ADCT): artigos 97, § 10, e 104, que imputam ao chefe do Poder Executivo a responsabilidade fiscal e por ato de improbidade administrativa quando não libera determinados recursos dentro do prazo estipulado;[421] e artigo 101, § 3º, que responsabiliza o dirigente de instituição financeira por improbidade administrativa quando libera certos recursos adicionais para a conta especial administrada pelo Tribunal de Justiça local.[422]

As normas jurídicas colacionadas demonstram a preocupação do constituinte de 1988 com o combate à corrupção e à improbidade administrativa. Pode-se concluir, em apertada síntese, que, justamente por esse motivo, se alargou o campo da improbidade administrativa, englobando a corrupção. Nesse sentido, conferiu-se poder ao legislador ordinário para a respectiva conceituação, o qual, podendo utilizar-se de contornos amplos, editou a Lei n. 8.429/1992, tratada no item 5 deste capítulo.

3.2. Âmbito infraconstitucional

A Lei de 16 de dezembro de 1830 implementou o Código Criminal no Brasil e possuía dois tipos penais atinentes à matéria *sub examine*, ambos constantes no Capítulo I ("Prevaricações, Abusos, e Omissões dos Empregados Publicos") do Título V ("Dos Crimes contra a boa Ordem, e Administração Publica") do referido *codex* oitocentista.

O primeiro, previsto nos artigos 130 a 132, referia-se ao delito de "peita", consistente no recebimento de dinheiro ou promessa para praticar ou deixar de praticar ato de ofício contra a lei. As penas eram de prisão de três a nove meses, perda do emprego, com inabilitação para qualquer outro, e multa no

[421] "Art. 97 [...] § 10. No caso de não liberação tempestiva dos recursos de que tratam o inciso II do § 1º e os §§ 2º e 6º deste artigo: [...] III – o chefe do Poder Executivo responderá na forma da legislação de responsabilidade fiscal e de improbidade administrativa; [...]. Art. 104. Se os recursos referidos no art. 101 deste Ato das Disposições Constitucionais Transitórias para o pagamento de precatórios não forem tempestivamente liberados, no todo ou em parte: [...] II – o chefe do Poder Executivo do ente federado inadimplente responderá, na forma da legislação de responsabilidade fiscal e de improbidade administrativa; [...]."

[422] "Art. 101 [...] § 3º Os recursos adicionais previstos nos incisos I, II e IV do § 2º deste artigo serão transferidos diretamente pela instituição financeira depositária para a conta especial referida no caput deste artigo, sob única e exclusiva administração do Tribunal de Justiça local, e essa transferência deverá ser realizada em até sessenta dias contados a partir da entrada em vigor deste parágrafo, sob pena de responsabilização pessoal do dirigente da instituição financeira por improbidade. [...]."

valor o triplo da vantagem indevida. A pena de prisão era incabível quando não era realizado o ato para o qual se recebeu ou aceitou a propina.[423]

Veja-se que, no artigo 131, havia punição específica, também a título de peita, para juízes que vendessem sentença em troca de propina. Tal fato era apenado com prisão de seis meses a dois anos, podendo chegar à prisão perpétua em caso de sentença criminal que tenha decretado pena de morte. E, no mesmo dispositivo, declarava-se nula toda e qualquer sentença proferida em troca de vantagem indevida.[424]

Conforme dispunha o artigo 132, o particular que dava ou prometia a peita era punido com as mesmas penas impostas ao funcionário público, na conformidade dos artigos 130 e 131, menos a de perda do emprego, quando o tiver. Ademais, todo ato referente ao delito era considerado nulo.[425]

Já o segundo tipo penal, preconizado pelos artigos 133 e 134, tratava do crime de "suborno", consistente na troca de favores – influência ou pedido – para fazer o que não devia ou deixar de fazer o que devia. As penas eram idênticas àquelas aplicadas à peita,[426] conforme relatado acima.

Alterando esse panorama, o Decreto n. 847, de 11 de outubro de 1890, que promulgou o Código Penal daquele ano, revogou a legislação anterior e fundiu os dois delitos em apenas uma tipificação penal, constante em

[423] "Art. 130. Receber dinheiro, ou outro algum donativo; ou aceitar promessa directa, e indirectamente para praticar, ou deixar de praticar algum acto de officio contra, ou segundo a lei. Penas – de perda do emprego com inhabilidade para outro qualquer; de multa igual ao tresdobro da peita; e de prisão por tres a nove mezes. A pena de prisão não terá lugar, quando o acto, em vista do qual se recebeu, ou aceitou a peita, se não tiver effectuado."

[424] "Art. 131. Nas mesmas penas incorrerá o Juiz de Direito, de Facto, ou Arbitro, que por peita der sentença, posto que justa seja. Se a sentença fôr injusta, a prisão será de seis mezes a dous annos; e se fôr criminal condemnatoria, soffrerá o peitado a mesma pena, que tiver imposto, ao que condemnára, menos a de morte, quando o condemnado a não tiver soffrido; caso, em que se imporá ao réo a de prisão perpetua. Em todos estes casos a sentença, dada por peita, será nulla."

[425] "Art. 132. O que der, ou prometter peita, será punido com as mesmas penas impostas ao peitado na conformidade dos artigos antecedentes, menos a de perda do emprego, quando o tiver; e todo o acto, em que intervir a peita, será nullo."

[426] "Art. 133. Deixar-se corromper por influencia, ou peditorio de alguem, para obrar o que não dever, ou deixar de obrar o que dever. Decidir-se por dadiva, ou promessa, a eleger, ou propôr alguem para algum emprego, ainda que para elle tenha as qualidades requeridas. Penas – as mesmas estabelecidas para os casos da peita. Art. 134. Todas as disposições dos artigos cento e trinta, cento trinta e um, e cento trinta e dous, relativas aos peitados, e peitantes, se observarão a respeito dos subornados e subornadores."

seus artigos 214 a 218, sob o *nomen juris* de "peita ou suborno".[427] Nota-se, diante de tal redação, que as disposições são muito semelhantes àquelas do código anterior, tipificando, agora em uma única seção, os atos de corrupção a título de peita e suborno. Esse diploma normativo de 1890 permaneceu vigente até a entrada em vigor do atual Código Penal – Decreto-lei n. 2.848, de 7 de dezembro de 1940 –, o qual, conforme salientado no item 1 deste capítulo, tipifica criminalmente a corrupção passiva e ativa respectivamente em seus artigos 317 e 333.

Paulo Henrique dos Santos Lucon assevera que, embora haja no país longa tradição constitucional e legislativa de combate à corrupção, a pedra de toque do respectivo microssistema foi a promulgação do Código Penal de 1940, o qual possui capítulo específico tipificando crimes praticados contra a Administração Pública.[428]

Já antes da vigência do atual estatuto repressivo, cuja produção de efeitos iniciou-se apenas em 1º de janeiro de 1942, o artigo 1º do Decreto-lei n. 3.240, de 8 de maio de 1941, que permanece em vigor,[429] determinou o

[427] "Art. 214. Receber para si, ou para outrem, directamente ou por interposta pessoa, em dinheiro ou outra utilidade, retribuição que não seja devida; acceitar, directa, ou indirectamente, promessa, dadiva ou recompensa para praticar ou deixar de praticar um acto do officio, ou cargo, embora de conformidade com a lei. Exigir, directa ou indirectamente, para si ou para outrem, ou consentir que outrem exija, recompensa ou gratificação por algum pagamento que tiver de fazer em razão do officio ou commissão de que for encarregado: Penas – de prisão cellular por seis mezes a um anno e perda do emprego com inhabilitação para outro, além da multa igual ao triplo da somma, ou utilidade recebida. Art. 215. Deixar-se corromper por influencia, ou suggestão de alguem, para retardar, omittir, praticar, ou deixar de praticar um acto contra os deveres do officio ou cargo; para prover ou propor para emprego publico alguem, ainda que tenha os requisitos legaes: Penas – de prisão cellular por seis mezes a um anno, e perda do emprego com inhabilitação para outro. Art. 216. Nas mesmas penas incorrerá o juiz de direito, de facto, ou arbitro que, por peita ou suborno, der sentença, ainda que justa. § 1º Si a sentença for criminal condemnatoria, mais injusta, soffrerá o peitado ou subordinado a mesma pena que tiver imposto ao que condemnara, além da perda do emprego e multa. Art. 217. O que der ou prometter peita, ou suborno, será punido com as mesmas penas impostas ao peitado e subornado. Art. 218. São nullos os actos em que intervier peita ou suborno."

[428] LUCON, Paulo Henrique dos Santos. Improbidade administrativa no microssistema anticorrupção e viabilização dos acordos de leniência. *In*: BECHARA, Fábio Ramazzini (coord.) *et al.* **Corrupção**. São Paulo: Almedina, 2020, p. 197-198.

[429] Conforme ensinam Emerson Garcia e Rogério Pacheco Alves (**Improbidade Administrativa**. 9. ed. São Paulo: Saraiva, 2017, p. 276): "O STJ, na linha de precedentes anteriores do extinto Tribunal Federal de Recursos, já decidiu que o Decreto-Lei n. 3.240/1941 não foi revogado pela superveniência do CPP, disciplinando a medida cautelar de sequestro, de

sequestro de bens daqueles que cometem delito contra a Fazenda Pública.[430] Assim, Paulo Henrique dos Santos Lucon aduz que, na seara cível, a repressão aos atos ímprobos teve início com o referido decreto-lei.[431]

Conforme salientado no subitem 3.1, as constituições da era republicana do Brasil previram expressamente a existência de crimes de responsabilidade para o presidente da República. E, nesse sentido, editou-se a Lei n. 1.079, de 10 de abril de 1950, que "define os crimes de responsabilidade e regula o respectivo processo de julgamento". O artigo 1º da referida lei dispõe acerca das respectivas penalidades, que, na realidade, são duas: perda do cargo e inabilitação até cinco anos para o exercício de qualquer função pública. O respectivo órgão julgador é o Senado Federal, e as autoridades passíveis de punição são, além do presidente da República, os ministros de Estado, os ministros do Supremo Tribunal Federal e o procurador-geral da República.[432] Já o artigo 74 dessa lei dispõe que os governadores e secretários de Estado também podem ser punidos por crimes de responsabilidade.[433]

E, em seu artigo 9º, tipificam-se as condutas que constituem crimes contra a probidade na Administração Pública: a) omitir ou procrastinar dolo-

cunho genérico, em seus arts. 125 e 132. Observe-se, ainda, que a medida foi revigorada pelo art. 11 do Decreto-Lei n. 359/1968 ('Continuam em vigor o Decreto-Lei n. 3.240...') e pode alcançar, inclusive, os bens adquiridos anteriormente ao crime praticado contra o Erário (6ª T., REsp n. 132.539/SC, rel. Min. William Patterson, j. em 1º/12/1997, RSTJ n. 109/349). No mesmo sentido: MEIRELLES, Hely Lopes. Direito administrativo brasileiro, 16. ed., p. 41."

[430] "Art. 1º. Ficam sujeitos a sequestro os bens de pessoa indiciada por crime de que resulta prejuízo para a fazenda pública, ou por crime definido no Livro II, Títulos V, VI e VII da Consolidação das Leis Penais desde que dele resulte locupletamento ilícito para o indiciado."

[431] LUCON, Paulo Henrique dos Santos. Improbidade administrativa no microssistema anticorrupção e viabilização dos acordos de leniência. *In*: BECHARA, Fábio Ramazzini (coord.) *et al.* **Corrupção**. São Paulo: Almedina, 2020, p. 197-198.

[432] Registra-se, por oportuno, que a Constituição de 1988 acrescentou, por meio de seus artigos 52, *caput*, incisos I e II, e 102, *caput*, inciso I, alínea "c", as seguintes autoridades ao rol de puníveis pela prática de crime de responsabilidade: vice-presidente da República, comandante da Marinha, comandante do Exército, comandante da Aeronáutica, membros do Conselho Nacional de Justiça, membros do Conselho Nacional do Ministério Público, advogado-geral da União, membros dos Tribunais Superiores, membros do Tribunal de Contas da União e chefes de missão diplomática de caráter permanente.

[433] Para o governador do Distrito Federal, aplica-se a Lei n. 7.106, de 28 de junho de 1983, que, em seu artigo 1º, dispõe que: "São crimes de responsabilidade do Governador do Distrito Federal ou de seus Secretários, quando por eles praticados, os definidos na Lei nº 1.079, de 10 de abril de 1950, ou ainda quando simplesmente tentados."

samente a publicação de lei e resoluções do Poder Legislativo ou dos atos do Poder Executivo; b) deixar de prestar ao Congresso Nacional as contas relativas ao exercício anterior, cujo prazo máximo era de sessenta dias após a abertura da sessão legislativa; c) deixar de responsabilizar efetivamente os seus subordinados, quando estes praticarem delitos funcionais ou atos contra a Constituição; d) expedir ordens ou requisições contrariamente às disposições expressas da Constituição; e) infringir a lei no provimento de cargos públicos; d) praticar violência ou ameaça contra funcionário público para coagi-lo a agir ilegalmente, bem como praticar suborno ou qualquer outra forma de corrupção para o mesmo fim; e e) proceder de modo incompatível com a dignidade, a honra e o decoro do cargo.

Na referida lei, também são previstos crimes de responsabilidade que atentam contra: a existência da União (artigo 5º);[434] o livre exercício dos poderes constitucionais (artigo 6º);[435] o exercício dos direitos políticos,

[434] "Art. 5º São crimes de responsabilidade contra a existência política da União: 1 – entreter, direta ou indiretamente, inteligência com governo estrangeiro, provocando-o a fazer guerra ou cometer hostilidade contra a República, prometer-lhe assistência ou favor, ou dar-lhe qualquer auxílio nos preparativos ou planos de guerra contra a República; 2 – tentar, diretamente e por fatos, submeter a União ou algum dos Estados ou Territórios a domínio estrangeiro, ou dela separar qualquer Estado ou porção do território nacional; 3 – cometer ato de hostilidade contra nação estrangeira, expondo a República ao perigo da guerra, ou comprometendo-lhe a neutralidade; 4 – revelar negócios políticos ou militares, que devam ser mantidos secretos a bem da defesa da segurança externa ou dos interesses da Nação; 5 – auxiliar, por qualquer modo, nação inimiga a fazer a guerra ou a cometer hostilidade contra a República; 6 – celebrar tratados, convenções ou ajustes que comprometam a dignidade da Nação; 7 – violar a imunidade dos embaixadores ou ministros estrangeiros acreditados no país; 8 – declarar a guerra, salvo os casos de invasão ou agressão estrangeira, ou fazer a paz, sem autorização do Congresso Nacional. 9 – não empregar contra o inimigo os meios de defesa de que poderia dispor; 10 – permitir o Presidente da República, durante as sessões legislativas e sem autorização do Congresso Nacional, que forças estrangeiras transitem pelo território do país, ou, por motivo de guerra, nele permaneçam temporariamente; 11 – violar tratados legitimamente feitos com nações estrangeiras."

[435] "Art. 6º São crimes de responsabilidade contra o livre exercício dos poderes legislativo e judiciário e dos poderes constitucionais dos Estados: 1 – tentar dissolver o Congresso Nacional, impedir a reunião ou tentar impedir por qualquer modo o funcionamento de qualquer de suas Câmaras; 2 – usar de violência ou ameaça contra algum representante da Nação para afastá-lo da Câmara a que pertença ou para coagi-lo no modo de exercer o seu mandato bem como conseguir ou tentar conseguir o mesmo objetivo mediante suborno ou outras formas de corrupção; 3 – violar as imunidades asseguradas aos membros do Congresso Nacional, das Assembléias Legislativas dos Estados, da Câmara dos Vereadores do Distrito Federal e das Câmaras Municipais; 4 – permitir que força estrangeira transite pelo território do país

individuais e sociais (artigo 7º);[436] a segurança interna do país (artigo 8º);[437] a lei orçamentária (artigo 10);[438] a guarda e legal emprego dos dinheiros

ou nele permaneça quando a isso se oponha o Congresso Nacional; 5 – opor-se diretamente e por fatos ao livre exercício do Poder Judiciário, ou obstar, por meios violentos, ao efeito dos seus atos, mandados ou sentenças; 6 – usar de violência ou ameaça, para constranger juiz, ou jurado, a proferir ou deixar de proferir despacho, sentença ou voto, ou a fazer ou deixar de fazer ato do seu ofício; 7 – praticar contra os poderes estaduais ou municipais ato definido como crime neste artigo; 8 – intervir em negócios peculiares aos Estados ou aos Municípios com desobediência às normas constitucionais."

[436] "Art. 7º São crimes de responsabilidade contra o livre exercício dos direitos políticos, individuais e sociais: 1- impedir por violência, ameaça ou corrupção, o livre exercício do voto; 2 – obstar ao livre exercício das funções dos mesários eleitorais; 3 – violar o escrutínio de seção eleitoral ou inquinar de nulidade o seu resultado pela subtração, desvio ou inutilização do respectivo material; 4 – utilizar o poder federal para impedir a livre execução da lei eleitoral; 5 – servir-se das autoridades sob sua subordinação imediata para praticar abuso do poder, ou tolerar que essas autoridades o pratiquem sem repressão sua; 6 – subverter ou tentar subverter por meios violentos a ordem política e social; 7 – incitar militares à desobediência à lei ou infração à disciplina; 8 – provocar animosidade entre as classes armadas ou contra elas, ou delas contra as instituições civis; 9 – violar patentemente qualquer direito ou garantia individual constante do art. 141 e bem assim os direitos sociais assegurados no artigo 157 da Constituição; 10 – tomar ou autorizar durante o estado de sítio, medidas de repressão que excedam os limites estabelecidos na Constituição."

[437] "Art. 8º São crimes contra a segurança interna do país: 1 – tentar mudar por violência a forma de governo da República; 2 – tentar mudar por violência a Constituição Federal ou de algum dos Estados, ou lei da União, de Estado ou Município; 3 – decretar o estado de sítio, estando reunido o Congresso Nacional, ou no recesso deste, não havendo comoção interna grave nem fatos que evidenciem estar a mesma a irromper ou não ocorrendo guerra externa; 4 – praticar ou concorrer para que se perpetre qualquer dos crimes contra a segurança interna, definidos na legislação penal; 5 – não dar as providências de sua competência para impedir ou frustrar a execução desses crimes; 6 – ausentar-se do país sem autorização do Congresso Nacional; 7 – permitir, de forma expressa ou tácita, a infração de lei federal de ordem pública; 8 – deixar de tomar, nos prazos fixados, as providências determinadas por lei ou tratado federal e necessário a sua execução e cumprimento."

[438] "Art. 10. São crimes de responsabilidade contra a lei orçamentária: 1- Não apresentar ao Congresso Nacional a proposta do orçamento da República dentro dos primeiros dois meses de cada sessão legislativa; 2 – Exceder ou transportar, sem autorização legal, as verbas do orçamento; 3 – Realizar o estorno de verbas; 4 – Infringir , patentemente, e de qualquer modo, dispositivo da lei orçamentária. 5) deixar de ordenar a redução do montante da dívida consolidada, nos prazos estabelecidos em lei, quando o montante ultrapassar o valor resultante da aplicação do limite máximo fixado pelo Senado Federal; 6) ordenar ou autorizar a abertura de crédito em desacordo com os limites estabelecidos pelo Senado Federal, sem fundamento na lei orçamentária ou na de crédito adicional ou com inobservância de prescrição legal; 7) deixar de promover ou de ordenar na forma da lei, o cancelamento, a amortização ou a constituição

públicos (artigo 11);[439] e contra o cumprimento das decisões judiciárias (artigo 12).[440]

Apesar do pioneirismo da Constituição de 1891 ao permitir, em seu artigo 54, a punição da mais alta autoridade pública do país por crime de responsabilidade, é importante registrar que, desde a sua promulgação até a edição da Lei n. 1.079/1950, se transcorreram quase sessenta anos. Se, por um lado, é inegável o avanço civilizatório advindo da implementação desse diploma jurídico, não se pode deixar de constatar, de outro vértice, a imensa morosidade para se regulamentar o mandamento constitucional vigente há praticamente seis décadas.

Na sequência, foi aprovada e promulgada a Lei n. 3.164, de 1º de junho de 1957, conhecida como Lei Pitombo-Godoy Ilha, de autoria do deputado Ary Pitombo, mas cuja redação final adveio de parecer exarado pelo deputado Godoy Ilha. O Projeto de Lei n. 576/1951, que deu origem à referida lei, já continha em sua justificação os motivos pelos quais tal lei deveria ser aprovada e promulgada. Em suma, registrou-se que o país passava por

de reserva para anular os efeitos de operação de crédito realizada com inobservância de limite, condição ou montante estabelecido em lei; 8) deixar de promover ou de ordenar a liquidação integral de operação de crédito por antecipação de receita orçamentária, inclusive os respectivos juros e demais encargos, até o encerramento do exercício financeiro; 9) ordenar ou autorizar, em desacordo com a lei, a realização de operação de crédito com qualquer um dos demais entes da Federação, inclusive suas entidades da administração indireta, ainda que na forma de novação, refinanciamento ou postergação de dívida contraída anteriormente; 10) captar recursos a título de antecipação de receita de tributo ou contribuição cujo fato gerador ainda não tenha ocorrido; 11) ordenar ou autorizar a destinação de recursos provenientes da emissão de títulos para finalidade diversa da prevista na lei que a autorizou; 12) realizar ou receber transferência voluntária em desacordo com limite ou condição estabelecida em lei."

[439] "Art. 11. São crimes contra a guarda e legal emprego dos dinheiros públicos: 1 – ordenar despesas não autorizadas por lei ou sem observância das prescrições legais relativas às mesmas; 2 – Abrir crédito sem fundamento em lei ou sem as formalidades legais; 3 – Contrair empréstimo, emitir moeda corrente ou apólices, ou efetuar operação de crédito sem autorização legal; 4 – alienar imóveis nacionais ou empenhar rendas públicas sem autorização legal; 5 – negligenciar a arrecadação das rendas impostos e taxas, bem como a conservação do patrimônio nacional."

[440] "Art. 12. São crimes contra o cumprimento das decisões judiciárias: 1 – impedir, por qualquer meio, o efeito dos atos, mandados ou decisões do Poder Judiciário; 2 – Recusar o cumprimento das decisões do Poder Judiciário no que depender do exercício das funções do Poder Executivo; 3 – deixar de atender a requisição de intervenção federal do Supremo Tribunal Federal ou do Tribunal Superior Eleitoral; 4 – Impedir ou frustrar pagamento determinado por sentença judiciária."

um período de desconfiança quanto a setores públicos, pois muitas pessoas se aproveitavam de seus cargos ou funções públicas para se locupletarem ilicitamente.[441]

E, em sua redação final aprovada pelo Congresso Nacional e sancionada pelo então presidente Juscelino Kubitschek, conforme o parecer do deputado Godoy Ilha, a Lei n. 3.164/1957 reproduzia, em seu artigo 1º, *caput*, o mencionado § 31, segunda parte, do artigo 141 da Constituição vigente, ressalvando, ao final deste dispositivo, a responsabilidade criminal do agente corrupto.[442] Tais sanções eram decretadas na seara cível, observadas as disposições da lei processual, e a legitimidade para a ação cabia ao Ministério Público e a qualquer pessoa do povo.

Dispunha-se, em seu artigo 2º, que a extinção da ação penal ou a absolvição do réu incurso em outros crimes funcionais, de que resultasse enriquecimento ilícito, não excluía a incorporação à Fazenda Pública dos bens de aquisição ilegítima, ressalvado o direito de terceiros de boa-fé. E, por fim, o artigo 3º instituía o registro público obrigatório, com atualização bienal, dos valores e bens pertencentes ao patrimônio privado daqueles

[441] Confiram-se na íntegra os motivos que ensejaram a edição desse diploma normativo (destaques nossos): "O artigo 141, inciso 31, da Constituição Federal, diz: 'A lei disporá sobre o seqüestro e o perdimento de bens, no caso de enriquecimento ilícito, por influência ou com abuso de cargo ou função pública, ou de emprego em entidade autárquica.' Trata-se, sem dúvida alguma, de um dispositivo altamente moralizador e que, até hoje, não foi regularizado. Mistér se torna a sua regularização a fim de que ela possa produzir os efeitos necessários, uma vez que o ambiente moral a respeito exige, infelizmente, por parte do Poder Público, a maior energia. Reconheço que o projeto poderá ferir suscetibilidades, já que, encarado de maneira geral, atingirá também os que, na maioria, desempenham a função pública com zêlo, probidade, honestidade e dano a ela o maior de seus esforços. Mas, êsses, cônscios de sua missão, também se sentirão satisfeitos, pois o projeto em questão visa separar o jôio do trigo. Virá apontar os desonestos, aquêles que procuram o enriquecimento ilícito por influência ou com abuso de cargo, deixando mal a reputação de tôda uma classe. **Infelizmente, o Brasil atravessa uma fase de desconfiança quanto à moralidade em muitos setores da administração pública. Muitos são os que, traindo a confiança que lhes foi depositada, fazem do cargo uma fonte de renda ilícita**, e se transforma, do dia para a noite, em verdadeiros nababos, comprometendo o bom nome da administração e colocando mal os que a ela prestam serviços honestamente. É natural, por conseguinte, que o Poder Público tome medidas acauteladoras contra êsses elementos, sequestrando-lhes os bens e apontando-os à Justiça."

[442] "Art. 1º São sujeitos a sequestro e à sua perda em favor da Fazenda Pública os bens adquiridos pelo servidor público, por influência ou abuso de cargo ou função pública, ou de emprêgo em entidade autárquica, sem prejuízo da responsabilidade criminal em que tenha aquêle incorrido."

que exerciam cargos ou funções públicas da União e entidades autárquicas, eletivas ou não.[443]

A despeito de ser um marco para a época, a Lei Pitombo-Godoy Ilha não implementou verdadeiro avanço no combate à corrupção. Com efeito, apenas reproduziu a disposição constitucional correlata (artigo 141, § 31, segunda parte), deixando de discriminar as diversas modalidades de corrupção e improbidade administrativa. Em razão desse motivo, a lei não teve grande relevância prática, considerando ainda "a dificuldade de prova do nexo de causalidade entre o abuso do cargo e a aquisição do bem" e "a ausência de regulamentação do referido registro de bens".[444]

Após um ano e meio da promulgação do referido diploma normativo, foi editada a Lei n. 3.502, de 21 de dezembro de 1958, conhecida como Lei Bilac Pinto,[445] que não revogou a norma anterior, mas apenas a complementou e expandiu seu conteúdo e alcance. O artigo 1º da nova lei dispunha acerca das pessoas que estavam sujeitas a sequestro e perda dos bens advindos de enriquecimento ilícito, pormenorizando tais agentes públicos.[446]

[443] "Art. 3º É instituído o registro público obrigatório dos valores e bens pertencentes ao patrimônio privado de quantos exerçam cargos ou funções públicas da União e entidades autárquicas, eletivas ou não. § 1º O registro far-se-á no Serviço do Pessoal competente, mediante declaração do servidor público, incidindo na pena de demissão do serviço público o que fizer falsa declaração. § 2º O registro compreenderá, móveis, imóveis, semoventes, dinheiro, títulos e ações e qualquer outra espécie de bens e valores patrimoniais, excluídos os objetos e utensílios de uso doméstico cuja soma não exceda de Cz$ 100.000,00 (cem mil cruzeiros). § 3º A declaração será atualizada bienalmente, podendo a autoridade a que estiver subordinado o servidor exigir a comprovação da legitimidade da procedência dos bens acrescidos ao patrimônio do servidor. § 4º O registro prévio é condição indispensável à posse do servidor público e deverá ser obrigatoriamente atualizado antes do seu afastamento do cargo ou função. § 5º A declaração de que trata êste artigo compreende os bens do casal."

[444] Cf. Garcia, Emerson; Alves, Rogério Pacheco. **Improbidade administrativa**. 9. ed. São Paulo: Saraiva, 2017, p. 277.

[445] A autoria do projeto, conforme sugere o nome, foi do deputado Bilac Pinto.

[446] "Art. 1º O servidor público, ou o dirigente, ou o empregado de autarquia que, por influência ou abuso de cargo ou função, se beneficiar de enriquecimento ilícito ficará sujeito ao seqüestro e perda dos respectivos bens ou valores. § 1º A expressão servidor público compreende todas as pessoas que exercem na União, nos Estados, nos Territórios, no Distrito Federal e nos municípios, quaisquer cargos, funções ou empregos, civis ou militares, quer sejam eletivos quer de nomeação ou contrato, nos órgãos dos Poderes Executivo, Legislativo ou Judiciário. § 2º Equipara-se ao dirigente ou empregado de autarquia, para os fins da presente lei, o dirigente ou empregado de sociedade de economia mista, de fundação instituída pelo Poder

O conceito de servidor público, segundo a citada norma, era bastante amplo, abrangendo praticamente todos os vínculos funcionais com o Estado e outras pessoas jurídicas da Administração Pública indireta. Essa definição serviu de base para a conceituação de agente público utilizada na vigente Lei n. 8.429/1992. Além disso, a Lei Bilac Pinto também avançou ao discriminar, em seu artigo 2º, *caput*, os casos de enriquecimento ilícito, facilitando a subsunção à norma de fatos que, de ordinário, ocorrem cotidianamente. Com efeito, as seguintes condutas constituíam casos de enriquecimento ilícito para essa lei:

a) incorporação ao patrimônio privado, sem as formalidades previstas em leis, regulamentos, estatutos ou em normas gerais e sem a indenização correspondente, de bens ou valores do patrimônio das entidades mencionadas no artigo 1º da lei;
b) doação de valores ou bens do patrimônio das referidas entidades a indivíduos ou instituições privadas, ainda que de fins assistenciais ou educativos, desde que feita sem publicidade e sem autorização prévia do órgão que tenha competência expressa para deliberar a esse respeito;
c) o recebimento de dinheiro, de bem móvel ou imóvel, ou de qualquer outra vantagem econômica, a título de comissão, percentagem, gratificação ou presente;
d) percepção de vantagem econômica por meio de alienação de bem móvel ou imóvel, por valor sensivelmente superior ao corrente no mercado ou ao seu valor real;
e) obtenção de vantagem econômica por meio da aquisição de bem móvel ou imóvel por preço sensivelmente inferior ao corrente no mercado ou ao seu valor real;
f) utilização em obras ou serviços de natureza privada de veículos máquinas e materiais de qualquer natureza de propriedade das referidas entidades, dos serviços de servidores públicos ou de empregados e operários de qualquer dessas entidades.

Todavia, no parágrafo único do mencionado artigo 2º, criou-se uma dificuldade para a comprovação desses atos, pois se edificou a necessidade

Público, de emprêsa incorporada ao patrimônio público, ou de entidade que receba e aplique contribuições parafiscais."

de prova quanto a interesse político ou outro interesse que o corrupto ou corruptor tinha ao praticar o ilícito.[447]

Segundo o artigo 3º, também constituía enriquecimento ilícito os fatos mencionados nas alíneas "c" e "e" do citado artigo 2º, quando praticados para favorecer particulares. E, no artigo 4º, os atos de enriquecimento ilícito definidos na Lei Bilac Pinto eram equiparados a "crimes contra a administração e o patrimônio público, sujeitando os responsáveis ao processo criminal e à imposição de penas, na forma das leis penais em vigor."

O parágrafo único do artigo 4º, em complemento, apontava situações que também consistiam em enriquecimento ilícito: a) autorizar ou tolerar, expressa ou tacitamente, a exploração de jogos de azar ou de lenocínio; b) declarar falsamente em medição de serviços de construção de estradas ou de obras públicas, executados pelo Poder Público ou por tarefeiros empreiteiros, subempreiteiros ou concessionários; c) declarar falsamente sobre quantidade, peso, qualidade ou características de mercadorias ou bens entregues a serviço público, autarquia, sociedade de economia mista, fundação instituída pelo Poder Público, empresa incorporada ao patrimônio público ou entidade que receba e aplique contribuições parafiscais ou de qualquer deles recebidas.

A legitimidade para o ajuizamento da ação tratada na Lei Bilac Pinto era concedida aos entes públicos lesados, conforme o artigo 5º, *caput*, do citado diploma normativo. Tal previsão foi reproduzida, algumas décadas adiante, no artigo 17, *caput*, da atual Lei n. 8.429/1992.[448] Não se descura, todavia, que o Ministério Público e os cidadãos, apesar da omissão legislativa, permaneciam detendo tal legitimidade, conforme a permissão

[447] "Art. 2º [...] Parágrafo único. Para a caracterização do enriquecimento ilícito, previsto nas letras a, b, c, d, e e f dêste artigo, deverá ser feita a prova de que o responsável pela doação (letra b) ou o beneficiário (letras a, c, d, e e f) está incluído entre as pessoas indicadas no art. 1º e seus parágrafos e ainda: 1) no caso da letra b, a de que o doador tem **interêsse político ou de outra natureza** que direta ou indiretamente, possa ser ou haja sido beneficiado pelo seu ato; 2) nos casos das letras c, d e e, a de que o doador (letra c), o adquirente (letra d) ou o alienante (letra e) tem **interêsse que possa ser atingido ou que tenha sido amparado** por despacho, decisão, voto, sentença, deliberação, nomeação, contrato, informação, laudo pericial, medição, declaração, parecer, licença, concessão, tolerância, autorização ou ordem de qualquer natureza, verbal, escrita ou tácita, do beneficiário." (Destaques nossos.)

[448] Registra-se, por oportuno, que a Lei n. 14.230, de 25 de outubro de 2021, alterando o referido dispositivo da Lei n. 8.429/1992, restringiu a legitimidade da ação de improbidade administrativa para apenas o Ministério Público.

encartada no artigo 1º, § 2º, da Lei Pitombo-Godoy Ilha, ainda em vigor naquela época. E, nos parágrafos do mencionado artigo 5º, era previsto o procedimento para a ação em apreço.[449]

Emerson Garcia e Rogério Pacheco Alves constatam o avanço legislativo empreendido por tal diploma, mas criticam, com razão, a ausência de sanção direta e específica para o corrupto, que permanecia exercendo seu cargo até que os fatos fossem novamente apreciados em outro processo sujeito a regime jurídico diverso – no caso, criminal. Com efeito, na seara federal, o agente continuava desempenhando normalmente as suas funções, uma vez que somente seria demitido depois do trânsito em julgado da sentença penal condenatória, *ex vi* do artigo 207, *caput*, inciso I, da Lei n. 1.711, de 28 de outubro de 1952 – antigo Estatuto dos Funcionários Públicos Civis da União.[450]

Também é importante consignar, ao cabo, uma novidade constante no artigo 6º da Lei n. 3.502/1958, que impunha celeridade à tramitação dos processos correlatos: eram impedidos de prosseguir atuando no processo, sem prejuízo de eventual responsabilização criminal, o juiz, o representante do Ministério Público e o funcionário da Justiça que, por qualquer meio, direto ou indireto, retardassem o andamento dos processos em apreço ou deixassem de ordenar ou cumprir os atos judiciais nos prazos fixados por lei.

Já durante o período militar, foi promulgada a Lei n. 4.717, de 29 de junho de 1965, conhecida como Lei da Ação Popular, que permanece em vigor até hoje. Assim como as Leis Pitombo-Godoy Ilha e Bilac Pinto, o diploma normativo em apreço não prevê sanções diretas aos agentes ímprobos ou corruptos.

[449] "Art. 5º [...] § 1º Apurado o enriquecimento ilícito, mediante denúncia documentada, investigação policial ou administrativa, inquérito, confissão ou por qualquer outro modo, a pessoa jurídica de direito público ou privado interessada terá, privativamente, pelo prazo de 90 (noventa) dias, o direito de ingressar em Juízo. § 2º (VETADO). § 3º O pedido de seqüestro será, processado de acôrdo com o rito disposto no art. 685 do Código de Processo Civil. § 4º Dentro em 30 (trinta) dias da efetivação do seqüestro e sob pena de perder êste a eficácia, deverá ser proposta a ação principal, que seguirá o rito ordinário disposto nos arts. 291 a 297 do Código de Processo Civil e terá por objetivo a decretação de perda dos bens seqüestrados em favor da pessoa jurídica autora (VETADO). § 5º Na ação principal poderá ser pedido, cumulativamente, o ressarcimento integral de perdas e danos sofridos pela pessoa jurídica autora ou litisconsorte."

[450] GARCIA, Emerson; ALVES, Rogério Pacheco. **Improbidade administrativa**. 9. ed. São Paulo: Saraiva, 2017, p. 278.

Em seu artigo 1º, *caput*, a Lei n. 4.717/1965 confere legitimidade a todo cidadão para ajuizar ação popular e pleitear a anulação ou a declaração de nulidade de atos lesivos ao patrimônio público.[451] E, no § 1º do citado dispositivo, há importante conceito de "patrimônio público", definido por esse estatuto como "os bens e direitos de valor econômico, artístico, estético, histórico ou turístico".

Rodolfo Camargo Mancuso define a ação popular como aquela que, ajuizada por qualquer um do povo, pleiteia a tutela de um dos interesses transindividuais previstos nas normas de estilo: moralidade administrativa, meio ambiente, patrimônio público *lato sensu* (erário e valores culturais, artísticos, estéticos, históricos, turísticos ou paisagísticos), entre outros.[452]

São considerados nulos, de acordo com o artigo 2º, *caput*, da referida lei, os atos lesivos nos casos de incompetência, vício de forma, ilegalidade do objeto, inexistência dos motivos e desvio de finalidade. E, para a conceituação dos casos de nulidade, devem ser observadas as disposições constantes do parágrafo único do mencionado dispositivo: a) a incompetência é vislumbrada quando o ato não se incluir nas atribuições legais do agente que o praticou; b) o vício de forma consiste na omissão ou na observância incompleta ou irregular de formalidades indispensáveis à existência ou seriedade do ato; c) a ilegalidade do objeto ocorre quando o resultado do ato importa em violação de lei, regulamento ou outro ato normativo; d) a inexistência dos motivos se verifica quando a matéria de fato ou de direito, em que se fundamenta o ato, é materialmente inexistente ou juridicamente inadequada ao resultado obtido; e) o desvio de finalidade é constatado quando o agente pratica o ato visando a fim diverso daquele previsto, explícita ou implicitamente, na regra de competência.[453]

[451] "Art. 1º Qualquer cidadão será parte legítima para pleitear a anulação ou a declaração de nulidade de atos lesivos ao patrimônio da União, do Distrito Federal, dos Estados, dos Municípios, de entidades autárquicas, de sociedades de economia mista (Constituição, art. 141, § 38), de sociedades mútuas de seguro nas quais a União represente os segurados ausentes, de empresas públicas, de serviços sociais autônomos, de instituições ou fundações para cuja criação ou custeio o tesouro público haja concorrido ou concorra com mais de cinqüenta por cento do patrimônio ou da receita ânua, de empresas incorporadas ao patrimônio da União, do Distrito Federal, dos Estados e dos Municípios, e de quaisquer pessoas jurídicas ou entidades subvencionadas pelos cofres públicos. [...]."

[452] MANCUSO, Rodolfo de Camargo. **Ação popular**. 8. ed. São Paulo: Revista dos Tribunais, 2015, p. 82-83.

[453] É importante consignar que o artigo 4º traz outras hipóteses de atos nulos, os quais, em regra, já se encontram abarcados implicitamente pelo colacionado artigo 2º: "Art. 4º

Convém assinalar, por oportuno, que são anuláveis, segundo o artigo 3º, os atos lesivos ao patrimônio público que não se enquadram nas hipóteses elencadas no artigo precedente, enquanto compatíveis com a respectiva natureza.[454] Por fim, os artigos 5º a 19 disciplinam o processamento da ação popular, tratando da competência, dos sujeitos passivos e do rito processual.[455] E, registra-se, por derradeiro, que o artigo 11 elenca as

São também nulos os seguintes atos ou contratos, praticados ou celebrados por quaisquer das pessoas ou entidades referidas no art. 1º. I – A admissão ao serviço público remunerado, com desobediência, quanto às condições de habilitação, das normas legais, regulamentares ou constantes de instruções gerais. II – A operação bancária ou de crédito real, quando: a) for realizada com desobediência a normas legais, regulamentares, estatutárias, regimentais ou internas; b) o valor real do bem dado em hipoteca ou penhor for inferior ao constante de escritura, contrato ou avaliação. III – A empreitada, a tarefa e a concessão do serviço público, quando: a) o respectivo contrato houver sido celebrado sem prévia concorrência pública ou administrativa, sem que essa condição seja estabelecida em lei, regulamento ou norma geral; b) no edital de concorrência forem incluídas cláusulas ou condições, que comprometam o seu caráter competitivo; c) a concorrência administrativa for processada em condições que impliquem na limitação das possibilidades normais de competição. IV – As modificações ou vantagens, inclusive prorrogações que forem admitidas, em favor do adjudicatário, durante a execução dos contratos de empreitada, tarefa e concessão de serviço público, sem que estejam previstas em lei ou nos respectivos instrumentos. V – A compra e venda de bens móveis ou imóveis, nos casos em que não cabível concorrência pública ou administrativa, quando: a) for realizada com desobediência a normas legais, regulamentares, ou constantes de instruções gerais; b) o preço de compra dos bens for superior ao corrente no mercado, na época da operação; c) o preço de venda dos bens for inferior ao corrente no mercado, na época da operação. VI – A concessão de licença de exportação ou importação, qualquer que seja a sua modalidade, quando: a) houver sido praticada com violação das normas legais e regulamentares ou de instruções e ordens de serviço; b) resultar em exceção ou privilégio, em favor de exportador ou importador. VII – A operação de redesconto quando sob qualquer aspecto, inclusive o limite de valor, desobedecer a normas legais, regulamentares ou constantes de instruções gerais. VIII – O empréstimo concedido pelo Banco Central da República, quando: a) concedido com desobediência de quaisquer normas legais, regulamentares, regimentais ou constantes de instruções gerias: b) o valor dos bens dados em garantia, na época da operação, for inferior ao da avaliação. IX – A emissão, quando efetuada sem observância das normas constitucionais, legais e regulamentadoras que regem a espécie."

[454] "Art. 3º Os atos lesivos ao patrimônio das pessoas de direito público ou privado, ou das entidades mencionadas no art. 1º, cujos vícios não se compreendam nas especificações do artigo anterior, serão anuláveis, segundo as prescrições legais, enquanto compatíveis com a natureza deles."

[455] "Art. 5º Conforme a origem do ato impugnado, é competente para conhecer da ação, processá-la e julgá-la o juiz que, de acordo com a organização judiciária de cada Estado, o for para as causas que interessem à União, ao Distrito Federal, ao Estado ou ao Município. § 1º Para fins de competência, equiparam-se atos da União, do Distrito Federal, do Estado ou dos

Municípios os atos das pessoas criadas ou mantidas por essas pessoas jurídicas de direito público, bem como os atos das sociedades de que elas sejam acionistas e os das pessoas ou entidades por elas subvencionadas ou em relação às quais tenham interesse patrimonial. § 2º Quando o pleito interessar simultaneamente à União e a qualquer outra pessoa ou entidade, será competente o juiz das causas da União, se houver; quando interessar simultaneamente ao Estado e ao Município, será competente o juiz das causas do Estado, se houver. § 3º A propositura da ação prevenirá a jurisdição do juízo para todas as ações, que forem posteriormente intentadas contra as mesmas partes e sob os mesmos fundamentos. § 4º Na defesa do patrimônio público caberá a suspensão liminar do ato lesivo impugnado. Art. 6º A ação será proposta contra as pessoas públicas ou privadas e as entidades referidas no art. 1º, contra as autoridades, funcionários ou administradores que houverem autorizado, aprovado, ratificado ou praticado o ato impugnado, ou que, por omissas, tiverem dado oportunidade à lesão, e contra os beneficiários diretos do mesmo. § 1º Se não houver benefício direto do ato lesivo, ou se for ele indeterminado ou desconhecido, a ação será proposta somente contra as outras pessoas indicadas neste artigo. § 2º No caso de que trata o inciso II, item "b", do art. 4º, quando o valor real do bem for inferior ao da avaliação, citar-se-ão como réus, além das pessoas públicas ou privadas e entidades referidas no art. 1º, apenas os responsáveis pela avaliação inexata e os beneficiários da mesma. § 3º A pessoas jurídica de direito público ou de direito privado, cujo ato seja objeto de impugnação, poderá abster-se de contestar o pedido, ou poderá atuar ao lado do autor, desde que isso se afigure útil ao interesse público, a juízo do respectivo representante legal ou dirigente.§ 4º O Ministério Público acompanhará a ação, cabendo-lhe apressar a produção da prova e promover a responsabilidade, civil ou criminal, dos que nela incidirem, sendo-lhe vedado, em qualquer hipótese, assumir a defesa do ato impugnado ou dos seus autores. § 5º É facultado a qualquer cidadão habilitar-se como litisconsorte ou assistente do autor da ação popular. Art. 7º A ação obedecerá ao procedimento ordinário, previsto no Código de Processo Civil, observadas as seguintes normas modificativas: I – Ao despachar a inicial, o juiz ordenará: a) além da citação dos réus, a intimação do representante do Ministério Público; b) a requisição, às entidades indicadas na petição inicial, dos documentos que tiverem sido referidos pelo autor (art. 1º, § 6º), bem como a de outros que se lhe afigurem necessários ao esclarecimento dos fatos, ficando prazos de 15 (quinze) a 30 (trinta) dias para o atendimento. § 1º O representante do Ministério Público providenciará para que as requisições, a que se refere o inciso anterior, sejam atendidas dentro dos prazos fixados pelo juiz. § 2º Se os documentos e informações não puderem ser oferecidos nos prazos assinalados, o juiz poderá autorizar prorrogação dos mesmos, por prazo razoável. II – Quando o autor o preferir, a citação dos beneficiários far-se-á por edital com o prazo de 30 (trinta) dias, afixado na sede do juízo e publicado três vezes no jornal oficial do Distrito Federal, ou da Capital do Estado ou Território em que seja ajuizada a ação. A publicação será gratuita e deverá iniciar-se no máximo 3 (três) dias após a entrega, na repartição competente, sob protocolo, de uma via autenticada do mandado. III – Qualquer pessoa, beneficiada ou responsável pelo ato impugnado, cuja existência ou identidade se torne conhecida no curso do processo e antes de proferida a sentença final de primeira instância, deverá ser citada para a integração do contraditório, sendo-lhe restituído o prazo para contestação e produção de provas, Salvo, quanto a beneficiário, se a citação se houver feito na forma do inciso anterior. IV – O prazo de contestação é de 20 (vinte) dias, prorrogáveis por mais 20 (vinte), a requerimento do interessado, se particularmente difícil a produção de prova documental, e será comum a todos os interessados, correndo da entrega em cartório do mandado cumprido, ou, quando for o caso, do decurso do prazo assinado em edital. V – Caso não requerida, até o despacho saneador, a produção de prova testemunhal ou pericial, o juiz ordenará vista às partes por 10 (dez) dias, para alegações, sendo-lhe os autos conclusos, para sentença, 48 (quarenta e oito) horas após a expiração desse prazo; havendo requerimento de prova, o processo tomará o rito ordinário. VI – A sentença, quando não prolatada em audiência de instrução e julgamento, deverá ser proferida dentro de 15 (quinze) dias do recebimento dos autos pelo juiz. Parágrafo único. O proferimento da sentença além do prazo estabelecido privará o juiz da inclusão em lista de merecimento para promoção, durante 2 (dois) anos, e acarretará a perda, para efeito de promoção por antigüidade, de tantos dias quantos forem os do retardamento, salvo motivo justo, declinado nos autos e comprovado perante o órgão disciplinar competente. Art. 8º Ficará sujeita à pena de desobediência, salvo motivo justo devidamente comprovado, a autoridade, o administrador ou o dirigente, que deixar de fornecer, no prazo fixado no art. 1º, § 5º, ou naquele que tiver sido estipulado pelo juiz (art. 7º, n. I, letra "b"), informações e certidão ou fotocópia de documento necessários à instrução da causa. Parágrafo único. O prazo contar-se-á do dia em que entregue, sob recibo, o requerimento do interessado ou o ofício de requisição (art. 1º, § 5º, e art. 7º, n. I, letra "b"). Art. 9º Se o autor desistir da ação ou der motiva à absolvição da instância, serão publicados editais nos prazos e condições previstos no art. 7º, inciso II, ficando assegurado a qualquer cidadão, bem como ao representante do Ministério Público, dentro do prazo de 90 (noventa) dias da última publicação feita, promover o prosseguimento da ação. Art. 10. As partes só pagarão custas e preparo a final. Art. 11. A sentença que, julgando procedente a ação popular, decretar a invalidade do ato impugnado, condenará ao pagamento de perdas e danos os responsáveis pela sua prática e os beneficiários dele, ressalvada a ação regressiva contra os funcionários causadores de dano, quando incorrerem em culpa. Art. 12. A sentença incluirá sempre, na condenação dos réus, o pagamento, ao autor, das custas e demais despesas, judiciais e extrajudiciais, diretamente relacionadas com a ação e comprovadas, bem como o dos honorários de advogado. Art. 13. A sentença que, apreciando o fundamento de direito do pedido, julgar a lide manifestamente temerária, condenará o autor ao pagamento do décuplo das custas. Art. 14. Se o valor da lesão ficar provado no curso da causa, será indicado na sentença; se depender de avaliação ou perícia, será apurado na execução. § 1º Quando a lesão resultar da falta ou isenção de qualquer pagamento, a condenação imporá o pagamento devido, com acréscimo de juros de mora e multa legal ou contratual, se houver. § 2º Quando a lesão resultar da execução fraudulenta, simulada ou irreal de contratos, a condenação versará sobre a reposição do débito, com juros de mora. § 3º Quando o réu condenado perceber dos cofres públicos, a execução far-se-á por desconto em folha até o integral ressarcimento do dano causado, se assim mais convier ao interesse público. § 4º A parte condenada a restituir bens ou valores ficará sujeita a seqüestro e penhora, desde a prolação da sentença condenatória. Art. 15. Se, no curso da ação, ficar provada a infringência da lei penal ou a prática de falta disciplinar a que a lei comine a pena de demissão ou a de rescisão de contrato de trabalho, o juiz, 'ex-officio', determinará a remessa de cópia autenticada das peças necessárias às autoridades ou aos administradores a quem competir aplicar a sanção. Art. 16. Caso decorridos 60 (sessenta) dias da publicação da sentença condenatória de segunda instância, sem que o consequências da procedência dos pedidos encartados na ação popular: a) decretação da invalidade do ato impugnado e b) condenação dos responsáveis e eventuais beneficiários à reparação dos danos.

3.3. Atos institucionais e normas correlatas

Neste subitem, serão analisados, de forma objetiva e com enfoque nos temas em debate na presente obra, os atos institucionais e outras normas correlatas editadas durante o regime militar. Registra-se, nesse sentido, que o Ato Institucional n. 1, de 9 de abril de 1964, manteve em vigor a Constituição de 1946 (artigo 1º).[456] Todavia, realizou profundas alterações, como, por exemplo, aquela prevista em seu artigo 7º: "Ficam suspensas, por seis (6) meses, as garantias constitucionais ou legais de vitaliciedade e estabilidade".

E, nos termos dos §§ 1º e 2º do referido artigo, os titulares dessas garantias, mediante investigação sumária realizada no prazo máximo de seis meses, podiam ser demitidos ou dispensados, ou ainda, com vencimentos e as vantagens proporcionais ao tempo de serviço, postos em disponibilidade, aposentados, transferidos para a reserva ou reformados, desde que tenham atentado contra a segurança do país, o regime democrático e a probidade da Administração Pública, sem prejuízo das sanções penais. Tais punições eram efetivadas por meio de ato do "Comando Supremo da Revolução" e, depois da posse do presidente da República, por decreto presidencial. Em se tratando de servidores estaduais, a punição era aplicada por decreto do governador. E os servidores municipais submetiam-se às mesmas sanções, quando a punição também era aplicada por decreto do governador, mas mediante proposta do prefeito municipal.

autor ou terceiro promova a respectiva execução. o representante do Ministério Público a promoverá nos 30 (trinta) dias seguintes, sob pena de falta grave. Art. 17. É sempre permitida às pessoas ou entidades referidas no art. 1º, ainda que hajam contestado a ação, promover, em qualquer tempo, e no que as beneficiar a execução da sentença contra os demais réus. Art. 18. A sentença terá eficácia de coisa julgada oponível "erga omnes", exceto no caso de haver sido a ação julgada improcedente por deficiência de prova; neste caso, qualquer cidadão poderá intentar outra ação com idêntico fundamento, valendo-se de nova prova. Art. 19. A sentença que concluir pela carência ou pela improcedência da ação está sujeita ao duplo grau de jurisdição, não produzindo efeito senão depois de confirmada pelo tribunal; da que julgar a ação procedente caberá apelação, com efeito suspensivo."

[456] "Art. 1º – São mantidas a Constituição de 1946 e as Constituições estaduais e respectivas Emendas, com as modificações constantes deste Ato."

Em tal contexto, nota-se que o referido ato, a pretexto de punir atentados "contra a segurança do País, o regime democrático e a probidade da administração pública", permitia demitir, dispensar, colocar em disponibilidade, aposentar, transferir para a reserva ou reformar aqueles que fossem contrários ao regime em vigor.[457]

De outra banda, salienta-se que o § 4º do artigo 7º limitava o controle judicial de tais atos, rezando que o "controle jurisdicional desses atos limitar-se-á ao exame de formalidades extrínsecas, vedada a apreciação dos fatos que o motivaram, bem como da sua conveniência ou oportunidade". Vale dizer, o Poder Judiciário podia apenas verificar as questões de forma de tais atos, não sendo permitido analisar o mérito. Nesse diapasão, eventuais abusos cometidos não eram passíveis de correção judicial, permanecendo incólumes e impuníveis. Quando muito, o recurso cabia ao presidente da República – o qual, como se sabe, não integra o Poder Judiciário –, *ex vi* do § 3º do mesmo artigo: "Do ato que atingir servidor estadual ou municipal vitalício, caberá recurso para o Presidente da República."

Por fim, registra-se que podiam ser instaurados individual ou coletivamente os inquéritos e processos atinentes à apuração de crimes contra o Estado ou seu patrimônio e a ordem política e social ou de atos de guerra revolucionária (artigo 8º). E, no interesse da paz e da honra nacional, eram permitidos, sem as limitações previstas na Constituição, suspender por dez anos os direitos políticos e cassar mandatos legislativos, proibida expressamente a revisão judicial dessas sanções (artigo 10).

Após um ano e meio da edição do primeiro diploma, sobreveio o Ato Institucional n. 2, de 27 de outubro de 1965, que também manteve em vigor a Constituição de 1946.[458] No mais, referente ao tema tratado neste livro, reproduziram-se algumas sanções constantes do ato anterior: suspensão das garantias constitucionais e legais de vitaliciedade, inamovibilidade e estabilidade, bem como a de exercício em funções por tempo certo, com possibilidade de demissão, remoção, dispensa, colocação em disponibilidade, aposentação, transferência ou reforma (artigo 14, *caput* e parágrafo

[457] Cf. GALLO, Carlos Artur. Memória, verdade, justiça e direitos humanos: um estudo sobre as relações entre o direito e a memória da ditadura civil-militar no Brasil. **Revista Plural**, São Paulo, v. 21.1, p. 31-48, 2014.

[458] "Art. 1º – A Constituição de 1946 e as Constituições estaduais e respectivas emendas são mantidas com as modificações constantes deste Ato."

único); suspensão dos direitos políticos de quaisquer cidadãos pelo prazo de dez anos e cassação de mandatos legislativos (artigo 15, *caput*).[459]

Além da exclusão do controle judicial previsto no ato anterior (artigos 7º, § 4º, e 10), o Ato Institucional n. 2/1965, em seu artigo 19, afastou da apreciação do Poder Judiciário o seguinte: a) os atos praticados pelo "Comando Supremo da Revolução" e pelo governo federal, com fundamento em atos institucionais ou complementares; b) as resoluções das Assembleias Legislativas e Câmara Municipais que cassassem mandatos eletivos ou declarassem o impedimento de governadores, deputados, prefeitos ou vereadores, a partir de 31 de março de 1964, até a promulgação do Ato Institucional n. 2/1965.

O artigo 23 tipificava como crime de responsabilidade contra a probidade na Administração Pública a aplicação irregular pelos prefeitos da cota do imposto de renda atribuída aos municípios pela União. E a parte final do dispositivo salientava que a iniciativa da ação penal cabia ao Ministério Público ou a um terço dos membros da Câmara Municipal.[460]

Assinala-se, por derradeiro, que se concedia ao presidente da República o poder de editar atos complementares ao Ato Institucional, bem como decretos-leis sobre matéria de segurança nacional (artigo 30). E, nessa seara, foi editado o Decreto-lei n. 201/1967, analisado abaixo, entre outros diplomas.

O Ato Institucional n. 3, de 5 de fevereiro de 1966, e o Ato Institucional n. 4, de 7 de dezembro de 1966, trataram respectivamente de eleições indiretas e proposta de nova Constituição, que foi consolidada em 24 de janeiro de 1967.

[459] Consigna-se, outrossim, que a suspensão dos direitos políticos ainda impunha as seguintes sanções: "Art. 16 – A suspensão de direitos políticos, com base neste Ato e no art. 10 e seu parágrafo único do Ato Institucional, de 9 de abril de 1964, além do disposto no art. 337 do Código Eleitoral e no art. 6º da Lei Orgânica dos Partidos Políticos, acarreta simultaneamente: I – a cessação de privilégio de foro por prerrogativa de função; II – a suspensão do direito de votar e de ser votado nas eleições sindicais; III – a proibição de atividade ou manifestação sobre assunto de natureza política; IV – a aplicação, quando necessária à preservação da ordem política e social, das seguintes medidas de segurança: a) liberdade vigiada; b) proibição de freqüentar determinados lugares; c) domicílio determinado."

[460] "O crime de responsabilidade aqui referido, como se percebe, era um verdadeiro crime comum, a ser perquirido com o ajuizamento de ação penal." (GARCIA, Emerson; ALVES, Rogério Pacheco. **Improbidade administrativa**. 9. ed. São Paulo: Saraiva, 2017, p. 279.)

Um importante diploma editado durante o regime militar e ainda em vigor é o Decreto-lei n. 201, de 27 de fevereiro de 1967, que dispõe sobre a responsabilidade criminal de prefeitos e vereadores. Em seu artigo 1º, *caput*, preveem-se diversas condutas apenadas com reclusão, de dois a doze anos (incisos I a II) e de três meses a três anos (incisos III a XXIII).

Cezar Roberto Bitencourt ensina que, neste caso, o bem jurídico tutelado é a Administração Pública municipal. Esta, inclusive, recebeu a devida atenção a partir da Lei de Responsabilidade Fiscal – Lei Complementar n. 101, de 4 de maio de 2000 –, corroborada pelo artigo 37 da Constituição Federal, notadamente quanto à necessidade de respeito à moralidade e probidade administrativas.[461] Nesse sentido, são crimes de responsabilidade praticados por prefeitos municipais, sujeitos ao julgamento do Poder Judiciário, independentemente do pronunciamento da Câmara Municipal:

a) apropriar-se de bens ou rendas públicas, ou desviá-los em proveito próprio ou alheio;
b) utilizar-se, indevidamente, em proveito próprio ou alheio, de bens, rendas ou serviços públicos;
c) desviar ou aplicar indevidamente rendas ou verbas públicas;
d) empregar subvenções, auxílios, empréstimos ou recursos de qualquer natureza em desacordo com os planos ou programas a que se destinam;
e) ordenar ou efetuar despesas não autorizadas por lei, ou realizá-las em desacordo com as normas financeiras pertinentes;
f) deixar de prestar contas anuais da administração financeira do município à Câmara Municipal ou ao órgão que a Constituição do Estado indicar, nos prazos e condições estabelecidos;
g) deixar de prestar contas, no devido tempo, ao órgão competente, da aplicação de recursos, empréstimos subvenções ou auxílios internos ou externos, recebidos a qualquer título;
h) contrair empréstimo, emitir apólices ou obrigar o município por títulos de crédito sem autorização da Câmara Municipal ou em desacordo com a lei;

[461] Bitencourt, Cezar Roberto. **Tratado de Direito Penal**: parte especial, crimes contra a Administração Pública e crimes praticados por prefeitos. 12. ed. São Paulo: Saraiva, v. 5, 2018, p. 483.

i) conceder empréstimo, auxílios ou subvenções sem autorização da Câmara Municipal ou em desacordo com a lei;
j) alienar ou onerar bens imóveis ou rendas municipais sem autorização da Câmara Municipal ou em desacordo com a lei;
k) adquirir bens ou realizar serviços e obras sem concorrência ou coleta de preços, nos casos exigidos em lei;
l) antecipar ou inverter a ordem de pagamento a credores do município sem vantagem para o erário;
m) nomear, admitir ou designar servidor contra expressa disposição de lei;
n) negar execução a lei federal, estadual ou municipal, ou deixar de cumprir ordem judicial, sem dar o motivo da recusa ou da impossibilidade, por escrito, à autoridade competente;
o) deixar de fornecer certidões de atos ou contratos municipais dentro do prazo estabelecido em lei;
p) deixar de ordenar a redução do montante da dívida consolidada, nos prazos estabelecidos em lei, quando o montante ultrapassar o valor resultante da aplicação do limite máximo fixado pelo Senado Federal;
q) ordenar ou autorizar a abertura de crédito em desacordo com os limites estabelecidos pelo Senado Federal, sem fundamento na lei orçamentária ou na lei de crédito adicional ou com inobservância de prescrição legal;
r) deixar de promover ou de ordenar, na forma da lei, o cancelamento, a amortização ou a constituição de reserva para anular os efeitos de operação de crédito realizada com inobservância de limite, condição ou montante estabelecido em lei;
s) deixar de promover ou de ordenar a liquidação integral de operação de crédito por antecipação de receita orçamentária, inclusive os respectivos juros e demais encargos, até o encerramento do exercício financeiro;
t) ordenar ou autorizar, em desacordo com a lei, a realização de operação de crédito com qualquer um dos demais entes da federação, inclusive suas entidades da administração indireta, ainda que na forma de novação, refinanciamento ou postergação de dívida contraída anteriormente;
u) captar recursos a título de antecipação de receita de tributo ou contribuição cujo fato gerador ainda não tenha ocorrido;

v) ordenar ou autorizar a destinação de recursos provenientes da emissão de títulos para finalidade diversa da prevista na lei que a autorizou;
w) realizar ou receber transferência voluntária em desacordo com limite ou condição estabelecida em lei.

Além da pena privativa de liberdade (artigo 1º, § 1º),[462] também são previstas as seguintes sanções no § 2º do artigo 1º: a) perda de cargo e b) inabilitação, pelo prazo de cinco anos, para o exercício de cargo ou função pública, eletivo ou de nomeação. E, ao final do citado § 2º, é ressalvada a reparação civil do dano causado ao patrimônio público ou particular.

Já o artigo 4º do Decreto-lei n. 201/1967 tipifica os crimes de responsabilidade praticados por prefeitos, que ensejam a cassação do mandato, após julgamento realizado pela Câmara Municipal:

a) impedir o funcionamento regular da Câmara Municipal;
b) impedir o exame de livros, folhas de pagamento e demais documentos que devam constar dos arquivos da Prefeitura, bem como a verificação de obras e serviços municipais, por comissão de investigação da Câmara Municipal ou auditoria regularmente instituída;
c) desatender, sem motivo justo, as convocações ou os pedidos de informações da Câmara Municipal, quando feitos a tempo e em forma regular;
d) retardar a publicação ou deixar de publicar as leis e os atos sujeitos a essa formalidade;
e) deixar de apresentar à Câmara Municipal, no devido tempo e em forma regular, a proposta orçamentária;
f) descumprir o orçamento aprovado para o exercício financeiro;
g) praticar, contra expressa disposição de lei, ato de sua competência ou omitir-se na sua prática;
h) omitir-se ou negligenciar na defesa de bens, rendas, direitos ou interesses do município sujeitos à administração da Prefeitura;
i) ausentar-se do município, por tempo superior ao permitido em lei, ou afastar-se da Prefeitura, sem autorização da Câmara Municipal;
j) agir de modo incompatível com a dignidade e o decoro do cargo.

[462] "Art. 1º [...] §1º Os crimes definidos nêste artigo são de ação pública, punidos os dos itens I e II, com a pena de reclusão, de dois a doze anos, e os demais, com a pena de detenção, de três meses a três anos. [...]."

E o artigo 7º, no mesmo sentido, tipifica os crimes de responsabilidade praticados por vereadores, que também ensejam a cassação do mandato, após julgamento realizado pela Câmara Municipal: a) utilizar-se do mandato para a prática de atos de corrupção ou de improbidade administrativa; b) fixar residência fora do município; c) agir de modo incompatível com a dignidade da Câmara Municipal ou faltar com o decoro na sua conduta pública.

O Decreto-lei n. 359, de 17 de dezembro de 1968, criou a Comissão Geral de Investigações para apurar enriquecimentos indevidos de agentes públicos em razão de seus cargos, podendo ser aplicada a pena de confisco de bens.[463]

O artigo 6º do referido decreto-lei definia enriquecimento ilícito como a aquisição de bens, dinheiros ou valores por quem tivesse exercido ou exercesse cargo ou função pública sem que, à época da aquisição, dispusesse de idoneidade financeira para fazê-lo, à vista da declaração de rendimentos apresentada para fins de pagamento do imposto de renda. Também era considerada enriquecimento ilícito a aquisição de bens, dinheiros ou valores por quem tivesse exercido ou ainda exercesse cargo ou função pública e que, embora dispondo, a época da aquisição, de idoneidade financeira para fazê-lo, não comprovou a sua legitimidade perante a Comissão Geral de Investigações.

A respectiva investigação podia ser instaurada por determinação do presidente da República, por iniciativa da própria Comissão ou por solicitação de outras autoridades.[464] A investigação ainda podia ser iniciada mediante representação de qualquer autoridade ou cidadão, formulada por escrito e sob as cominações do crime de denunciação caluniosa.

[463] "Art. 1º Fica instituída, no Ministério da Justiça, a Comissão Geral de Investigações com a incumbência de promover investigações sumárias para o confisco de bens de todos quantos tenham enriquecido, ilicitamente, no exercício de cargo ou função pública, da União, dos Estados, do Distrito Federal, dos Territórios ou dos Municípios, inclusive de empregos das respectivas autarquias, emprêsas públicas ou sociedades de economia mista. § 1º A comissão compor-se-á de cinco membros, nomeados, entre servidores civis e militares, ou profissionais liberais, de reconhecida idoneidade, pelo Presidente da República, mediante indicação do Ministro da Justiça, que será seu Presidente. § 2º A indicação de militar precederá a solicitação do Ministro da Justiça ao titular do Ministério a que aquêle pertencer."

[464] Demais autoridades elencadas no artigo 2º, *caput*, do decreto-lei em questão: ministro de Estado; chefe do Gabinete Militar ou Civil da Presidência da República ou do Serviço Nacional de Informações; governador de estado ou território; prefeito do Distrito Federal ou de município; dirigente de autarquia, empresa pública ou de sociedade de economia mista da União, estados, Distrito Federal, territórios ou municípios.

Ademais, o artigo 8º do Decreto-lei n. 359/1968, com redação conferida pelo Decreto-lei n. 760, de 13 de agosto de 1969, considerava nulos de pleno direito os atos praticados por aqueles que se enriqueceram ilicitamente na gestão de órgãos públicos, máxime em relação à alienação ou operação de bens, dinheiros ou valores desviados do patrimônio público. O confisco abrangia, inclusive, os bens cuja alienação ou oneração fosse declarada nula. E, uma vez decretado o confisco, a prova da legitimidade da aquisição dos bens, dinheiros ou valores podia ser realizada no prazo de seis meses (9º, *caput*).

Registra-se, por derradeiro, que o citado decreto-lei manteve em vigor, por meio de seu artigo 11, as leis Pitombo-Godoy Ilha e Bilac Pinto: "Continuam em vigor o Decreto-lei nº 3.240, de 8 de maio de 1941, e as Leis ns. 3.164, de 1 de junho de 1957, e 3.502, de 21 de dezembro de 1958, no que não colidirem com o disposto neste decreto-lei."

Em seguida, outorgou-se o Ato Institucional n. 5, de 13 de dezembro de 1968, que reproduziu, em seus artigos 4º e 6º,[465] disposições dos atos anteriores: suspensão de direitos políticos de quaisquer cidadãos pelo prazo de 10 anos, cassação de mandatos eletivos[466] e suspensão de garantias cons-

[465] "Art. 4º – No interesse de preservar a Revolução, o Presidente da República, ouvido o Conselho de Segurança Nacional, e sem as limitações previstas na Constituição, poderá suspender os direitos políticos de quaisquer cidadãos pelo prazo de 10 anos e cassar mandatos eletivos federais, estaduais e municipais. Parágrafo único – Aos membros dos Legislativos federal, estaduais e municipais, que tiverem seus mandatos cassados, não serão dados substitutos, determinando-se o quorum parlamentar em função dos lugares efetivamente preenchidos. [...] Art. 6º – Ficam suspensas as garantias constitucionais ou legais de: vitaliciedade, inamovibilidade e estabilidade, bem como a de exercício em funções por prazo certo. § 1º – O Presidente da República poderá mediante decreto, demitir, remover, aposentar ou pôr em disponibilidade quaisquer titulares das garantias referidas neste artigo, assim como empregado de autarquias, empresas públicas ou sociedades de economia mista, e demitir, transferir para a reserva ou reformar militares ou membros das polícias militares, assegurados, quando for o caso, os vencimentos e vantagens proporcionais ao tempo de serviço. § 2º – O disposto neste artigo e seu § 1º aplica-se, também, nos Estados, Municípios, Distrito Federal e Territórios."

[466] A exemplo do Ato Institucional n. 02, de 27 de outubro de 1965, também eram impostas outras sanções adicionais, inclusive a suspensão de qualquer direito público ou privado, todas impassíveis de controle judicial, *in verbis*: "Art. 5º – A suspensão dos direitos políticos, com base neste Ato, importa, simultaneamente, em: I – cessação de privilégio de foro por prerrogativa de função; II – suspensão do direito de votar e de ser votado nas eleições sindicais; III – proibição de atividades ou manifestação sobre assunto de natureza política; IV – aplicação, quando necessária, das seguintes medidas de segurança: a) liberdade vigiada; b) proibição

titucionais e legais, inclusive atinentes a vitaliciedade, inamovibilidade, estabilidade e exercício em funções por prazo certo, com possibilidade de demissão, remoção, aposentação, colocação em disponibilidade, transferência para a reserva e reforma.

O artigo 8º trazia uma inovação, acolhendo o Decreto-lei n. 359/1968, consistente na possibilidade de se realizar o confisco de bens dos agentes públicos que se enriqueceram ilicitamente no exercício de cargo ou função, inclusive de autarquias, empresas públicas e sociedades de economia mista, sem prejuízo das sanções penais cabíveis. O confisco era consumado, após investigação, por decreto do presidente da República. E, uma vez comprovada a legitimidade da aquisição dos bens, os bens eram restituídos.

Por derradeiro, suspendeu-se, por meio do artigo 10, a garantia de *habeas corpus* nos casos de crimes políticos e contra a segurança nacional, a ordem econômica e social e a economia popular, bem como se reforçou, no artigo 11, a exclusão do controle judicial de "todos os atos praticados de acordo com este Ato institucional e seus Atos Complementares, bem como os respectivos efeitos".[467]

O Ato Complementar n. 42, de 27 de janeiro de 1969, ampliou a figura do confisco para abranger bens de pessoas físicas e jurídicas que, relacionando-se com órgãos públicos ou outras pessoas jurídicas da Administração Pública indireta,[468] se enriqueceram ilicitamente – abarcando, inclusive, aqueles que, de qualquer modo, concorressem para o locupletamento indevido.[469]

de freqüentar determinados lugares; c) domicílio determinado, § 1º – O ato que decretar a suspensão dos direitos políticos poderá fixar restrições ou proibições relativamente ao exercício de quaisquer outros direitos públicos ou privados. § 2º – As medidas de segurança de que trata o item IV deste artigo serão aplicadas pelo Ministro de Estado da Justiça, defesa a apreciação de seu ato pelo Poder Judiciário."

[467] Segundo esse dispositivo, nem a forma dos atos – aspectos extrínsecos – poderia ser apreciada pelo Poder Judiciário, ao contrário do que se dispunha nos diplomas anteriores.

[468] A norma é bastante abrangente e refere-se às seguintes pessoas jurídicas: "[...] da União, dos Estados, do Distrito Federal, dos Territórios e dos Municípios, autarquias, emprêsas públicas, sociedades de economia mista e fundações instituídas pelos podêres públicos, associações ou entidades beneficiadas com auxílios ou contribuições estabelecidos em lei, permissionárias ou concessionárias de serviços públicos [...]."

[469] "Art. 1º O Presidente da República, após investigação, poderá decretar o confisco de bens de pessoa natural ou jurídica que, em relações de qualquer natureza, com a administração, da União, dos Estados, do Distrito Federal, dos Territórios e dos Municípios, autarquias, emprêsas públicas, sociedades de economia mista e fundações instituídas pelos podêres públicos,

Já o artigo 2º, *caput*, do referido ato complementar considerava enriquecimento ilícito quando resultante de:

a) vantagem ou benefício auferido, ilicitamente, na qualidade de diretor, gerente, superintendente, administrador, sócio ou empregado das entidades mencionadas no artigo 1º;
b) exploração de jogos de azar, lenocínio ou comércio clandestino de entorpecentes;
c) declaração falsa em medição de serviços de construção de estradas ou de obras públicas executadas por empreiteiros, subempreiteiros, concessionários e tarefeiros, ou sobre quantidade, qualidade, peso ou características de mercadorias ou bens entregues a serviço das entidades mencionadas no artigo 1º;
d) inserção de elementos inexatos ou omissão de operações de qualquer natureza em documentos ou livros exigidos pelas leis fiscais, com a intenção de se subtrair ao pagamento de tributos devidos à Fazenda Pública;
e) alteração de faturas e quaisquer outros documentos relativos a operações mercantis, com o propósito de fraudar a Fazenda Pública;
f) fornecimento ou emissão de documentos graciosos, ou alteração de despesas ou outras verbas não especificadas, com o propósito de obter redução de tributos devidos à Fazenda Pública.

O parágrafo único do mesmo artigo 2º dispunha que "Os casos de enriquecimento ilícito acima referidos não excluem atos ou fatos que possam ser abrangidos pelo disposto no artigo 1º." Ademais, o destino dos bens confiscados era o patrimônio do ente prejudicado com o enriquecimento ilícito ou, caso nenhum fosse prejudicado, o patrimônio da União. E convém assinalar que o Decreto-lei n. 457, de 7 de fevereiro de 1969, atribuiu à Comissão Geral de Investigações, criada pelo Decreto-lei n. 359/1968, a apuração sumária dos enriquecimentos ilícitos previstos no referido Ato Complementar n. 42/1969.

associações ou entidades beneficiadas com auxílios ou contribuições estabelecidos em lei, permissionárias ou concessionárias de serviços públicos, se haja enriquecido, ilicitamente, com bens, dinheiros ou valôres, sem prejuízo das sanções penais cabíveis. Parágrafo único. Aplica-se também, o disposto neste artigo a quem, de qualquer modo, concorre para o enriquecimento ilícito."

Por seu turno, o Decreto-lei n. 502, de 17 de março de 1969, conferia à Comissão Geral de Investigações, por meio de seu artigo 3º, *caput*, a atribuição de apurar "atos de corrupção ativa e passiva, ou contrários à preservação e consolidação da Revolução Brasileira de 31 de março de 1964 [...]." E o artigo 4º desse decreto-lei permitia ao ministro da Justiça determinar a prisão administrativa, pelo prazo máximo de noventa dias, de indiciado em apuração da Comissão Geral de Investigações, desde que necessária à instrução e houvesse indícios suficientes da existência do fato e de sua autoria.

Já os demais atos institucionais – n. 6 a 17 – não versavam diretamente sobre os temas tratados nesta obra, motivo pelo qual descabe sua análise.

Salienta-se, por fim, que a Emenda Constitucional n. 11, de 13 de outubro de 1978, revogou, conforme seu artigo 3º, todos os atos institucionais e complementares que contrariavam a Constituição Federal então vigente, ressalvando expressamente os efeitos dos atos já praticados, os quais não eram passíveis de controle judicial.[470]

4. Princípios constitucionais atinentes à matéria

Como analisado no item 3.1 deste capítulo, houve uma crescente e progressiva preocupação – ainda que não muito célere – do legislador constitucional brasileiro com a proteção do patrimônio público. Nesse sentido e com essa finalidade, criaram-se mecanismos legais para prevenir e coibir a corrupção e a improbidade administrativa. Todavia, para editar e implementar tais instrumentos, foram necessárias a construção e a consolidação de um específico arcabouço jurídico fundamentado em princípios constitucionais aptos a tal desiderato.

Celso Antônio Bandeira de Mello ensina que os princípios são verdadeiros alicerces de um sistema jurídico, atuando como uma bússola tanto para a produção legislativa quanto para a hermenêutica. A partir deles emanam as regras jurídicas, que somente serão válidas se não os contrariar. Assim, o autor conclui que o princípio é um mandamento nuclear de um sistema. Trata-se, nesse sentido, de fundamental embasamento do ordenamento jurídico, cuja disposição se espraia sobre distintas normas, "compondo-lhes o espírito e servindo de critério para a sua exata compreensão

[470] "Art. 3º – São revogados os Atos institucionais e complementares, no que contrariarem a Constituição Federal, ressalvados os efeitos dos atos praticados com bases neles, os quais estão excluídos de apreciação judicial."

e inteligência, exatamente para definir a lógica e racionalidade do sistema normativo, no que lhe confere a tônica de lhe dá sentido harmônico."[471]

A Constituição de 1988 elencou em suas disposições alguns princípios atinentes à matéria em apreço, servindo como base e critério de validade para as normas infraconstitucionais a serem recepcionadas ou promulgadas. Com efeito, consignou expressamente no texto originário de seu artigo 37, *caput*, os princípios da legalidade, impessoalidade, moralidade e publicidade. Além desses, a Emenda Constitucional n. 19, de 4 de junho 1998, incluiu no referido dispositivo o princípio da eficiência.

Além desses, também podem ser mencionados outros princípios que não foram explicitamente aduzidos pela Constituição, tais como os princípios da razoabilidade, proporcionalidade, finalidade pública, continuidade, autotutela, consensualidade, participação, segurança jurídica, confiança legítima, boa-fé, dentre outros.[472]

Em tal contexto, o agente público, independentemente da classificação de seu vínculo com o Estado, deve observar e respeitar os sobreditos princípios. Caso não se comporte dessa forma, o respectivo ato poderá ser considerado nulo, bem como o agente se sujeitará a diversas sanções em distintas áreas: civis, penais e administrativas.

Nessa esteira encontram-se as lições de Celso Antônio Bandeira de Mello, que considera a transgressão de um princípio muito mais gravosa que o desrespeito a uma norma jurídica. Com efeito, a violação a um princípio abala todo o sistema de regras, ao contrário do descumprimento de uma norma específica, que produz efeitos pontuais. Assim, a infração praticada contra os cânones constitucionais ou legais possui uma inegável severidade, "porque representa insurgência contra todo o sistema, subversão de seus valores fundamentais, contumélia irremissível a seu arcabouço lógico e corrosão de sua estrutura mestra."[473]

[471] MELLO, Celso Antônio Bandeira de. **Curso de Direito Administrativo**. 17 ed. São Paulo: Malheiros, 2004, p. 451.

[472] Cf. NEVES, Daniel Amorim Assumpção; OLIVEIRA, Rafael Carvalho Rezende. **Improbidade administrativa**: direito material e processual. 8. ed. São Paulo: Forense, 2020, p. 105.

[473] MELLO, Celso Antônio Bandeira de. **Curso de Direito Administrativo**. 17 ed. São Paulo: Malheiros, 2004, p. 451.

5. Lei n. 8.429, de 2 de junho de 1992 – Lei de Improbidade Administrativa

Para uma melhor compreensão da matéria, é importante perquirir a etimologia da palavra "probidade", a qual possui origem no latim *probĭtas*, significando "honestidade". Então, pode-se afirmar, em apertada síntese, que se trata da qualidade daqueles que agem com retidão e cumprem honradamente seus deveres. E, na seara pública, a "probidade administrativa" possui o mesmo significado: trata-se do dever funcional inserido na relação jurídica que estabelece o vínculo entre o agente público e o Estado, cujo primado também deve ser observado na relação com os particulares.

Assim, Gustavo Senna Miranda aduz que, na área administrativa, a conduta proba traduz-se no "exercício de qualquer função pública com honestidade, moralidade e eficiência". O agente, então, não pode abusar das prerrogativas inerentes à sua função pública, deixando de auferir para si ou para outrem qualquer vantagem ilícita, econômica ou não. Também deve abster-se de perpetrar condutas que prejudiquem o regular funcionamento da Administração Pública.[474] Nessa temática, Paulo Henrique dos Santos Lucon salienta que, figurando a probidade como corolário da moralidade administrativa, configura improbidade qualquer conduta lesiva à Administração Pública ou que viole os princípios administrativos, notadamente o primado da moralidade.[475]

No item 3 deste capítulo, colacionou-se a cronologia da legislação brasileira, tanto constitucional quanto infraconstitucional, atinente ao combate à corrupção. E, conforme se vislumbrou, anteriormente à Constituição de 1988 apenas se previu o perdimento de bens em razão de enriquecimento ilícito. Já a referida Carta Magna dispôs em seu artigo 37, § 4º, a seguinte determinação: "Os atos de improbidade administrativa importarão a suspensão dos direitos políticos, a perda da função pública, a indisponibilidade dos bens e o ressarcimento ao erário, na forma e gradação previstas em lei, sem prejuízo da ação penal cabível."

Para o cumprimento desse mandamento constitucional, o então presidente da República, Fernando Collor de Melo, enviou ao Congresso Nacional

[474] MIRANDA, Gustavo Senna. **Princípio do juiz natural e sua aplicação na Lei de Improbidade Administrativa.** São Paulo: Revista dos Tribunais, 2007, p. 112.

[475] LUCON, Paulo Henrique dos Santos. Improbidade administrativa no microssistema anticorrupção e viabilização dos acordos de leniência. *In*: BECHARA, Fábio Ramazzini (coord.) *et al.* **Corrupção.** São Paulo: Almedina, 2020, p. 200.

o Projeto de Lei n. 1.446/1991. Após diversas e profundas alterações empreendidas pelo Poder Legislativo, aprovou-se o texto final do projeto, que, sancionado sem qualquer veto pelo mesmo presidente da República, se transformou na Lei n. 8.429, de 2 de junho de 1992, conhecida como Lei de Improbidade Administrativa, que foi alterada recentemente pela Lei n. 14.230, de 25 de outubro de 2021.[476]

A Lei n. 8.429/1992 revogou expressamente as Leis Pitombo-Godoy Ilha e Bilac Pinto, conforme o seu artigo 25: "Ficam revogadas as Leis nºs 3.164, de 1º de junho de 1957, e 3.502, de 21 de dezembro de 1958 e demais disposições em contrário."

O ato de improbidade administrativa é uma espécie de ilícito administrativo. Mas a assertiva inversa não é verdadeira, pois nem todo ilícito administrativo configura improbidade administrativa. Para que esta última modalidade de ilicitude exista, contudo, é necessária, no mínimo, uma grave violação dos princípios constitucionais e administrativos, conforme o rol taxativo do artigo 11, porque, conforme se vislumbra abaixo, são bastante severas as sanções cominadas para tais atos.

Com a nova redação conferida pela Lei n. 14.230/2021, o artigo 2º, *caput*, do referido diploma normativo trata do sujeito ativo dos atos em apreço, explicitando que pode ser qualquer agente público, servidor ou não, independentemente de seu vínculo com o Estado.[477] Conclui-se, nesse sentido, que é bastante amplo o conceito trazido pela lei acerca do sujeito ativo de improbidade administrativa, abarcando qualquer agente público, seja estatutário, seja celetista, seja até mesmo aquele que possui vínculo transitório com o Estado (*v.g.*, mesário nas eleições). A única ressalva a ser feita nesse tema refere-se ao presidente da República, cujo entendimento assente no Supremo Tribunal Federal é no sentido de que, para tal autoridade, incide apenas a Lei n. 1.079/1950, restringindo-se, desse modo, os efeitos da Lei de Improbidade Administrativa.[478]

[476] Para um completo estudo da matéria, indica-se a leitura da seguinte obra: BARBOSA, Renato Kim; COSTA, Rafael de Oliveira. ***Nova* Lei de Improbidade Administrativa**. São Paulo: Almedina, 2022.

[477] "Art. 2º Para os efeitos desta Lei, consideram-se agente público o agente político, o servidor público e todo aquele que exerce, ainda que transitoriamente ou sem remuneração, por eleição, nomeação, designação, contratação ou qualquer outra forma de investidura ou vínculo, mandato, cargo, emprego ou função nas entidades referidas no art. 1º desta Lei."

[478] "Direito Constitucional. Agravo Regimental em Petição. Sujeição dos Agentes Políticos a Duplo Regime Sancionatório em Matéria de Improbidade. Impossibilidade de Extensão

Ainda quanto ao sujeito ativo dos atos de improbidade administrativa, convém também trazer à baila as disposições constantes no § 7º do artigo 1º, o qual alarga o alcance da norma, protegendo também o patrimônio das pessoas jurídicas da Administração Pública indireta,[479] bem como o regramento insculpido no artigo 3º, *caput*, o qual se refere a particulares que, de qualquer modo, se beneficiem do ilícito.[480]

A tipologia dos atos de improbidade administrativa encontra-se elencada nos artigos 9º, 10 e 11 da lei em apreço, escalonados conforme a sua

do Foro por Prerrogativa de Função à Ação de Improbidade Administrativa. 1. Os agentes políticos, com exceção do Presidente da República, encontram-se sujeitos a um duplo regime sancionatório, de modo que se submetem tanto à responsabilização civil pelos atos de improbidade administrativa, quanto à responsabilização político-administrativa por crimes de responsabilidade. Não há qualquer impedimento à concorrência de esferas de responsabilização distintas, de modo que carece de fundamento constitucional a tentativa de imunizar os agentes políticos das sanções da ação de improbidade administrativa, a pretexto de que estas seriam absorvidas pelo crime de responsabilidade. **A única exceção ao duplo regime sancionatório em matéria de improbidade se refere aos atos praticados pelo Presidente da República, conforme previsão do art. 85, V, da Constituição**. 2. O foro especial por prerrogativa de função previsto na Constituição Federal em relação às infrações penais comuns não é extensível às ações de improbidade administrativa, de natureza civil. Em primeiro lugar, o foro privilegiado é destinado a abarcar apenas as infrações penais. A suposta gravidade das sanções previstas no art. 37, § 4º, da Constituição, não reveste a ação de improbidade administrativa de natureza penal. Em segundo lugar, o foro privilegiado submete-se a regime de direito estrito, já que representa exceção aos princípios estruturantes da igualdade e da república. Não comporta, portanto, ampliação a hipóteses não expressamente previstas no texto constitucional. E isso especialmente porque, na hipótese, não há lacuna constitucional, mas legítima opção do poder constituinte originário em não instituir foro privilegiado para o processo e julgamento de agentes políticos pela prática de atos de improbidade na esfera civil. Por fim, a fixação de competência para julgar a ação de improbidade no 1º grau de jurisdição, além de constituir fórmula mais republicana, é atenta às capacidades institucionais dos diferentes graus de jurisdição para a realização da instrução processual, de modo a promover maior eficiência no combate à corrupção e na proteção à moralidade administrativa. 3. Agravo regimental a que se nega provimento. (Destaques nossos, Supremo Tribunal Federal, petição n. 3240 AgR, relator: ministro Teori Zavascki, relator do acórdão: ministro Roberto Barroso, Tribunal Pleno, julgado em: 10 mai. 2018, publicado em: 22 ago. 2018.)

[479] "Art. 1º. [...] § 7º Independentemente de integrar a administração indireta, estão sujeitos às sanções desta Lei os atos de improbidade praticados contra o patrimônio de entidade privada para cuja criação ou custeio o erário haja concorrido ou concorra no seu patrimônio ou receita atual, limitado o ressarcimento de prejuízos, nesse caso, à repercussão do ilícito sobre a contribuição dos cofres públicos. [...]."

[480] "Art. 3º As disposições desta Lei são aplicáveis, no que couber, àquele que, mesmo não sendo agente público, induza ou concorra dolosamente para a prática do ato de improbidade."

gravidade. Em primeiro lugar, o artigo 9º trata dos atos mais graves, vale dizer, aqueles que causam enriquecimento ilícito, abrangendo, desse modo, o recebimento, mediante a prática de ato doloso, qualquer tipo de vantagem patrimonial indevida em razão do exercício de cargo, de mandato, de função, de emprego ou de atividade nas entidades mencionadas no artigo 1º.[481] Os incisos I a XII do referido dispositivo trazem um rol exemplificativo de condutas nesse sentido:

a) receber, para si ou para outrem, dinheiro, bem móvel ou imóvel, ou qualquer outra vantagem econômica, direta ou indireta, a título de comissão, percentagem, gratificação ou presente de quem tenha interesse, direto ou indireto, que possa ser atingido ou amparado por ação ou omissão decorrente das atribuições do agente público;
b) perceber vantagem econômica, direta ou indireta, para facilitar a aquisição, permuta ou locação de bem móvel ou imóvel, ou a contratação de serviços por preço superior ao valor de mercado;
c) perceber vantagem econômica, direta ou indireta, para facilitar a alienação, permuta ou locação de bem público ou o fornecimento de serviço por ente estatal por preço inferior ao valor de mercado;
d) utilizar, em obra ou serviço particular, qualquer bem móvel, de propriedade ou à disposição de qualquer das entidades referidas no artigo 1º, bem como o trabalho de servidores, de empregados ou de terceiros contratados por essas entidades;
e) receber vantagem econômica de qualquer natureza, direta ou indireta, para tolerar a exploração ou a prática de jogos de azar, de lenocínio, de narcotráfico, de contrabando, de usura ou de qualquer outra atividade ilícita, ou aceitar promessa de tal vantagem;
f) receber vantagem econômica de qualquer natureza, direta ou indireta, para fazer declaração falsa sobre qualquer dado técnico que envolva obras públicas ou qualquer outro serviço ou sobre quantidade, peso, medida, qualidade ou característica de mercadorias ou bens fornecidos a qualquer das entidades referidas no artigo 1º;
g) adquirir, para si ou para outrem, no exercício de mandato, de cargo, de emprego ou de função pública, e em razão deles, bens de qualquer natureza, decorrentes dos atos descritos no *caput* do artigo 9º, cujo valor seja desproporcional à evolução do patrimônio ou à renda

[481] Tal figura assemelha-se ao conceito estrito de corrupção, abordado no início deste capítulo.

do agente público, assegurada a demonstração pelo agente da licitude da origem dessa evolução;

h) aceitar emprego, comissão ou exercer atividade de consultoria ou assessoramento para pessoa física ou jurídica que tenha interesse suscetível de ser atingido ou amparado por ação ou omissão decorrente das atribuições do agente público, durante a atividade;
i) perceber vantagem econômica para intermediar a liberação ou aplicação de verba pública de qualquer natureza;
j) receber vantagem econômica de qualquer natureza, direta ou indiretamente, para omitir ato de ofício, providência ou declaração a que esteja obrigado;
k) incorporar, por qualquer forma, ao seu patrimônio bens, rendas, verbas ou valores integrantes do acervo patrimonial das entidades referidas no artigo 1º;
l) usar, em proveito próprio, bens, rendas, verbas ou valores integrantes do acervo patrimonial das entidades referidas no artigo 1º.

De outra banda, o artigo 10 versa sobre atos que causam prejuízo ao erário, consistentes em qualquer ação ou omissão dolosa que enseje, efetiva e comprovadamente, perda patrimonial, desvio, apropriação, malbaratamento ou dilapidação dos bens ou haveres das entidades mencionadas no artigo 1º. Os incisos I a XXII do artigo 10 apontam exemplos de tais atos:

a) facilitar ou concorrer, por qualquer forma, para a indevida incorporação ao patrimônio particular, de pessoa física ou jurídica, de bens, de rendas, de verbas ou de valores integrantes do acervo patrimonial das entidades referidas no artigo 1º;
b) permitir ou concorrer para que pessoa física ou jurídica privada utilize bens, rendas, verbas ou valores integrantes do acervo patrimonial das entidades referidas no artigo 1º, sem a observância das formalidades legais ou regulamentares aplicáveis à espécie;
c) doar à pessoa física ou jurídica bem como ao ente despersonalizado, ainda que de fins educativos ou assistências, bens, rendas, verbas ou valores do patrimônio das entidades referidas no artigo 1º, sem observância das formalidades legais e regulamentares aplicáveis à espécie;
d) permitir ou facilitar a alienação, permuta ou locação de bem integrante do patrimônio de qualquer das entidades referidas no artigo

1º, ou ainda a prestação de serviço por parte delas, por preço inferior ao de mercado;

e) permitir ou facilitar a aquisição, permuta ou locação de bem ou serviço por preço superior ao de mercado;
f) realizar operação financeira sem observância das normas legais e regulamentares ou aceitar garantia insuficiente ou inidônea;
g) conceder benefício administrativo ou fiscal sem a observância das formalidades legais ou regulamentares aplicáveis à espécie;
h) frustrar a licitude de processo licitatório ou de processo seletivo para celebração de parcerias com entidades sem fins lucrativos, ou dispensá-los indevidamente, acarretando perda patrimonial efetiva;
i) ordenar ou permitir a realização de despesas não autorizadas em lei ou regulamento;
j) agir ilicitamente na arrecadação de tributo ou de renda, bem como no que diz respeito à conservação do patrimônio público;
k) liberar verba pública sem a estrita observância das normas pertinentes ou influir de qualquer forma para a sua aplicação irregular;
l) permitir, facilitar ou concorrer para que terceiro se enriqueça ilicitamente;
m) permitir que se utilizem, em obra ou serviço particular, veículos, máquinas, equipamentos ou material de qualquer natureza, de propriedade ou à disposição de qualquer das entidades referidas no artigo 1º, bem como o trabalho de servidor público, empregados ou terceiros contratados por essas entidades;
n) celebrar contrato ou outro instrumento que tenha por objeto a prestação de serviços públicos por meio da gestão associada sem observar as formalidades previstas na lei;
o) celebrar contrato de rateio de consórcio público sem suficiente e prévia dotação orçamentária, ou sem observar as formalidades previstas na lei;
p) facilitar ou concorrer, por qualquer forma, para a incorporação, ao patrimônio particular de pessoa física ou jurídica, de bens, rendas, verbas ou valores públicos transferidos pela Administração Pública a entidades privadas mediante celebração de parcerias, sem a observância das formalidades legais ou regulamentares aplicáveis à espécie;
q) permitir ou concorrer para que pessoa física ou jurídica privada utilize bens, rendas, verbas ou valores públicos transferidos pela

Administração Pública a entidade privada mediante celebração de parcerias, sem a observância das formalidades legais ou regulamentares aplicáveis à espécie;

r) celebrar parcerias da Administração Pública com entidades privadas sem a observância das formalidades legais ou regulamentares aplicáveis à espécie;

s) agir para a configuração de ilícito na celebração, na fiscalização e na análise das prestações de contas de parcerias firmadas pela Administração Pública com entidades privadas;

t) liberar recursos de parcerias firmadas pela Administração Pública com entidades privadas sem a estrita observância das normas pertinentes ou influir de qualquer forma para a sua aplicação irregular;

u) conceder, aplicar ou manter benefício financeiro ou tributário contrário ao que dispõem o *caput* e o § 1º do art. 8º-A da Lei Complementar n. 116, de 31 de julho de 2003.

E, por fim, o artigo 11 elenca os atos que atentam contra os princípios da Administração Pública, consistentes em ação ou omissão dolosa que viole os deveres de honestidade, imparcialidade e legalidade, caracterizada por uma das seguintes condutas (rol taxativo):

a) revelar fato ou circunstância de que tem ciência em razão das atribuições e que deva permanecer em segredo, propiciando beneficiamento por informação privilegiada ou colocando em risco a segurança da sociedade e do Estado;

b) negar publicidade aos atos oficiais, exceto em razão de sua imprescindibilidade para a segurança da sociedade e do Estado ou de outras hipóteses instituídas em lei;

c) frustrar, em ofensa à imparcialidade, o caráter concorrencial de concurso público, de chamamento ou de procedimento licitatório, com vistas à obtenção de benefício próprio, direto ou indireto, ou de terceiros;

d) deixar de prestar contas quando esteja obrigado a fazê-lo, desde que disponha das condições para isso, com vistas a ocultar irregularidades;

e) revelar ou permitir que chegue ao conhecimento de terceiro, antes da respectiva divulgação oficial, teor de medida política ou econômica capaz de afetar o preço de mercadoria, bem ou serviço;

f) descumprir as normas relativas à celebração, fiscalização e aprovação de contas de parcerias firmadas pela Administração Pública com entidades privadas;
g) nomear cônjuge, companheiro ou parente em linha reta, colateral ou por afinidade, até o terceiro grau, inclusive, da autoridade nomeante ou de servidor da mesma pessoa jurídica investido em cargo de direção, chefia ou assessoramento, para o exercício de cargo em comissão ou de confiança ou, ainda, de função gratificada na Administração Pública direta e indireta em qualquer dos Poderes da União, dos Estados, do Distrito Federal e dos Municípios, compreendido o ajuste mediante designações recíprocas;
h) praticar, no âmbito da Administração Pública e com recursos do erário, ato de publicidade que contrarie o disposto no § 1º do artigo 37 da Constituição Federal, de forma a promover inequívoco enaltecimento do agente público e personalização de atos, de programas, de obras, de serviços ou de campanhas dos órgãos públicos.

Paulo Henrique dos Santos Lucon ensina que, conforme tese firmada pelo Superior Tribunal de Justiça,[482] é subjetiva a responsabilização de agentes públicos por ato de improbidade administrativa. Desse modo, é

[482] Jurisprudência em Teses, edição n. 38, de 5 agosto de 2015: "É inadmissível a responsabilidade objetiva na aplicação da Lei n. 8.429/1992, exigindo-se a presença de dolo nos casos dos arts. 9º e 11 (que coíbem o enriquecimento ilícito e o atentado aos princípios administrativos, respectivamente) e ao menos de culpa nos termos do art. 10, que censura os atos de improbidade por dano ao Erário." "Precedentes: AgRg no REsp 1500812/SE, Rel. Ministro MAURO CAMPBELL MARQUES, SEGUNDA TURMA, julgado em 21/05/2015, DJe 28/05/2015; AgRg no REsp 968447/PR, Rel. Ministro NAPOLEÃO NUNES MAIA FILHO, PRIMEIRA TURMA, julgado em 16/04/2015, DJe 18/05/2015; REsp 1238301/MG, Rel. Ministro SÉRGIO KUKINA, PRIMEIRA TURMA, julgado em 19/03/2015, DJe 04/05/2015; AgRg no AREsp 597359/MG, Rel. Ministro HUMBERTO MARTINS, SEGUNDA TURMA, julgado em 16/04/2015, DJe 22/04/2015; REsp 1478274/MT, Rel. Ministro HERMAN BENJAMIN, SEGUNDA TURMA, julgado em 03/03/2015, DJe 31/03/2015; AgRg no REsp 1397590/CE, Rel. Ministra ASSUSETE MAGALHÃES, SEGUNDA TURMA, julgado em 24/02/2015, DJe 05/03/2015; AgRg no AREsp 560613/ES, Rel. Ministro OG FERNANDES, SEGUNDA TURMA, julgado em 20/11/2014, DJe 09/12/2014; REsp 1237583/SP, Rel. Ministro BENEDITO GONÇALVES, PRIMEIRA TURMA, julgado em 08/04/2014, DJe 02/09/2014. (VIDE INFORMATIVO DE JURISRUDÊNCIA N. 540)." Disponível em: https://www.stj.jus.br/internet_docs/jurisprudencia/jurisprudenciaemteses/Jurisprud%C3%AAncia%20em%20teses%2038%20-%20Improb%20Administrativa%20I.pdf. Acesso em: 29 ago. 2021.

crucial em tal tópico a comprovação de dolo para as situações de enriquecimento ilícito, lesão ao erário e violação aos princípios administrativos.[483] Nesse sentido encontra-se a doutrina de Hely Lopes Meirelles, pois, para esse doutrinador, não é necessariamente desonesto um agente público eventualmente incompetente, atabalhoado ou negligente. "O ato ilegal, para ser caracterizado como ato de improbidade, há de ser doloso ou, pelo menos, de culpa gravíssima."[484]

Nesse sentido, registra-se, por oportuno, que a Lei n. 14.230/2021 tornou expressa a exigência de dolo para todos as modalidades de improbidade administrativa, conforme o § 1º incluído ao artigo 1º: "Consideram-se atos de improbidade administrativa as condutas dolosas tipificadas nos arts. 9º, 10 e 11 desta Lei, ressalvados tipos previstos em leis especiais."[485] Ademais, para a lei, dolo é "a vontade livre e consciente de alcançar o resultado ilícito tipificado nos arts. 9º, 10 e 11 desta Lei, não bastando a voluntariedade do agente" (§ 3º do mesmo dispositivo).

Salienta-se, de outro vértice, que a Lei n. 10.257, de 10 de julho de 2001, conhecida como Estatuto da Cidade, prevê em seu artigo 52 mais alguns atos de improbidade administrativa praticados por prefeitos, sem prejuízo da punição de outros agentes públicos eventualmente envolvidos: a) deixar de proceder, no prazo de cinco anos, o adequado aproveitamento do imóvel incorporado ao patrimônio público; b) utilizar áreas obtidas por meio do direito de preempção; c) aplicar os recursos auferidos com a outorga onerosa do direito de construir e de alteração de uso em desacordo com o previsto no artigo 31 da lei; d) aplicar os recursos auferidos com operações consorciadas em desacordo com o previsto no § 1º do artigo 33 da lei; e) impedir ou deixar de garantir os requisitos contidos no artigo 40, § 4º, incisos I a III, da lei; f) deixar de tomar as providências necessárias

[483] LUCON, Paulo Henrique dos Santos. Improbidade administrativa no microssistema anticorrupção e viabilização dos acordos de leniência. *In*: BECHARA, Fábio Ramazzini (coord.) *et al.* **Corrupção**. São Paulo: Almedina, 2020, p. 201-202.

[484] MEIRELLES, Hely Lopes. **Mandado de segurança**. 27. ed. São Paulo: Malheiros, 2005, p. 217.

[485] Consigna-se, por oportuno, que, antes dessa alteração legislativa, a modalidade culposa era admitida apenas para o ato de improbidade administrativa que causa prejuízo ao erário, conforme a redação originária do artigo 10, *caput* (destaques nossos): "Art. 10. Constitui ato de improbidade administrativa que causa lesão ao erário **qualquer ação ou omissão, dolosa ou culposa**, que enseje perda patrimonial, desvio, apropriação, malbaratamento ou dilapidação dos bens ou haveres das entidades referidas no art. 1º desta lei, e notadamente: [...]."

para garantir a observância do disposto nos artigos 40, § 3º, e 50 da lei; g) adquirir imóvel objeto de direito de preempção, pelo valor da proposta apresentada, se este for, comprovadamente, superior ao de mercado.

As sanções para aqueles que praticam ato de improbidade administrativa encontram-se previstas no artigo 12 da Lei n. 8.429/1992, que ressalva, em seu *caput*, o "ressarcimento integral do dano patrimonial, se efetivo", e as "sanções penais comuns e de responsabilidade, civis e administrativas previstas na legislação específica".

No caso de enriquecimento ilícito, podem ser aplicados: perda dos bens ou valores acrescidos ilicitamente ao patrimônio; perda da função pública; suspensão dos direitos políticos até quatorze anos; pagamento de multa civil equivalente ao valor do acréscimo patrimonial; e proibição de contratar com o Poder Público ou de receber benefícios ou incentivos fiscais ou creditícios, direta ou indiretamente, ainda que por intermédio de pessoa jurídica da qual seja sócio majoritário, pelo prazo não superior a quatorze anos.

Em relação ao prejuízo ao erário, são previstos: perda dos bens ou valores acrescidos ilicitamente ao patrimônio, se concorrer esta circunstância; perda da função pública; suspensão dos direitos políticos até doze anos; pagamento de multa civil equivalente ao valor do dano; e proibição de contratar com o Poder Público ou de receber benefícios ou incentivos fiscais ou creditícios, direta ou indiretamente, ainda que por intermédio de pessoa jurídica da qual seja sócio majoritário, pelo prazo não superior a doze anos.

Por derradeiro, no que tange à infringência aos princípios administrativos, vislumbram-se: pagamento de multa civil de até vinte e quatro vezes o valor da remuneração percebida pelo agente; e proibição de contratar com o Poder Público ou de receber benefícios ou incentivos fiscais ou creditícios, direta ou indiretamente, ainda que por intermédio de pessoa jurídica da qual seja sócio majoritário, pelo prazo não superior a quatro anos.

Essas penalidades podem ser aplicadas de forma cumulativa ou isolada, segundo a gravidade em concreto do fato praticado, e são infligidas, conforme já registrado, independentemente das sanções penais, civis e administrativas eventualmente previstas para o mesmo fato.

Além disso, para a fixação das sanções, devem ser consideradas isolada ou cumulativamente as seguintes circunstâncias: os princípios da proporcionalidade e da razoabilidade; a natureza, a gravidade e o impacto da infração cometida; a extensão do dano causado; o proveito patrimonial obtido pelo agente; as circunstâncias agravantes ou atenuantes; a atuação do agente em minorar os prejuízos e as consequências advindas de sua conduta omissiva ou comissiva; os antecedentes do agente.

6. Lei n. 12.846, de 1º de agosto de 2013 – Lei Anticorrupção Empresarial

No Capítulo 1, abordou-se brevemente a Lei n. 12.846, de 1º de agosto de 2013, conhecida como Lei Anticorrupção Empresarial. Tal lei, aliada aos demais diplomas normativos que punem condutas ímprobas, é um importante marco notadamente quanto à prevenção de atos de corrupção e de improbidade administrativa, pois trata, entre outros institutos, da responsabilização objetiva civil e administrativa de pessoas jurídicas pela prática de atos contra a Administração Pública, nacional ou estrangeira.

Paulo Henrique dos Santos Lucon ensina que a citada lei regulamenta situações em que pessoas jurídicas são responsabilizadas mesmo sem culpa pela prática de atos lesivos contra a Administração Pública. E conclui o autor consignando que "também podem ser responsabilizados, para os fins do diploma legal em questão, os dirigentes das empresas processadas, bem como qualquer pessoa natural, autora, coautora ou partícipe do ato ilícito."[486] Ademais, conforme o mesmo autor, tal lei faz parte do microssistema normativo anticorrupção.[487]

Sujeito ativo: estão sujeitas às disposições desse diploma quaisquer pessoas jurídicas: sociedades empresárias ou simples, personificadas ou não, independentemente da forma de organização ou modelo societário adotado, bem como quaisquer fundações, associações de entidades ou pessoas, ou sociedades estrangeiras, que tenham sede, filial ou representação no território brasileiro, constituídas de fato ou de direito, ainda que temporariamente (artigo 1º, parágrafo único). Nota-se que se buscou abarcar toda e qualquer pessoa jurídica, com ou sem personalidade jurídica, inclusive aquelas existentes apenas de fato. Este largo escopo é de fundamental importância para evitar expedientes ardilosos que almejam burlar eventual responsabilização.

[486] LUCON, Paulo Henrique dos Santos. Improbidade administrativa no microssistema anticorrupção e viabilização dos acordos de leniência. *In*: BECHARA, Fábio Ramazzini (coord.) *et al.* **Corrupção**. São Paulo: Almedina, 2020, p. 203-204.

[487] LUCON, Paulo Henrique dos Santos. Procedimento e sanções na Lei Anticorrupção (Lei 12.846/2013). **Revista dos Tribunais**, São Paulo, v. 103, n. 947, p. 267-279, set. 2014, p. 267.

A preocupação maior da Lei n. 12.846/2013, conforme sua ementa e seus dispositivos iniciais, é justamente aplicar sanções civis e administrativas a pessoas jurídicas utilizadas como instrumentos para a prática de corrupção e de improbidade administrativa. E a responsabilidade objetiva, preconizada por esse diploma, é um importante avanço em tal contexto, *in verbis* (destaque nosso): "Art. 2º As pessoas jurídicas serão responsabilizadas **objetivamente**, nos âmbitos administrativo e civil, pelos atos lesivos previstos nesta Lei praticados em seu interesse ou benefício, exclusivo ou não." Vale dizer, nos termos da referida normativa, a culpa é dispensada para as finalidades preconizadas por esse diploma normativo.

Também é importante registrar que a responsabilização da pessoa jurídica não exclui a responsabilidade individual dos respectivos dirigentes, administradores ou de qualquer pessoa natural, autora, coautora ou partícipe do ato ilícito. Ademais, a pessoa jurídica será responsabilizada independentemente da responsabilização individual das mencionadas pessoas naturais, e os dirigentes ou administradores somente serão responsabilizados por atos ilícitos na medida da sua culpabilidade (artigo 3º).[488]

Elencam-se, no artigo 5º, os atos lesivos à Administração Pública nacional ou estrangeira, assim considerados todos aqueles praticados pelas pessoas jurídicas que atentem contra o patrimônio público nacional ou estrangeiro,[489] contra princípios da Administração Pública ou contra os

488 O artigo 4º salienta que a responsabilidade persiste mesmo em havendo qualquer alteração na pessoa jurídica: "Art. 4º Subsiste a responsabilidade da pessoa jurídica na hipótese de alteração contratual, transformação, incorporação, fusão ou cisão societária. § 1º Nas hipóteses de fusão e incorporação, a responsabilidade da sucessora será restrita à obrigação de pagamento de multa e reparação integral do dano causado, até o limite do patrimônio transferido, não lhe sendo aplicáveis as demais sanções previstas nesta Lei decorrentes de atos e fatos ocorridos antes da data da fusão ou incorporação, exceto no caso de simulação ou evidente intuito de fraude, devidamente comprovados. § 2º As sociedades controladoras, controladas, coligadas ou, no âmbito do respectivo contrato, as consorciadas serão solidariamente responsáveis pela prática dos atos previstos nesta Lei, restringindo-se tal responsabilidade à obrigação de pagamento de multa e reparação integral do dano causado."

489 Quanto ao patrimônio público internacional, é importante colacionar as disposições constantes nos §§ 1º a 3º do artigo 5º: "§ 1º Considera-se administração pública estrangeira os órgãos e entidades estatais ou representações diplomáticas de país estrangeiro, de qualquer nível ou esfera de governo, bem como as pessoas jurídicas controladas, direta ou indiretamente, pelo poder público de país estrangeiro. § 2º Para os efeitos desta Lei, equiparam-se à administração pública estrangeira as organizações públicas internacionais. § 3º Considera-se agente público estrangeiro, para os fins desta Lei, quem, ainda que transitoriamente ou sem

compromissos internacionais assumidos pelo Brasil, definidos da seguinte forma:

a) prometer, oferecer ou dar, direta ou indiretamente, vantagem indevida a agente público, ou a terceira pessoa a ele relacionada;
b) financiar, custear, patrocinar ou de qualquer modo subvencionar a prática dos atos ilícitos previstos na lei;
c) utilizar-se de interposta pessoa física ou jurídica para ocultar ou dissimular seus reais interesses ou a identidade dos beneficiários dos atos praticados;
d) no tocante a licitações e contratos: frustrar ou fraudar, mediante ajuste, combinação ou qualquer outro expediente, o caráter competitivo de procedimento licitatório público; impedir, perturbar ou fraudar a realização de qualquer ato de procedimento licitatório público; afastar ou procurar afastar licitante, por meio de fraude ou oferecimento de vantagem de qualquer tipo; fraudar licitação pública ou contrato dela decorrente; criar, de modo fraudulento ou irregular, pessoa jurídica para participar de licitação pública ou celebrar contrato administrativo; obter vantagem ou benefício indevido, de modo fraudulento, de modificações ou prorrogações de contratos celebrados com a Administração Pública, sem autorização em lei, no ato convocatório da licitação pública ou nos respectivos instrumentos contratuais; ou manipular ou fraudar o equilíbrio econômico-financeiro dos contratos celebrados com a Administração Pública;
e) dificultar atividade de investigação ou fiscalização de órgãos, entidades ou agentes públicos, ou intervir em sua atuação, inclusive no âmbito das agências reguladoras e dos órgãos de fiscalização do sistema financeiro nacional.

Constam no artigo 19 da Lei n. 12.846/2013 as sanções civis aplicáveis às pessoas jurídicas infratoras, que podem ser aplicadas de forma isolada ou cumulativa e devem ser pleiteadas judicialmente: a) perdimento dos

remuneração, exerça cargo, emprego ou função pública em órgãos, entidades estatais ou em representações diplomáticas de país estrangeiro, assim como em pessoas jurídicas controladas, direta ou indiretamente, pelo poder público de país estrangeiro ou em organizações públicas internacionais."

bens, direitos ou valores que representem vantagem ou proveito direta ou indiretamente obtidos da infração, ressalvado o direito do lesado ou de terceiro de boa-fé; b) suspensão ou interdição parcial de suas atividades; c) dissolução compulsória da pessoa jurídica;[490] d) proibição de receber incentivos, subsídios, subvenções, doações ou empréstimos de órgãos ou entidades públicas e de instituições financeiras públicas ou controladas pelo Poder Público, de um a cinco anos.

Um importante corolário dessa ação judicial, que adota o rito da Lei n. 7.347, de 24 de julho de 1985 – Lei da Ação Civil Pública –, consiste no fato de a condenação tornar certa a obrigação de reparar integralmente o dano causado pelo ilícito, cujo valor constará na sentença ou será apurado em posterior liquidação. A legitimidade para ajuizar a ação foi conferida ao Ministério Público e aos entes públicos lesados.

Para garantir a integral reparação do dano e o pagamento da multa, o Ministério Público ou os entes públicos afetados poderão requerer a indisponibilidade de bens, direitos ou valores necessários à sua garantia, ressalvado o direito do terceiro de boa-fé.

Além das sanções civis, o artigo 6º da lei *sub examine* prevê as seguintes penalidades administrativas às pessoas jurídicas infratoras: a) multa;[491] e b) publicação extraordinária da decisão condenatória.[492] Tais sanções serão aplicadas de forma fundamentada, isolada ou cumulativamente, segundo

[490] Acerca do tema, anota-se o disposto no § 1º do citado artigo 19: "A dissolução compulsória da pessoa jurídica será determinada quando comprovado: I – ter sido a personalidade jurídica utilizada de forma habitual para facilitar ou promover a prática de atos ilícitos; ou II – ter sido constituída para ocultar ou dissimular interesses ilícitos ou a identidade dos beneficiários dos atos praticados."

[491] Conforme o mesmo dispositivo, a multa pode ser aplicada da seguinte forma: "no valor de 0,1% (um décimo por cento) a 20% (vinte por cento) do faturamento bruto do último exercício anterior ao da instauração do processo administrativo, excluídos os tributos, a qual nunca será inferior à vantagem auferida, quando for possível sua estimação". E, "caso não seja possível utilizar o critério do valor do faturamento bruto da pessoa jurídica, a multa será de R$ 6.000,00 (seis mil reais) a R$ 60.000.000,00 (sessenta milhões de reais)" (§ 4º).

[492] O § 5º do artigo 6º discrimina a forma de aplicação dessa sanção: "A publicação extraordinária da decisão condenatória ocorrerá na forma de extrato de sentença, a expensas da pessoa jurídica, em meios de comunicação de grande circulação na área da prática da infração e de atuação da pessoa jurídica ou, na sua falta, em publicação de circulação nacional, bem como por meio de afixação de edital, pelo prazo mínimo de 30 (trinta) dias, no próprio estabelecimento ou no local de exercício da atividade, de modo visível ao público, e no sítio eletrônico na rede mundial de computadores."

as peculiaridades do caso concreto e a gravidade e a natureza das infrações, devendo haver prévio parecer elaborado pelo órgão jurídico do ente público em questão.[493]

A aplicação das sanções administrativas não exclui, em qualquer hipótese, a obrigação da reparação integral do dano causado, conforme preceitua expressamente o § 3º do referido artigo 6º. Trata-se de importante medida visando a assegurar a completa reparação de todos os danos causados pela pessoa jurídica infratora, não podendo haver qualquer tipo de compensação com a multa administrativa aplicada.

A Lei n. 12.846/2013 ainda prevê um importante mecanismo de prevenção da corrupção consistente na instituição de mecanismos e procedimentos de integridade pelas pessoas jurídicas, conhecido como *compliance*. A previsão encontra-se encartada em seu artigo 7º, *caput*, inciso VIII.[494-495]

7. Regimes jurídicos de responsabilidade civil geral e específico da corrupção e da improbidade administrativa

A reparação dos danos, em se tratando de corrupção ou de improbidade administrativa, segue o mesmo regime jurídico preconizado pelo Código Civil – Lei n. 10.406, de 10 de janeiro de 2002 – e pelos demais diplomas normativos correlatos.

A par desse sistema tradicional de reparação dos danos, Teresa Ancona Lopez ensina que existem as tutelas ressarcitórias e antecipatórias para a proteção dos interesses difusos, perfeitamente aplicável ao patrimônio público, conforme estudado no capítulo anterior. A professora leciona que tais instrumentos são utilizados na França, nos Estados Unidos da

[493] Quanto ao tema, também é importante consignar o conteúdo do artigo 7º, *caput*, da lei em apreço: "Serão levados em consideração na aplicação das sanções: I – a gravidade da infração; II – a vantagem auferida ou pretendida pelo infrator; III – a consumação ou não da infração; IV – o grau de lesão ou perigo de lesão; V – o efeito negativo produzido pela infração; VI – a situação econômica do infrator; VII – a cooperação da pessoa jurídica para a apuração das infrações; VIII – a existência de mecanismos e procedimentos internos de integridade, auditoria e incentivo à denúncia de irregularidades e a aplicação efetiva de códigos de ética e de conduta no âmbito da pessoa jurídica; IX – o valor dos contratos mantidos pela pessoa jurídica com o órgão ou entidade pública lesados; [...]."

[494] "Art. 7º Serão levados em consideração na aplicação das sanções: [...] VIII – a existência de mecanismos e procedimentos internos de integridade, auditoria e incentivo à denúncia de irregularidades e a aplicação efetiva de códigos de ética e de conduta no âmbito da pessoa jurídica; [...]."

[495] O *compliance* e o *public compliance* serão abordados no Capítulo 5 deste livro.

América, na Itália e no Brasil, por meio das referidas tutelas processuais ressarcitórias e antecipatórias, visando a proteger os interesses difusos, destacando-se nas searas ambiental e do consumidor. Ademais, registra a doutrinadora que, em nosso país, há a importante Lei da Ação Civil Pública – Lei n. 7.347, de 24 de julho de 1985 –, a qual faz do Ministério Público um indispensável instrumento para a efetiva proteção dos direitos e bens difusos, prevenindo e evitando danos sociais e coletivos.[496]

Para apurar a ocorrência dos referidos atos, bem como a sua respectiva autoria, existe o inquérito civil, previsto no artigo 8º, § 1º, da Lei n. 7.347/1985[497] e reafirmado na nova redação conferida ao artigo 22, *caput*, da Lei n. 8.429/1992 pela Lei n. 14.230/2021.[498] Trata-se de procedimento investigatório a cargo do Ministério Público, cujo membro natural o preside. Ao final, o citado procedimento pode ser arquivado ou instruir ação civil de improbidade administrativa, nos termos do artigo 9º da Lei n. 7.347/1985.[499]

Em seu artigo 127, *caput*, a Constituição Federal atribuiu ao Ministério Público a defesa da ordem jurídica, do regime democrático e dos interesses sociais e individuais indisponíveis. E, para tal desiderato, conferiu

[496] LOPEZ, Teresa Ancona. Responsabilidade civil na sociedade de risco. **Revista da Faculdade de Direito da Universidade de São Paulo**, São Paulo, v. 105, p. 1223-1234, 2010, p. 1228.

[497] "Art. 8º. [...] § 1º O Ministério Público poderá instaurar, sob sua presidência, inquérito civil, ou requisitar, de qualquer organismo público ou particular, certidões, informações, exames ou perícias, no prazo que assinalar, o qual não poderá ser inferior a 10 (dez) dias úteis. [...]."

[498] "Art. 22. Para apurar qualquer ilícito previsto nesta Lei, o Ministério Público, de ofício, a requerimento de autoridade administrativa ou mediante representação formulada de acordo com o disposto no art. 14 desta Lei, poderá instaurar inquérito civil ou procedimento investigativo assemelhado e requisitar a instauração de inquérito policial. [...]."

[499] "Art. 9º Se o órgão do Ministério Público, esgotadas todas as diligências, se convencer da inexistência de fundamento para a propositura da ação civil, promoverá o arquivamento dos autos do inquérito civil ou das peças informativas, fazendo-o fundamentadamente. § 1º Os autos do inquérito civil ou das peças de informação arquivadas serão remetidos, sob pena de se incorrer em falta grave, no prazo de 3 (três) dias, ao Conselho Superior do Ministério Público. § 2º Até que, em sessão do Conselho Superior do Ministério Público, seja homologada ou rejeitada a promoção de arquivamento, poderão as associações legitimadas apresentar razões escritas ou documentos, que serão juntados aos autos do inquérito ou anexados às peças de informação. § 3º A promoção de arquivamento será submetida a exame e deliberação do Conselho Superior do Ministério Público, conforme dispuser o seu Regimento. § 4º Deixando o Conselho Superior de homologar a promoção de arquivamento, designará, desde logo, outro órgão do Ministério Público para o ajuizamento da ação."

ao referido órgão, nos incisos II e III de seu artigo 129, *caput*, a função de zelar pelo efetivo respeito dos Poderes Públicos e dos serviços de relevância pública aos direitos assegurados pela Carta Magna, bem como a promoção do inquérito civil e da ação civil pública para a proteção do patrimônio público e de outros direitos difusos, coletivos e individuais homogêneos. Nesse sentido e em respeito ao princípio da eficiência,[500] é dever do Ministério Público racionalizar os procedimentos administrativos, concentrando esforços nas condutas que efetivamente causam lesão à sociedade, à lei e aos princípios que regem a Administração Pública.

E, segundo se relatou, os atos de improbidade administrativa encontram-se previstos na Lei n. 8.429/1992. Existem três espécies: enriquecimento ilícito (artigo 9º), prejuízo ao erário (artigo 10) e infringência aos princípios administrativos (artigo 11). Em respeito ao princípio da proporcionalidade, somente atos graves e efetivamente lesivos ao patrimônio público podem ser considerados improbidade administrativa. Com efeito, as sanções previstas pela respectiva lei são severas e, por conseguinte, apenas se aplicarão a casos que comportem tal repressão. A respectiva apuração, em regra, é realizada por meio do inquérito civil, procedimento investigatório a cargo do Ministério Público. Com a alteração empreendida pela Lei n. 14.230/2021, apenas o Ministério Público pode ajuizar a ação civil de improbidade administrativa, *ex vi* da nova redação do artigo 17, *caput*, da Lei n. 8.429/1992.

A reparação dos danos decorrentes da prática de corrupção e de improbidade administrativa segue o mesmo regime jurídico do Direito Privado, aplicando-se o Código Civil e os demais diplomas correlatos. Todavia, por se tratar, em sentido lato, de poder punitivo estatal, devem ser respeitados os direitos e as garantias previstos na Constituição Federal e em normas infraconstitucionais de estilo, conforme expressamente constou nos dispositivos introduzidos pela Lei n. 14.230/2021 à Lei n. 8.429/1992 – exemplo: “Art. 1º [...] § 4º Aplicam-se ao sistema da improbidade disciplinado nesta Lei os princípios constitucionais do direito administrativo sancionador.”

8. Conclusão parcial

O combate à corrupção é uma atividade cuja regulamentação é desenvolvida paulatinamente nos ordenamentos jurídicos internacionais e brasi-

[500] Cf. artigo 37, *caput*, da Constituição Federal.

leiro. Nota-se, sem dúvida, um avanço tanto na legislação nacional quanto em sistemas alienígenas, pois há uma preocupação latente em se coibir abusos nessa área.

Por óbvio, sempre é possível avançar ainda mais em tal temática, uma vez que a defesa do patrimônio público, na realidade, implica a proteção e a efetivação dos direitos fundamentais da pessoa humana. Com efeito, o desvio e a malversação de dinheiro público, bem como outras formas de corrupção e de improbidade administrativa, causam diversos danos a distintos bens pertencentes à coletividade e ao Estado. Desse modo, a ausência de adequadas prevenção e repressão a tais atos, além de outros malefícios, faz faltar recursos financeiros, os quais deixam de ser aplicados nas áreas de saúde, infraestrutura, segurança pública, educação, entre muitas outras.

Em tal contexto, sabe-se que a materialização dos direitos fundamentais encartados na Constituição Federal depende de recursos financeiros, imprescindíveis em qualquer política pública. Assim, é forçoso concluir que o aprimoramento das normas de combate à corrupção e à improbidade administrativa possui um papel fundamental nesse cenário, sendo imperioso ao legislador e aos operadores do Direito laborarem com essa premissa, buscando o fortalecimento do Estado Democrático de Direito.

CAPÍTULO 4
TEORIA HOLÍSTICA DA RESPONSABILIDADE CIVIL

1. Todo ato de improbidade administrativa, incluída a corrupção, gera dano social?

Os atos de corrupção e de improbidade administrativa, conforme explanado no Capítulo 3, são graves violações a preceitos públicos, praticadas justamente por aqueles que deveriam ser os primeiros a zelarem pelo fiel cumprimento da Constituição Federal e das leis. Não se trata de meros atos ilícitos de somenos importância, mas de verdadeiras transgressões a balizas civilizatórias.

José Marcelo Martins Proença leciona que a corrupção ocasiona distintas e acentuadas sequelas. Com efeito, um elevado nível de corrupção em uma país – como é o caso do Brasil – dificulta o ingresso das empresas no mercado formal; "e, então influindo no mercado informal, acarreta menos arrecadação de tributos pelo Estado e uma concorrência desleal." E prossegue o professor aduzindo que o fato de a propina ser um pressuposto para a prestação de serviço público significa onerar o respectivo contrato justamente em seu nascedouro; tal custo, obviamente, é repassado adiante, seja ao órgão público, seja à própria sociedade, recaindo sobre a alocação de recursos destinados a políticas públicas, tais como, por exemplo, a saúde, o transporte, a infraestrutura e a educação, inclusive quanto à qualidade e à extensão em que são oferecidos.[501]

[501] PROENÇA, José Marcelo Martins. Custo econômico da corrupção para as empresas. *In*: BECHARA, Fábio Ramazzini (coord.) *et al*. **Corrupção**. São Paulo: Almedina, 2020, p. 65-66.

Ainda segundo o referido autor, desestimulam-se o profissionalismo e o investimento em qualificação profissional quando contratações e promoções são realizadas em decorrência de nepotismo ou troca de favores. Do mesmo modo, são desincentivados os investimentos em pesquisa e desenvolvimento, pois, em tal contexto, pouco importam as qualidades e o mérito profissionais. Os contratados e os selecionados "são os amigos do rei ou aqueles que pagam por isso, sendo escolhidos independentemente das suas qualidades, características, profissionalismo, preço etc." Nesse cenário desolador, engendra-se um quadro desqualificado de mão de obra, o qual beneficia empresas menos competitivas e profissionais, em prejuízo às demais, notadamente aquelas mais bem estruturadas e qualificadas.[502]

Um dos maiores exemplos de improbidade administrativa é a apropriação indevida de verbas públicas, que deixam de ser aplicadas em determinadas áreas (*v.g.*, saúde, educação, infraestrutura ou segurança pública), para serem destinadas a espúrias finalidades privadas – na realidade, egoísticas –, em detrimento de toda a sociedade. Também é possível mencionar a situação de determinado corruptor que, objetivando auferir vantagem ilícita, oferece dinheiro ao corrupto, ocupante de cargo público, o qual o aceita para praticar ato vedado pelo ordenamento jurídico.

A título exemplificativo, Maria Cristina Pinotti assevera que, no caso conhecido como "mensalão", a população brasileira foi vítima difusa de uma grave prática ilícita, em que havia uma continuada compra de votos de parlamentares com acesso a dinheiro público dos partidos da base aliada e correligionários.[503]

Como se vê, não se trata de violações de pequena monta,[504] cujos efeitos, em tese, repercutiriam negativamente apenas na relação jurídica atinente aos infratores e eventuais vítimas – e, quando muito, nas relações concernentes a pessoas próximas. Vale dizer, os reflexos advindos da prática de corrupção e de improbidade administrativa são extremamente deletérios para toda a população, ultrapassando o âmbito meramente privado. Atin-

[502] PROENÇA, José Marcelo Martins. Custo econômico da corrupção para as empresas. *In*: BECHARA, Fábio Ramazzini (coord.) *et al.* **Corrupção**. São Paulo: Almedina, 2020, p. 65-66.

[503] PINOTTI, Maria Cristina. Corrupção, instituições e estagnação econômica: Brasil e Itália. *In*: ___________ (org.). **Corrupção**: Lava Jato e Mãos Limpas. São Paulo: Portfolio-Penguin, 2019, p. 30.

[504] Exemplo de violação de pequena monta: servidor público que chega atrasado ao serviço por se esquecer de programar o despertador, para o qual, em tese, é suficiente o respectivo regime disciplinar funcional.

gem-se, desse modo, desde bens materiais – por exemplo, interrupção da construção de um hospital, falta de dinheiro para a aquisição de merenda escolar, atraso no pagamento da remuneração de policiais *etc.* – até bens imateriais – *verbi gratia*, confiança da população nas instituições públicas, imagem do Estado brasileiro perante a sociedade internacional *etc.*

Os danos materiais tradicionais são evidentes, pois os atos de corrupção e de improbidade administrativa, notadamente aqueles que causam enriquecimento ilícito ou prejuízo ao erário, impactam diretamente nas contas públicas, ao fazerem faltar verbas para as atividades públicas mais corriqueiras. E os danos morais também se fazem presentes, uma vez que a imagem do Estado é inegavelmente desgastada, além de outras consequências de cunho extrapatrimonial.

De outra banda, percebe-se, além das tradicionais figuras de danos – materiais e morais –, a existência do dano social, também decorrente de corrupção e de improbidade administrativa. A cada nova prática desses atos, há verdadeiro rebaixamento da qualidade de vida da população,[505] que suporta todos os efeitos negativos correlatos. E, uma vez vislumbrado tal dano, é dever do Estado obrigar o agente ímprobo e eventual particular partícipe a repará-lo, pois, do contrário, se estaria incentivando a prática ilícita e, por consequência, prejudicando sobremaneira a sociedade.

A prática de corrupção e de improbidade administrativa fere gravemente o pacto social,[506] gerando descrédito nas pessoas em relação às

[505] Cf. AZEVEDO, Antônio Junqueira de. **Novos estudos e pareceres de Direito Privado**. São Paulo: Saraiva, 2009, p. 377.

[506] Cf. ROUSSEAU, Jean-Jacques. **Do contrato social**. Trad. Pietro Nassetti. São Paulo: Martin Claret, 2001, p. 31-32. Convém citar o seguinte excerto da referida obra desse autor francês (itálicos no original): "'Achar uma forma de sociedade que defenda e proteja com toda a força comum a pessoa e os bens de cada sócio, e pela qual, unindo-se cada um a todos, não obedeça todavia senão a si mesmo e fique tão livre como antes'. Tal é o problema fundamental que resolve o contrato social. [...] Se afastarmos pois do pacto social o que não é da sua essência achá-lo-emos reduzido aos termos seguintes: *Cada um de nós põe em comum sua pessoa e todo o seu poder sob a suprema direção da vontade geral, e recebemos enquanto corpo cada membro como parte indivisível do todo.* Imediatamente, em lugar da pessoa particular de cada contratante, esse ato de associação produz um corpo moral e coletivo, composto de tantos membros quantos são os votos da assembléia, o qual desse mesmo ato recebe a sua unidade, o *Eu* comum, sua vida, e vontade. A pessoa pública, formada assim pela união de todas as outras, tomava noutro tempo o nome de *cidade*, e hoje se chama *república*, ou *corpo político*, o qual é por seus membros chamado de *Estado* quando é passivo, *soberano* se ativo, *poder* se o comparam a seus iguais. A respeito dos associados, tomam coletivamente o nome de *Povo*, e chamam-se em particular

instituições e normas postas. Cria-se e mantém-se um ciclo vicioso de desconfiança e de pouco caso com a coisa pública, fazendo com que toda a população seja impelida a agir desonestamente. Dessume-se dessa situação o seguinte questionamento: "se o próprio gestor público atua ilicitamente, por que os administrados devem seguir as leis e respeitar o patrimônio público?" Gera-se uma grave desconfiança perante a população, causando-se justificada indignação com os desmandos praticados por agentes ímprobos. Estes, por ocuparem cargos e funções públicas, deveriam ser os primeiros a defenderem o erário e o patrimônio público, mas, pelo contrário, se aproveitam de sua investidura para auferirem vantagens ilícitas em prejuízo de toda a sociedade. Perpetua-se, com essa conduta, o famigerado "jeitinho", que busca obter vantagens a qualquer custo, ainda que ilicitamente e prejudicando terceiros.

Com efeito, além dos tradicionais danos materiais e porventura morais causados ao ente público respectivo, infligem-se danos a toda a sociedade, cujos direitos e bens – difusos por excelência[507] – são diretamente afetados por tal conduta. E essa consequência – dano social – é verificada em todo ato de corrupção e de improbidade administrativa, pois, reitera-se, se trata de situações de grande gravidade praticadas por agente público contra o patrimônio público, acarretando enriquecimento ilícito, prejuízo ao erário ou infringência a princípios da Administração Pública.

Antonio Junqueira de Azevedo ensina que o dano social pode ser aferido por meio da sociologia e estatística.[508] Nesse sentido, um exemplo de importante instrumento para verificar os efeitos da corrupção em determinada comunidade é o Índice de Desenvolvimento Humano (IDH), do Programa das Nações Unidas para o Desenvolvimento (PNUD), desenvolvido pela Organização das Nações Unidas (ONU).[509] Em 2020, o "IDH

Cidadãos, como participantes da autoridade soberana, e *Vassalos*, como submetidos às leis do Estado. Esses termos porém se confundem muitas vezes e se tornam um por outro; basta sabê-los distinguir quando se empregam com toda a sua precisão."

[507] Conforme visto no subitem 4.2 do Capítulo 2 deste livro.

[508] Azevedo, Antonio Junqueira de. **Novos estudos e pareceres de Direito Privado**. São Paulo: Saraiva, 2009, p. 383.

[509] "O IDH representa uma forma de medir ou de avaliar o nível de bem-estar de uma população considerada. O índice leva em consideração três aspectos para a medição do grau de desenvolvimento humano: a) longevidade: expectativa de vida; b) educação: que considera a taxa de alfabetização, de matrículas nos níveis de ensino; c) renda: produto interno produto per capita." (Del Masso, Fabiano Dolenc; Rovai, Armando Luiz. Corrupção e

do Brasil cresceu de 0,762 para 0,765. No entanto, caiu cinco posições no ranking, em relação ao ano anterior, ficando em 84º lugar entre 189 países."[510] O referido índice consiste em um instrumento conciso instituído para aferir o progresso de uma nação a longo prazo; lastreia-se, com essa finalidade, em três dimensões básicas do desenvolvimento humano: renda, educação e saúde.[511]

De todo modo, registra-se que o dano social é presumido nos casos de corrupção e de improbidade administrativa – *dano in re ipsa* –, pois os reflexos dessas graves condutas implicam, de forma inexorável, graves lesões aos direitos e bens pertencentes à sociedade. Com efeito, o desvio doloso de finalidade perpetrado pelo agente público ímprobo causa profundos danos à coletividade, conforme retratado nos exemplos colacionados no item 3 do Capítulo 1 desta obra. E, como corolário, é dever do Estado perquirir a respectiva reparação.

2. Necessidade de reparação integral de todos os danos praticados por agentes públicos corruptos e ímprobos

Teresa Ancona Lopez ensina que, ante os princípios encartados na Constituição Federal de 1988, "a obrigação geral de segurança veio se acrescentar à reparação integral e à solidariedade, ou seja, a responsabilidade civil foi enriquecida, evoluiu. Não há exclusão de nenhum dos paradigmas anteriores".[512] Para a professora, o atual cenário civil-constitucional impõe a necessária proteção dos direitos fundamentais, sem quaisquer discriminações, objetivando implementar e garantir a dignidade da pessoa

desenvolvimento econômico. *In*: CASTRO, Manuella Santos de (org.) *et al.* **Governança, *compliance* e corrupção.** São Paulo: Almedina, 2019, p. 122.)

[510] Disponível em: https://www.br.undp.org/content/brazil/pt/home/presscenter/articles/2020/pnud-faz-lancamento-nacional-do-relatorio-de-desenvolvimento-hum.html. Acesso em: 24 abr. 2021.

[511] "O objetivo da criação do IDH foi o de oferecer um contraponto a outro indicador muito utilizado, o Produto Interno Bruto (PIB) per capita, que considera apenas a dimensão econômica do desenvolvimento. Criado por Mahbub ul Haq com a colaboração do economista indiano Amartya Sen, ganhador do Prêmio Nobel de Economia de 1998, o IDH pretende ser uma medida geral e sintética que, apesar de ampliar a perspectiva sobre o desenvolvimento humano, não abrange nem esgota todos os aspectos de desenvolvimento." Disponível em: https://www.br.undp.org/content/brazil/pt/home/idh0.html. Acesso em: 24 abr. 2021.

[512] LOPEZ, Teresa Ancona. Responsabilidade civil na sociedade de risco. **Revista da Faculdade de Direito da Universidade de São Paulo**, São Paulo, v. 105, p. 1223-1234, 2010, p. 1228.

humana.[513] A reparação dos danos, dessa forma, é um comando constitucional e legal que deve ser observado em todas as áreas jurídicas.

Nesse sentido, o Estado brasileiro, por meio de suas leis, deve estar preparado para prevenir e reprimir ilegalidades praticadas por gestores públicos e demais ocupantes de cargos e funções públicas em geral. A cada desmando praticado por agentes corruptos, torna-se mais distante a concretização dos princípios e das normas encartados na Constituição Federal, fazendo existir uma sociedade injusta e que não respeita a dignidade da pessoa humana – contrariam-se, desse modo, os artigos 1º, *caput*, inciso III,[514] e 3º, inciso I,[515] da Carta Magna.

Ademais, o ordenamento jurídico não pode ser, ainda que indiretamente, um incentivador da prática de ilícitos. Em tal quadra, é inegável concluir-se que servem de estímulo à prática ilícita as normas que não resguardam de modo completo os direitos dos ofendidos. Cita-se o exemplo hipotético de uma montadora de veículos automotores que, realizando cálculos atuarias, infere ser mais vantajoso não fazer um *recall*, apesar do grave defeito de uma peça, colocando em risco a vida e a integridade física dos consumidores. Nesse exemplo, os custos de se realizar um *recall* são maiores que indenizar eventuais danos advindos de acidentes causados pelo defeito no produto (veículo automotor). Tais condutas de flagrante desrespeito ao espírito coletivo, traduzindo-se em um individualismo exacerbado e egoístico, colocam em risco a existência da própria sociedade, que, cada vez mais, deixa de acreditar na Justiça e, por consequência, no pacto civilizatório.

O Estado, inspirado no contrato social,[516] é mantido exatamente para garantir a existência da civilização, em que o todo defende os direitos de todos, assegurando a convivência pacífica e a busca pela felicidade, bem como permitindo, por conseguinte, o livre desenvolvimento da personali-

[513] LOPEZ, Teresa Ancona. Principais linhas da responsabilidade civil no Direito brasileiro contemporâneo. **Revista da Faculdade de Direito da Universidade de São Paulo**, São Paulo, v. 101, p. 111-152, 2006, p. 144.

[514] "Art. 1º A República Federativa do Brasil, formada pela união indissolúvel dos Estados e Municípios e do Distrito Federal, constitui-se em Estado Democrático de Direito e tem como fundamentos: [...] III – a dignidade da pessoa humana; [...]."

[515] "Art. 3º Constituem objetivos fundamentais da República Federativa do Brasil: I – construir uma sociedade livre, justa e solidária; [...]."

[516] Cf. ROUSSEAU, Jean-Jacques. **Do contrato social**. Trad. Pietro Nassetti. São Paulo: Martin Claret, 2001, p. 31-32.

dade de cada pessoa. A partir do momento em que esses direitos não são respeitados – e, pior, quando o próprio Estado, ainda que de forma indireta, incentiva o seu desrespeito –, o destino de uma nação resta fadado ao caos, em razão do insucesso de qualquer tentativa de se fazer valer o império justo das leis.

Por isso, a presente teoria não se limita aos casos de corrupção e de improbidade administrativa – objeto deste livro –, mas possui eficácia para todo o ordenamento jurídico. O escopo basilar, como consequência, é a proteção efetiva dos direitos dos cidadãos e da própria sociedade, os quais não podem ficar reféns daqueles que fazem do descumprimento das leis o seu modo de viver.

A conclusão acerca dessas constatações importa em afirmar que deve ser reparado, de forma integral, todo dano decorrente de corrupção e de improbidade administrativa, seja material, seja moral, seja social. Do contrário, legitimar-se-ia uma sociedade injusta e que não garante a dignidade da pessoa humana, contrariando fundamentos e objetivos basilares da República Federativa do Brasil.[517]

3. Releitura e reestruturação do respectivo regime de responsabilidade civil

A estrutura clássica da responsabilidade civil, no que tange aos atos de corrupção e de improbidade administrativa, costuma perquirir os danos materiais tradicionais e, quando muito, os danos morais. Todavia, esse entendimento mostrou-se insuficiente diante da contínua prática de ilícitos graves por agentes públicos ímprobos, prejudicando sobremaneira a sociedade.

[517] Conforme já relatado, os fundamentos e os objetivos de nossa República encontram-se previstos respectivamente nos artigos 1º e 3º da Constituição Federal: "Art. 1º A República Federativa do Brasil, formada pela união indissolúvel dos Estados e Municípios e do Distrito Federal, constitui-se em Estado Democrático de Direito e tem como fundamentos: I – a soberania; II – a cidadania; III – a dignidade da pessoa humana; IV – os valores sociais do trabalho e da livre iniciativa; V – o pluralismo político. Parágrafo único. Todo o poder emana do povo, que o exerce por meio de representantes eleitos ou diretamente, nos termos desta Constituição. [...] Art. 3º Constituem objetivos fundamentais da República Federativa do Brasil: I – construir uma sociedade livre, justa e solidária; II – garantir o desenvolvimento nacional; III – erradicar a pobreza e a marginalização e reduzir as desigualdades sociais e regionais; IV – promover o bem de todos, sem preconceitos de origem, raça, sexo, cor, idade e quaisquer outras formas de discriminação."

Consigna-se, por oportuno, que o cálculo de riscos e benefícios é realizado pelo infrator, notadamente aquele que se utiliza do aparato estatal para se enriquecer indevidamente. E, quando se percebe que eventual descoberta do ilícito e respectiva condenação são pífias e insuficientes em comparação ao lucro que se obterá, sem dúvida há um incentivo para a prática desonesta. Assim, favorece-se o agente ímprobo em detrimento de toda a sociedade.

Como visto, a corrupção e a improbidade administrativa, em quaisquer de suas modalidades, causam graves danos à sociedade. Tais ilícitos prejudicam tantos os entes públicos quanto os privados, além da própria sociedade, colocando em xeque a ética necessária à sobrevivência saudável de todas as estruturas sociais. E as consequências dessa transgressão de valores são notórias, como, por exemplo, a sensível diminuição de investimentos estrangeiros e o óbice aos desenvolvimentos econômico e social, dificultando o atendimento às demandas sociais e o respeito aos direitos difusos. Em tal contexto, inexistem dúvidas de que "a corrupção é nefasta e causa prejuízos imensuráveis, não somente às empresas, mas também para toda a nação."[518]

Esse estado de coisas não mais pode ser permitido ou tolerado pela legislação, pelos operadores do Direito e por todos os outros que buscam cumprir os mandamentos contidos na Constituição Federal, no Código Civil e nos demais diplomas normativos correlatos. Nesse sentido, Maria Tereza Uille Gomes constata o avanço da legislação que trata dos crimes de "colarinho branco", combate à corrupção, tráfico, lavagem de dinheiro, organizações criminosas e outros delitos previstos em tratados ou convenções internacionais.[519] E, do mesmo modo, a responsabilidade civil deve ser completa, visando à integral reparação de todos os danos causados – e não somente de alguns, o que, de modo inexorável, tornaria vantajosa a prática de ilícitos.

Em tal contexto, nota-se que o regime de responsabilidade civil almejado é basicamente o mesmo já existente, paulatinamente sedimentado em nossas leis, jurisprudência e doutrina. Altera-se apenas a visão de sua

[518] Cf. PROENÇA, José Marcelo Martins. Custo econômico da corrupção para as empresas. *In*: BECHARA, Fábio Ramazzini (coord.) *et al.* **Corrupção**. São Paulo: Almedina, 2020, p. 74-75.

[519] GOMES, Maria Tereza Uille. Corrupção sistêmica desestruturada: inovação, inteligência artificial, classificação de delitos. *In*: BECHARA, Fábio Ramazzini (coord.) *et al.* **Corrupção**. São Paulo: Almedina, 2020, p. 279.

conclusão, no sentido de que todos os danos devem ser completamente reparados. Nesses termos e com tal rigor técnico, o cálculo realizado pelo infrator o desestimulará de efetivar o ato de corrupção ou de improbidade administrativa. E, como consequência, o patrimônio público restará incólume, em respeito ao seu titular, que é a própria sociedade.

4. Missão do Ministério Público

Consignou-se, no item 7 do Capítulo 3, que o legitimado para o ajuizamento da ação civil de improbidade administrativa é o Ministério Público (artigo 17, *caput*, da Lei n. 8.429/1992, com a redação conferida pela Lei n. 14.230/2021). E, na seara criminal, o Ministério Público também é o titular da ação penal pública. Desse modo, percebe-se que tal órgão possui a importante missão de buscar judicial ou extrajudicialmente a completa reparação de todos os danos causados por corrupção e improbidade administrativa.

E, de acordo com a teoria holística da responsabilidade civil, deve o Ministério Público pleitear a reparação do dano social, seja por meio de ação judicial, seja extrajudicialmente (*v.g.*, acordo de não persecução penal ou cível). No que tange à respectiva quantificação, sugere-se a utilização dos critérios estabelecidos jurisprudencialmente para o dano moral, conforme se propôs no item 5.4 do Capítulo 2.

Assim, a observância dos predicados constitucionais e legais atinentes à matéria somente serão efetivados por meio desse órgão público – Ministério Público –, que possui, à sua disposição, o inquérito civil, a ação civil de improbidade administrativa e a ação penal, entre outros instrumentos aptos à proteção do patrimônio público.[520]

Ademais, em razão da pluralidade de instrumentos jurídicos à disposição, Paulo Henrique dos Santos Lucon preceitua ser imprescindível que as iniciativas de combate à corrupção e à improbidade administrativa sejam implementadas de forma coordenada. E finaliza o autor aduzindo que a corrupção, por ser um fenômeno complexo e multiforme, subverte os modelos tradicionais de persecução, exigindo uma ação institucional transversal e ordenada, visando a proteger com mais eficiência o patrimônio público.[521]

[520] Cf. MARTINS JUNIOR, Wallace Paiva. **Ministério Público**: a Constituição e as Leis Orgânicas. São Paulo: Atlas, 2015, p. 125-127.

[521] LUCON, Paulo Henrique dos Santos. Improbidade administrativa no microssistema anticorrupção e viabilização dos acordos de leniência. *In*: BECHARA, Fábio Ramazzini (coord.) *et al.* **Corrupção.** São Paulo: Almedina, 2020, p. 198.

No mesmo sentido é o entendimento de Luiz Flávio Gomes e Artur Cardoso Carvalho, os quais salientam que o combate à corrupção, em razão de se tratar de fenômeno bastante complexo, demanda a atuação simultânea em distintas frentes, com emprego concomitante de vários instrumentos. Mencionam-se, *exempli gratia*, a criminalização de condutas, o confisco de bens de origem ilícita, a responsabilização administrativa de pessoas jurídicas e o incentivo à implementação de programas de integridade.[522]

5. Conclusão parcial – maximização da prevenção e aprimoramento da repressão dos atos de corrupção e de improbidade administrativa

Com a releitura e a reestruturação do respectivo regime de responsabilidade civil, buscam-se, como objetivo maior, a maximização da prevenção e o aprimoramento da repressão dos atos de corrupção e de improbidade administrativa, para garantir, de forma efetiva, os direitos da sociedade. Cumprem-se, desse modo, as disposições constitucionais relativas a uma sociedade justa[523] e que garanta a dignidade da pessoa humana.[524]

Salienta-se que, apesar de a corrupção e a improbidade administrativa calcarem-se no desvio de finalidade da função pública, é importante repisar que é corriqueira a participação de particulares nesse processo, os quais oferecem vantagens indevidas a agentes públicos, para que estes, de forma ilícita, pratiquem ou deixem de praticar determinado ato. Desse modo, não se pode considerar tais fenômenos como um problema exclusivo e restrito ao setor público e aos seus agentes. Faz-se necessário, assim, sopesar a sua existência como algo ínsito a uma economia de mercado, “no bojo da qual passa a servir como meio de obtenção de vantagens concorrenciais, como ocorre nas fraudes em licitações, e de aumento das margens de lucro, a exemplo dos inúmeros casos de superfaturamento em obras públicas.”[525]

[522] GOMES, Luiz Flávio; SANTANA, Artur Cardoso Carvalho. A interdisciplinaridade no Direito brasileiro e a multiplicidade de instrumentos jurídicos no combate à corrupção. *In*: BECHARA, Fábio Ramazzini (coord.) *et al.* **Corrupção**. São Paulo: Almedina, 2020, p. 307.

[523] Cf. artigo 3º, inciso I, da Constituição Federal.

[524] Cf. artigo 1º, *caput,* inciso III, Constituição Federal.

[525] Cf. GOMES, Luiz Flávio; SANTANA, Artur Cardoso Carvalho. A interdisciplinaridade no Direito brasileiro e a multiplicidade de instrumentos jurídicos no combate à corrupção. *In*: BECHARA, Fábio Ramazzini (coord.) *et al.* **Corrupção**. São Paulo: Almedina, 2020, p. 307-308. E prosseguem os autores: “No Brasil, por exemplo, a associação espúria entre atores privados e agentes públicos e políticos, ao mesmo tempo em que permite a obtenção de lucros ilegais pelos primeiros, possibilita a perpetuação de elites políticas no poder. Nesse contexto, a

Considerando, então, a diversidade de instrumentos jurídicos aptos a atuarem contra a corrupção, cada um com função específica dentro desse contexto, Luiz Flávio Gomes e Artur Cardoso Carvalho dividem-nos em três disciplinas jurídicas: a) Direito Penal, b) Direito Administrativo e c) Direito Privado. "Logo, não há dúvidas de que o enfrentamento da corrupção consiste em uma atividade marcada pela exigência de uma abordagem interdisciplinar."[526]

Os citados autores pontuam, em arremate, que atribuir ao Direito Penal o papel central no combate à corrupção é medida que não se coaduna com o hodierno contexto social, em razão de diversos motivos: baixa efetividade, dificuldade probatória, lentidão da Justiça criminal *etc.* Com efeito, há um notório crescimento da complexidade das relações sociais e inegável ineficácia do sistema de Justiça em lidar com essa nova realidade. Assim, o "discurso favorável à hipercriminalização e à expansão da Justiça criminal possui caráter eminentemente simbólico, ou seja, voltado a aplacar o ânimo da sociedade, que clama por maiores punições," sem, contudo, se traduzir em efetiva diminuição de delitos e outros ilícitos.[527]

E, em tal quadro, a atuação do Direito Privado, especialmente o Direito Civil, é de extrema importância para a proteção do patrimônio público em casos de corrupção e de improbidade administrativa, protegendo, de forma eficaz, os direitos fundamentais notadamente de terceira dimensão. Nesse contexto, os danos sociais, por causarem um rebaixamento da qualidade de vida da sociedade, ao lado dos danos materiais e morais, devem ser alvo da responsabilidade civil concernente à corrupção e à improbidade administrativa, não apenas como escopo judicial, mas também extrajudicial, quando da apuração e eventual celebração de acordo de não persecução penal ou cível. Por isso e justamente para reforçar esse entendimento, sugerem-se nos capítulos 6 e 7 alterações constitucionais e legislativas nesse sentido, por uma teoria holística da responsabilidade civil.

corrupção não pode ser encarada como uma simples relação casuística e pontual, mas sim como um fator estruturante do próprio exercício dos poderes político e econômico na sociedade brasileira."

526 GOMES, Luiz Flávio; SANTANA, Artur Cardoso Carvalho. A interdisciplinaridade no Direito brasileiro e a multiplicidade de instrumentos jurídicos no combate à corrupção. *In*: BECHARA, Fábio Ramazzini (coord.) *et al.* **Corrupção**. São Paulo: Almedina, 2020, p. 309.

527 GOMES, Luiz Flávio; SANTANA, Artur Cardoso Carvalho. A interdisciplinaridade no Direito brasileiro e a multiplicidade de instrumentos jurídicos no combate à corrupção. *In*: BECHARA, Fábio Ramazzini (coord.) *et al.* **Corrupção**. São Paulo: Almedina, 2020, p. 312.

CAPÍTULO 5
TEMAS CORRELATOS DE RELEVÂNCIAS TEÓRICA E PRAGMÁTICA

1. Acordos de não persecução e necessidade de reparação integral de todos os danos

Recentemente foram implementadas profundas alterações legislativas permitindo a realização de acordos de não persecução, tanto na seara penal quanto na seara cível, que abrangem os atos de corrupção e de improbidade administrativa, se preenchidos os respectivos requisitos legais. Tais acordos permitem o término das investigações e a aplicação de algumas sanções, conforme se relatará nos subitens a seguir. Por fim, analisar-se-á a repercussão desses institutos no tema tratado neste livro, consistente na necessidade de reparação integral de todos os danos decorrentes de corrupção e de improbidade administrativa.

Todavia, convém salientar que nem sempre foi permitida essa pactuação, o que, invariavelmente, dificultava ou impedia uma célere e eficiente solução consensual dos casos. Como decorrência, os índices de recuperação de ativos eram muito baixos no Brasil; apenas após a edição da Lei n. 12.846, de 1º de agosto de 2013, conhecida como Lei Anticorrupção Empresarial, é que se atingiram patamares significativos. E, conforme informa André Luiz de Almeida Mendonça, um dos fatores primordiais para esse atraso era a ausência de mecanismos consensuais de resolução de conflitos em relação ao combate à corrupção e à recuperação de ativos, na contramão das nações que se encontram em estágio mais avançado de desenvolvimento econômico e social.[528]

[528] Mendonça, André Luiz de Almeida. Recuperação de ativos e combate à corrupção. *In*: Bechara, Fábio Ramazzini (coord.) *et al.* **Corrupção**. São Paulo: Almedina, 2020, p. 216.

O referido autor também consigna que havia – e ainda há – muita resistência no Brasil em se admitir acordos com agentes corruptos, quando, então, era escolhido o caminho mais demorado e menos eficiente, adstrito à lógica adversarial. Vale dizer, o litígio judicial era a regra em se tratando de corrupção e de improbidade administrativa, o que, além de demandar imensa estrutura estatal, se revelava muito pouco eficaz. Assim, a Lei Anticorrupção Empresarial, ao prever os acordos de leniência, pode ser considerada como uma mudança de paradigma, já que, antes disso, era rechaçada qualquer possibilidade de negociação com agentes ou empresas violadoras da ordem jurídica.[529]-[530]

Por fim, convém trazer à baila os números concatenados por André Luiz de Almeida Mendonça quanto à eficácia do novo sistema de solução consensual de conflitos: antes dessas alterações, os índices de recuperação eram menores que 15%, o que, irremediavelmente, impunha elevados custos para o sistema de Justiça por vários anos e décadas; já a partir do momento em que foi permitida a celebração desses acordos, o citado índice ultrapassa a marca de 70%, "abrindo-se a possibilidade concreta de se buscar o restante a partir das informações e documentos obtidos por meio da colaboração efetiva."[531] Desse modo, percebe-se que os acordos de não persecução são uma realidade posta, consistindo em um avanço inarredável que, inclusive, cumpre o princípio da eficiência encartado expressamente no artigo 37, *caput*, da Constituição Federal.[532]

[529] MENDONÇA, André Luiz de Almeida. Recuperação de ativos e combate à corrupção. *In*: BECHARA, Fábio Ramazzini (coord.) *et al.* **Corrupção**. São Paulo: Almedina, 2020, p. 216-217.

[530] É importante, por oportuno, registrar a ressalva feita pelo citado autor (MENDONÇA, André Luiz de Almeida. Recuperação de ativos e combate à corrupção. *In*: BECHARA, Fábio Ramazzini (coord.) *et al.* **Corrupção**. São Paulo: Almedina, 2020, p. 216-217): "Justiça seja feita, o direito brasileiro convive com o Programa de Leniência Antitruste desde a Lei n. 10.149/2000, que alterou a Lei n. 8.884/94 (atualmente: artigos 86 e 87 da Lei n. 12.529/11). Não obstante, dada a abrangência restrita às infrações contra a ordem econômica dessa legislação, o ganho de escala a partir da Lei Anticorrupção vem colocando a solução negociada em outro patamar de protagonismo no tocante à recuperação de ativos."

[531] MENDONÇA, André Luiz de Almeida. Recuperação de ativos e combate à corrupção. *In*: BECHARA, Fábio Ramazzini (coord.) *et al.* **Corrupção**. São Paulo: Almedina, 2020, p. 223-224.

[532] *In verbis* (destaques nossos): "Art. 37. **A administração pública** direta e indireta de qualquer dos Poderes da União, dos Estados, do Distrito Federal e dos Municípios **obedecerá aos princípios de** legalidade, impessoalidade, moralidade, publicidade e **eficiência** [...]."

1.1. Acordos na área penal

O Pacote Anticrime – Lei n. 13.964, de 24 de dezembro de 2019 – incluiu no Código de Processo Penal – Decreto-lei n. 3.689, de 3 de outubro de 1941 – o artigo 28-A, introduzindo ao ordenamento jurídico pátrio o "acordo de não persecução penal", o qual é cabível quando não for o caso de arquivamento do inquérito policial ou de outro procedimento investigatório (*v.g.*, procedimento investigatório criminal – PIC). Em vez de oferecer denúncia, o membro do Ministério Público propõe o referido pacto, desde que o investigado confesse formal e circunstancialmente a prática da infração penal, a qual, por seu turno, deve possuir pena mínima inferior a quatro anos e não pode ter sido praticada mediante violência ou grave ameaça à pessoa. Além disso, tal medida também deve ser necessária e suficiente para a prevenção e reprovação do delito.

Essa iniciativa, segundo Fábio Ramazzini Bechara e Amanda de Carvalho Rodrigues,[533] está de acordo com os compromissos assumidos internacionalmente pelo país por meio da adesão às Regras de Tóquio – Regras Mínimas Padrão das Nações Unidas para a Elaboração de Medidas Não Privativas de Liberdade –, notadamente seu item 5.1.[534]

O averiguado se compromete às seguintes condições, que podem ser aplicadas isolada ou cumulativamente: a) reparar o dano ou restituir a coisa à vítima, exceto na impossibilidade de fazê-lo; b) renunciar voluntariamente a bens e direitos indicados pelo Ministério Público como instrumentos, produto ou proveito do crime; c) prestar serviço à comunidade ou a entidades públicas por período correspondente à pena mínima cominada ao delito diminuída de um a dois terços; d) pagar prestação pecuniária à

[533] BECHARA, Fábio Ramazzini; RODRIGUES, Amanda de Carvalho. Corrupção e justiça penal negocial: a necessária releitura da obrigatoriedade da ação penal pública no Direito brasileiro. *In*: CASTRO, Manuella Santos de (org.) *et al.* **Governança, *compliance* e corrupção**. São Paulo: Almedina, 2019, p. 338.

[534] *In verbis*: "Sempre que adequado e compatível com o sistema jurídico, a polícia, o Ministério Público ou outros serviços encarregados da justiça criminal podem retirar os procedimentos contra o infrator se considerarem que não é necessário recorrer a um processo judicial com vistas à proteção da sociedade, à prevenção do crime ou à promoção do respeito pela lei ou pelos direitos das vítimas. Para a decisão sobre a adequação da retirada ou determinação dos procedimentos deve-se desenvolver um conjunto de critérios estabelecidos dentro de cada sistema legal. Para infrações menores, o promotor pode impor medidas não privativas de liberdade, se apropriado." Disponível em: https://www.cnj.jus.br/wp-content/uploads/2019/09/6ab7922434499259ffca0729122b2d38-2.pdf. Acesso em: 31 ago. 2021.

entidade pública ou de interesse social que tenha, preferencialmente, como função proteger bens jurídicos iguais ou semelhantes aos aparentemente lesados pelo delito; ou e) cumprir, por prazo determinado, outra condição indicada pelo Ministério Público, desde que proporcional e compatível com a infração penal imputada.

Antes dessa alteração realizada na legislação penal, havia – e ainda há – a transação penal, prevista no artigo 76 da Lei dos Juizado Especial Cível e Criminal – Lei n. 9.099, de 26 de setembro de 1995. Tal instituto aplica-se apenas aos delitos de menor potencial ofensivo, vale dizer, aqueles que possuem pena máxima de dois anos,[535] e, por esse motivo, não era cabível quanto à maioria dos crimes praticados contra a Administração Pública, cujas penas em regra ultrapassam esse patamar.[536]

Já o acordo de não persecução penal, por abarcar delitos que possuem pena mínima inferior a quatro anos,[537] é aplicável, em tese, a quase todos os delitos previstos no Capítulo I do Título XI do atual Código Penal – Decreto-lei n. 2.848, de 7 de dezembro de 1940 –, que trata "dos crimes contra a Administração Pública [...] praticados por funcionário público": peculato doloso (artigo 312, *caput* e § 1º),[538] peculato culposo (artigo 312, § 2º),[539] peculato mediante erro de outrem (artigo 313),[540] inserção de dados

[535] Cf. artigo 61 da Lei n. 9.099/1995: "Consideram-se infrações penais de menor potencial ofensivo, para os efeitos desta Lei, as contravenções penais e os crimes a que a lei comine pena máxima não superior a 2 (dois) anos, cumulada ou não com multa."

[536] Como exceção, cita-se a título exemplificativo o "peculato culposo", previsto no § 2º do artigo 312 do Código Penal, cuja pena é de três meses a um ano de detenção.

[537] "Art. 28-A [...] § 1º Para aferição da pena mínima cominada ao delito a que se refere o *caput* deste artigo, serão consideradas as causas de aumento e diminuição aplicáveis ao caso concreto."

[538] "Art. 312 – Apropriar-se o funcionário público de dinheiro, valor ou qualquer outro bem móvel, público ou particular, de que tem a posse em razão do cargo, ou desviá-lo, em proveito próprio ou alheio: Pena – reclusão, de dois a doze anos, e multa. § 1º – Aplica-se a mesma pena, se o funcionário público, embora não tendo a posse do dinheiro, valor ou bem, o subtrai, ou concorre para que seja subtraído, em proveito próprio ou alheio, valendo-se de facilidade que lhe proporciona a qualidade de funcionário.

[539] "Art. 312 [...] § 2º – Se o funcionário concorre culposamente para o crime de outrem: Pena – detenção, de três meses a um ano. § 3º – No caso do parágrafo anterior, a reparação do dano, se precede à sentença irrecorrível, extingue a punibilidade; se lhe é posterior, reduz de metade a pena imposta."

[540] "Art. 313 – Apropriar-se de dinheiro ou qualquer utilidade que, no exercício do cargo, recebeu por erro de outrem: Pena – reclusão, de um a quatro anos, e multa."

falsos em sistema de informações (artigo 313-A),[541] modificação ou alteração não autorizada de sistema de informações (artigo 313-B),[542] extravio, sonegação ou inutilização de livro ou documento (artigo 314),[543] emprego irregular de verbas ou rendas públicas (artigo 315),[544] concussão (artigo 316, *caput*),[545] excesso de exação (artigo 316, §§ 1º e 2º),[546] corrupção passiva (artigo 317),[547] facilitação de contrabando ou descaminho (artigo 318),[548] prevaricação (artigos 319 e 319-A),[549] condescendência criminosa (artigo

[541] "Art. 313-A. Inserir ou facilitar, o funcionário autorizado, a inserção de dados falsos, alterar ou excluir indevidamente dados corretos nos sistemas informatizados ou bancos de dados da Administração Pública com o fim de obter vantagem indevida para si ou para outrem ou para causar dano: Pena – reclusão, de 2 (dois) a 12 (doze) anos, e multa."

[542] "Art. 313-B. Modificar ou alterar, o funcionário, sistema de informações ou programa de informática sem autorização ou solicitação de autoridade competente: Pena – detenção, de 3 (três) meses a 2 (dois) anos, e multa. Parágrafo único. As penas são aumentadas de um terço até a metade se da modificação ou alteração resulta dano para a Administração Pública ou para o administrado."

[543] "Art. 314 – Extraviar livro oficial ou qualquer documento, de que tem a guarda em razão do cargo; sonegá-lo ou inutilizá-lo, total ou parcialmente: Pena – reclusão, de um a quatro anos, se o fato não constitui crime mais grave."

[544] "Art. 315 – Dar às verbas ou rendas públicas aplicação diversa da estabelecida em lei: Pena – detenção, de um a três meses, ou multa."

[545] "Art. 316 – Exigir, para si ou para outrem, direta ou indiretamente, ainda que fora da função ou antes de assumi-la, mas em razão dela, vantagem indevida: Pena – reclusão, de 2 (dois) a 12 (doze) anos, e multa."

[546] "Art. 316 [...] § 1º – Se o funcionário exige tributo ou contribuição social que sabe ou deveria saber indevido, ou, quando devido, emprega na cobrança meio vexatório ou gravoso, que a lei não autoriza: Pena – reclusão, de 3 (três) a 8 (oito) anos, e multa. § 2º – Se o funcionário desvia, em proveito próprio ou de outrem, o que recebeu indevidamente para recolher aos cofres públicos: Pena – reclusão, de dois a doze anos, e multa."

[547] "Art. 317 – Solicitar ou receber, para si ou para outrem, direta ou indiretamente, ainda que fora da função ou antes de assumi-la, mas em razão dela, vantagem indevida, ou aceitar promessa de tal vantagem: Pena – reclusão, de 2 (dois) a 12 (doze) anos, e multa. § 1º – A pena é aumentada de um terço, se, em conseqüência da vantagem ou promessa, o funcionário retarda ou deixa de praticar qualquer ato de ofício ou o pratica infringindo dever funcional. § 2º – Se o funcionário pratica, deixa de praticar ou retarda ato de ofício, com infração de dever funcional, cedendo a pedido ou influência de outrem: Pena – detenção, de três meses a um ano, ou multa."

[548] "Art. 318 – Facilitar, com infração de dever funcional, a prática de contrabando ou descaminho (art. 334): Pena – reclusão, de 3 (três) a 8 (oito) anos, e multa."

[549] "Art. 319 – Retardar ou deixar de praticar, indevidamente, ato de ofício, ou praticá-lo contra disposição expressa de lei, para satisfazer interesse ou sentimento pessoal: Pena – detenção, de três meses a um ano, e multa. Art. 319-A. Deixar o Diretor de Penitenciária e/ou agente

320),[550] advocacia administrativa (artigo 321),[551] abandono de função (artigo 323),[552] exercício funcional ilegalmente antecipado ou prolongado (artigo 324),[553] violação de sigilo funcional (artigo 325)[554] e violação de proposta de concorrência (artigo 326).[555]

A única exceção refere-se ao crime de violência arbitrária (artigo 322), pois, como o próprio nome indica, há a previsão de "violência" como um de seus elementos típicos. Em tal contexto, impossibilita-se a realização do acordo de não persecução penal, *ex vi* do mencionado artigo 28-A, *caput*, do Código de Processo Penal.[556]

público, de cumprir seu dever de vedar ao preso o acesso a aparelho telefônico, de rádio ou similar, que permita a comunicação com outros presos ou com o ambiente externo: Pena: detenção, de 3 (três) meses a 1 (um) ano."

550 "Art. 320 – Deixar o funcionário, por indulgência, de responsabilizar subordinado que cometeu infração no exercício do cargo ou, quando lhe falte competência, não levar o fato ao conhecimento da autoridade competente: Pena – detenção, de quinze dias a um mês, ou multa."

551 "Art. 321 – Patrocinar, direta ou indiretamente, interesse privado perante a administração pública, valendo-se da qualidade de funcionário: Pena – detenção, de um a três meses, ou multa. Parágrafo único – Se o interesse é ilegítimo: Pena – detenção, de três meses a um ano, além da multa."

552 "Art. 323 – Abandonar cargo público, fora dos casos permitidos em lei: Pena – detenção, de quinze dias a um mês, ou multa. § 1º – Se do fato resulta prejuízo público: Pena – detenção, de três meses a um ano, e multa. § 2º – Se o fato ocorre em lugar compreendido na faixa de fronteira: Pena – detenção, de um a três anos, e multa."

553 "Art. 324 – Entrar no exercício de função pública antes de satisfeitas as exigências legais, ou continuar a exercê-la, sem autorização, depois de saber oficialmente que foi exonerado, removido, substituído ou suspenso: Pena – detenção, de quinze dias a um mês, ou multa."

554 "Art. 325 – Revelar fato de que tem ciência em razão do cargo e que deva permanecer em segredo, ou facilitar-lhe a revelação: Pena – detenção, de seis meses a dois anos, ou multa, se o fato não constitui crime mais grave. § 1º Nas mesmas penas deste artigo incorre quem: I – permite ou facilita, mediante atribuição, fornecimento e empréstimo de senha ou qualquer outra forma, o acesso de pessoas não autorizadas a sistemas de informações ou banco de dados da Administração Pública; II – se utiliza, indevidamente, do acesso restrito. § 2º Se da ação ou omissão resulta dano à Administração Pública ou a outrem: Pena – reclusão, de 2 (dois) a 6 (seis) anos, e multa."

555 "Art. 326 – Devassar o sigilo de proposta de concorrência pública, ou proporcionar a terceiro o ensejo de devassá-lo: Pena – Detenção, de três meses a um ano, e multa."

556 "Art. 28-A. Não sendo caso de arquivamento e tendo o investigado confessado formal e circunstancialmente a prática de infração penal **sem violência** ou grave ameaça e com pena mínima inferior a 4 (quatro) anos, o Ministério Público poderá propor acordo de não persecução penal, desde que necessário e suficiente para reprovação e prevenção do crime, mediante as seguintes condições ajustadas cumulativa e alternativamente: [...]." (Destaques nossos.)

O estatuto repressivo ainda prevê, no Capítulo IV do referido título, os crimes praticados contra as finanças públicas, os quais todos também comportam acordo de não persecução penal: contratação de operação de crédito (artigo 359-A),[557] inscrição de despesas não empenhadas em restos a pagar (artigo 359-B),[558] assunção de obrigação no último ano do mandato ou legislatura (artigo 359-C),[559] ordenação de despesa não autorizada (artigo 359-D),[560] prestação de garantia graciosa (artigo 359-E),[561] não cancelamento de restos a pagar (artigo 359-F),[562] aumento de despesa total com pessoal no último ano do mandato ou legislatura (artigo 359-G)[563] e oferta pública ou colocação de título no mercado (artigo 359-H).[564]

Quanto a particulares, tal acordo também pode ser oferecido relativamente aos seguintes crimes tipificados pelo Código Penal, entre outros:

[557] "Art. 359-A. Ordenar, autorizar ou realizar operação de crédito, interno ou externo, sem prévia autorização legislativa: Pena – reclusão, de 1 (um) a 2 (dois) anos. Parágrafo único. Incide na mesma pena quem ordena, autoriza ou realiza operação de crédito, interno ou externo: I – com inobservância de limite, condição ou montante estabelecido em lei ou em resolução do Senado Federal; II – quando o montante da dívida consolidada ultrapassa o limite máximo autorizado por lei."

[558] "Art. 359-B. Ordenar ou autorizar a inscrição em restos a pagar, de despesa que não tenha sido previamente empenhada ou que exceda limite estabelecido em lei: Pena – detenção, de 6 (seis) meses a 2 (dois) anos."

[559] "Art. 359-C. Ordenar ou autorizar a assunção de obrigação, nos dois últimos quadrimestres do último ano do mandato ou legislatura, cuja despesa não possa ser paga no mesmo exercício financeiro ou, caso reste parcela a ser paga no exercício seguinte, que não tenha contrapartida suficiente de disponibilidade de caixa: Pena – reclusão, de 1 (um) a 4 (quatro) anos."

[560] "Art. 359-D. Ordenar despesa não autorizada por lei: Pena – reclusão, de 1 (um) a 4 (quatro) anos."

[561] "Art. 359-E. Prestar garantia em operação de crédito sem que tenha sido constituída contragarantia em valor igual ou superior ao valor da garantia prestada, na forma da lei: Pena – detenção, de 3 (três) meses a 1 (um) ano."

[562] "Art. 359-F. Deixar de ordenar, de autorizar ou de promover o cancelamento do montante de restos a pagar inscrito em valor superior ao permitido em lei: Pena – detenção, de 6 (seis) meses a 2 (dois) anos."

[563] "Art. 359-G. Ordenar, autorizar ou executar ato que acarrete aumento de despesa total com pessoal, nos cento e oitenta dias anteriores ao final do mandato ou da legislatura: Pena – reclusão, de 1 (um) a 4 (quatro) anos."

[564] "Art. 359-H. Ordenar, autorizar ou promover a oferta pública ou a colocação no mercado financeiro de títulos da dívida pública sem que tenham sido criados por lei ou sem que estejam registrados em sistema centralizado de liquidação e de custódia: Pena – reclusão, de 1 (um) a 4 (quatro) anos."

corrupção ativa (artigo 333),[565] corrupção ativa em transação comercial internacional (artigo 337-B)[566] e tráfico de influência em transação comercial internacional (artigo 337-C).[567]

O referido pacto ainda é cabível em outros delitos previstos na legislação penal especial, como, por exemplo, a Lei n. 8.666, de 21 de junho de 1993, que "institui normas para licitações e contratos da Administração Pública", elencando delitos em seus artigos 89 a 98. Todavia, tal diploma foi recentemente revogado pela nova Lei de Licitações e Contratos Administrativos – Lei n. 14.133, de 1º de abril de 2021 –, cujo artigo 178 criou novos tipos penais ao incluir no Código Penal os artigos 337-E a 337-P,[568]

565 "Art. 333 – Oferecer ou prometer vantagem indevida a funcionário público, para determiná-lo a praticar, omitir ou retardar ato de ofício: Pena – reclusão, de 2 (dois) a 12 (doze) anos, e multa. Parágrafo único – A pena é aumentada de um terço, se, em razão da vantagem ou promessa, o funcionário retarda ou omite ato de ofício, ou o pratica infringindo dever funcional."

566 "Art. 337-B. Prometer, oferecer ou dar, direta ou indiretamente, vantagem indevida a funcionário público estrangeiro, ou a terceira pessoa, para determiná-lo a praticar, omitir ou retardar ato de ofício relacionado à transação comercial internacional: Pena – reclusão, de 1 (um) a 8 (oito) anos, e multa. Parágrafo único. A pena é aumentada de 1/3 (um terço), se, em razão da vantagem ou promessa, o funcionário público estrangeiro retarda ou omite o ato de ofício, ou o pratica infringindo dever funcional."

567 "Art. 337-C. Solicitar, exigir, cobrar ou obter, para si ou para outrem, direta ou indiretamente, vantagem ou promessa de vantagem a pretexto de influir em ato praticado por funcionário público estrangeiro no exercício de suas funções, relacionado a transação comercial internacional: Pena – reclusão, de 2 (dois) a 5 (cinco) anos, e multa. Parágrafo único. A pena é aumentada da metade, se o agente alega ou insinua que a vantagem é também destinada a funcionário estrangeiro."

568 "CAPÍTULO II-B. DOS CRIMES EM LICITAÇÕES E CONTRATOS ADMINISTRATIVOS. Contratação direta ilegal. Art. 337-E. Admitir, possibilitar ou dar causa à contratação direta fora das hipóteses previstas em lei: Pena – reclusão, de 4 (quatro) a 8 (oito) anos, e multa. Frustração do caráter competitivo de licitação. Art. 337-F. Frustrar ou fraudar, com o intuito de obter para si ou para outrem vantagem decorrente da adjudicação do objeto da licitação, o caráter competitivo do processo licitatório: Pena – reclusão, de 4 (quatro) anos a 8 (oito) anos, e multa. Patrocínio de contratação indevida. Art. 337-G. Patrocinar, direta ou indiretamente, interesse privado perante a Administração Pública, dando causa à instauração de licitação ou à celebração de contrato cuja invalidação vier a ser decretada pelo Poder Judiciário: Pena – reclusão, de 6 (seis) meses a 3 (três) anos, e multa. Modificação ou pagamento irregular em contrato Administrativo. Art. 337-H. Admitir, possibilitar ou dar causa a qualquer modificação ou vantagem, inclusive prorrogação contratual, em favor do contratado, durante a execução dos contratos celebrados com a Administração Pública, sem autorização em lei, no edital da licitação ou nos respectivos instrumentos contratuais, ou, ainda, pagar fatura com preterição da ordem cronológica de sua exigibilidade: Pena – reclusão, de 4 (quatro) anos

os quais, por terem pena mínima de até quatro anos de reclusão, são passíveis de acordo de não persecução penal.

a 8 (oito) anos, e multa. Perturbação de processo licitatório. Art. 337-I. Impedir, perturbar ou fraudar a realização de qualquer ato de processo licitatório: Pena – detenção, de 6 (seis) meses a 3 (três) anos, e multa. Violação de sigilo em licitação. Art. 337-J. Devassar o sigilo de proposta apresentada em processo licitatório ou proporcionar a terceiro o ensejo de devassá-lo: Pena – detenção, de 2 (dois) anos a 3 (três) anos, e multa. Afastamento de licitante. Art. 337-K. Afastar ou tentar afastar licitante por meio de violência, grave ameaça, fraude ou oferecimento de vantagem de qualquer tipo: Pena – reclusão, de 3 (três) anos a 5 (cinco) anos, e multa, além da pena correspondente à violência. Parágrafo único. Incorre na mesma pena quem se abstém ou desiste de licitar em razão de vantagem oferecida. Fraude em licitação ou contrato. Art. 337-L. Fraudar, em prejuízo da Administração Pública, licitação ou contrato dela decorrente, mediante: I – entrega de mercadoria ou prestação de serviços com qualidade ou em quantidade diversas das previstas no edital ou nos instrumentos contratuais; II – fornecimento, como verdadeira ou perfeita, de mercadoria falsificada, deteriorada, inservível para consumo ou com prazo de validade vencido; III – entrega de uma mercadoria por outra; IV – alteração da substância, qualidade ou quantidade da mercadoria ou do serviço fornecido; V – qualquer meio fraudulento que torne injustamente mais onerosa para a Administração Pública a proposta ou a execução do contrato: Pena – reclusão, de 4 (quatro) anos a 8 (oito) anos, e multa. Contratação inidônea. Art. 337-M. Admitir à licitação empresa ou profissional declarado inidôneo: Pena – reclusão, de 1 (um) ano a 3 (três) anos, e multa. § 1º Celebrar contrato com empresa ou profissional declarado inidôneo: Pena – reclusão, de 3 (três) anos a 6 (seis) anos, e multa. § 2º Incide na mesma pena do *caput* deste artigo aquele que, declarado inidôneo, venha a participar de licitação e, na mesma pena do § 1º deste artigo, aquele que, declarado inidôneo, venha a contratar com a Administração Pública. Impedimento indevido. Art. 337-N. Obstar, impedir ou dificultar injustamente a inscrição de qualquer interessado nos registros cadastrais ou promover indevidamente a alteração, a suspensão ou o cancelamento de registro do inscrito: Pena – reclusão, de 6 (seis) meses a 2 (dois) anos, e multa. Omissão grave de dado ou de informação por projetista. Art. 337-O. Omitir, modificar ou entregar à Administração Pública levantamento cadastral ou condição de contorno em relevante dissonância com a realidade, em frustração ao caráter competitivo da licitação ou em detrimento da seleção da proposta mais vantajosa para a Administração Pública, em contratação para a elaboração de projeto básico, projeto executivo ou anteprojeto, em diálogo competitivo ou em procedimento de manifestação de interesse: Pena – reclusão, de 6 (seis) meses a 3 (três) anos, e multa. § 1º Consideram-se condição de contorno as informações e os levantamentos suficientes e necessários para a definição da solução de projeto e dos respectivos preços pelo licitante, incluídos sondagens, topografia, estudos de demanda, condições ambientais e demais elementos ambientais impactantes, considerados requisitos mínimos ou obrigatórios em normas técnicas que orientam a elaboração de projetos. § 2º Se o crime é praticado com o fim de obter benefício, direto ou indireto, próprio ou de outrem, aplica-se em dobro a pena prevista no *caput* deste artigo. Art. 337-P. A pena de multa cominada aos crimes previstos neste Capítulo seguirá a metodologia de cálculo prevista neste Código e não poderá ser inferior a 2% (dois por cento) do valor do contrato licitado ou celebrado com contratação direta."

Da mesma forma, aplica-se, em tese, aos crimes previstos no Decreto--lei n. 201, de 27 de fevereiro de 1967, que dispõe sobre a responsabilidade de prefeitos e vereadores. Tal diploma tipifica, em seu artigo 1º, *caput*, diversas condutas criminais atinentes a prefeitos,[569] as quais podem ser

[569] "Art. 1º São crimes de responsabilidade dos Prefeitos Municipal, sujeitos ao julgamento do Poder Judiciário, independentemente do pronunciamento da Câmara dos Vereadores: I – apropriar-se de bens ou rendas públicas, ou desviá-los em proveito próprio ou alheio; II – utilizar-se, indevidamente, em proveito próprio ou alheio, de bens, rendas ou serviços públicos; III – desviar, ou aplicar indevidamente, rendas ou verbas públicas; IV – empregar subvenções, auxílios, empréstimos ou recursos de qualquer natureza, em desacordo com os planos ou programas a que se destinam; V – ordenar ou efetuar despesas não autorizadas por lei, ou realizá-las em desacordo com as normas financeiras pertinentes; VI – deixar de prestar contas anuais da administração financeira do Município a Câmara de Vereadores, ou ao órgão que a Constituição do Estado indicar, nos prazos e condições estabelecidos; VII – Deixar de prestar contas, no devido tempo, ao órgão competente, da aplicação de recursos, empréstimos subvenções ou auxílios internos ou externos, recebidos a qualquer título; VIII – Contrair empréstimo, emitir apólices, ou obrigar o Município por títulos de crédito, sem autorização da Câmara, ou em desacordo com a lei; IX – Conceder empréstimo, auxílios ou subvenções sem autorização da Câmara, ou em desacordo com a lei; X – Alienar ou onerar bens imóveis, ou rendas municipais, sem autorização da Câmara, ou em desacordo com a lei; XI – Adquirir bens, ou realizar serviços e obras, sem concorrência ou coleta de preços, nos casos exigidos em lei; XII – Antecipar ou inverter a ordem de pagamento a credores do Município, sem vantagem para o erário; XIII – Nomear, admitir ou designar servidor, contra expressa disposição de lei; XIV – Negar execução a lei federal, estadual ou municipal, ou deixar de cumprir ordem judicial, sem dar o motivo da recusa ou da impossibilidade, por escrito, à autoridade competente; XV – Deixar de fornecer certidões de atos ou contratos municipais, dentro do prazo estabelecido em lei; XVI – deixar de ordenar a redução do montante da dívida consolidada, nos prazos estabelecidos em lei, quando o montante ultrapassar o valor resultante da aplicação do limite máximo fixado pelo Senado Federal; XVII – ordenar ou autorizar a abertura de crédito em desacordo com os limites estabelecidos pelo Senado Federal, sem fundamento na lei orçamentária ou na de crédito adicional ou com inobservância de prescrição legal; XVIII – deixar de promover ou de ordenar, na forma da lei, o cancelamento, a amortização ou a constituição de reserva para anular os efeitos de operação de crédito realizada com inobservância de limite, condição ou montante estabelecido em lei; XIX – deixar de promover ou de ordenar a liquidação integral de operação de crédito por antecipação de receita orçamentária, inclusive os respectivos juros e demais encargos, até o encerramento do exercício financeiro; XX – ordenar ou autorizar, em desacordo com a lei, a realização de operação de crédito com qualquer um dos demais entes da Federação, inclusive suas entidades da administração indireta, ainda que na forma de novação, refinanciamento ou postergação de dívida contraída anteriormente; XXI – captar recursos a título de antecipação de receita de tributo ou contribuição cujo fato gerador ainda não tenha ocorrido; XXII – ordenar ou autorizar a destinação de recursos provenientes da emissão de títulos para finalidade diversa da prevista na lei que a autorizou; XXIII – realizar ou receber transferência voluntária em desacordo com limite ou condição estabelecida em lei."

objeto do instituto em tela, pois a pena mínima cominada é inferior a quatro anos.[570]

É possível concluir, nesse sentido, que a inovação trazida pelo legislador em 2019 ampliou a resolução negocial de conflitos para quase todos os delitos praticados contra a Administração Pública.

De um lado, implementou-se celeridade no que tange à apuração e repressão de tais delitos, uma vez que, preenchidos os respectivos requisitos legais, pode ser firmado acordo de não persecução penal para a reparação do dano, conforme expressamente preceitua o artigo 28-A, *caput*, inciso I, do Código de Processo Penal, entre outras medidas colacionadas acima.

Já, de outro, atribuiu-se maior responsabilidade aos integrantes do sistema de Justiça, em razão de tal permissividade legislativa. Dessa forma, a concessão de uma grande autonomia às autoridades responsáveis pela prevenção e repressão de tais delitos demanda uma atuação responsável e condizente com o interesse público. Nesse sentido, exclui-se o cabimento do acordo de persecução penal nas seguintes situações:

a) se for cabível transação penal de competência dos Juizados Especiais Criminais, nos termos da lei;
b) se o investigado for reincidente ou se houver elementos probatórios que indiquem conduta criminal habitual, reiterada ou profissional, exceto se insignificantes as infrações penais pretéritas;
c) se o investigado foi beneficiado nos cinco anos anteriores ao cometimento da infração em acordo de não persecução penal, transação penal ou suspensão condicional do processo; e
d) nos crimes praticados no âmbito de violência doméstica ou familiar, ou praticados contra a mulher por razões da condição de sexo feminino, em favor do agressor.

É importante registrar que o acordo não é um direito subjetivo do investigado. Trata-se, na realidade, de prerrogativa institucional do Ministério Público. Nesse sentido, Renato Brasileiro de Lima assevera que tal pacto deve advir da convergência de vontades, sendo imprescindível a participação ativa das partes; e, por consequência, não se trata de direito subjetivo do

[570] "Art. 1º [...] § 1º Os crimes definidos nêste artigo são de ação pública, punidos os dos itens I e II, com a pena de reclusão, de dois a doze anos, e os demais, com a pena de detenção, de três meses a três anos."

averiguado, pois, do contrário, se admitiria que o juiz impusesse sua realização de ofício, suprimindo sua qualidade fundamental: o consenso. Afora isso, segundo sustenta o autor, também obsta sua permuta pelo juiz o fato de a ação penal pública ser privativa do Ministério Público,[571] mesmo que o investigado preencha os requisitos elencados no artigo 28-A do Código de Processo Penal. Desse modo, eventual não oferecimento do acordo não faculta ao Poder Judiciário a sua concessão em substituição ao *Parquet*, sob pena de desvirtuamento do sistema acusatório.[572]-[573]

Nesse sentido, o Enunciado n. 21 da Procuradoria-Geral de Justiça e da Corregedoria-Geral do Ministério Público do Estado de São Paulo acerca da Lei n. 13.964/2019 aduz que o acordo de não persecução penal possui caráter de prerrogativa institucional do *Parquet*. Denota-se, nesse contexto, sua natureza de instrumento de política criminal, rechaçando expressamente a tese de que seria um direito subjetivo do averiguado.[574]

A própria lei incumbiu ao Ministério Público a palavra final sobre o tema, conforme salienta o § 14 do artigo 28-A do estatuto de rito: "No caso de recusa, por parte do Ministério Público, em propor o acordo de não persecução penal, o investigado poderá requerer a remessa dos autos a órgão superior, na forma do art. 28 deste Código." Ou seja, quando não houver oferecimento do referido acordo, eventual pedido do averiguado será decidido pelo órgão superior do Ministério Público, ao qual caberá a palavra final acerca do assunto.

O acordo em questão deve ser formalizado por escrito, firmado pelo membro do Ministério Público, pelo investigado e por seu defensor. Para a homologação do acordo, o juiz realizará audiência para verificar a sua voluntariedade e legalidade, ouvindo-se o averiguado na presença do seu defensor. Se o juiz considerar inadequadas, insuficientes ou abusivas as

[571] Cf. artigo 129, *caput*, inciso I, da Constituição Federal: "Art. 129. São funções institucionais do Ministério Público: I – promover, privativamente, a ação penal pública, na forma da lei; [...]."

[572] Cf. artigo 3º-A do Código de Processo Penal: "O processo penal terá estrutura acusatória, vedadas a iniciativa do juiz na fase de investigação e a substituição da atuação probatória do órgão de acusação."

[573] LIMA, Renato Brasileiro de. **Pacote Anticrime**: comentários à Lei 13.964/2019 artigo por artigo. Salvador: Juspodivm, 2020, p. 221.

[574] *In verbis*: "A proposta de acordo de não persecução penal tem natureza de instrumento de política criminal e sua avaliação é discricionária do Ministério Público no tocante à necessidade e suficiência para a reprovação e prevenção do crime. Trata-se de prerrogativa institucional do Ministério Público e não direito subjetivo do investigado."

condições dispostas no acordo de não persecução penal, devolverá os autos ao Ministério Público para que seja reformulada a proposta de acordo, com concordância do investigado e de seu defensor. O juiz poderá recusar homologação à proposta que não atender aos requisitos legais ou quando não for realizada a mencionada adequação. Recusada a homologação, o juiz devolverá os autos ao Ministério Público para a análise da necessidade de complementação das investigações ou o oferecimento da denúncia.

Homologado judicialmente o acordo, o juiz restituirá os autos ao Ministério Público para que inicie a execução perante a Vara de Execução Penal. A vítima será intimada da homologação do acordo e de seu eventual descumprimento. Descumpridas quaisquer das condições estipuladas no acordo, o Ministério Público comunicará tal fato ao Juízo para sua rescisão e consequente oferecimento de denúncia. O descumprimento do acordo pelo averiguado também poderá ser utilizado pelo Ministério Público como justificativa para eventual não oferecimento de suspensão condicional do processo. A celebração e o cumprimento do acordo não constarão de certidão de antecedentes criminais, exceto para apreciar o cabimento do mesmo acordo em outro procedimento.

Quando o acordo de não persecução penal for integralmente cumprido, será decretada a extinção de punibilidade do investigado. Vale dizer, o autor dos fatos não mais poderá ser punido criminalmente, e o procedimentos apuratório – inquérito policial, procedimento investigativo criminal ou outro – deverá ser arquivado.

Também é importante mencionar a existência do "acordo de colaboração premiada", previsto na Lei n. 12.850, de 2 de agosto de 2013, que define "organização criminosa e dispõe sobre a investigação criminal, os meios de obtenção da prova, infrações penais correlatas e o procedimento criminal", entre outras providências.[575] Tal pacto é mais restrito porque, para

[575] Fábio Ramazzini Bechara e Amanda de Carvalho Rodrigues analisam o acordo previsto na referida lei (Corrupção e justiça penal negocial: a necessária releitura da obrigatoriedade da ação penal pública no Direito brasileiro. *In*: CASTRO, Manuella Santos de (org.) *et al.* **Governança, *compliance* e corrupção**. São Paulo: Almedina, 2019, p. 336): "[...] [a] Lei 12.850/2013 (Lei das Organizações Criminosas) reiterou a valorização aos mecanismos consensuais no âmbito processual penal, inclusive como instrumento de enfrentamento à macro criminalidade. Diante das especificidades da situação concreta envolvendo as organizações criminosas e da insuficiência dos tradicionais meios de obtenção de prova em seu deslinde, a acusação concorda em negociar um benefício ao acusado para que este contribua com a persecução penal, mediante a celebração de um acordo de colaboração premiada, cuja

seu cabimento, é imprescindível a existência de uma organização criminosa, cujos requisitos encontram-se no artigo 1º, § 1º dessa lei: quatro ou mais pessoas; estrutura organizada e com divisão de tarefas; finalidade de obter vantagem por meio de delitos com pena máxima acima de quatro anos ou de caráter transnacional.[576]

Percebe-se, desse modo, que o acordo de colaboração premiada não abrange qualquer delito. Em primeiro lugar, deve haver uma organização criminosa e, na sequência, propiciar ao menos um dos seguintes resultados: a) identificação dos demais coautores e partícipes da organização criminosa e das infrações penais por eles praticadas; b) revelação da estrutura hierárquica e da divisão de tarefas da organização criminosa; c) prevenção de infrações penais decorrentes das atividades da organização criminosa; d) recuperação total ou parcial do produto ou do proveito das infrações penais praticadas pela organização criminosa; e) localização de eventual vítima com a sua integridade física preservada.

Preenchidos esses requisitos, dentre outros elencados pela referida lei,[577] o juiz pode, a requerimento das partes, conceder o perdão judicial, reduzir em até dois terços a pena privativa de liberdade ou substituí-la por restritiva de direitos daquele que tenha colaborado efetiva e voluntariamente com a investigação e com o processo criminal.

eficácia se subordina à homologação em juízo. Em contrapartida à cooperação voluntária e efetiva às investigações ou ao processo criminal, a Lei 12.850/2013 concede à autoridade estatal a possibilidade de negociação de benefícios de natureza penal e processual penal. Nesse sentido, especial destaque se atribui à alternativa conferida ao Ministério Público de não oferecimento da denúncia em desfavor do colaborador que primeiro celebre o negócio processual e que não seja o líder da organização criminosa (art. 4% da Lei 12.850/2013). Denominado 'acordo de imunidade', trata-se de um espaço de oportunidade concedido ao órgão acusatório que, mesmo diante dos elementos autorizadores ao oferecimento da ação penal, pode prescindir de seu manejo por razões de política criminal previamente selecionadas pela lei."

[576] "Art. 1º [...] § 1º Considera-se organização criminosa a associação de 4 (quatro) ou mais pessoas estruturalmente ordenada e caracterizada pela divisão de tarefas, ainda que informalmente, com objetivo de obter, direta ou indiretamente, vantagem de qualquer natureza, mediante a prática de infrações penais cujas penas máximas sejam superiores a 4 (quatro) anos, ou que sejam de caráter transnacional."

[577] Como, por exemplo, aqueles previstos no artigo 4º, § 4º, incisos I e II, da Lei n. 12.850/2013: "Nas mesmas hipóteses do *caput* deste artigo, o Ministério Público poderá deixar de oferecer denúncia se a proposta de acordo de colaboração referir-se a infração de cuja existência não tenha prévio conhecimento e o colaborador: I – não for o líder da organização criminosa; II – for o primeiro a prestar efetiva colaboração nos termos deste artigo."

Tal acordo é negócio jurídico processual e meio de obtenção de prova, que pressupõe utilidade e interesses públicos. Em qualquer caso, a concessão do benefício levará em conta a personalidade do colaborador, a natureza, as circunstâncias, a gravidade e a repercussão social do fato criminoso e a eficácia da colaboração

De outro vértice, registra-se que a Lei n. 12.529, de 30 de novembro de 2011, que "dispõe sobre a prevenção e repressão às infrações contra a ordem econômica" e estrutura "o Sistema Brasileiro de Defesa da Concorrência", tratou do "acordo de leniência" na área penal. Esse instituto pode ser aplicado aos fatos praticados por agentes públicos corruptos quando houver conexão com os crimes cometidos contra a ordem econômica (Lei n. 8.137/1990) ou com os demais crimes diretamente relacionados à prática de cartel (*v.g.*, associação criminosa e delitos licitatórios).[578]

A celebração do acordo de leniência faz suspender o curso do prazo prescricional, bem como impede o oferecimento da denúncia com relação ao agente beneficiário da leniência. E, uma vez cumprido o acordo, extingue-se a punibilidade do agente quanto aos crimes em questão.

1.2. Acordos na área cível

Em relação à seara cível, a redação originária do artigo 17, § 1º, da Lei n. 8.429, de 2 de junho de 1992, vedava expressamente qualquer tipo de solução consensual nas ações de improbidade administrativa: "É vedada a transação, acordo ou conciliação nas ações de que trata o *caput*."

Apesar dessa disposição, é importante registrar que havia posição sustentando ser possível a celebração de acordo. Vale dizer, ainda durante a vigência da redação original, o próprio Conselho Nacional do Ministério Público, por meio da Resolução n. 179/2017, e ampla parcela da doutrina e jurisprudência admitiam a consensualidade no que tange aos atos de improbidade administrativa, seja em âmbito judicial, seja em âmbito extrajudicial. Tal inafastável propensão já era realidade em nosso ordenamento jurídico: na seara penal, citam-se, por exemplo, a transação penal, a suspensão condicional do processo e a colaboração premiada; e, na seara extrapenal, menciona-se, a título ilustrativo, o acordo de leniência da Lei n. 12.846, de 1º de agosto de 2013, entre diversos outros institutos.[579]

578 Cf. artigos 288 e 337-E a 337-O do Código Penal.

579 Cf. CAMBI, Eduardo; Lima, Diogo de Araujo; Novak, Mariana Sartori. Reflexões sobre regime jurídico do acordo de não persecução cível. *In*: CAMBI, Eduardo; SILVA, Danni Sales

Já o Pacote Anticrime – Lei n. 13.964, de 24 de dezembro de 2019 – empreendeu alterações na Lei de Improbidade Administrativa, modificando o referido § 1º do artigo 17 para permitir expressamente a realização de acordo nessa seara: "As ações de que trata este artigo admitem a celebração de acordo de não persecução cível, nos termos desta Lei."

Tal acordo pode ser definido como um negócio jurídico realizado entre aquele que possui legitimidade para ajuizar a ação civil de improbidade administrativa – *in casu*, o Ministério Público – e o agente ímprobo e eventual particular partícipe, cuja finalidade é aplicar consensualmente, antes ou durante o processo judicial, uma ou mais sanções, inclusive o ressarcimento ao erário e a perda dos bens ou valores acrescidos ilicitamente.[580]

Também se incluiu ao referido artigo o § 10-A, o qual salienta que, em havendo a possibilidade de solução consensual, as partes podem solicitar ao juiz a interrupção do prazo para a contestação, por prazo não superior a noventa dias.

O projeto de lei aprovado pelo Congresso Nacional que deu origem ao Pacote Anticrime pretendia incluir o artigo 17-A à Lei de Improbidade Administrativa, visando a regulamentar a celebração do "acordo de não persecução cível".[581] Porém, o presidente da República vetou tal dispositivo, criando uma lacuna na lei acerca do assunto.[582]

Silva; Marinela, Fernanda Marinela (org.). **Pacote Anticrime**: volume I. Curitiba: Escola Superior do MPPR, p. 56-91, 2020, p. 57-58. Tais autores ainda mencionam os seguintes exemplos: "[...] a possibilidade de conciliação [Art. 10, parágrafo único, da Lei 10.259/01 e art. 174 do Código de Processo Civil] e a mediação [Art. 3º da Lei 13.140/15] em causas do Estado, a ausência de ajuizamento de execução fiscal de pequeno valor [Art. 20 da Lei 10.522/02 e arts. 7º e 8º, ambos da Lei 12.514/11], a realização de acordos ou transações em juízo pela Advocacia-Geral da União e pelos dirigentes máximos das empresas federais [Art. 2º da Lei 9.469/97], a possibilidade de compromisso – extrajudicial ou judicial – para eliminar irregularidade, incerteza jurídica ou situação contenciosa na aplicação do direito público [Art. 26 da Lei de Introdução às Normas do Direito brasileiro – Decreto-lei 4.657/42], entre outras hipóteses."

[580] Cf. Pereira, Rafael. Parâmetros para aplicação do acordo de não persecução cível criado pelo Pacote Anticrime (Lei n. 13.964/2019). *In*: Cambi, Eduardo; Silva, Danni Sales Silva; Marinela, Fernanda Marinela (org.). **Pacote Anticrime**: volume I. Curitiba: Escola Superior do MPPR, p. 211-235, 2020, p. 213.

[581] "Art. 17-A. O Ministério Público poderá, conforme as circunstâncias do caso concreto, celebrar acordo de não persecução cível, desde que, ao menos, advenham os seguintes resultados: I – o integral ressarcimento do dano; II – a reversão, à pessoa jurídica lesada, da vantagem indevida obtida, ainda que oriunda de agentes privados; III – o pagamento de multa de até 20% (vinte por cento) do valor do dano ou da vantagem auferida, atendendo a

A regulamentação vetada era um importante norte para os acordos celebrados nesta área, pois aduzia ser necessária a presença dos seguintes requisitos: a) integral reparação do dano causado, b) reversão da vantagem indevida à pessoa jurídica lesada e c) pagamento de multa de até 20% do valor do dano ou da vantagem auferida. Também se pretendia permitir a celebração do acordo no curso de ação de improbidade administrativa.

Todavia, conforme se aduziu acima, os vetos deram ensejo à existência de uma lacuna quanto à regulamentação legal desse pacto. Por conseguinte, enquanto persistia tal ausência de regulamentação legal, cabia ao Conselho Nacional do Ministério Público e aos próprios Ministério Públicos disciplinarem internamente o tema.

Em São Paulo, editou-se a Resolução n. 1.193, de 11 de março de 2020, do Colégio dos Procuradores de Justiça, que "Disciplina o acordo de não per-

situação econômica do agente. § 1º Em qualquer caso, a celebração do acordo levará em conta a personalidade do agente, a natureza, as circunstâncias, a gravidade e a repercussão social do ato de improbidade, bem como as vantagens, para o interesse público, na rápida solução do caso. § 2º O acordo também poderá ser celebrado no curso de ação de improbidade. § 3º As negociações para a celebração do acordo ocorrerão entre o Ministério Público e o investigado ou demandado e o seu defensor. § 4º O acordo celebrado pelo órgão do Ministério Público com atribuição, no plano judicial ou extrajudicial, deve ser objeto de aprovação, no prazo de até 60 (sessenta) dias, pelo órgão competente para apreciar as promoções de arquivamento do inquérito civil. § 5º Cumprido o disposto no § 4º deste artigo, o acordo será encaminhado ao juízo competente para fins de homologação."

[582] Razões dos vetos: "A propositura legislativa, ao determinar que caberá ao Ministério Público a celebração de acordo de não persecução cível nas ações de improbidade administrativa, contraria o interesse público e gera insegurança jurídica ao ser incongruente com o art. 17 da própria Lei de Improbidade Administrativa, que se mantém inalterado, o qual dispõe que a ação judicial pela prática de ato de improbidade administrativa pode ser proposta pelo Ministério Público e/ou pessoa jurídica interessada leia-se, aqui, pessoa jurídica de direito público vítima do ato de improbidade. Assim, excluir o ente público lesado da possibilidade de celebração do acordo de não persecução cível representa retrocesso da matéria, haja vista se tratar de real interessado na finalização da demanda, além de não se apresentar harmônico com o sistema jurídico vigente." – *Caput* e §§ 1º, 3º, 4º e 5º do art. 17-A da Lei n 8.429, de 2 de junho de 1992, alterados pelo art. 6º do projeto de lei; "A propositura legislativa, ao determinar que o acordo também poderá ser celebrado no curso de ação de improbidade, contraria o interesse público por ir de encontro à garantia da efetividade da transação e do alcance de melhores resultados, comprometendo a própria eficiência da norma jurídica que assegura a sua realização, uma vez que o agente infrator estaria sendo incentivado a continuar no trâmite da ação judicial, visto que disporia, por lei, de um instrumento futuro com possibilidade de transação." – § 2º do art. 17-A da Lei n. 8.429, de 2 de junho de 1992, alterado pelo art. 6º do projeto de lei.

secução cível no âmbito do Ministério Público do Estado de São Paulo,[583] regulamentando o disposto no 17, § 1º, da Lei nº 8.429/92 e no art. 7º, § 2º da Resolução nº 179/2017 do Conselho Nacional do Ministério Público."[584]

E, no âmbito do Ministério Público Federal, a sua 5ª Câmara de Coordenação e Revisão – Câmara de Combate à Corrupção – editou a Orientação n. 10, de 9 de novembro de 2020, que versa sobre "os procedimentos e diretrizes a serem avaliados na celebração de acordos no âmbito extrajudicial e judicial da improbidade administrativa, cujo sistema está delimitado pelas Leis nº 8.429/1992 e Lei nº 12.846/2013, incluindo legislação nacional específica."[585]

Desse modo, inexistindo requisitos legais expressos, deviam ser respeitados os princípios constitucionais e legais aplicáveis à espécie – estudados no Capítulo 3 –, sob pena de se desvirtuar a medida e, como corolário, incentivar a prática de atos de corrupção e de improbidade administrativa. Para evitar essa consequência indesejada, observava-se o artigo 1º, § 2º, da Resolução n. 179, de 26 de julho de 2017, do Conselho Nacional do Ministério Público, que exige a aplicação de pelo menos uma das sanções previstas na Lei n. 8.429/1992, conforme as circunstâncias do caso concreto, sem prejuízo do ressarcimento ao erário.

Contudo, a Lei n. 14.230/2021 preencheu essa lacuna, introduzindo um novo artigo 17-B à Lei n. 8.429/1992. Conferiu-se ao Ministério Público o poder de, conforme as circunstâncias do caso concreto, celebrar acordo de não persecução civil, desde que dele advenham, ao menos, os seguintes resultados: integral ressarcimento do dano; e reversão à pessoa jurídica lesada da vantagem indevida obtida, ainda que oriunda de agentes privados.

A celebração desse acordo depende, de forma cumulativa, das seguintes condições: a) oitiva do ente federativo lesado, em momento anterior ou posterior à propositura da ação; b) aprovação, no prazo de até sessenta dias, pelo órgão do Ministério Público competente para apreciar as promoções de arquivamento de inquéritos civis, se anterior ao ajuizamento

[583] Disponível em: http://biblioteca.mpsp.mp.br/PHL_IMG/RESOLUCOES/1193.pdf. Acesso em: 29 mai. 2021.

[584] Disponível em: https://www.cnmp.mp.br/portal/images/Resolucoes/Resolu%C3%A7%C3%A3o-179.pdf. Acesso em: 29 mai. 2021.

[585] Disponível em: http://www.mpf.mp.br/atuacao-tematica/ccr5/orientacoes/orientacao-no-10-2020-anpc.pdf. Acesso em: 29 mai. 2021.

da ação; c) homologação judicial, independentemente de o acordo ocorrer antes ou depois do ajuizamento da ação de improbidade administrativa.

Em qualquer caso, a celebração do acordo de não persecução cível deve considerar a personalidade do agente e a natureza, as circunstâncias, a gravidade e a repercussão social do ato de improbidade administrativa, bem como as vantagens, para o interesse público, da rápida solução do caso.

Tal acordo pode ser celebrado no curso da investigação de apuração do ilícito, no curso da ação de improbidade administrativa ou no momento da execução da sentença condenatória. As negociações para a sua celebração ocorrem entre, de um lado, o Ministério Público e, de outro, o investigado ou demandado e o seu defensor.

O acordo pode contemplar a adoção de mecanismos e procedimentos internos de integridade, de auditoria e de incentivo à denúncia de irregularidades e a aplicação efetiva de códigos de ética e de conduta no âmbito da pessoa jurídica, se for o caso, bem como de outras medidas em favor do interesse público e de boas práticas administrativas.

Em caso de descumprimento do acordo de não persecução cível, o investigado ou o demandado fica impedido de celebrar novo acordo pelo prazo de cinco anos, contado do conhecimento pelo Ministério Público do efetivo descumprimento.

Quanto ao tema, Christiano Jorge Santos e Silvio Antonio Marques discriminam os elementos que, na prática, geralmente compõem o conteúdo do acordo de não persecução cível: a) discriminação pormenorizada do objeto, vale dizer, dos ilícitos praticados, visando a evitar que o pacto se transforme em carta de impunidade para o investigado quanto a outros ilícitos pretéritos e futuros; b) restituição de valores e reparação dos danos, fixando-se prazo para os respectivos pagamentos, bem como elencando índice de correção e juros, além de prever a execução das obrigação de fazer ou não fazer; c) aplicação de, no mínimo, uma das penalidades previstas no artigo 12 da Lei n. 8.429/1992, como, por exemplo, multa, suspensão dos direitos políticos ou proibição de contratar com o Poder Público; d) cláusula atinente à homologação judicial do acordo; e) obrigação de fornecer documentos, informações e senhas de arquivos digitais, bem como revelar a verdade e custear despesas com testemunhas, peritos, consultores e outros; f) previsão sobre a validade das provas em caso de descumprimento do acordo, podendo ser utilizadas no processo; g) cláusula sobre a execução ou rescisão unilateral do pacto no caso de novos ilícitos ou seu descumprimento pelo investigado; h) previsão sobre compartilhamento de provas.[586]

No mesmo sentido é o escólio de Rafael de Oliveira Costa e Gregório Assagra de Almeida. Para esses doutrinadores, o referido acordo não pode ser firmado de forma desregrada. Com efeito, é necessário observar alguns requisitos: a) cessação do envolvimento com o ato ilícito; b) assunção de responsabilidade pela reparação integral do dano sofrido; c) transferência não onerosa, em favor da entidade lesada, de bens que representem proveito obtido com a infração; d) pagamento de multa cominatória para a hipótese de descumprimento das obrigações pactuadas; e) apresentação de garantias. E os professores ainda apontam outras cominações: compromisso de pagamento de multa civil; compromisso de não contratar com o Poder Público ou receber benefícios ou incentivos fiscais ou creditícios, direta ou indiretamente, ainda que por intermédio de pessoa jurídica da qual seja sócio majoritário, por determinado período; renúncia da função pública; compromisso de reparação de danos morais coletivos; renúncia ao direito de candidatar-se a cargos públicos eletivos, por determinado período.[587]

Por fim, registra-se que a Lei n. 12.846, de 1º de agosto de 2013, conhecida como Lei Anticorrupção Empresarial, prevê e regulamenta, em seus artigos 16 e 17, a figura do "acordo de leniência". Tal pacto pode ser celebrado entre: a) a autoridade máxima de cada órgão ou entidade pública[588] e b) as pessoas jurídicas que praticaram os atos descritos no artigo 5º, *caput* e incisos I a V, da lei em apreço.[589]

[586] SANTOS, Christiano Jorge; MARQUES, Silvio Antonio. Pacote Anticrime (Lei 13.964/2019) e acordo de não persecução cível na fase pré-processual: entre o dogmatismo e o pragmatismo. **Revista de Processo**, v. 303, p. 291-314, mai. 2020, p. 291-314.

[587] COSTA, Rafael de Oliveira; ALMEIDA, Gregório Assagra de. **Direito Processual Penal Coletivo**: a tutela penal dos bens jurídicos e coletivos. 2. ed. Belo Horizonte: D'Plácido, 2021, p. 313-14.

[588] A lei determinou os casos em que a competência para a celebração do acordo é da Controladoria-Geral da União: "Art. 16 [...] § 10. A Controladoria-Geral da União – CGU é o órgão competente para celebrar os acordos de leniência no âmbito do Poder Executivo federal, bem como no caso de atos lesivos praticados contra a administração pública estrangeira."

[589] Também pode ser celebrado acordo de leniência com a pessoa jurídica responsável pela prática de ilícitos previstos na Lei n. 8.666, de 21 de junho de 1993, visando a isentar ou atenuar as sanções administrativas estabelecidas em seus artigos 86 a 88: "Art. 86. O atraso injustificado na execução do contrato sujeitará o contratado à multa de mora, na forma prevista no instrumento convocatório ou no contrato. § 1º A multa a que alude este artigo não impede que a Administração rescinda unilateralmente o contrato e aplique as outras

Para a validade desse acordo, é necessário que as pessoas jurídicas interessadas colaborem efetivamente com as investigações e o processo administrativo, cuja colaboração permita: a) a identificação dos demais envolvidos na infração, quando couber, e b) a obtenção célere de informações e documentos que comprovem o ilícito sob apuração.

Ademais, também são exigidos os seguintes requisitos cumulativos da pessoa jurídica, a qual deve: a) ser a primeira a se manifestar sobre seu interesse em cooperar para a apuração do ato ilícito; b) cessar completamente seu envolvimento na infração investigada a partir da data de propositura do acordo; c) admitir sua participação no ilícito, bem como cooperar plena e permanentemente com as investigações e o processo administrativo, comparecendo, sob suas expensas, sempre que solicitada, a todos os atos processuais, até seu encerramento. Para isso, necessitam ser ajustadas

sanções previstas nesta Lei. § 2º A multa, aplicada após regular processo administrativo, será descontada da garantia do respectivo contratado. § 3º Se a multa for de valor superior ao valor da garantia prestada, além da perda desta, responderá o contratado pela sua diferença, a qual será descontada dos pagamentos eventualmente devidos pela Administração ou ainda, quando for o caso, cobrada judicialmente. Art. 87. Pela inexecução total ou parcial do contrato a Administração poderá, garantida a prévia defesa, aplicar ao contratado as seguintes sanções: I – advertência; II – multa, na forma prevista no instrumento convocatório ou no contrato; III – suspensão temporária de participação em licitação e impedimento de contratar com a Administração, por prazo não superior a 2 (dois) anos; IV – declaração de inidoneidade para licitar ou contratar com a Administração Pública enquanto perdurarem os motivos determinantes da punição ou até que seja promovida a reabilitação perante a própria autoridade que aplicou a penalidade, que será concedida sempre que o contratado ressarcir a Administração pelos prejuízos resultantes e após decorrido o prazo da sanção aplicada com base no inciso anterior. § 1º Se a multa aplicada for superior ao valor da garantia prestada, além da perda desta, responderá o contratado pela sua diferença, que será descontada dos pagamentos eventualmente devidos pela Administração ou cobrada judicialmente. § 2º As sanções previstas nos incisos I, III e IV deste artigo poderão ser aplicadas juntamente com a do inciso II, facultada a defesa prévia do interessado, no respectivo processo, no prazo de 5 (cinco) dias úteis. § 3º A sanção estabelecida no inciso IV deste artigo é de competência exclusiva do Ministro de Estado, do Secretário Estadual ou Municipal, conforme o caso, facultada a defesa do interessado no respectivo processo, no prazo de 10 (dez) dias da abertura de vista, podendo a reabilitação ser requerida após 2 (dois) anos de sua aplicação. Art. 88. As sanções previstas nos incisos III e IV do artigo anterior poderão também ser aplicadas às empresas ou aos profissionais que, em razão dos contratos regidos por esta Lei: I – tenham sofrido condenação definitiva por praticarem, por meios dolosos, fraude fiscal no recolhimento de quaisquer tributos; II – tenham praticado atos ilícitos visando a frustrar os objetivos da licitação; III – demonstrem não possuir idoneidade para contratar com a Administração em virtude de atos ilícitos praticados."

as condições necessárias para assegurar a efetividade da colaboração e o resultado útil do processo.

O principal benefício do acordo de leniência para a pessoa jurídica infratora é a isenção das seguintes sanções: a) publicação extraordinária da decisão condenatória e b) proibição de receber incentivos, subsídios, subvenções, doações ou empréstimos de órgãos ou entidades públicas e de instituições financeiras públicas ou controladas pelo Poder Público. Além disso, esse pacto também pode reduzir em até dois terços o valor da multa aplicada.

Todavia, é importante mencionar que, no artigo 16, § 3º, a lei proibiu expressamente que o ajuste isente a reparação do dano causado. Vale dizer, o acordo de leniência não admite o afastamento dessa obrigação, por versar, em regra, acerca de bens indisponíveis. A pessoa jurídica deve permanecer, em qualquer hipótese, responsável pela integral reparação de todos os danos causados.[590] Trata-se de importante disposição legal acolhendo a teoria holística da responsabilidade civil, defendida nesta obra.

Os efeitos do acordo firmado em conjunto estendem-se às pessoas jurídicas que integram o mesmo grupo econômico, respeitadas as condições estabelecidas. A celebração do acordo de leniência interrompe o prazo prescricional dos atos ilícitos previstos na lei em questão.

A proposta torna-se pública após a efetivação do respectivo acordo, salvo no interesse das investigações e do processo administrativo. E a rejeição da proposta não implica reconhecimento da prática do ato ilícito por parte da pessoa jurídica interessada. Uma vez descumprido o pacto, a pessoa jurídica fica impedida, por três anos, de celebrar novo acordo – tal prazo conta-se a partir da ciência pela Administração Pública do descumprimento.

1.3. Teoria holística da responsabilidade civil e acordos de não persecução

Conforme se constatou, os acordos de não persecução são uma inafastável realidade em nosso ordenamento jurídico, incorporados expressamente por meio de recentes alterações legislativas. Com efeito, há um manifesto movimento legislativo no sentido de se permitir o término de uma investigação ou de um processo por meio dos referidos acordos, aplicando-se,

[590] "Art. 16 [...] § 3º O acordo de leniência não exime a pessoa jurídica da obrigação de reparar integralmente o dano causado."

desde logo, sanções e outras medidas pactuadas entre as partes. Trata-se da superação de uma mentalidade advserarial, que vigorou durante décadas, mas que, agora, cedeu lugar a uma nova ótica consistente na resolução consensual de conflitos.

Os acordos visam a corporificar, entre outros postulados, o princípio da eficiência, previsto expressamente no artigo 37, *caput*, da Constituição Federal, pois evitam a longa, demorada e custosa batalha judicial. Segundo se relatou na introdução deste livro, as investigações e os processos atinentes à corrupção e à improbidade administrativa costumam se protrair no tempo, em razão da costumeira complexidade de sua apuração, além de outros fatores. Por conseguinte, a partir do momento em que se abrevia a persecução em tais casos, há uma vantagem tanto para a sociedade, que vislumbra a célere aplicação de sanções, quanto para o próprio agente ímprobo, que se livra consensual e celeremente da investigação ou do processo.

Em qualquer caso, o conteúdo dos acordos deve prever, entre outras sanções e medidas, a completa reparação de todos os danos causados ao erário e à sociedade – teoria holística da reponsabilidade civil. Nesse contexto, o dano social – assim como os outros danos porventura causados – deve ser objetivo de indenização, sob pena de subversão dos princípios e das normas aplicáveis à espécie.[591] Vale dizer, o rebaixamento da qualidade de vida causado à população – efeito de todo ato de corrupção e de improbidade administrativa – exige a sua adequada recomposição, pois, do contrário, o agente ímprobo restará impune quanto a uma das principais consequências de sua espúria conduta, que é justamente a degradação do pacto social,[592] com a decorrente causação de dano social.

Nesse sentido, cita-se o artigo 17-B, *caput*, incisos I e II, da Lei n. 8.429/1992: "O Ministério Público poderá, conforme as circunstâncias do caso concreto, celebrar acordo de não persecução civil, desde que dele advenham, ao menos, os seguintes resultados: I – o integral ressarcimento do dano; II – a reversão à pessoa jurídica lesada da vantagem indevida obtida, ainda que oriunda de agentes privados."

591 Artigos 927, *caput*, e 186 do Código Civil; artigos 5º, *caput*, e 37, §§ 4º e 5º, da Constituição Federal; artigos 5º e 6º da Lei n. 8.429, de 2 de junho de 1992; entre outros.

592 Cf. Rousseau, Jean-Jacques. **Do contrato social**. Trad. Pietro Nassetti. São Paulo: Martin Claret, 2001, p. 31-32.

Assim, a reparação integral do dano causado ao patrimônio público é determinação expressa da normativa legal, concluindo-se da mesma forma em relação ao enriquecimento ilícito. E esses apontamentos aplicam-se, inclusive, aos casos em que se firmou o acordo de não persecução – inexiste, no ordenamento jurídico, qualquer exceção a tais mandamentos, os quais, dessa forma, valem para qualquer situação, processual ou extraprocessual, judicial ou extrajudicial.

2. Prescrição e reparação de danos

Assim como para as demais áreas científicas, o tempo é uma circunstância de capital importância para o Direito. E não é diferente em relação ao tema *sub examine*: uma vez praticado o ato de corrupção ou de improbidade administrativa, o Estado possui um prazo determinado para poder investigar, processar e aplicar as sanções cominadas pela lei, bem como para buscar a reparação dos danos causados. Se assim não agir dentro desse prazo, ocorrerá a "prescrição",[593] que, segundo ensina José Fernando Simão, é um fenômeno que torna ineficaz a pretensão.[594]

Na área penal, o prazo prescricional começa a correr, como regra, a partir do dia em que o delito se consuma.[595]-[596] E o crime é considerado consumado "quando nele se reúnem todos os elementos de sua definição legal".[597] Contam-se, a partir de então, os prazos prescricionais conforme a quantidade de pena máxima cominada em abstrato para o delito em ques-

[593] Antônio Luís da Câmara Leal ensina que o vocábulo "prescrição" possui origem na palavra latina *praescriptio*, que advém do verbo *praescribere*, significando "escrever antes" (**Da prescrição e decadência**. 3. ed. Rio de Janeiro: Forense, 1978, p. 3).

[594] Simão, José Fernando. Prescrição e decadência: tempo de esclarecer controvérsias. *In*: Cassettari, Christiano; Camargo Viana, Rui Geraldo (org.). **10 anos de vigência do Código Civil brasileiro de 2002**: estudos em homenagem ao professor Carlos Alberto Dabus Maluf. São Paulo: Saraiva, v. 1, p. 216-238, 2013, p. 230.

[595] Cf. artigo 111, inciso I, do Decreto-lei n. 3.689, de 3 de outubro de 1941 – Código Penal.

[596] Mencionam-se, por oportuno, os outros possíveis termos iniciais elencados no mesmo dispositivo legal: "[...] II – no caso de tentativa, do dia em que cessou a atividade criminosa; III – nos crimes permanentes, do dia em que cessou a permanência; IV – nos de bigamia e nos de falsificação ou alteração de assentamento do registro civil, da data em que o fato se tornou conhecido; V – nos crimes contra a dignidade sexual de crianças e adolescentes, previstos neste Código ou em legislação especial, da data em que a vítima completar 18 (dezoito) anos, salvo se a esse tempo já houver sido proposta a ação penal."

[597] Cf. artigo 14, *caput*, inciso I, do Código Penal.

tão – por exemplo: o crime de corrupção passiva,[598] cuja pena é de reclusão, de dois a doze anos, e multa, prescreve em vinte anos.[599]

E, uma vez prescrito o delito, a punibilidade do agente é extinta, *ex vi* da determinação expressa encartada no artigo 107, inciso IV, primeira figura, do Código Penal. Como corolário, obstam-se a instauração e o prosseguimento de investigação criminal – inquérito policial ou qualquer outro procedimento apuratório – e de processo judicial, em qualquer fase em que se encontrem – exceto, por óbvio, se houver outro delito não prescrito ou imprescritível.[600]

Na seara cível, a situação é mais complexa, pois podem existir diversos prazos prescricionais acerca do mesmo fato. Em primeiro lugar, registra-se que o Código Civil aduz em seu artigo 206, § 3º, incisos IV e V, que prescrevem em três anos "a pretensão de ressarcimento de enriquecimento sem causa" e "a pretensão de reparação civil", respectivamente.[601]

Já a Lei n. 8.429/1992 dispõe em seu artigo 23, *caput*, que: "A ação para a aplicação das sanções previstas nesta Lei prescreve em 8 (oito) anos, contados a partir da ocorrência do fato ou, no caso de infrações permanentes, do dia em que cessou a permanência."[602]-[603]

[598] Previsto no artigo 317, *caput*, do Código Penal.

[599] Cf. artigo 109, *caput*, inciso I, do mesmo código.

[600] Citam-se, como exemplos de delitos imprescritíveis, "a prática do racismo" e "a ação de grupos armados, civis ou militares, contra a ordem constitucional e o Estado Democrático", previstos respectivamente nos incisos XLII e XLIV do artigo 5º, *caput*, da Constituição Federal.

[601] Confira-se, por oportuno, o novel artigo 206-A, que trata da prescrição intercorrente: "Art. 206-A. A prescrição intercorrente observará o mesmo prazo de prescrição da pretensão."

[602] Consignam-se, a propósito, as demais disposições correlatas incluídas pela Lei n. 14.230/2021: "Art. 23 [...] § 1º A instauração de inquérito civil ou de processo administrativo para apuração dos ilícitos referidos nesta Lei suspende o curso do prazo prescricional por, no máximo, 180 (cento e oitenta) dias corridos, recomeçando a correr após a sua conclusão ou, caso não concluído o processo, esgotado o prazo de suspensão. § 2º O inquérito civil para apuração do ato de improbidade será concluído no prazo de 365 (trezentos e sessenta e cinco) dias corridos, prorrogável uma única vez por igual período, mediante ato fundamentado submetido à revisão da instância competente do órgão ministerial, conforme dispuser a respectiva lei orgânica. § 3º Encerrado o prazo previsto no § 2º deste artigo, a ação deverá ser proposta no prazo de 30 (trinta) dias, se não for caso de arquivamento do inquérito civil. § 4º O prazo da prescrição referido no caput deste artigo interrompe-se: I – pelo ajuizamento da ação de improbidade administrativa; II – pela publicação da sentença condenatória; III – pela publicação de decisão ou acórdão de Tribunal de Justiça ou Tribunal Regional Federal que confirma sentença condenatória ou que reforma sentença de improcedência; IV – pela publicação de decisão ou acórdão do Superior Tribunal de Justiça que confirma acórdão

Por fim, consigna-se que a Lei n. 12.846, de 1º de agosto de 2013 – Lei Anticorrupção Empresarial – reza em seu artigo 25 que prescrevem em cinco anos as infrações tratadas em tal diploma, contados da data da ciência da infração ou, no caso de infração permanente ou continuada, do dia em que tiver cessado. E, na esfera administrativa ou judicial, tal prescrição é interrompida com a instauração de processo que tenha por objeto a apuração da infração.

2.1. Distinções conforme o tipo de dano e o titular do patrimônio aviltado

Especificamente quanto à responsabilidade civil, convém distinguir a prescrição quanto à matéria, em especial aquela relativa aos danos causados por agentes públicos ao patrimônio das pessoas jurídicas de direito público, bem como em relação ao respectivo dano social.

Em primeiro lugar, sabe-se que, uma vez violado o direito, nasce para seu titular a pretensão, a qual se extingue pela prescrição.[604] E, segundo se aduziu no item acima, o prazo prescricional da pretensão de reparação civil, nos casos ordinários, é de três anos, *ex vi* do artigo 206, § 3º, inciso

condenatório ou que reforma acórdão de improcedência; V – pela publicação de decisão ou acórdão do Supremo Tribunal Federal que confirma acórdão condenatório ou que reforma acórdão de improcedência. § 5º Interrompida a prescrição, o prazo recomeça a correr do dia da interrupção, pela metade do prazo previsto no caput deste artigo. § 6º A suspensão e a interrupção da prescrição produzem efeitos relativamente a todos os que concorreram para a prática do ato de improbidade. § 7º Nos atos de improbidade conexos que sejam objeto do mesmo processo, a suspensão e a interrupção relativas a qualquer deles estendem-se aos demais. § 8º O juiz ou o tribunal, depois de ouvido o Ministério Público, deverá, de ofício ou a requerimento da parte interessada, reconhecer a prescrição intercorrente da pretensão sancionadora e decretá-la de imediato, caso, entre os marcos interruptivos referidos no § 4º, transcorra o prazo previsto no § 5º deste artigo."

[603] Antes da profunda alteração legislativa realizada pela Lei n. 14.230/2021, o referido artigo 23 da Lei n. 8.429/1992 possuía a seguinte redação, que impunha distintos prazos prescricionais e com diferentes marcos iniciais: "Art. 23. As ações destinadas a levar a efeitos as sanções previstas nesta lei podem ser propostas: I – até cinco anos após o término do exercício de mandato, de cargo em comissão ou de função de confiança; II – dentro do prazo prescricional previsto em lei específica para faltas disciplinares puníveis com demissão a bem do serviço público, nos casos de exercício de cargo efetivo ou emprego. III – até cinco anos da data da apresentação à administração pública da prestação de contas final pelas entidades referidas no parágrafo único do art. 1º desta Lei."

[604] Cf. artigo 189 do Código Civil.

V, do Código Civil.[605] Por conseguinte, se o interessado não busca a reparação do dano no citado prazo, a pretensão torna-se ineficaz, deixando de haver a obrigação de indenizar. Esta é a regra geral, que não derroga as regras especiais elencadas abaixo.

Entretanto, em segundo lugar, o artigo 37, § 5º, da Constituição Federal dispõe que a "lei estabelecerá os prazos de prescrição para ilícitos praticados por qualquer agente, servidor ou não, que causem prejuízos ao erário, **ressalvadas as respectivas ações de ressarcimento**" (destaques nossos). Note-se que a parte final do dispositivo em apreço faz uma ressalva, no caso de ilícitos, quanto às ações de ressarcimento dos prejuízos causados ao erário.

Em relação à referida disposição constitucional, há divergência doutrinária e jurisprudencial quanto à imprescritibilidade da pretensão referente a esses danos. E a justificativa para não prescrever – para aqueles que assim entendem – consiste na gravidade da conduta daqueles que deveriam ser os primeiros a zelar pela integridade do erário, mas que, ao contrário, o aviltaram, em notório prejuízo de toda a sociedade.[606]

José dos Santos Carvalho Filho resumiu esse cenário de divergência doutrinária e jurisprudencial, aduzindo que a posição majoritária é favorável à tese de imprescritibilidade – à qual ele se filia –, enquanto a posição divergente é contrária a esse entendimento.[607] Como exemplo do primeiro grupo – imprescritibilidade –, o professor mencionou os seguintes autores:

[605] José dos Santos Carvalho Filho ensina que esse prazo se aplica às situações remanescentes em razão do princípio da especialidade (**Improbidade administrativa**: prescrição e outros prazos extintivos. 3. ed. São Paulo: Atlas, 2019, p. 251): "O Código Civil é aplicável nas situações remanescentes. Caso um indivíduo, não agente de pessoa pública ou de direito privado prestadora de serviço público, cause prejuízo a um estabelecimento comercial privado, a pretensão indenizatória (ou de reparação civil) deste contra o autor do dano prescreverá em três anos, como prevê o art. 206, § 3º, V, do Código. Impõe-se distinguir as hipóteses. Naquelas anteriores [referentes à improbidade administrativa], a lei que regula a prescrição é específica, ou seja, *lex specialis*. Para estas últimas, não alcançadas pela lei especial, é de aplicar-lhe o Código Civil, que é *lex generalis*. A despeito de o Código ser posterior, não revogou as disposições anteriores, por serem estas integrantes de lei especial. É de invocar-se aqui o conhecido brocardo: *lex posterior generalis non derogat legi priori speciali*."

[606] Confira a análise, no subitem 2.3 abaixo, do recurso extraordinário n. 852.475, acerca da matéria.

[607] CARVALHO FILHO, José dos Santos. **Improbidade administrativa**: prescrição e outros prazos extintivos. 3. ed. São Paulo: Atlas, 2019, p. 254-257.

Celso Ribeiro Bastos e Yves Gandra Martins,[608] Diógenes Gasparini,[609] José Afonso da Silva,[610] Marcelo Figueiredo,[611] Maria Sylvia Zanella di Pietro,[612] Pedro Roberto Decomain[613] e Pinto Ferreira.[614] Já em relação ao segundo grupo – prescritibilidade –, registrou a posição de Celso Antônio Bandeira de Mello[615] e Sérgio de Andréa Ferreira.[616]

Todavia, mesmo para aqueles admitem a imprescritibilidade, existem requisitos para que seja aplicada a parte final do artigo 37, § 5º, da Constituição Federal. Em primeiro lugar, o causador do dano tem que ser qualificado como agente público. De outra banda, o dano deve atingir o patrimônio de pessoa jurídica de direito público – mais especificamente o "erário", no sentido de cofre ou tesouro público.[617] E, por fim, a conduta deve caracterizar-se como ato ilícito.[618] Assim, por abranger apenas os bens que se enquadram como pertencentes ao erário, afasta-se a imprescritibilidade dos danos sociais.[619]

608 BASTOS, Celso Ribeiro; MARTINS, Yves Gandra. **Comentários à Constituição do Brasil**. 2. ed. São Paulo: Saraiva, v. 3, t. 3, 1999, p. 167.

609 GASPARINI, Diógenes. **Direito Administrativo**. 11. ed. São Paulo: Saraiva, 2006, p. 899.

610 SILVA, José Afonso da. **Curso de Direito Constitucional positivo**. 20. ed. São Paulo: Malheiros, 2002, p. 653.

611 FIGUEIREDO, Marcelo. **Probidade administrativa**. 5. ed. São Paulo: Malheiros, 2004, p. 328.

612 PIETRO, Maria Sylvia Zanella di. **Direito Administrativo**. 23. ed. São Paulo: Atlas, 2010, p. 763.

613 DECOMAIN, Pedro Roberto. **Improbidade administrativa**. São Paulo: Dialética, 2007, p. 392.

614 FERREIRA, Pinto. **Comentários à Constituição brasileira**. São Paulo: Saraiva, v. 3, 1992, p. 397.

615 MELLO, Celso Antônio Bandeira de. **Curso de Direito Administrativo**. 27. ed. São Paulo: Malheiros, 2010, p. 1064-1065.

616 FERREIRA, Sérgio de Andréa. **Comentários à Constituição**. Rio de Janeiro: Biblioteca Jurídica Freitas Bastos, v. 3, 1991, p. 313.

617 Segundo Aluizio Bezerra Filho (**Manual dos crimes contra o erário**. Salvador: Juspodivm, 2017, p. 35): "Erário é o conjunto de bens, direitos ou valores pertencentes ao Estado. É a expressão jurídica mais completa de uma sociedade organizada politicamente na formação de um povo, assim, o Estado é toda a sociedade, enquanto o erário ou tesouro público é a reunião de suas riquezas acumuladas."

618 CARVALHO FILHO, José dos Santos. **Improbidade administrativa**: prescrição e outros prazos extintivos. 3. ed. São Paulo: Atlas, 2019, p. 249.

619 A quantificação dos danos sociais, conforme sugerido no item 5.4 do Capítulo 2, deve ser realizada utilizando-se dos mesmos critérios estabelecidos jurisprudencialmente para os danos morais.

2.2. Aplicação aos danos decorrentes de ato de improbidade administrativa e de corrupção

Apenas com a exceção consignada no subitem 2.3 deste capítulo, a prescrição é plenamente aplicável aos atos de improbidade administrativa, conforme preceitua expressamente o mencionado artigo 23 da Lei n. 8.429/1992. Com efeito, a ação pleiteando as sanções previstas na lei pode ser ajuizada em até oito anos, contados a partir da ocorrência do fato ou, no caso de infrações permanentes, do dia em que cessou a permanência.

E, na seara penal, os artigos 109 e correlatos do Código Penal também preveem a ocorrência da prescrição, cujas determinações também se aplicam perfeitamente à corrupção passiva e ativa e a outros delitos análogos.[620] Nesse sentido, a prescrição, antes de transitar em julgado a sentença final, regula-se pelo máximo da pena privativa de liberdade cominada ao crime, verificando-se em vinte anos, se o máximo da pena é superior a doze; em dezesseis anos, se o máximo da pena é superior a oito anos e não excede a doze; em doze anos, se o máximo da pena é superior a quatro anos e não excede a oito; em oito anos, se o máximo da pena é superior a dois anos e não excede a quatro; em quatro anos, se o máximo da pena é igual a um ano ou, sendo superior, não excede a dois; em três anos, se o máximo da pena é inferior a um ano.

Nesse contexto, a pretensão estatal concernente a esses ilícitos perde sua eficácia dentro do lapso temporal fixado em lei. E, no âmbito cível, as sanções previstas no artigo 12 da Lei de Improbidade Administrativa[621] estão sujeitas à prescrição de acordo com os prazos do supramencionado artigo 23 da mesma lei – a única exceção refere-se justamente ao ressarcimento ao erário, cujos fundamentos encontram-se detalhados no subitem a seguir.

[620] "Art. 109. A prescrição, antes de transitar em julgado a sentença final, salvo o disposto no § 1o do art. 110 deste Código, regula-se pelo máximo da pena privativa de liberdade cominada ao crime, verificando-se: I – em vinte anos, se o máximo da pena é superior a doze; II – em dezesseis anos, se o máximo da pena é superior a oito anos e não excede a doze; III – em doze anos, se o máximo da pena é superior a quatro anos e não excede a oito; IV – em oito anos, se o máximo da pena é superior a dois anos e não excede a quatro; V – em quatro anos, se o máximo da pena é igual a um ano ou, sendo superior, não excede a dois; VI – em 3 (três) anos, se o máximo da pena é inferior a 1 (um) ano."

[621] *In casu*: perda dos bens ou valores acrescidos ilicitamente ao patrimônio, perda da função pública, suspensão dos direitos políticos, pagamento de multa civil e proibição de contratar com o Poder Público ou receber benefícios ou incentivos fiscais ou creditícios, direta ou indiretamente, ainda que por intermédio de pessoa jurídica da qual seja sócio majoritário.

2.3. Recurso extraordinário n. 852.475, do Supremo Tribunal Federal, e reparação de danos

A decisão proferida pelo Supremo Tribunal Federal em 8 de agosto de 2018, no recurso extraordinário n. 852.475, dispôs o seguinte: "São imprescritíveis as ações de ressarcimento ao erário fundadas na prática de ato doloso tipificado na Lei de Improbidade Administrativa".[622] Tal julgado foi classificado como de "repercussão geral" e refere-se à modalidade específica de responsabilidade civil: danos causados a pessoas jurídicas de direito interno, praticados dolosamente por agentes públicos ímprobos.[623]

Registra-se, por oportuno, a necessidade de análise do respectivo acórdão, inclusive no que tange às suas consequências práticas. Ademais, esse julgamento é um importante marco quanto ao assunto em epígrafe, pois definiu a situação jurídica do assunto, que não era integralmente pacífico na doutrina e jurisprudência.

Não obstante essas informações, é necessário consignar, de modo expresso, que a votação do recurso extraordinário n. 852.475 realizou-se por apertada maioria de votos – vale dizer, houve entendimento contrário, exarado por cinco ministros, ao adotado pelo plenário do Supremo Tribunal Federal.[624] Dessa feita, consubstancia-se de extrema importância reali-

[622] A decisão transitou em julgado em 6 de dezembro de 2019.

[623] Ementa: "DIREITO CONSTITUCIONAL. DIREITO ADMINISTRATIVO. RESSARCIMENTO AO ERÁRIO. IMPRESCRITIBILIDADE. SENTIDO E ALCANCE DO ART. 37, § 5º, DA CONSTITUIÇÃO. 1. A prescrição é instituto que milita em favor da estabilização das relações sociais. 2. Há, no entanto, uma série de exceções explícitas no texto constitucional, como a prática dos crimes de racismo (art. 5º, XLII, CRFB) e da ação de grupos armados, civis ou militares, contra a ordem constitucional e o Estado Democrático (art. 5º, XLIV, CRFB). 3. O texto constitucional é expresso (art. 37, § 5º, CRFB) ao prever que a lei estabelecerá os prazos de prescrição para ilícitos na esfera cível ou penal, aqui entendidas em sentido amplo, que gerem prejuízo ao erário e sejam praticados por qualquer agente. 4. A Constituição, no mesmo dispositivo (art. 37, § 5º, CRFB) decota de tal comando para o Legislador as ações cíveis de ressarcimento ao erário, tornando-as, assim, imprescritíveis. 5. São, portanto, imprescritíveis as ações de ressarcimento ao erário fundadas na prática de ato doloso tipificado na Lei de Improbidade Administrativa. 6. Parcial provimento do recurso extraordinário para (i) afastar a prescrição da sanção de ressarcimento e (ii) determinar que o tribunal recorrido, superada a preliminar de mérito pela imprescritibilidade das ações de ressarcimento por improbidade administrativa, aprecie o mérito apenas quanto à pretensão de ressarcimento."

[624] "Decisão: O Tribunal, por maioria, apreciando o tema 897 da repercussão geral, deu parcial provimento ao recurso para afastar a prescrição da sanção de ressarcimento e determinar o retorno dos autos ao tribunal recorrido para que, superada a preliminar de mérito pela imprescritibilidade das ações de ressarcimento por improbidade administrativa, aprecie o

zar um minucioso estudo sobre o tema, para que sejam divisadas, de forma exaustiva, todas as nuances do caso, objetivando o respeito aos princípios e às normas de estilo, sejam de índole constitucional, sejam de caráter legal.

2.3.1. Histórico, fundamentação e dispositivo

O recurso extraordinário n. 852.475 foi erigido, para o tema 897, como paradigma de repercussão geral, com o objetivo exclusivo de debater a prescritibilidade da pretensão de ressarcimento ao erário em face de agente, servidor ou não, em decorrência da prática de ato de improbidade administrativa.

Assim, o deslinde do processo em apreço serve como modelo para os demais casos análogos, colocando uma pá de cal na discussão travada há aproximadamente três décadas em razão do texto constante no artigo 37, § 5º, da Constituição Federal, notadamente em sua parte final (destaques nossos): "A lei estabelecerá os prazos de prescrição para ilícitos praticados por qualquer agente, servidor ou não, que causem prejuízos ao erário, **ressalvadas as respectivas ações de ressarcimento**".

O dispositivo sob comento, na esteira de seu predecessor – que trata especificamente da improbidade administrativa[625] –, determina que os ilícitos causadores de prejuízo ao erário praticados por qualquer pessoa terão seus prazos prescricionais definidos por lei. Todavia, na parte final do citado parágrafo, foram "ressalvadas as respectivas ações de ressarcimento", sem se apontarem expressamente os respectivos objeto, finalidade e conteúdo.

Diante desse cenário, formaram-se duas correntes. De um lado, entendeu-se que é imprescritível a pretensão atinente ao ressarcimento do erário em caso de improbidade administrativa, em razão da ressalva consignada

mérito apenas quanto à pretensão de ressarcimento. Vencidos os Ministros Alexandre do Moraes (Relator), Dias Toffoli, Ricardo Lewandowski, Gilmar Mendes e Marco Aurélio. Em seguida, o Tribunal fixou a seguinte tese: "São imprescritíveis as ações de ressarcimento ao erário fundadas na prática de ato doloso tipificado na Lei de Improbidade Administrativa", vencido o Ministro Marco Aurélio. Redigirá o acórdão o Ministro Edson Fachin. Nesta assentada, reajustaram seus votos, para acompanhar a divergência aberta pelo Ministro Edson Fachin, os Ministros Luiz Fux e Roberto Barroso. Presidiu o julgamento a Ministra Cármen Lúcia. Plenário, 8.8.2018."

[625] "Art. 37. [...] § 4º Os atos de improbidade administrativa importarão a suspensão dos direitos políticos, a perda da função pública, a indisponibilidade dos bens e o ressarcimento ao erário, na forma e gradação previstas em lei, sem prejuízo da ação penal cabível."

pela norma constitucional em apreço.[626] Já de outro vértice, concluiu-se não haver imprescritibilidade nesses casos, pois a Constituição Federal, quando assim o quis, fê-lo expressamente.[627]-[628]

O caso originário que deu azo ao recurso extraordinário n. 852.475 refere-se a uma alienação, com preço inferior ao praticado no mercado, de dois automóveis pertencentes ao município de Palmares Paulista, no interior do Estado de São Paulo. No polo passivo, figuraram o ex-prefeito e os membros da comissão de avaliação. Em primeira instância, o Poder Judiciário julgou procedente os pedidos iniciais e condenou os réus nos termos da Lei de Improbidade Administrativa. Já em segunda instância, os desembargadores entenderam haver prescrição inclusive no tocante ao ressarcimento ao erário, em virtude do transcurso do prazo então vigente – cinco anos – entre os fatos e o ajuizamento da ação. O Ministério Público do Estado de São Paulo, então, interpôs recurso extraordinário, e, no decorrer do feito, o Supremo Tribunal Federal reconheceu a imprescritibilidade da pretensão de ressarcimento ao erário nos casos de ato doloso improbidade administrativa.[629]

Apesar de ser um episódio de relativa relevância, discutiu-se, em sede de repercussão geral, a tese da prescritibilidade ou não da pretensão estatal para o ressarcimento do erário aviltado por ato de improbidade administrativa. Nesse quadro, é importante verificar a posição de cada ministro, esmiuçando seus argumentos, para, então, compreender e colimar a posição final do plenário do Supremo Tribunal Federal.

[626] A exemplo de José dos Santos Carvalho Filho (**Improbidade administrativa**: prescrição e outros prazos extintivos. 3. ed. São Paulo: Atlas, 2019, p. 254-257), Celso Ribeiro Bastos e Yves Gandra Martins (**Comentários à Constituição do Brasil**. 2. ed. São Paulo: Saraiva, v. 3, t. 3, 1999, p. 167), Diógenes Gasparini (**Direito Administrativo**. 11. ed. São Paulo: Saraiva, 2006, p. 899), José Afonso da Silva (**Curso de Direito Constitucional positivo**. 20. ed. São Paulo: Malheiros, 2002, p. 653), Marcelo Figueiredo (**Probidade administrativa**. 5. ed. São Paulo: Malheiros, 2004, p. 328), Maria Sylvia Zanella di Pietro (**Direito Administrativo**. 23. ed. São Paulo: Atlas, 2010, p. 763), Pedro Roberto Decomain (**Improbidade administrativa**. São Paulo: Dialética, 2007, p. 392) e Pinto Ferreira (**Comentários à Constituição brasileira**. São Paulo: Saraiva, v. 3, 1992, p. 397).

[627] A exemplo de Celso Antônio Bandeira de Mello (**Curso de Direito Administrativo**. 27. ed. São Paulo: Malheiros, 2010, p. 1064-1065) e Sérgio de Andréa Ferreira (**Comentários à Constituição**. Rio de Janeiro: Biblioteca Jurídica Freitas Bastos, v. 3, 1991, p. 313).

[628] Cf. artigos 5º, *caput*, incisos XLII e XLIV, e 231, § 4º.

[629] Acórdão disponível em: http://www.stf.jus.br/portal/processo/verProcessoPeca.asp?id=15339769948&tipoApp=.pdf. Acesso em: 26 mar. 2021.

O relator do feito *sub examine* foi o ministro Alexandre de Moraes, o qual votou pela ocorrência de prescrição na situação em voga. Os seus argumentos gravitam especialmente em torno da necessidade de a Constituição Federal dispor expressamente quando houver imprescritibilidade de alguma pretensão, por ser garantia dos indivíduos quanto aos primados da segurança jurídica e da estabilização das relações sociais.[630]

Nesses termos, o ministro Alexandre de Moraes propôs o desprovimento do recurso extraordinário em questão. Afirmou, dessa forma, a ocorrência de prescrição da pretensão ressarcitória do ente público, cujo erário restou lesado por ato de improbidade administrativa. Para o ministro, a parte final do § 5º justifica-se para a manutenção dos prazos fixados anteriormente à promulgação da Constituição Federal de 1988.

Na sequência, o ministro Luiz Edson Fachin abriu divergência, concentrando atenção na parte final do mencionado artigo 37, § 5º, da Constituição Federal, que exclui da prescrição as ações de ressarcimento. Para o desenvolvimento de seu raciocínio, ele fixou, preambularmente, algumas premissas: salientou que o instituto da prescrição visa a estabilizar a relações sociais, mas pontuou aduzindo que há diversas exceções constantes na Constituição Federal, como é a situação em apreço.[631]

[630] Página 24 do acórdão: "As exceções à prescritibilidade estão única e exclusivamente previstas na Constituição Federal, no campo punitivo penal, nos incisos XLII e XLIV do artigo 5º. [...] O Decreto-Lei Federal 3.240, de 8 de maio de 1941, previa, somente, o sequestro e a perda dos bens de autores de crimes que resultaram prejuízo para a Fazenda Pública, desde que resultasse locupletamento ilícito, e subsidiariamente a reparação civil do dano e a incorporação ao patrimônio público de bens de aquisição ilegítima de pessoa que exercesse ou tivesse exercido função pública. [...] A Constituição de 1946 estabeleceu a possibilidade de regulamentação legal sobre o sequestro e o perdimento de bens, no caso de enriquecimento ilícito, por influência ou com abuso de cargo ou função pública, ou de emprego em entidade autárquica (art. 141, § 3º). A regulamentação legal veio com a Lei 3.164/1957 (Lei Pitombo-Godói). Posteriormente, o Congresso Nacional editou a Lei 3.502/1958 (Lei Bilac Pinto), estabelecendo as providências para o combate ao enriquecimento ilícito. O AI 14/1969, ao conferir nova redação ao art. 150, § 11, da Constituição Federal de 1967, posteriormente renomeado para art. 153, § 11, pela EC 1/1969, da mesma maneira que a Constituição de 1946, estabeleceu a possibilidade de regulamentação legal sobre o confisco e sobre o perdimento de bens por danos causados ao Erário, ou no caso de enriquecimento ilícito no exercício de cargo, função ou emprego na Administração Pública, direta ou indireta."

[631] Páginas 37 e 38 do acórdão: "Primeira: a prescrição é instituto que milita em favor da estabilização das relações sociais e, assim, a uma dimensão específica do princípio da segurança jurídica, estruturante do Estado de Direito. Segunda: Há, no entanto, uma série de exceções explícitas no texto constitucional, como a prática dos crimes de racismo (art. 5º, XLII, CRFB)

Nas premissas constantes em seu voto, o ministro Edson Fachin estatuiu o principal argumento de sua tese, demonstrando que o dispositivo constitucional decotou do comando as ações cíveis de ressarcimento. Para ele, então, tal pretensão é imprescritível, em razão dos primados republicanos encartados na Constituição Federal, notadamente a noção de coisa pública e a probidade administrativa.[632]

e da ação de grupos armados, civis ou militares, contra a ordem constitucional e o Estado Democrático (art. 5º, XLIV, CRFB). Nesse mesmo rol está o dispositivo previsto no art. 37, § 5º, CRFB. Terceira: o texto constitucional é expresso ao prever que a lei estabelecerá os prazos de prescrição para ilícitos na esfera cível ou penal, aqui entendidas em sentido amplo, que gerem prejuízo ao erário e sejam praticados por qualquer agente. Logo em seguida, porém, decota de tal comando para o Legislador as ações cíveis de ressarcimento (ou seja, de recomposição) do erário, tornando-as, assim, imprescritíveis. Quarta: São, portanto, imprescritíveis as ações de ressarcimento ao erário fundadas na prática de ato de improbidade administrativa."

632 Página 44 do acórdão: "É salutar que se levem a sério os compromissos fundamentais, especialmente – no que interessa – aqueles que materializam a proteção da coisa pública e da probidade administrativa, incorporados à narrativa constitucional pátria como virtudes republicanas. [...] Inserido no Título III da Constituição, que trata da Organização do Estado, mais especificamente em seu Capítulo VII, que versa sobre a Administração Pública, em que se estabelece a imperiosidade de obediência aos princípios da legalidade, impessoalidade, moralidade, publicidade e eficiência (art. 37, caput), faz parte, em meu sentir, da arquitetura constitucional de proteção da coisa pública. [...] Houve, assim, por escolha do poder constituinte originário, não apenas o alçamento da boa governança a patamar constitucional, mas da compreensão da coisa pública – não raras vezes tratada com desdém, vilipendiada por agentes particulares ou estatais – como um compromisso fundamental a ser protegido por todos. O comando estabelece como um verdadeiro ideal republicano que a ninguém, ainda que pelo longo transcurso de lapso temporal, é autorizado ilicitamente causar prejuízo ao erário, locupletando-se da coisa pública ao se eximir do dever de ressarci-lo. [...] Frise-se, ainda, que esse entendimento não significa nem pode significar que se tornariam imprescritíveis todos os créditos públicos passíveis de inscrição em dívida ativa e cobrança mediante execução fiscal. Sem descer às minúcias das regras infraconstitucionais de Direito Tributário e Financeiro, no que se refere à maior parte da dívida ativa não tributária (como, por exemplo, as dívidas decorrentes de multas no exercício do poder de polícia), incide a regra geral da prescritibilidade como postulado da segurança jurídica e como matéria regida por legislação específica sem qualquer ressalva no texto constitucional. Quanto à dívida tributária, o próprio texto constitucional estabelece caber à lei complementar estabelecer normas gerais em matéria de legislação tributária, especialmente sobre "obrigação, lançamento, crédito, prescrição e decadência tributários" (art. 146, III, b, CRFB), fixando textualmente a sua prescritibilidade, a ser definida em lei, e sem também fazer qualquer ressalva expressa. [...] O comando constitucional materializou, com segurança, o ideal republicano de que ninguém, ainda que pelo transcurso de lapso temporal considerável – frise-se uma vez mais – está autorizado ilicitamente a causar prejuízo ao erário, locupletando-se da coisa pública ao se eximir do dever de ressarci-lo."

Nota-se em termos exegéticos que, no voto que abriu a divergência, o ministro Fachin utilizou a interpretação gramatical aliada à interpretação sistêmica, contextualizando a razão de ser da imprescritibilidade conforme os princípios constitucionais de proteção ao erário e ao patrimônio público. Segundo o ministro, o texto é claro ao ressalvar da prescrição as ações de ressarcimento, bem como que esse decote se fundamenta na necessidade de uma efetiva proteção dos bens difusos, pertencentes a toda a sociedade.

Por seu turno, o ministro Luís Roberto Barroso, de início, votou acompanhando o relator, no sentido de se reconhecer a prescrição. Argumentou que a segurança jurídica deve prevalecer quando inexiste disposição expressa e inequívoca afastando a prescrição.[633] Todavia, como se verá mais adiante, ele alterou seu voto para acompanhar a divergência aberta pelo ministro Edson Fachin.

Já a ministra Rosa Maria Pires Weber entendeu, *ab ovo*, pela imprescritibilidade da pretensão ressarcitória do erário em caso de improbidade administrativa. Ademais, ela reforçou a impossibilidade de haver inconstitucionalidade das normas constitucionais originárias, não entrando no mérito para apreciar se foi correta ou não a decisão do constituinte originário.[634]

A exemplo do ministro Barroso, o ministro Luiz Fux incialmente também acompanhou o relator do processo em apreço, reconhecendo a prescrição da pretensão ministerial aduzida no caso concreto em voga. Ele utilizou-se dos argumentos referentes à inexistência de disposição clara e inequívoca afastando a prescrição em casos tais, bem como também invocou o desrespeito ao princípio da isonomia, pois a pretensão dos particulares

[633] Páginas 49 e 50 do acórdão: "[...] a Constituição fez uma opção por enunciar regras específicas e inequívocas quando queria a imprescritibilidade. E, em segundo lugar, porque – e todos nós aquiescemos quanto a isso – a imprescritibilidade é a manifesta exceção no sistema jurídico brasileiro. Os sistemas jurídicos gravitam em torno de dois grandes eixos: a justiça e a segurança. A prescrição é um instituto diretamente associado à ideia de segurança jurídica. Logo, se há uma ambiguidade no dispositivo, o princípio da segurança jurídica é um bom vetor interpretativo para escolher o melhor sentido e o melhor alcance para aquela norma. Assim sendo, Presidente, penso que é prescritível. Nisso, estou acompanhando o Ministro-Relator."

[634] Página 54 do acórdão: "Meu entendimento, com a vênia dos que cultivam posição jurídica diversa, é a de que a interpretação conjunta dos §§ 4º e 5º do art. 37 da Magna Carta aponta para a imprescritibilidade da pretensão de ressarcimento ao erário fundada em ato tipificado como improbidade administrativa. Ainda que se possa questionar a sabedoria dessa opção do Constituinte Originário, à luz, em especial, de preocupações com a segurança jurídica, o devido processo legal e a ampla defesa, fato é que não há falar em inconstitucionalidade de normas constitucionais originárias."

contra o Estado está sujeita à prescrição. Por fim, o ministro registrou ser desproporcional reconhecer a imprescritibilidade do ressarcimento ao erário em caso de improbidade administrativa, enquanto, ao mesmo tempo, é prescritível o crime de homicídio.[635]

Ao final, em contrapartida, o ministro Fux modificou seu voto, conforme se explicitará mais abaixo, para acompanhar a divergência iniciada pelo ministro Fachin, no sentido de se reconhecer a imprescritibilidade do ressarcimento ao erário.

Por sua vez, o ministro José Antonio Dias Toffoli aduziu que, somente após o édito condenatório, há imprescritibilidade do ressarcimento ao erário – mas salientou que, para não abrir uma terceira via no julgamento, acompanhava o entendimento exarado pelo relator.[636]

[635] Páginas 56, 57 e 58 do acórdão: "A Constituição não mencionou que essas ações de ressarcimento seriam textualmente imprescritíveis. Esse argumento já foi aqui utilizado também, e seria importante? No meu modo de ver, sim. Por quê? Sob um ângulo jusfilosófico, o professor Santiago Dantas sempre afirmava que as obrigações nasceram para ser extintas por qualquer forma de extinção, transação, compensação, cumprimento, prescrição, porque não poderia uma obrigação se perpetuar sob a esfera jurídica do devedor. Então, num dado momento, elas deveriam ser extintas. Ora, a Constituição não se refere a ações de ressarcimento imprescritíveis, mas, em compensação, quando a Constituição pretendeu fazê-lo, ela o fez de modo expresso [...]. Então, quando a Constituição pretendeu que algo fosse imprescritível, que é uma exceção ao sistema, ela o fez expressamente. Esse é o primeiro argumento que já me leva indiciariamente a acompanhar o Ministro Alexandre de Morais. Por outro lado, eu verifico que na obra Aplicação e Hermenêutica do Direito, o Professor Carlos Maximiliano afirma: O excepcional deve ser interpretado restritivamente. Qual é a regra do Direito brasileiro? É a prescritibilidade. Qual é a exceção? É a imprescritibilidade. Se a Lei não mencionou a imprescritibilidade, não me parece que se possa, por criação judicial, superar a vontade do legislador constituinte. Um terceiro argumento, que também me conduz a acompanhar, por esses fundamentos, o voto do Ministro Alexandre. As pretensões exercitáveis contra a Fazenda Pública se submetem a um prazo prescricional, quer pelo Decreto nº 22.210, quer pelo Decreto nº 2.210, quer pela Lei nº 9.494, lei recentíssima. Ou seja, todas as pretensões que o particular tem contra a Fazenda se submetem à prescrição. Por que a Fazenda teria a imprescritibilidade de suas pretensões contra o particular se o particular só tem cinco anos? No meu modo de ver, isto violaria flagrantemente o princípio isonômico. Se, para reclamar contra a Fazenda, o particular tem prazo, a Fazenda Pública também tem para reclamar os danos praticados pelo particular. Trago ainda um último argumento no sentido de que a última *ratio* do Direito é o direito criminal. E as figuras criminais, tirar a vida humana, o homicídio prescreve, a pena aplicável ao homicida que tirou a vida alheia prescreve, e as ações do poder público são imprescritíveis, isso não me parece, com a devida vênia, que corresponda à lógica do razoável que permeia a Constituição Federal."

[636] Página 60 do acórdão: "A Constituição não mencionou que essas ações de ressarcimento seriam textualmente imprescritíveis. Esse argumento já foi aqui utilizado também, e seria

Em aditamento ao seu voto inicial, a ministra Rosa Weber lembrou que, em certa ocasião, o então ministro Nelson Jobim salientara que a Assembleia Geral Constituinte, para se chegar a uma aprovação final, muitas vezes se utilizava de texto que permitia a interpretação em mais de um sentido. Por isso, segundo informado pela ministra, ela optou pela exegese que mais se coaduna com os objetivos da Constituição Federal, a qual, segundo a sua ótica, é o reconhecimento da imprescritibilidade nessas hipóteses.[637]

importante? No meu modo de ver, sim. Por quê? Sob um ângulo jusfilosófico, o professor Santiago Dantas sempre afirmava que as obrigações nasceram para ser extintas por qualquer forma de extinção, transação, compensação, cumprimento, prescrição, porque não poderia uma obrigação se perpetuar sob a esfera jurídica do devedor. Então, num dado momento, elas deveriam ser extintas. Ora, a Constituição não se refere a ações de ressarcimento imprescritíveis, mas, em compensação, quando a Constituição pretendeu fazê-lo, ela o fez de modo expresso [...]. Então, quando a Constituição pretendeu que algo fosse imprescritível, que é uma exceção ao sistema, ela o fez expressamente. Esse é o primeiro argumento que já me leva indiciariamente a acompanhar o Ministro Alexandre de Morais. Por outro lado, eu verifico que na obra Aplicação e Hermenêutica do Direito, o Professor Carlos Maximiliano afirma: O excepcional deve ser interpretado restritivamente. Qual é a regra do Direito brasileiro? É a prescritibilidade. Qual é a exceção? É a imprescritibilidade. Se a Lei não mencionou a imprescritibilidade, não me parece que se possa, por criação judicial, superar a vontade do legislador constituinte. Um terceiro argumento, que também me conduz a acompanhar, por esses fundamentos, o voto do Ministro Alexandre. As pretensões exercitáveis contra a Fazenda Pública se submetem a um prazo prescricional, quer pelo Decreto nº 22.210, quer pelo Decreto nº 2.210, quer pela Lei nº 9.494, lei recentíssima. Ou seja, todas as pretensões que o particular tem contra a Fazenda se submetem à prescrição. Por que a Fazenda teria a imprescritibilidade de suas pretensões contra o particular se o particular só tem cinco anos? No meu modo de ver, isto violaria flagrantemente o princípio isonômico. Se, para reclamar contra a Fazenda, o particular tem prazo, a Fazenda Pública também tem para reclamar os danos praticados pelo particular. Trago ainda um último argumento no sentido de que a última ratio do Direito é o direito criminal. E as figuras criminais, tirar a vida humana, o homicídio prescreve, a pena aplicável ao homicida que tirou a vida alheia prescreve, e as ações do poder público são imprescritíveis, isso não me parece, com a devida vênia, que corresponda à lógica do razoável que permeia a Constituição Federal."

[637] Página 61 do acórdão: "Entretanto, o meu registro é a redação primeira – retiro aqui de um texto muito interessante, A Imprescritibilidade da Ação de Ressarcimento por Danos ao Erário (Allan Versiani de Paula, Ana Lúcia Amaral, Sergei Medeiros Araújo, Walter Claudius Rothenburg), o seguinte excerto: 'Para chegar à redação final da Constituição de 1988, houve grande atividade supressiva que reduziu sobremaneira o texto discutido no curso dos trabalhos do Congresso Constituinte. Com efeito, chegou a ser submetido à Assembleia Nacional Constituinte em 1987 o seguinte: Inclua-se no substitutivo, onde couber: (...) § 2º São imprescritíveis os ilícitos dos quais resultar prejuízo ao erário.' A redação aprovada não foi essa, mas sempre me lembro daquela observação do Ministro Nelson Jobim, quando disse

O ministro Enrique Ricardo Lewandowski acompanhou o voto do relator, ministro Alexandre de Moraes, salientando que eventuais imprescritibilidades só podem ser estatuídas quando a Constituição Federal dispõe expressamente nesse sentido. Ele também rememorou o desenvolvimento histórico do processo legislativo relativo ao dispositivo *sub examine*, alterando-se o texto originário para suprimir a partícula final que previa, de forma expressa, a imprescritibilidade. Salientou, por derradeiro, que a prescritibilidade respeita não apenas o princípio da segurança jurídica, mas o próprio primado da justiça.[638]

No que lhe concerne, o ministro Gilmar Ferreira Mendes também endossou os argumentos exarados pelo relator, consignando que o texto constitucional não prevê a imprescritibilidade. E reforçou seu entendimento ao asseverar que, nos casos de improbidade administrativa, eventual demora para o ressarcimento ao erário é prejudicial ao interesse público. Salientou, outrossim, acerca do processo histórico de formatação do dispositivo *sub examine*, aduzindo que a imprescritibilidade ofenderia a noção de segurança jurídica. Ao final, concluiu que o interesse público secundá-

que, para se chegar a uma aprovação final do texto da nossa Constituição de 1988, muitas vezes, partiu a Assembleia para uma enunciação que permitiria a interpretação num ou noutro sentido. É por isso que priorizei aquilo que eu entendo que é a teleologia da Constituição."

[638] Página 63 do acórdão: "Tenho para mim que o eminente Ministro Alexandre de Moraes deu a solução adequada à espécie. Em primeiro lugar, Sua Excelência ressaltou que, quando a Constituição quis estabelecer a imprescritibilidade, fê-lo de forma estreme de dúvidas, como nos casos da prática de crime de racismo e de ação de grupos armados, civis ou militares, contra a ordem constitucional e o Estado Democrático (vide art. 5º, XLII e XLIV, da Carta Magna). Em segundo lugar, retomou importante contribuição do Ministro Roberto Barroso no RE 669.069/MG, em que angariou relevantes elementos históricos que permitem concluir que, embora a imprescritibilidade tenha sido cogitada no que tange às ações de ressarcimento do erário, ela foi, ao final, rechaçada, numa inequívoca e consistente opção pela prescritibilidade. E justificou a manutenção da ressalva no art. 37, § 5º, da Constituição: garantir a recepção e a aplicação das normas infraconstitucionais vigentes até que viesse a ser promulgada a lei prevista no art. 37, § 4º, da Lei Maior. Por fim, ressaltou que, mais do que contrapor os princípios da supremacia do interesse público ao da segurança jurídica, a imprescritibilidade suprime o direito ao devido processo legal e, especialmente, ao da ampla defesa, uma vez que a eventual prevalência do entendimento pela imprescritibilidade acarretaria o dever de cada cidadão de guardar eternamente comprovantes os mais diversos de seus negócios jurídicos com a Administração, o que evidentemente seria inviável e comprometeria o direito à defesa dos cidadãos. Assim, não é só uma questão de segurança jurídica ou de garantia de direitos ou interesses particulares. É também o da Justiça, abrigando dilemas inerentes ao interesse público primário."

rio, consistente no ressarcimento ao erário, não poderia sobrepujar o interesse público primário, referente à segurança jurídica.[639]

Por seu turno, o então ministro Marco Aurélio Mendes de Farias Mello sustentou, em seu voto, que está sujeita à prescrição a pretensão estatal de ressarcimento ao erário no caso de improbidade administrativa. Aduziu, na linha da argumentação apregoada pelo relator, que a Constituição Federal, quando quis prever a imprescritibilidade, assim o fez expressamente.[640]

Já o então ministro Celso de Mello proferiu seu voto no sentido de os cânones constitucionais exigirem uma resposta estatal suficiente aos desmandos praticados por agentes públicos ímprobos. Aduziu que a forma republicana de governo instaurou um regime de responsabilidade aplicável a todos os agentes públicos, inclusive políticos. Nesse cenário, o ministro

[639] Páginas 70, 73, 74, 75 e 77 do acórdão: "Do ponto de vista jurídico, o texto não afirma a imprescritibilidade. Do ponto de vista da defesa do patrimônio público, vemos que, na vida prática, a demora na cobrança desses créditos milita em desfavor da reposição do patrimônio público. [...]. Do Projeto B em diante, até a promulgação do texto, a expressão "que serão imprescritíveis" foi suprimida, o que nos orienta no sentido de que a imprescritibilidade das ações de ressarcimento não fora pretendida pelo Constituinte. [...]. Ora, sendo a existência de prazo prescricional a regra e as hipóteses de imprescritibilidade a exceção, estando todas expressas na Constituição Federal, não me parece viável a ampliação do significado da norma contida no §5º do artigo 37 para abarcar nova hipótese de imprescritibilidade não prevista expressamente na norma. A análise do texto positivo permite-nos confirmar que o §5º apenas garantiu a necessidade de uma lei em sentido formal para definir os prazos prescricionais para os atos descritos no dispositivo, afastando expressamente desta norma a ação de reparação ao erário, regida pela regra geral processual. [...]. Tratando-se, portanto, de um instituto jurídico que tem como finalidade garantir a previsibilidade das relações sociais, não há dúvida que a inexistência de prazo prescricional, isto é, a imprescritibilidade de um direito ofende a noção de segurança jurídica. [...] Depreende-se dessa leitura que não há como o ordenamento jurídico privilegiar o interesse público secundário do ressarcimento ao erário em detrimento do interesse público primário da segurança jurídica."

[640] Páginas 82 e 85 do acórdão: "Presidente, não passa pela minha cabeça a imprescritibilidade de ação patrimonial, ainda que se potencialize a defesa do bem – gênero – público. Esse vocábulo "ressalvadas" não implica a imprescritibilidade, porque, nos casos concretos em que o constituinte visou prever a imprescritibilidade, o fez. Refiro-me aos incisos XLII e XLIV do artigo 5º. Tem-se disciplina da prescrição. A Constituição versa, na área penal, o crime de racismo e a prática de atos por grupos armados – civis ou militares, não importa – contra a ordem constitucional e o Estado Democrático de Direito. [...] Observado o sistema, a razoabilidade do prazo de cinco anos, com o qual está muito acostumado o Estado e também os cidadãos em geral, acompanho o Relator no voto proferido."

compreendeu que o dispositivo em apreço ressalvou da prescrição o ressarcimento ao erário aviltado por ato de improbidade administrativa.[641]

A ministra Cármen Lúcia Antunes Rocha destacou que a moralidade administrativa foi estatuída como baliza normativa pelo constituinte originário, que, neste assunto, a corporificou na parte final do artigo 37, § 5º, da Constituição Federal. Para a ministra, o ato de improbidade administrativa ataca diretamente a própria sociedade – o que, segundo o defendido no presente livro, causa dano social –, justificando a imprescritibilidade dos respectivos danos causados ao erário. Segundo ela, também militam nesse sentido os princípios da supremacia do interesse público e da segurança jurídica.[642]

[641] Páginas 87 e 91 do acórdão: "A sujeição dos agentes públicos às consequências jurídicas de seu próprio comportamento, é inerente e consubstancial, desse modo, ao regime republicano, que constitui, no plano de nosso ordenamento positivo, uma das mais relevantes decisões políticas fundamentais adotadas pelo legislador constituinte brasileiro. A forma republicana de Governo, analisada em seus aspectos conceituais, faz instaurar, portanto, um regime de responsabilidade a que se devem submeter, de modo pleno, todos os agentes públicos, inclusive aqueles que se qualificam como agentes políticos. [...] Nesse contexto, vale referir que o princípio da moralidade administrativa (que tem, na Lei nº 8.429/92, poderosíssimo instrumento de sua concretização, na medida em que legitima a punição do "improbus administrator") qualifica-se como valor constitucional impregnado de substrato ético, erigido à condição de vetor fundamental que rege as atividades do Poder Público, como resulta da proclamação inscrita no art. 37, "caput", da Constituição da República. Em consequência desse entendimento, reconheço imprescritível a pretensão jurídica deduzida em ação de ressarcimento ao erário cujo fundamento repouse na prática de ato doloso configurador de improbidade administrativa, nos termos da Lei nº 8.429/92."

[642] Páginas 105, 107 e 108 do acórdão: "A necessária observância da moralidade administrativa revela a lucidez do constituinte originário na inscrição da ressalva constante da parte final do § 5º do art. 37 da Constituição da República. [...] A partir de interpretação sistêmica da ordem jurídica pátria, revela-se possível sustentar visão dicotômica desses prazos prescricionais, individualizando-se, de um lado, o prazo prescricional relativo à pretensão de punição do agente ímprobo e, de outro, a imprescritibilidade da ação de ressarcimento patrimonial decorrente de improbidade administrativa. Essa compreensão advém de leitura conjugada da supremacia do interesse público, da segurança jurídica e da moralidade administrativa, a qual supõe, em atendimento aos §§ 4º e 5º do art. 37 da Constituição da República, a existência autônoma dos prazos prescricionais referentes às ações pelas quais se busca apurar os atos de improbidade em contraposição à intransigência da imprescritibilidade inerente à pretensão de ressarcimento do dano causado ao erário, reconhecida como manifestação direta da proteção da confiança social na ordem jurídica e da submissão inflexível e inconteste do respeito da Administração ao povo. A increpação da conduta ímproba centra-se na figura do agente e revela pertinente a contagem de prazos prescricionais em obediência ao princípio

Retificando seu voto, o ministro Luiz Fux salientou a importância dos princípios da moralidade e do republicanismo como fundamentos de uma interpretação teleológica do dispositivo constitucional *sub examine*. Rememorou, ademais, a jurisprudência por ele firmada no mesmo sentido como ministro do Superior Tribunal de Justiça.[643]

Assim como Fux, o ministro Roberto Barroso alterou seu entendimento proferido anteriormente para reconhecer a imprescritibilidade da pretensão estatal de ressarcimento ao erário aviltado por ato de improbidade administrativa. Com efeito, Barroso aduziu que o magistrado deve seguir as normas jurídicas, inclusive constitucionais – dimensão normativa –, e que, na sequência, deve escolher o caminho apto a produzir mais efeitos positivos à população – dimensão deontológica. Assim, ele concluiu que a prescrição, em casos graves desse jaez, não é uma medida útil à sociedade, devendo ser repelida pelo Poder Judiciário.

O ministro também registrou a demora com que tramitam os processos de improbidade administrativa, dando ensejo, muitas vezes, à ocorrência da prescrição. De todo modo, ele fez um corte epistemológico na matéria para cingir a imprescritibilidade somente em relação aos atos dolosos, excluindo-a, dessa forma, quanto aos atos culposos. Por fim, destacou a

da segurança jurídica. A reparação pecuniária do dano causado pelo ato de improbidade, o qual ataca diretamente a sociedade, princípio, meio e fim, em última análise, da existência do Estado, convola-se em proteção da própria legitimidade das normas pelas quais se rege o povo de um Estado, a convalidar a imprescritibilidade na espécie, em atendimento à moralidade administrativa e à supremacia do interesse público."

643 Páginas 110 e 111 do acórdão: "Pois bem, Senhora Presidente, a leitura que se faz no artigo que foi insistentemente lido aqui, foi: (...) § 5º, diz que a lei estabelecerá o prazo de prescrição para ilícitos praticados por qualquer agente ou servidor. Esse dispositivo retrata aquelas hipóteses em que o Estado, com responsabilidade objetiva, tem o direito de regresso contra o servidor. E, então, a lei vai estabelecer o prazo de prescrição desse regresso. Entretanto, numa ideologia de gestão da coisa pública, pelos princípios constitucionais da moralidade e do republicanismo, e mantendo a coerência e a estabilidade da jurisprudência que eu fiz prevalecer no Superior Tribunal de Justiça, eu entendo que, hoje em dia, não é consoante os princípios e a postura judicial do Supremo Tribunal Federal que danos decorrentes de crimes praticados contra Administração Pública e de atos de improbidade praticados contra a Administração Pública fiquem imunes da obrigação de ressarcimento. Então, com toda simplicidade, com toda a humildade, Senhora Presidente, eu peço vênia aos Colegas para retificar o meu voto e estabelecer que entendo imprescritíveis as ações de ressarcimento por danos causados por crimes praticados pelo servidor público e pelos agentes públicos, em geral, e por crimes e danos decorrentes de atos de improbidade e danos decorrentes de crimes praticados por agentes públicos contra a Administração Pública."

questão de ser impossível, segundo a Carta Magna, haver usucapião de bens públicos,[644] reforçando a tese de imprescritibilidade nesses casos.[645]

Aditando seu voto, o ministro Edson Fachin acolheu a argumentação exarada pelo ministro Barroso no sentido de a imprescritibilidade recair apenas quanto aos atos dolosos de improbidade administrativa.[646]

[644] Cf. artigo 183, § 3º, da Constituição Federal: "Os imóveis públicos não serão adquiridos por usucapião".

[645] Páginas 132, 133 e 134 do acórdão: "Superadas as duas primeiras fases, que são a das possibilidades semânticas da norma e verificar se há direitos fundamentais em questão, eu acho sim que o juiz deve produzir o melhor resultado possível para a sociedade. Portanto, uma decisão tem, em primeiro lugar, uma dimensão normativa, tem que ser reconduzida a uma norma. Em segundo lugar, uma dimensão deontológica, o juiz tem o dever de fazer cumprir a Constituição. Superadas essas duas fases, eu acho que o juiz deve produzir o resultado que melhor atenda ao interesse da sociedade. Antes do término desse julgamento, tendo levado em conta os argumentos jurídicos, e muitos argumentos que me foram trazidos ao longo desse intervalo que mediou o primeiro julgamento do outro, sobre as dificuldades, quando não impossibilidade de recuperação, muitas vezes, de dinheiros desviados, em que há uma delonga administrativa, há uma delonga no processo penal, eu me convenço de que, como regra geral, a prescritibilidade, neste caso, não produz o melhor resultado para a sociedade. Eu gostaria aqui de qualificar um pouco a minha mudança e talvez restringir ligeiramente em toda a extensão proposta pelo eminente Relator, ou talvez haja consenso quanto a isso. É que a Lei de Improbidade prevê hipóteses em que a improbidade é dolosa e ela prevê, no art. 10, a possibilidade de culpa. Eu gostaria de cingir a imprescritibilidade do ressarcimento às hipóteses de dolo e excluir as hipóteses de culpa, em que, por uma falha humana, não intencional, se tenha eventualmente causado um prejuízo ao Erário. Portanto, eu estaria, Presidente, reconsiderando o meu ponto de vista para entender imprescritível a ação de ressarcimento de danos nas hipóteses do cometimento pelo agente público de uma improbidade dolosa. [...] Agora, se um agente público ímprobo, que tenha praticado um ato de corrupção, tem consigo ainda o produto da improbidade, o produto do desvio, e isso possa ser judicialmente demonstrado, não tenho conforto em dizer que ele possa conservar o produto do crime ou o produto do desvio sem que o Estado possa pretender reavê-lo. Aqui, o ponto específico enfatizado no memorial da doutora Raquel Dodge, Procuradora-Geral da República, e que já havia sido mencionado também no voto do Ministro Fachin, é a impossibilidade de usucapião de bem público. Portanto, nem mesmo o posseiro de boa-fé pode se tornar proprietário de um bem público, mesmo que o tenha em sua posse prolongada, de boa-fé. Se a Constituição não admite esta hipótese, parece-me difícil admitir que alguém que tenha a posse de um bem público desviado, portanto, de má-fé, não possa ser objeto de uma demanda judicial para reaver esse bem."

[646] Página 137 do acórdão: "Eu estou acolhendo as sugestões do Ministro Luís Roberto Barroso e assentando que, se houver provimento do recurso, o retorno ao TJ se dê para apreciar exclusivamente a pretensão de ressarcimento. E, na tese, estou incluindo o vocábulo 'doloso', na prática dolosa da improbidade. Estou acolhendo a sugestão."

Confirmando seu voto, o ministro Gilmar Mendes sustentou não haver utilidade em se declarar a imprescritibilidade para os casos em apreço. Também fundamentou sua posição em um ponto de vista "estritamente jurídico" e de "política judicial".[647]

A então procuradora-geral da República, Raquel Dodge, exarou parecer aduzindo, como tese central, a imprescritibilidade dos danos causados ao erário em razão da prática de improbidade administrativa. A proposta contida em sua manifestação – acolhida apenas parcialmente – era alargar o escopo da parte final do dispositivo *sub examine* – do artigo 37, § 5º, da Constituição Federal –, para abranger situações inclusive que não foram declaradas previamente como ímprobas, independentemente de o agente que o praticou ser servidor ou não.[648]

[647] Página 149 do acórdão: "De modo que, a meu ver, não se sustenta essa tese, seja do ponto de vista estritamente jurídico – que repudia a ideia da imprescritibilidade –, seja do ponto de vista da serventia, para alguma finalidade. Nós que passamos por órgãos públicos, Vossa Excelência que dirigiu Procuradoria sabe disto. Depois de algum tempo, os créditos públicos, se eles já são de difícil cobrança a tempo e a hora, imagine quando o tempo passa, o estímulo que se vai ter, porém, para uso político desta imprescritibilidade. Então, seja sob o ponto de vista estritamente jurídico, sob o ponto de vista prático de utilidade, seja sob o ponto de vista de política judicial, a mim parece que a imprescritibilidade da ação de ressarcimento apenas estimula abusos."

[648] Páginas 44, 45, 96 e 97 do acórdão: "IMPRESCRITIBILIDADE. ARTIGO 37, § 5º, DA CONSTITUIÇÃO. PROVIMENTO PARCIAL DO RECURSO. 1– Proposta de Tese de Repercussão Geral (Tema 897): São imprescritíveis as ações de ressarcimento do erário fundadas na prática de ato de improbidade administrativa, independentemente de prévia declaração do ato como ímprobo e do agente que o pratique, servidor público ou não. 2– Recurso extraordinário interposto com fundamento no art. 102, III, a, da Constituição, sob o argumento de ofensa aos arts. 1º, 18, 29, 30, V, § 5º, e 39 da Carta Magna, com a pretensão de cassar o acórdão recorrido e afastar a extinção do processo por prescrição. 3 – Não cabe ao legislador nem ao intérprete restringir o alcance da norma advinda do § 5º do art. 37 da Constituição, para excluir da garantia da imprescritibilidade as ações de ressarcimento de danos decorrentes da prática de atos de improbidade administrativa. Admitir a indevida restrição implica afronta ao texto constitucional, mitigação do princípio da moralidade administrativa e desproteção do patrimônio e do interesse públicos. 4 – A tutela da moralidade administrativa impede a equiparação do dano civil, cuja reparação foi reconhecida como prescritível no julgamento do RE 669.069, ao dano decorrente da prática de improbidade administrativa, cujo ressarcimento é imprescritível. 5 – A imprescritibilidade constitucional da ação ressarcitória não está condicionada a prévio reconhecimento do ato causador do dano como improbidade administrativa. 6 – É imprescritível a ação de ressarcimento, independentemente do agente causador do dano, seja servidor público ou não. A regra da imprescritibilidade existe para proteção do patrimônio público em face de todos, não apenas

Formada a apertada maioria (6x5),[649] prevaleceu a divergência aberta pelo ministro Fachin, com os apontamentos sugeridos pelo ministro Barroso. Decidiu-se, ao final, pela imprescritibilidade da pretensão de ressarcimento ao erário nos casos de atos dolosos de improbidade administrativa.

No referido julgado, aduziu-se, em suma, que a prescrição é instituto que milita em favor da estabilização das relações sociais, mas que, em contrapartida, há uma série de exceções explícitas no texto constitucional. Nesse sentido, salientou-se que a Constituição Federal determinou, em seu artigo 37, § 5º, que a "lei estabelecerá os prazos de prescrição para ilícitos praticados por qualquer agente, servidor ou não, que causem prejuízos ao erário", decotando desse comando, na parte final do citado dispositivo, as respectivas ações cíveis de ressarcimento.

O plenário do Supremo Tribunal Federal concluiu, então, que são imprescritíveis as ações de ressarcimento ao erário fundadas na prática de ato doloso tipificado na Lei de Improbidade Administrativa. Essa decisão, prolatada no recurso extraordinário n. 852.475, foi erigida como paradigma de repercussão geral (tema 897), servindo, por conseguinte, para os demais casos ajuizados ou a serem ajuizados.

dos agentes públicos. 7 – Parecer pelo provimento parcial do recurso extraordinário a fim de que seja reconhecida a imprescritibilidade da ação de improbidade administrativa proposta pelo recorrente na parte relativa ao ressarcimento ao erário. [...] A imprescritibilidade representa, antes, garantia da coletividade à restituição do que lhe foi subtraído pelo ato de improbidade, a partir de violações de princípios constitucionais caros à população como um todo e do dever de lealdade para com as instituições. Exatamente por isso, no tocante à improbidade administrativa, a tutela conjunta dos interesses é reclamada pela ordem constitucional. Não há como dissociar a tutela dos interesses defendidos da regulamentação da ação de improbidade, inobstante a circunstância de cada uma das lesões advindas do comportamento ímprobo gerar consequências distintas (sanções punitivas e reparação de dano). O dano ao patrimônio público é o resultando, dando o Poder Constituinte preponderância não a ele, mas à forma como é gerado (improbidade). Daí a possibilidade, ou melhor, necessidade, de permitir que se dê prosseguimento à ação de improbidade a fim de que, mesmo prescritas as demais sanções, seja alcançada a reparação do dano ao erário, de natureza imprescritível."

[649] De um lado, foram favoráveis à tese de imprescritibilidade os ministros Fachin, Barroso, Fux, Cármen Lúcia, Rosa Weber e Celso de Mello; e, de outro, foram desfavoráveis à tese de imprescritibilidade os ministros Alexandre de Moraes (relator), Gilmar Mendes, Lewandowski, Toffoli e Marco Aurélio.

2.3.2. Perspectivas quanto aos danos decorrentes de ato de improbidade administrativa

A decisão proferida pelo Supremo Tribunal Federal, cujo acórdão se estudou acima, equacionou um antigo debate doutrinário e jurisprudencial acerca do tema em questão. Inegavelmente, não é clara a redação do referido artigo 37, § 5º, da Constituição Federal, pois a parte final deixou de dizer expressamente que as respectivas ações de ressarcimento são imprescritíveis, apesar de ressalvá-las.

E, para agravar esse cenário, o texto originário da minuta que deu origem a esse dispositivo, no início de seu trâmite legislativo, possuía justamente a partícula final "que serão imprescritíveis", a qual acabou sendo extirpada da norma antes da aprovação. Em razão dessa supressão, gerou-se o entendimento – minoritário – de que a *mens legislatoris* militaria em favor de ser prescritível a pretensão de ressarcimento do erário mesmo quando em decorrência de ato de improbidade administrativa.[650]

Todavia, de outro lado, sustentou-se que, na realidade, o que importa e prevalece é a *mens legis*, devendo o dispositivo final aprovado ser analisado em conjunto com o restante da Carta Magna – este, inclusive, foi o entendimento que prevaleceu na mais alta corte brasileira, não obstante a apertada maioria.

Nesse sentido, ao menos por ora o assunto está pacificado, uma vez que o Supremo Tribunal Federal chancelou a tese, em sede de repercussão geral, de que o citado artigo 37, § 5º, da Constituição Federal prevê a imprescritibilidade da pretensão estatal quanto ao ressarcimento do erário aviltado em razão de ato doloso de improbidade administrativa.

3. Dano ao erário *in re ipsa* e teoria holística da responsabilidade civil

Outro assunto de importante repercussão, que demanda breve análise, é a figura do dano ao erário *in re ipsa*. A redação originária do inciso VIII do artigo 10 da Lei n. 8.429/1992 determinava o seguinte: "causa prejuízo ao erário frustrar a licitude de processo licitatório ou de processo seletivo para celebração de parcerias com entidades sem fins lucrativos, ou dispensá-los indevidamente".

[650] A exemplo de Celso Antônio Bandeira de Mello (**Curso de Direito Administrativo**. 27. ed. São Paulo: Malheiros, 2010, p. 1064-1065) e Sérgio de Andréa Ferreira (**Comentários à Constituição.** Rio de Janeiro: Biblioteca Jurídica Freitas Bastos, v. 3, 1991, p. 313).

Assim, em tal contexto, a lei era peremptória quanto à existência de dano ao erário decorrente de tal conduta específica. Com efeito, havia uma presunção *jure et de jure* nesse sentido quando se desrespeitavam os mandamentos atinentes a procedimentos licitatórios, bem como em relação a processos seletivos para se firmar parceria com entidades sem fins lucrativos. Também incidia essa presunção legal quando tais institutos eram dispensados indevidamente, vale dizer, fora das hipóteses previstas no artigo 75 da nova Lei de Licitações e Contratos Administrativos – Lei n. 14.133, de 1º de abril de 2021.[651]

[651] "Art. 75. É dispensável a licitação: I – para contratação que envolva valores inferiores a R$ 100.000,00 (cem mil reais), no caso de obras e serviços de engenharia ou de serviços de manutenção de veículos automotores; II – para contratação que envolva valores inferiores a R$ 50.000,00 (cinquenta mil reais), no caso de outros serviços e compras; III – para contratação que mantenha todas as condições definidas em edital de licitação realizada há menos de 1 (um) ano, quando se verificar que naquela licitação: a) não surgiram licitantes interessados ou não foram apresentadas propostas válidas; b) as propostas apresentadas consignaram preços manifestamente superiores aos praticados no mercado ou incompatíveis com os fixados pelos órgãos oficiais competentes; IV – para contratação que tenha por objeto: a) bens, componentes ou peças de origem nacional ou estrangeira necessários à manutenção de equipamentos, a serem adquiridos do fornecedor original desses equipamentos durante o período de garantia técnica, quando essa condição de exclusividade for indispensável para a vigência da garantia; b) bens, serviços, alienações ou obras, nos termos de acordo internacional específico aprovado pelo Congresso Nacional, quando as condições ofertadas forem manifestamente vantajosas para a Administração; c) produtos para pesquisa e desenvolvimento, limitada a contratação, no caso de obras e serviços de engenharia, ao valor de R$ 300.000,00 (trezentos mil reais); d) transferência de tecnologia ou licenciamento de direito de uso ou de exploração de criação protegida, nas contratações realizadas por instituição científica, tecnológica e de inovação (ICT) pública ou por agência de fomento, desde que demonstrada vantagem para a Administração; e) hortifrutigranjeiros, pães e outros gêneros perecíveis, no período necessário para a realização dos processos licitatórios correspondentes, hipótese em que a contratação será realizada diretamente com base no preço do dia; f) bens ou serviços produzidos ou prestados no País que envolvam, cumulativamente, alta complexidade tecnológica e defesa nacional; g) materiais de uso das Forças Armadas, com exceção de materiais de uso pessoal e administrativo, quando houver necessidade de manter a padronização requerida pela estrutura de apoio logístico dos meios navais, aéreos e terrestres, mediante autorização por ato do comandante da força militar; h) bens e serviços para atendimento dos contingentes militares das forças singulares brasileiras empregadas em operações de paz no exterior, hipótese em que a contratação deverá ser justificada quanto ao preço e à escolha do fornecedor ou executante e ratificada pelo comandante da força militar; i) abastecimento ou suprimento de efetivos militares em estada eventual de curta duração em portos, aeroportos ou localidades diferentes de suas sedes, por motivo de movimentação operacional ou de adestramento; j) coleta, processamento e comercialização de resíduos

sólidos urbanos recicláveis ou reutilizáveis, em áreas com sistema de coleta seletiva de lixo, realizados por associações ou cooperativas formadas exclusivamente de pessoas físicas de baixa renda reconhecidas pelo poder público como catadores de materiais recicláveis, com o uso de equipamentos compatíveis com as normas técnicas, ambientais e de saúde pública; k) aquisição ou restauração de obras de arte e objetos históricos, de autenticidade certificada, desde que inerente às finalidades do órgão ou com elas compatível; l) serviços especializados ou aquisição ou locação de equipamentos destinados ao rastreamento e à obtenção de provas previstas nos incisos II e V do *caput* do art. 3º da Lei nº 12.850, de 2 de agosto de 2013, quando houver necessidade justificada de manutenção de sigilo sobre a investigação; m) aquisição de medicamentos destinados exclusivamente ao tratamento de doenças raras definidas pelo Ministério da Saúde; V – para contratação com vistas ao cumprimento do disposto nos arts. 3º, 3º-A, 4º, 5º e 20 da Lei nº 10.973, de 2 de dezembro de 2004, observados os princípios gerais de contratação constantes da referida Lei; VI – para contratação que possa acarretar comprometimento da segurança nacional, nos casos estabelecidos pelo Ministro de Estado da Defesa, mediante demanda dos comandos das Forças Armadas ou dos demais ministérios; VII – nos casos de guerra, estado de defesa, estado de sítio, intervenção federal ou de grave perturbação da ordem; VIII – nos casos de emergência ou de calamidade pública, quando caracterizada urgência de atendimento de situação que possa ocasionar prejuízo ou comprometer a continuidade dos serviços públicos ou a segurança de pessoas, obras, serviços, equipamentos e outros bens, públicos ou particulares, e somente para aquisição dos bens necessários ao atendimento da situação emergencial ou calamitosa e para as parcelas de obras e serviços que possam ser concluídas no prazo máximo de 1 (um) ano, contado da data de ocorrência da emergência ou da calamidade, vedadas a prorrogação dos respectivos contratos e a recontratação de empresa já contratada com base no disposto neste inciso; IX – para a aquisição, por pessoa jurídica de direito público interno, de bens produzidos ou serviços prestados por órgão ou entidade que integrem a Administração Pública e que tenham sido criados para esse fim específico, desde que o preço contratado seja compatível com o praticado no mercado; X – quando a União tiver que intervir no domínio econômico para regular preços ou normalizar o abastecimento; XI – para celebração de contrato de programa com ente federativo ou com entidade de sua Administração Pública indireta que envolva prestação de serviços públicos de forma associada nos termos autorizados em contrato de consórcio público ou em convênio de cooperação; XII – para contratação em que houver transferência de tecnologia de produtos estratégicos para o Sistema Único de Saúde (SUS), conforme elencados em ato da direção nacional do SUS, inclusive por ocasião da aquisição desses produtos durante as etapas de absorção tecnológica, e em valores compatíveis com aqueles definidos no instrumento firmado para a transferência de tecnologia; XIII – para contratação de profissionais para compor a comissão de avaliação de critérios de técnica, quando se tratar de profissional técnico de notória especialização; XIV – para contratação de associação de pessoas com deficiência, sem fins lucrativos e de comprovada idoneidade, por órgão ou entidade da Administração Pública, para a prestação de serviços, desde que o preço contratado seja compatível com o praticado no mercado e os serviços contratados sejam prestados exclusivamente por pessoas com deficiência; XV – para contratação de instituição brasileira que tenha por finalidade estatutária apoiar, captar e executar atividades de ensino, pesquisa, extensão, desenvolvimento institucional, científico e tecnológico e estímulo à inovação,

Todavia, é importante registrar que, mesmo antes da alteração empreendida pela Lei n. 14.230/2021, existia entendimento em sentido diametralmente oposto, retratado abaixo, com fulcro no teor literal do mencionado artigo 10, *caput*, cuja redação original salientava ser ato de improbidade administrativa que causa lesão ao erário "qualquer ação ou omissão, dolosa ou culposa, que **enseje perda patrimonial**, desvio, apropriação, malba-

inclusive para gerir administrativa e financeiramente essas atividades, ou para contratação de instituição dedicada à recuperação social da pessoa presa, desde que o contratado tenha inquestionável reputação ética e profissional e não tenha fins lucrativos; XVI – para aquisição, por pessoa jurídica de direito público interno, de insumos estratégicos para a saúde produzidos por fundação que, regimental ou estatutariamente, tenha por finalidade apoiar órgão da Administração Pública direta, sua autarquia ou fundação em projetos de ensino, pesquisa, extensão, desenvolvimento institucional, científico e tecnológico e de estímulo à inovação, inclusive na gestão administrativa e financeira necessária à execução desses projetos, ou em parcerias que envolvam transferência de tecnologia de produtos estratégicos para o SUS, nos termos do inciso XII do *caput* deste artigo, e que tenha sido criada para esse fim específico em data anterior à entrada em vigor desta Lei, desde que o preço contratado seja compatível com o praticado no mercado. § 1º Para fins de aferição dos valores que atendam aos limites referidos nos incisos I e II do *caput* deste artigo, deverão ser observados: I – o somatório do que for despendido no exercício financeiro pela respectiva unidade gestora; II – o somatório da despesa realizada com objetos de mesma natureza, entendidos como tais aqueles relativos a contratações no mesmo ramo de atividade. § 2º Os valores referidos nos incisos I e II do *caput* deste artigo serão duplicados para compras, obras e serviços contratados por consórcio público ou por autarquia ou fundação qualificadas como agências executivas na forma da lei. § 3º As contratações de que tratam os incisos I e II do *caput* deste artigo serão preferencialmente precedidas de divulgação de aviso em sítio eletrônico oficial, pelo prazo mínimo de 3 (três) dias úteis, com a especificação do objeto pretendido e com a manifestação de interesse da Administração em obter propostas adicionais de eventuais interessados, devendo ser selecionada a proposta mais vantajosa. § 4º As contratações de que tratam os incisos I e II do *caput* deste artigo serão preferencialmente pagas por meio de cartão de pagamento, cujo extrato deverá ser divulgado e mantido à disposição do público no Portal Nacional de Contratações Públicas (PNCP). § 5º A dispensa prevista na alínea "c" do inciso IV do *caput* deste artigo, quando aplicada a obras e serviços de engenharia, seguirá procedimentos especiais instituídos em regulamentação específica. § 6º Para os fins do inciso VIII do *caput* deste artigo, considera-se emergencial a contratação por dispensa com objetivo de manter a continuidade do serviço público, e deverão ser observados os valores praticados pelo mercado na forma do art. 23 desta Lei e adotadas as providências necessárias para a conclusão do processo licitatório, sem prejuízo de apuração de responsabilidade dos agentes públicos que deram causa à situação emergencial. § 7º Não se aplica o disposto no § 1º deste artigo às contratações de até R$ 8.000,00 (oito mil reais) de serviços de manutenção de veículos automotores de propriedade do órgão ou entidade contratante, incluído o fornecimento de peças."

ratamento ou dilapidação dos bens ou haveres das entidades referidas no art. 1º desta lei" (destaques nossos).

Nesse diapasão, colaciona-se o seguinte julgado, no qual se aduz inexistir, em tal situação, ato de improbidade administrativa que causa prejuízo ao erário – inciso VIII do artigo 10 da Lei de Improbidade Administrativa (redação anterior). O entendimento esposado pelos desembargadores da 13ª Câmara de Direito Público do Tribunal de Justiça do Estado de São Paulo exige a produção de prova atestando a ocorrência de efetivo dano ao erário: "As infrações previstas no *caput* e nos incisos do art. 10 da Lei nº 8.429/92 pressupõem a ocorrência de condutas [...] que tenham acarretado lesão ao erário. Dano que deve ser comprovado nos autos."[652]

Em razão do referido dispositivo, a posição contrária, ilustrada no julgado colacionado acima, assevera que, para a configuração desse ato de improbidade administrativa, não basta a mera ocorrência de um fato previsto em um dos seus incisos (I a XXI). Com efeito, faz-se necessária a presença de efetivo prejuízo ao erário, *ex vi* do citado *caput* do artigo 10, bem como em razão da própria nomenclatura da Seção II da Lei n. 8.429/92 (destaques nossos): "Dos Atos de Improbidade Administrativa que **Causam Prejuízo ao Erário**".

Conforme salientado no Capítulo 3 desta obra, a divisão dos atos de improbidade administrativa calca-se em três tipos de ilicitude: enriquecimento ilícito (artigo 9º), prejuízo ao erário (artigo 10) e infringência aos princípios administrativos (artigo 11). Desse modo, alguns propugnam, conforme registrado, que, para se configurar ato de improbidade admi-

[652] "APELAÇÕES CÍVEIS. AÇÃO CIVIL PÚBLICA. IMPROBIDADE ADMINISTRATIVA. ART. 10, "CAPUT", E INC. VIII, DA LEI Nº 8.429/92. NÃO CARACTERIZAÇÃO. AUSÊNCIA DE PROVA DE DANO AO ERÁRIO. 1. [...] 7. Mérito. As infrações previstas no "caput" e nos incisos do art. 10 da Lei nº 8.429/92 pressupõem a ocorrência de condutas comissivas ou omissivas, dolosas ou culposas, que tenham acarretado lesão ao erário. Dano que deve ser comprovado nos autos. No caso, os itens de paisagismo adquiridos foram devidamente entregues, sem que o Município-autor tenha se desincumbido do ônus de comprovar que o preço pago superou o de mercado. Sem prova do prejuízo ao erário, não se caracterizaram os atos ímprobos previstos no art. 10. Impossibilidade, em recurso exclusivo dos réus, de se reconhecer o ato de improbidade administrativa do art. 11, da Lei nº 8.429/92, pedido subsidiário formulado na inicial. Aplicação do princípio "non reformatio in pejus". [...]. Sentença reformada para julgar improcedente o pedido. Recursos providos." (Tribunal de Justiça do Estado de São Paulo, apelação cível n. 0002570-42.2014.8.26.0042, relator: desembargador Djalma Lofrano Filho, 13ª Câmara de Direito Público, julgado em: 12 jun. 2019.)

nistrativa que causa prejuízo ao erário, é necessário haver efetivo dano ao patrimônio público, não sendo possível, desse modo, presumir-se a existência de dano em desfavor do réu da ação de improbidade administrativa, sob pena de se violar cânones constitucionais de estilo.

Exemplifica-se essa situação com um caso hipotético de dispensa fraudulenta de licitação, a qual, contudo, não produz efetivo prejuízo ao erário – em razão, *v.g.*, de o serviço ser efetivamente prestado e o valor dispendido ser compatível com aquele praticado no mercado. Em tal cenário, essa corrente propugna que há, na realidade, ato de improbidade administrativa que atenta contra os princípios da administração pública, nos termos do artigo 11 da Lei n. 8.429/1992, pois entende não estarem preenchidos os requisitos do artigo 10, inciso VIII, do mesmo diploma normativo.

Nesse contexto, aduz-se que, na seara da responsabilidade civil, o Direito Privado não socorre a tese do dano ao erário *in re ipsa*, exigindo efetiva ocorrência de dano para haver responsabilidade civil dos danos materiais – ressalva-se, expressamente, a existência de outros danos (*v.g.*, sociais).

Já em sentido contrário, a jurisprudência dominante, notadamente do Superior Tribunal de Justiça, entendia estar perfeitamente caracterizado o ato de improbidade em questão, uma vez que, nessas situações, a lei presumia, de forma absoluta, o dano ao erário. Aplicavam-se, à espécie, os princípios constitucionais e legais norteadores da Administração Pública, devendo o gestor público respeitá-los integralmente, sob pena de produzir graves consequências aos administrados. Colaciona-se, como exemplo, a seguinte ementa de acórdão proferido no dia 9 de maio de 2019, referente ao recurso especial 1.771.593-SE, relatado pelo ministro Antonio Herman de Vasconcellos e Benjamin, *in verbis* (destaques nossos): "O STJ entende que, para a caracterização de improbidade administrativa por frustração da licitude do processo de licitação [...], o dano apresenta-se presumido, ou seja, trata-se de dano *in re ipsa*."[653]

[653] "ADMINISTRATIVO E PROCESSUAL CIVIL. IMPROBIDADE ADMINISTRATIVA. ART. 10, VIII, DA LEI 8.429/1992. DISPENSA INDEVIDA DE LICITAÇÃO. ELEMENTO SUBJETIVO DO ATO ÍMPROBO. DOLO GENÉRICO OU CULPA. ART. 10, VIII, DA LEI 8.429/92. DANO IN RE IPSA. 1. [...] 4. O STJ entende que, para a caracterização de improbidade administrativa por frustração da licitude do processo de licitação, tipificada no art. 10, VIII, da Lei 8.429/1992, o dano apresenta-se presumido, ou seja, trata-se de *dano in re ipsa*. A propósito: REsp 1.624.224/RS, Rel. Ministro Francisco Falcão, Segunda Turma,

O Superior Tribunal de Justiça, conforme o julgado acima, entendia que a figura prevista no artigo 10, inciso VIII, da Lei n. 8.429/1992 – "frustrar a licitude de processo licitatório ou de processo seletivo para celebração de parcerias com entidades sem fins lucrativos, ou dispensá-los indevidamente" – configurava ato de improbidade administrativa independentemente de haver efetivo dano ao erário. Vale dizer, havia presunção *jure et de jure* (absoluta) – inderrogável, por consequência.

Sabe-se, por um lado, que os desmandos e as demais ilicitudes perpetradas pelos gestores públicos contra o erário geram graves consequências à sociedade brasileira, principalmente à parcela mais carente, que depende dos serviços públicos gratuitos de saúde, educação *etc.* Salienta-se, de outro vértice, que tal fato exige a aplicação dos mandamentos constitucionais e legais aplicáveis à espécie, sob pena de se excluir o próprio Estado Democrático de Direito.

Em suma, registra-se que é preciso combater a corrupção e os demais ilícitos praticados justamente no seio do Estado brasileiro, sempre se respeitando a Constituição Federal e os diplomas normativos correlatos. E milita nesse sentido a prevalência de uma visão completa dessa realidade – adotada pelo Superior Tribunal de Justiça neste tema específico –, protegendo-se exaustivamente os bens difusos. Em assim não agindo, engendra-se um ambiente favorável a um reiterado descumprimento das normas, em que se colocam em risco as garantias e os direitos fundamentais, frutos de séculos de construção e evolução da Humanidade.

Contudo, a Lei n. 14.230/2021 alterou a redação do referido dispositivo, o qual, agora, expressa o seguinte mandamento (destaques nossos): "frustrar a licitude de processo licitatório ou de processo seletivo para celebração de parcerias com entidades sem fins lucrativos, ou dispensá-los indevidamente, **acarretando perda patrimonial efetiva**". Constata-se, desse modo, que a parte final da norma acolheu a posição antes minoritária, exigindo, atualmente, uma efetiva diminuição do patrimônio para que se vislumbre o ato de improbidade administrativa tipificado no inciso VIII do referido artigo 10.

DJe de 06/03/2018; AgInt no REsp 1.671.366/SP, Rel. Ministro Mauro Campbell Marques, Segunda Turma, DJe de 01/12/2017; REsp 1.685.214/MG, Rel. Ministro Herman Benjamin, Segunda Turma, DJe de 19/12/2017 [...]. 8. Recurso Especial provido." (Superior Tribunal de Justiça, recurso especial n. 1.771.593-SE, relator: ministro Herman Benjamin, 2ª Turma, julgado em: 09 mai. 2019.)

4. *Compliance, public compliance* e cultura de proteção integral do patrimônio público

Acerca da temática *sub examine*, não se pode deixar de abordar, ainda que de forma resumida e perfunctória, o *compliance* e o *public compliance*. Com efeito, a prevenção – inclusive no que tange a danos – é um importante norte em se tratando de combate à corrupção, pois a mera repressão, infelizmente, não resolverá esse problema experimentado pela Humanidade desde longínquos tempos. Desse modo, apenas com um pacote completo de medidas, preventivas e repressivas, será possível alcançar o desiderato de toda e qualquer sociedade hodierna, que é o efetivo controle da corrupção, reduzindo-a a níveis quase nulos.

A educação formal, sem dúvida, é um dos pilares para uma profunda, perene e efetiva mudança a ser realizada em toda a estrutura social. Assim, devem ser implementadas, desde cedo, medidas educacionais visando a formar cidadãos com postura ética inabalável, seja para a vida privada, seja para a vida pública. E tal desiderato se justifica porque, em um cenário de prevalência de condutas antiéticas, são gerados custos adicionais às empresas, efetivando-se modelo de operação ineficiente.[654]

José Marcelo Martins Proença cita um estudo realizado pela Association of Certified Fraud Examiners (ACFE), o qual estima que as empresas perdem 5% do faturamento anual em decorrência de fraudes. Esse levantamento ainda constata que, antes de serem descobertas, as fraudes duram em média dezesseis meses, bem como que 22% das empresas perdem U$ 1 milhão ou mais com tais práticas.[655]

Com o objetivo de prevenir esses desvios, criou-se o *compliance*, cuja palavra deriva do verbo inglês "*to comply*", que significa, segundo Felipe Chiarello de Souza Pinto e Amanda Scalisse Silva, "cumprir, estar em conformidade, executar, obedecer, observar e satisfazer o que é imposto".[656] Na mesma toada são os ensinamentos de Manuella Santos de Castro, a qual reforça a respectiva acepção no sentido de "agir de acordo com" e "estar em

[654] Cf. Proença, José Marcelo Martins. Custo econômico da corrupção para as empresas. *In*: Bechara, Fábio Ramazzini (coord.) *et al.* **Corrupção**. São Paulo: Almedina, 2020, p. 66.

[655] Proença, José Marcelo Martins. Custo econômico da corrupção para as empresas. *In*: Bechara, Fábio Ramazzini (coord.) *et al.* **Corrupção**. São Paulo: Almedina, 2020, p. 66.

[656] Pinto, Felipe Chiarello de Souza; Silva, Amanda Scalisse. A exigência de *compliance* nas contratações públicas. *In*: Castro, Manuella Santos de (org.) *et al.* **Governança, *compliance* e corrupção**. São Paulo: Almedina, 2019, p. 211-212.

conformidade com". Para a autora, "estar *compliance*", na linguagem jurídica, significa encontrar-se em conformidade com distintos instrumentos jurídicos, como, por exemplo, leis, regulamentos, regimentos internos *etc.*[657]

De tal modo, a implementação de mecanismos de integridade (*compliance*) traduz a necessidade de se observarem os contornos impostos pelo ordenamento jurídico, respeitando as normas de estilo e, principalmente, a probidade. Nesse sentido, criam-se nas empresas códigos de conduta internos, com a finalidade de manter "padrões éticos por meio da consolidação de uma cultura de valores comuns e do estabelecimento de mecanismos de prevenção, controle e sancionamento dos comportamentos desvirtuados."[658]

Valdir Moysés Simão, ao analisar o Decreto n. 8.420/2015,[659] assevera que os programas de *compliance* necessitam observar imediatamente três escopos: "prevenir, detectar e remediar práticas de corrupção e atentórias, de modo geral, à conduta ética empresarial." Segundo o autor, são necessários efetivos comprometimento e apoio da alta direção, conhecidos como "*tone from the top*" e "*top level commitment*", traduzidos em exemplos de conduta transmitidos pelos mais altos níveis da organização.[660]

Outrossim, o mencionado autor aduz que é crucial a criação de uma instância responsável pelo programa de integridade, objetivando efetivá-lo na estrutura da pessoa jurídica. Tal instância interna é responsável pelo desenvolvimento, pela aplicação e pelo monitoramento do programa. E, para tanto, é importante a destinação de recursos pela alta administração para o referido órgão, dotando-o de autonomia não somente para a efetivação do programa e dos treinamentos, mas igualmente para uma livre e independente apuração de irregularidades. De outra banda, firma-se uma análise periódica de perfil e riscos, mapeando circunstâncias com

657 CASTRO, Manuella Santos de. *Compliance* em meio digital: análise de casos icônicos de responsabilidade civil. *In*: _______________ (org.) *et al.* **Governança, *compliance* e corrupção**. São Paulo: Almedina, 2019, p. 247.

658 Cf. PINTO, Felipe Chiarello de Souza; SILVA, Amanda Scalisse. A exigência de *compliance* nas contratações públicas. *In*: CASTRO, Manuella Santos de (org.) *et al.* **Governança, *compliance* e corrupção**. São Paulo: Almedina, 2019, p. 211-212.

659 "Regulamenta a Lei nº 12.846, de 1º de agosto de 2013, que dispõe sobre a responsabilização administrativa de pessoas jurídicas pela prática de atos contra a administração pública, nacional ou estrangeira e dá outras providências."

660 SIMÃO, Valdir Moysés. *Compliance* e setor privado. *In*: BECHARA, Fábio Ramazzini (coord.) *et al.* **Corrupção**. São Paulo: Almedina, 2020, p. 45-46.

potencial de contribuir para a prática de atos lesivos contra a Administração Pública.[661]-[662]

Quanto a regras, políticas e procedimentos para mitigar riscos, a primeira etapa consiste em elaborar um Código de Ética, também denominado de Código de Conduta. De forma sintética e com linguagem simples e acessível, tal diploma deve pormenorizar: o comprometimento da pessoa jurídica com a ética, as condutas vedadas, as principais políticas de integridade, o estímulo ao emprego do canal de denúncias, a proteção ao denunciante e as sanções disciplinares. O referido código é obrigatório e vincula todos os colaboradores, que devem formalizar sua adesão, sejam eles empregados, sejam eles diretores.[663]

Registra-se, outrossim, a necessidade de monitoramento regular durante toda a execução do contrato, implementação de canais de denúncia, comunicação e treinamento, sanções disciplinares e ações de remediação, estratégias de monitoramento contínuo, entre outras medidas. Como derradeiro fundamento do programa de integridade encontra-se a confecção de um plano de monitoramento; assim, "os mecanismos de integridade devem estar em constante supervisão e aprimoramento, permitindo não só a efetivação das regras de conduta e políticas, mas tam-

[661] SIMÃO, Valdir Moysés. *Compliance* e setor privado. *In*: BECHARA, Fábio Ramazzini (coord.) *et al.* **Corrupção.** São Paulo: Almedina, 2020, p. 47.

[662] Em relação à análise de riscos, Tatiana Regiane aduz o seguinte (*Compliance* como ferramenta no âmbito da governança corporativa de empresas em crise. *In*: CASTRO, Manuella Santos de (org.) *et al.* **Governança, *compliance* e corrupção.** São Paulo: Almedina, 2019, p. 51): "A governança de qualquer sistema de gerenciamento de riscos é constituída pelos processos de tomada de decisão, supervisão, monitoramento e asseguração de funcionamento efetivo da gestão de riscos. Cada empresa pode escolher seu próprio modelo, forma e estruturas, mas nenhuma fugirá da implantação dos seguintes passos: (i) identificar e classificar os riscos; (ii) avaliar os riscos (criar a matiz de riscos identificando os graus de severidade); (iii) implementar a função de gestão de riscos e estrutura de controles internos; e (iv) monitorar e reportar os riscos e controles periodicamente."

[663] Cf. SIMÃO, Valdir Moysés. *Compliance* e setor privado. *In*: BECHARA, Fábio Ramazzini (coord.) *et al.* **Corrupção.** São Paulo: Almedina, 2020, p. 48. Segundo o autor, "devem ainda ser elaboradas políticas e procedimentos para disciplinar, no mínimo: (i) o relacionamento com o poder público e a interação com agentes públicos; (ii) a oferta de brindes, presentes, entretenimentos e hospitalidade; (iii) a precisão e acurácia dos controles e registros contábeis; (iv) patrocínios e doações; (v) fusões, aquisições e reestruturações societárias; e (vi) a contratação de terceiros. Todos os procedimentos devem contar com indicadores de controle que possam ser auditados para verificar-se a efetividade do programa."

bém a resposta rápida a qualquer risco ou ato lesivo que porventura seja descoberto."[664]

Valdir Moysés Simão ainda pontua que o programa de *compliance* não nasce maduro, sendo imprescindível tempo para que ocorram os seus adequados desenvolvimento e amadurecimento. "A maturidade será conquistada na medida em que o programa for posto em prática e as resistências à sua implantação forem sendo superadas." E finaliza o autor asseverando que o que se almeja por meio do programa de integridade é a construção de uma organização ética – esta, contudo, não se confunde com um regime disciplinar em que há pessoas vigiadas e condicionadas a seguirem regras sem as compreenderem de fato.[665]

A par disso, debate-se atualmente no Direito Administrativo a figura do *public compliance*, pois se o programa de integridade é exigido das pessoas jurídicas privadas, inexiste razão para ele não ser implementado nos entes públicos. Na realidade, trata-se de medida imprescindível para se fornecer o adequado exemplo aos particulares, uma vez que, se o Estado cobra tal postura de seus administrados, com mais razão deve ele, então, efetivá-lo em sua estrutura interna.

Por conseguinte, o *public compliance*, segundo Mário Spinelli, é um tema hodierno e pululante, já que consiste em importante instrumento para controlar os atos praticados por gestores públicos e, como corolário, "reduzir os riscos de crise de reputações dessas organizações." O referido autor ainda ensina que o programa de integridade implementado no setor público guarda semelhanças com aquele utilizado na área privada, mas com adaptações e ajustes decorrentes de suas características.[666]

Em tal contexto, Gabriel Marson Junqueira define o *public compliance* como "integridade, conformidade normativa, ou cumprimento do Direito, na Administração Pública".[667]-[668] Tal instituto abrange, em apertada

[664] Cf. SIMÃO, Valdir Moysés. *Compliance* e setor privado. *In*: BECHARA, Fábio Ramazzini (coord.) *et al.* **Corrupção**. São Paulo: Almedina, 2020, p. 49-50.

[665] SIMÃO, Valdir Moysés. *Compliance* e setor privado. *In*: BECHARA, Fábio Ramazzini (coord.) *et al.* **Corrupção**. São Paulo: Almedina, 2020, p. 50-52.

[666] SPINELLI, Mário. Mecanismos de prevenção e controle da corrupção: a estruturação de sistemas de integridade na Administração Pública. *In*: BECHARA, Fábio Ramazzini (coord.) *et al.* **Corrupção**. São Paulo: Almedina, 2020, p. 79-80.

[667] JUNQUEIRA, Gabriel Marson. **A prevenção da corrupção na Administração Pública**: contributos criminológicos, do *corporate compliance* e *public compliance*. Belo Horizonte: D'Plácido, 2019, p. 101.

síntese, diversos instrumentos e medidas: análise de riscos, cultura de *compliance*, códigos de conduta, cursos de formação, campanhas anticorrupção, programa de *compliance*, procedimentos de investigação interna, entre outros.[669]

Nesse sentido, citou-se no Capítulo 3 a *Legge Anticorruzione* n. 190, de 6 de novembro de 2012, que trata da prevenção e repressão da corrupção e da ilegalidade na Administração Pública. Trata-se de importante exemplo acerca da matéria, pois utilizou diversos instrumentos que compõem o denominado *public compliance*, enfocando na prevenção da corrupção.

Aponta-se, no presente subitem, a importância de tanto o *compliance* tradicional quanto o *public compliance* adotarem em seus instrumentos uma "cultura de respeito ao patrimônio público", bem difuso por excelência. Vale dizer, faz-se necessária, junto ao reforço ético preconizado por tais medidas, a efetivação de uma consciência coletiva acerca dos bens pertencentes a toda a sociedade, cujo aviltamento causa inegável dano social.

5. Conclusão parcial

Neste capítulo, analisaram-se institutos correlatos ao tema central do presente livro, tais como os acordos de não persecução, a prescrição, o dano *in re ipsa* e o *compliance*, incluído o *public compliance*. Obviamente não se pretendeu esgotar todos os assuntos passíveis de correlação com a matéria *sub examine*. Porém, certamente se escolheram aqueles tópicos que possuem inegável relevância teórica e prática para a responsabilidade civil atinente à corrupção e à improbidade administrativa.

Em primeiro lugar, nota-se um movimento legislativo no sentido de se permitir a realização de acordos nas mais diversas searas jurídicas, englobando tanto os delitos correlatos à corrupção quanto os atos de improbidade administrativa. Nesse sentido, conclui-se que, uma vez admitida a existência desses pactos, é necessário observar as normas e os princípios

[668] "O Programa de Integridade consiste no conjunto de medidas e ações institucionais voltadas para a prevenção, detecção, punição e remediação de fraudes e atos de corrupção, em apoio à boa governança. Em outras palavras, é uma estrutura de incentivos organizacionais que visa orientar e guiar o comportamento dos agentes públicos de forma a alinhá-los ao interesse público." Disponível em: https://www.gov.br/mdr/pt-br/acesso-a-informacao/governanca/programa-integridade/plano-de-integridade-1. Acesso em: 29 ago. 2021.

[669] Cf. JUNQUEIRA, Gabriel Marson. **A prevenção da corrupção na Administração Pública**: contributos criminológicos, do *corporate compliance* e *public compliance*. Belo Horizonte: D'Plácido, 2019, p. 104-139.

aplicáveis à espécie. Com efeito, a reparação integral de todos os danos decorrentes desses ilícitos é uma premissa para os atores, notadamente estatais, durante a assinatura de tais acordos. Nessa esteira, é importante que o agente ímprobo, além de se obrigar a ressarcir eventuais danos materiais causados ao erário, também se obrigue a reparar os danos sociais causados.

Na sequência, percebe-se que a estabilização das relações sociais é um dos objetivos fulcrais do Direito. E, com esse objetivo, o instituto da prescrição torna ineficaz a pretensão, impedindo que o prejudicado, após perder o respectivo prazo, possa se socorrer do Poder Judiciário. Todavia, há situações elencadas pela Constituição Federal que, mesmo com o decurso de prazo, não prescrevem. E o ressarcimento do erário aviltado por ato doloso de improbidade administrativa é uma dessas situações, conforme dispõe o artigo 37, § 5º, parte final, da Carta Magna, cuja tese foi reconhecida pelo Supremo Tribunal Federal no recurso extraordinário n. 852.475.

De outro vértice, consigna-se que a figura do dano ao erário *in re ipsa* era uma realidade jurisprudencial, notadamente do Superior Tribunal de Justiça, atinente ao ato de improbidade administrativa previsto no artigo 10, inciso VIII, da Lei n. 8.429/1992. Em contrapartida, registrou-se e colacionou-se, para o devido debate democrático de ideias, a tese que sustenta posição contrária, hoje reconhecida de forma expressa pela Lei n. 14.230/2021, aduzindo que tal figura não pode ser admitida em nosso ordenamento jurídico, pois o referido ato demandaria um efetivo dano ao erário.

Por fim, constata-se na atualidade um intenso debate acadêmico acerca da necessidade de a Administração Pública implementar medidas que garantam a probidade em sua estrutura interna, assim como já ocorre na iniciativa privada com o *compliance*. Nesse sentido, o *public compliance* preconiza a adoção de diversos instrumentos – tais como análise de riscos, código de conduta, cursos de formação, programa de integridade, entre outros – visando à efetivação e manutenção da probidade em todos os escalonamentos da Administração Pública. Em tal contexto, é necessário incutir nessas medidas a imprescindibilidade de proteção dos bens difusos, especialmente o patrimônio público, propiciando a todos os agentes públicos a percepção de que a corrupção e a improbidade administrativa são ilícitos que possuem, sim, vítima, consistente na sociedade.

CAPÍTULO 6
CONTORNOS DE UM EPÍLOGO

1. Construção de um regime jurídico mais sólido e eficaz no combate à corrupção e à improbidade administrativa

A massificação das relações sociais e notadamente dos conflitos é fato notório no contexto mundial hodierno.[670] Nesse sentido, a mudança do enfoque individualista para uma perspectiva coletiva é inegável no decorrer do século XX, seja na seara jurídica, seja nas demais áreas. Percebe-se, como consequência, que os danos não mais se traduzem apenas naqueles causados a uma determinada pessoa física ou jurídica. A sociedade, considerada como um todo, possui direitos e bens, os quais são considerados difusos inclusive pela nossa legislação[671] – e estes, quando sofrem danos, também devem ser alvo de tutela estatal objetivando sua incolumidade.

A mesma situação ocorreu com o dano moral: no início do século anterior, somente era pacífica a existência do dano material – a jurisprudência, inclusive, rejeitava o dano moral, ante sua não previsão expressa no Código Civil de 1916. Depois de muito trabalho e estudo acadêmico, edificou-se sua estrutura e, como corolário, reconheceu-se sua existência, explicitando-o tanto na Constituição Federal[672] quanto no Código Civil de 2002.[673]

[670] Cf. BENJAMIN, Antônio Herman Vasconcellos. A insurreição da aldeia global contra o processo civil clássico: apontamentos sobre a opressão e a libertação judiciais do meio ambiente e do consumidor. *In*: MILARÉ, Édis (coord.). **Ação civil pública – Lei 7.347/85**: reminiscências e reflexões após dez anos de aplicação, São Paulo: Revista dos Tribunais, 1995, p. 78.

[671] Cf. artigo 81, parágrafo único, inciso I, do Código de Defesa do Consumidor.

[672] Por exemplo, artigo 5º, *caput*, incisos V e X (destaques nossos): "é assegurado o direito de resposta, proporcional ao agravo, além da indenização por dano material, **moral ou à**

O vetusto entendimento no sentido de se determinar a reparação apenas do que se enxerga (*ictu oculi*) traz inegáveis prejuízos à população, que não encontra no sistema de Justiça um efetivo inibidor da corrupção e da improbidade administrativa. E essa ausência de confiança e respaldo nas instituições públicas abrolha deletérias sequelas no tocante ao pacto social,[674] tornando os indivíduos descrentes quanto às finalidades – e à própria necessidade – do Estado. Como alternativa, as pessoas acabam buscando outros meios para satisfazerem suas necessidades – p. ex., vingança privada –, o que, sem dúvida, é extremamente prejudicial para a construção e preservação de uma civilização baseada no respeito aos direitos fundamentais.

Sabe-se que não são desvelados todos os casos de ilícitos praticados contra o patrimônio público. Além disso, dentre aqueles descobertos muitos de seus autores não são condenados, por diversos motivos: prescrição, estrutura estatal insuficiente, dificuldade probatória *etc.*[675] Desse modo, considerando que apenas uma parcela dos atos de corrupção e de improbidade administrativa enseja efetiva condenação proferida pelo Poder Judiciário, conclui-se que, em tais casos, não se pode deixar de determinar a integral reparação de todos os danos causados, inclusive sociais. Do contrário, como se disse anteriormente, incentivar-se-ia a prática do ilícito, penalizando a própria vítima, titular do patrimônio aviltado, que, no caso, é toda a população.

Por essa razão, devem ser aprimorados os instrumentos e os mecanismos jurídicos utilizados no combate à corrupção e à improbidade administrativa, incumbindo a todos os cidadãos a responsabilidade para essas mudanças.[676] Reconhece-se a importância do sistema penal atual e da Lei

imagem"; e "são invioláveis a intimidade, a vida privada, a honra e a imagem das pessoas, assegurado o direito a indenização pelo dano material ou **moral** decorrente de sua violação".

673 Cf. artigo 186 (destaques nossos): "Aquele que, por ação ou omissão voluntária, negligência ou imprudência, violar direito e causar dano a outrem, **ainda que exclusivamente moral**, comete ato ilícito."

674 Cf. Rousseau, Jean-Jacques. **Do contrato social**. Trad. Pietro Nassetti. São Paulo: Martin Claret, 2001, p. 31-32.

675 A experiência prática demonstra que, em certos casos de corrupção e de improbidade administrativa, a prova depende de delação dos próprios envolvidos, pois os aspectos externos podem não ser suficientes para a suficiente comprovação do ilícito.

676 José Marcelo Martins Proença tece comentários acerca da responsabilidade de todas as pessoas na busca por uma sociedade livre da corrupção (Custo econômico da corrupção para as empresas. *In*: Bechara, Fábio Ramazzini (coord.) *et al.* **Corrupção**. São Paulo:

n. 8.429/1992. Porém, é preciso ir além para cumprir, de forma efetiva, os mandamentos encartados na Constituição Federal e no Código Civil. Somente assim haverá uma proteção holística dos direitos e bens da sociedade, os quais – todos eles –, caso sejam aviltados, devem ser completamente reparados. Sugerem-se, nesse sentido, as alterações legislativas consignadas no item 3 deste capítulo.

2. Necessidade de desenvolvimento de uma teoria holística da responsabilidade civil

Convém consignar, de forma expressa, que o enfoque principal da presente obra é calcado no âmbito do Direito Civil, sem se descurar da influência episódica e pontual de normas de Direito Público que eventualmente incidem, de forma específica, no tratamento dispensado à matéria. De todo modo, segundo ensina Otavio Luiz Rodrigues Junior, adotaram-se as cautelas para se respeitar o estatuto epistemológico de Direito Civil,[677] utilizando-se de princípios e normas de outras áreas apenas em situações excepcionais – e, não, vulgarmente, o que poderia desnaturar a tradição secular do nosso Direito Privado.

Feita essa breve explanação, nota-se a imprescindibilidade de haver uma completa reparação dos danos causados por agentes públicos ímprobos e eventuais particulares partícipes. São múltiplos os danos decorrentes de corrupção e de improbidade administrativa, abrangendo desde danos materiais tradicionais, incluindo, por vezes, danos morais e infligindo, inevitavelmente, danos sociais.

A teoria holística da responsabilidade civil, nesse sentido, apenas aclara e reforça os mandamentos encartados no Código Civil e nos demais diplomas normativos correlatos, salientando a necessidade de existir uma completa reparação de todos os danos causados por atos de corrupção e de improbidade administrativa. Consiste, desse modo, na materialização de

Almedina, 2020, p. 67): "Em que pese a incidência da corrupção, há de se destacar informação importante acerca da temática, também apurada pela TI, ressaltando que mais de 50% das pessoas entrevistas, em nível global, acreditam que a população poderia fazer a diferença no combate à corrupção. No Brasil esse número cresce para 83%. Isso nos mostra, sobretudo, que apesar de a população reconhecer sua parcela de culpa, também está claro para todos quem são os responsáveis por aplicar os esforços necessários para o combate desse mal."

[677] RODRIGUES JUNIOR, Otavio Luiz. Estatuto epistemológico do Direito Civil contemporâneo na tradição de *civil law* em face do neoconstitucionalismo e dos princípios. **O Direito**, n. 143, v. 2, p. 43-66, 2011, p. 43-66.

deveres implícitos do ordenamento jurídico, tornando obrigatória a reparação integral de todos os danos, inclusive sociais, causados por agentes corruptos e eventuais particulares partícipes.

Em se adotando a presente teoria, obtêm-se, no mínimo, três benefícios imediatos. O primeiro traduz-se no desestímulo à prática de desmandos por gestores públicos. O segundo refere-se à completa reparação de todos os bens lesados, ensejando um terceiro benefício, que é a utilização da respectiva indenização em prol da população, vítima desses fenômenos.

3. Alterações constitucionais e legislativas sugeridas

Louis Josserand constatou, à sua época, que a evolução da responsabilidade civil se realizou com pouca ingerência do Poder Legislativo, advindo, principalmente, de construção jurisprudencial. De acordo com o autor, na França, na Bélgica e em outros países, a jurisprudência soube utilizar, com maestria, as leis e os princípios que estavam à sua disposição, adaptando-os aos fatos concretos que lhes eram apresentados, "com uma oportunidade, um senso das realidades práticas e uma engenhosidade verdadeiramente admiráveis."[678]

Todavia, no tocante à realidade contemporânea do Brasil, é possível avançar na proteção do patrimônio público – e as alterações constitucionais e legais podem auxiliar na proteção dos direitos da sociedade.

Geneviève Viney aponta para a importância de um acompanhamento legislativo da evolução da responsabilidade civil, notadamente no que tange à indenização de danos de massa e à diversificação de suas funções. Segundo a autora francesa, é imperativo haver coragem dos poderes constituídos para que sejam realizadas as alterações nesse sentido, com a finalidade de integrar os primados de prevenção e dissuasão, os quais eram até então descurados. Há, em tal contexto, a necessidade de se vestir uma nova pele. E finaliza a doutrinadora rogando para que as futuras gerações de juristas "saibam demonstrar imaginação e clarividência a fim de propor as reformas que se impõem, e que os juízes, assim como os políticos, tenham a coragem de efetivar essas proposições."[679]

[678] JOSSERAND, Louis. Evolução da responsabilidade civil. Trad. Raul Lima. **Revista Forense**, São Paulo, n. 456, 1941, p. 559.

[679] VINEY, Geneviève. As tendências atuais do direito da responsabilidade civil. *In*: TEPEDINO, Gustavo (org.) *et al.* **Direito civil contemporâneo**: novos problemas à luz da legalidade constitucional. São Paulo: Atlas, 2008. p. 55.

De todo modo, conforme se analisou nos capítulos anteriores, os dispositivos normativos aplicáveis à espécie não impedem a reparação dos danos decorrentes de corrupção e de improbidade administrativa.[680] Ao contrário, as normas correlatas estatuem o dever geral no sentido de que os cidadãos não podem causar danos a outrem[681] – e, no eventual caso de sua ocorrência, todos os danos devem ser alvo de reparação.[682]

Apesar desse claro arcabouço jurídico, constata-se na prática forense a concentração de esforços no caráter repressivo da Lei n. 8.429/1992 – o que, em um primeiro momento, não deixa de ser correto, ante a necessidade de serem aplicadas as sanções típicas previstas em seu artigo 12, *caput*, incisos I a III: perda dos bens ou valores acrescidos ilicitamente ao patrimônio (sanção civil); perda da função pública (sanção administrativa); suspensão dos direitos políticos (sanção eleitoral); pagamento de multa civil (sanção civil); proibição de contratar com o Poder Público ou receber benefícios ou incentivos fiscais ou creditícios, direta ou indiretamente, ainda que por intermédio de pessoa jurídica da qual seja sócio majoritário (sanção administrativa).

O mencionado artigo 12, *caput*, da Lei de Improbidade Administrativa ressalva expressamente o "ressarcimento integral do dano patrimonial", que não possui qualidade de sanção típica[683] – trata-se, na realidade, de verdadeiro corolário da responsabilidade civil. E, por ser elencada ao lado de verdadeiras sanções – civis, administrativas e eleitorais –, a jurisprudência, ao determinar a reparação dos danos decorrentes de corrupção e de improbidade administrativa, concentra suas determinações no âmbito dos danos materiais, notadamente o desfalque causado ao erário.

Em razão dessa premissa, outros danos decorrentes desses fenômenos deixam de ser alvo de determinação judicial para a sua devida reparação. É o exemplo do dano social, tratado neste livro, assim como do dano moral coletivo, os quais, na maioria das vezes, acabam não sendo reparados, em prejuízo de toda a coletividade.

Vislumbra-se, nesse cenário hoje existente, um círculo vicioso: a cada novo ato de corrupção ou de improbidade administrativa, toda a sociedade

[680] Os principais diplomas normativos atinentes ao tema em apreço são o Código Civil, a Constituição Federal e a Lei de Improbidade Administrativa.

[681] Cf. artigo 5º, *caput*, da Constituição Federal.

[682] Cf. artigo 927, *caput* e parágrafo único, do Código Civil.

[683] Cf. artigo 944, *caput*, do Código Civil.

é lesada, diminuindo a sua qualidade de vida; e, em não sendo completamente reparados todos os danos, estimula-se a prática de novos ilícitos, que causarão novos danos sociais, os quais também não serão alvo de reparação integral. Esse ciclo precisa ser quebrado, sob pena de impedirmos a efetiva evolução de nossa sociedade, em desrespeito aos direitos fundamentais. Com efeito, o Estado não pode incentivar o ilícito, ainda mais na gestão dos negócios públicos. Deve haver, dessa forma, uma efetiva prevenção, bem como uma retribuição pelo mal causado, inibindo eficazmente a prática de novos desmandos por agentes públicos.

Com esse objetivo, sugerem-se alterações na Constituição Federal, no Código Civil, no Código Penal, na Lei de Improbidade Administrativa e na Lei Anticorrupção Empresarial, para prever expressamente a necessidade de reparação de todos os danos – materiais, morais, sociais *etc.* –, quando decorrentes de corrupção ou de improbidade administrativa, inclusive no bojo de acordos de não persecução.

O artigo 37, § 4º, da Constituição Federal possui a seguinte redação (destaques nossos): "Os atos de improbidade administrativa importarão a suspensão dos direitos políticos, a perda da função pública, a indisponibilidade dos bens e **o ressarcimento ao erário**, na forma e gradação previstas em lei, sem prejuízo da ação penal cabível."

De acordo com a teoria holística da responsabilidade civil, para reforçar a necessidade de completa reparação de todos os danos, o dispositivo sob comento poderia ser alterado da seguinte forma: "Os atos de improbidade administrativa importarão a suspensão dos direitos políticos, a perda da função pública, a indisponibilidade dos bens e **a reparação integral de todos os danos causados (materiais, morais, sociais e quaisquer outros)**, na forma e gradação previstas em lei, sem prejuízo da ação penal cabível."

Quanto ao Código Civil, seria importante a inclusão de artigo autônomo, no Título IX – Da Responsabilidade Civil,[684] com a seguinte redação: "Devem ser reparados integralmente todos os danos (materiais, morais, sociais e quaisquer outros) decorrentes de corrupção, improbidade administrativa ou outros atos ilícitos congêneres".

O artigo 12 da Lei n. 8.429/1992, com a redação conferida pela Lei n. 14.230/2021, elenca diversas sanções – políticas, civis e administrativas –

[684] Parte Especial, Livro I – Do Direito das Obrigações.

àqueles que praticarem atos de improbidade administrativa. Além disso, também ressalva o ressarcimento integral do dano patrimonial causado pela conduta ímproba.[685] Todavia, como se percebe da leitura do referido dispositivo, utiliza-se das palavras "ressarcimento" e "dano patrimonial", a qual, invariavelmente, remete a danos materiais. Nesse sentido, o entendimento dominante hoje na jurisprudência sustenta que inexiste previsão expressa para a reparação de outros danos porventura existentes, como, por exemplo, o dano social.

E, apesar de não haver proibição expressa para a respectiva reparação, faz-se necessário o respectivo reforço, por meio das seguintes alterações que se sugerem: "Art. 12. Independentemente das sanções penais, civis, administrativas e de responsabilidade previstas na legislação específica, **o responsável pelo ato de improbidade sempre deverá, em qualquer hipótese, reparar integralmente todos os danos causados (materiais, morais, sociais ou quaisquer outros), além de se sujeitar, cumulativamente, a uma ou mais das seguintes sanções**, de acordo com a gravidade do fato: [...]."

De outra banda, rememora-se que o veto presidencial a dispositivos do Pacote Anticrime – Lei n. 13.964, de 24 de dezembro de 2019 – suprimiu a regulamentação do acordo de não persecução cível, segundo se estu-

[685] "Art. 12. **Independentemente do ressarcimento integral do dano patrimonial, se efetivo**, e das sanções penais comuns e de responsabilidade, civis e administrativas previstas na legislação específica, está o responsável pelo ato de improbidade sujeito às seguintes cominações, que podem ser aplicadas isolada ou cumulativamente, de acordo com a gravidade do fato: I – na hipótese do art. 9º desta Lei, perda dos bens ou valores acrescidos ilicitamente ao patrimônio, perda da função pública, suspensão dos direitos políticos até 14 (catorze) anos, pagamento de multa civil equivalente ao valor do acréscimo patrimonial e proibição de contratar com o poder público ou de receber benefícios ou incentivos fiscais ou creditícios, direta ou indiretamente, ainda que por intermédio de pessoa jurídica da qual seja sócio majoritário, pelo prazo não superior a 14 (catorze) anos; II – na hipótese do art. 10 desta Lei, perda dos bens ou valores acrescidos ilicitamente ao patrimônio, se concorrer esta circunstância, perda da função pública, suspensão dos direitos políticos até 12 (doze) anos, pagamento de multa civil equivalente ao valor do dano e proibição de contratar com o poder público ou de receber benefícios ou incentivos fiscais ou creditícios, direta ou indiretamente, ainda que por intermédio de pessoa jurídica da qual seja sócio majoritário, pelo prazo não superior a 12 (doze) anos; III – na hipótese do art. 11 desta Lei, pagamento de multa civil de até 24 (vinte e quatro) vezes o valor da remuneração percebida pelo agente e proibição de contratar com o poder público ou de receber benefícios ou incentivos fiscais ou creditícios, direta ou indiretamente, ainda que por intermédio de pessoa jurídica da qual seja sócio majoritário, pelo prazo não superior a 4 (quatro) anos; [...]." (Destaques nossos.)

dou no Capítulo 3. Tal lacuna, em contrapartida, foi corrigida pela Lei n. 14.230/2021, mas, mesmo assim, é importante a inclusão de um novo parágrafo no artigo 17-B da Lei de Improbidade Administrativa com a seguinte redação: "O acordo de não persecução cível sempre deve prever, além de outras cominações, a reparação integral de todos os danos (materiais, morais, sociais e quaisquer outros) decorrentes de atos de improbidade administrativa".

Ademais, sugere-se a inclusão de dispositivo autônomo na Lei n. 12.846, de 1º de agosto de 2013, conhecida como Lei Anticorrupção Empresarial, dotado da seguinte redação: "Nos processos judiciais e administrativos, bem como no acordo de leniência, devem ser completamente reparados todos os danos (materiais, morais, sociais e quaisquer outros) decorrentes de corrupção, improbidade administrativa ou outros atos ilícitos congêneres".

No que tange à seara penal, o artigo 91, *caput*, inciso I, do Código Penal determina que a condenação torna certa a obrigação de indenizar o dano causado pelo crime. Todavia, para tornar expresso o comando de reparação de todos os danos, inclusive sociais, seria relevante a introdução de artigo autônomo no Capítulo VI do Título V de sua Parte Geral, que trata "Dos Efeitos da Condenação", com a seguinte redação: "Devem ser reparados integralmente todos os danos (materiais, morais, sociais e quaisquer outros) decorrentes de delitos praticados por funcionários públicos contra a Administração Pública e outros correlatos".

Do mesmo modo, é importante a inclusão do seguinte parágrafo ao artigo 387 do Código de Processo Penal, que trata da sentença condenatória: "Na condenação de funcionário público pela prática de delito contra a Administração Pública e outros correlatos, deve ser determinada a reparação integral de todos os danos causados (materiais, morais, sociais e quaisquer outros)".

Já em relação ao acordo de não persecução penal, sugere-se a inclusão de parágrafo no artigo 28-A do Código de Processo Penal, com a seguinte redação: "O acordo de não persecução penal, quando versar acerca de delitos praticados contra a Administração Pública e outros correlatos, deve prever, além de outras cominações, a reparação integral de todos os danos causados (materiais, morais, sociais e quaisquer outros)".

4. Conclusão parcial

O ordenamento jurídico brasileiro, conforme se estudou, protege os bens e direitos de todas as pessoas, físicas ou jurídicas. Militam nesse sentido tanto a Constituição Federal (*v.g.*, artigo 5º) quanto o Código Civil (*e.g.*, artigo 927), entre outros diplomas normativos. Nota-se que inexistem exceções a esses mandamentos, os quais propugnam pela incolumidade dos bens pertencentes a todos os entes físicos e morais, incluída a própria sociedade.

De outra banda, o mesmo arcabouço jurídico determina a reparação de eventuais danos causados aos referidos bens, quando há desrespeito às sobreditas normas. Os objetivos dessa tutela são a prevenção e a repressão dos atos ilícitos *sub examine*, recompondo o patrimônio do lesado e admoestando o infrator a não mais turbá-lo.

Todavia, na prática forense relativa a investigações e processamentos de corrupção e de improbidade administrativa, costumam ser objeto de reparação apenas os danos materiais. Essa constatação é comprovada por meio da jurisprudência, segundo se exemplificou no Capítulo 1. No tocante aos mais diversos e variados casos de corrupção e de improbidade administrativa, dos mais simples aos mais complexos, o enfoque principal da tutela estatal é o ressarcimento do erário, aviltado em razão da conduta ímproba – por exemplo, solicita-se e determina-se o pagamento de determinado valor a título de indenização por danos materiais, nada se tratando acerca de outros danos, notadamente sociais.

Em tal contexto, faz-se necessário reforçar os mandamentos encartados nos diplomas normativos consignados acima, inclusive alterando sua redação para expressar com maior clareza a necessidade de uma completa reparação de todos os danos. Vale dizer, as regras postas já contemplam tal desiderato, mas se afigura de grande relevância a sua revitalização por meio de comandos expressos e inequívocos, guiando os operadores do Direito para uma completa proteção dos direitos fundamentais notadamente de terceira dimensão. Somente assim será possível se preconizar uma efetiva prevenção quanto aos atos de corrupção e de improbidade administrativa, reprimindo-os de forma satisfatória em caso de sua ocorrência, bem como se conferindo uma maior incolumidade ao patrimônio público.

CAPÍTULO 7
PROPOSTAS DE ALTERAÇÕES CONSTITUCIONAL E LEGISLATIVAS

1. Minuta de proposta de emenda à Constituição da República Federativa do Brasil de 1988

PROJETO DE EMENDA CONSTITUCIONAL N. ___, DE 2021
(Do Senhor _____ e outros)

Altera o § 4º do art. 37 da Constituição Federal, para reforçar a necessidade de se reparar integralmente todos os danos decorrentes de atos de improbidade administrativa.

As Mesas da Câmara dos Deputados e do Senado Federal, nos termos do § 3º do art. 60 da Constituição Federal, promulgam a seguinte Emenda ao texto constitucional:

Art. 1º. O art. 37, § 4º, da Constituição passa a vigorar com a seguinte redação:

"Art. 37 ....

§ 4º Os atos de improbidade administrativa importarão a suspensão dos direitos políticos, a perda da função pública, a indisponibilidade dos bens e a reparação integral de todos os danos causados (materiais, morais, sociais ou quaisquer outros), na forma e gradação previstas em lei, sem prejuízo da ação penal cabível.

...." (NR)

Art. 2º. Esta Emenda Constitucional entra em vigor na data de sua publicação.

JUSTIFICATIVA

Os atos de improbidade administrativa são graves violações a preceitos públicos, praticadas justamente por aqueles que deveriam ser os primeiros a zelarem pelo fiel cumprimento da Constituição e das leis. Não se trata de meros atos ilícitos de somenos importância, mas de verdadeiras transgressões a balizas civilizatórias.

Um dos maiores exemplos de improbidade administrativa é a apropriação indevida de verbas públicas, que deixam de ser aplicadas em determinadas áreas (*v.g.*, saúde, educação, infraestrutura ou segurança pública), para serem destinadas a espúrias finalidades privadas – na realidade, egoísticas –, em detrimento de toda a sociedade. Também pode se mencionar a situação de um particular que, objetivando auferir vantagem ilícita, oferece dinheiro ao agente ímprobo, ocupante de cargo público, o qual o aceita para praticar ato vedado pelo ordenamento jurídico.

Como se vê, não se trata de violações de pequena monta, cujos efeitos, em tese, repercutiriam negativamente apenas na relação jurídica atinente aos infratores e eventuais vítimas – e, quando muito, nas relações concernentes a pessoas próximas. Vale dizer, os reflexos advindos dessa prática são extremamente deletérios para toda a população, ultrapassando o âmbito privado. Atingem-se, desse modo, desde bens materiais – por exemplo, interrupção da construção de um hospital, falta de dinheiro para aquisição de merenda escolar, atraso no pagamento da remuneração de policiais *etc.* – até bens imateriais – *verbi gratia*, confiança da população nas instituições públicas, imagem do Estado brasileiro perante a sociedade internacional *etc.*

Os danos materiais são evidentes, pois os atos de improbidade administrativa, notadamente aqueles que causam enriquecimento ilícito ou que causam prejuízo ao erário, impactam diretamente nas contas públicas, ao fazerem faltar verbas para as atividades públicas mais corriqueiras. E os danos morais também se fazem presentes, uma vez que a imagem do Estado é inegavelmente desgastada, além de outras consequências de cunho extrapatrimonial.

De outra banda, percebe-se, além das tradicionais figuras de danos – materiais e morais –, a existência do dano social, também decorrente de improbidade administrativa. A cada nova prática desses atos, há verdadeiro rebaixamento da qualidade de vida da população,[686] que suporta todos os efeitos negativos correlatos. E, uma vez vislumbrado tal dano, é dever do Estado obrigar o agente ímprobo e eventual particular partícipe a repará-lo, pois, do contrário, se estaria incentivando a prática ilícita e, por consequência, prejudicando sobremaneira a sociedade.

A prática de improbidade administrativa fere gravemente o pacto social,[687] gerando descrédito nas pessoas em relação às instituições e normas postas. Cria-se e mantém-se um ciclo vicioso de desconfiança e de pouco caso com a coisa pública, fazendo com que toda a população seja impelida a agir desonestamente: "se o próprio gestor público atua ilicitamente, por que os administrados devem seguir as leis e respeitar o patrimônio público?" Tal pergunta é feita por aqueles que ficam indignados com os desmandos praticados por agentes ímprobos, os quais, por ocuparem cargos e funções públicas, deveriam ser os primeiros a defenderem o erário e o patrimônio público, mas que, pelo contrário, se aproveitam de sua investidura para auferirem vantagens ilícitas em prejuízo de toda a sociedade. Perpetua-se, com essa conduta, o famigerado "jeitinho", que busca obter vantagens a qualquer custo, ainda que ilicitamente e prejudicando terceiros.

[686] Cf. Azevedo, Antônio Junqueira de. **Novos estudos e pareceres de Direito Privado**. São Paulo: Saraiva, 2009, p. 377.

[687] Cf. Rousseau, Jean-Jacques. **Do contrato social**. Trad. Pietro Nassetti. São Paulo: Martin Claret, 2001, p. 31-32. Convém citar o seguinte excerto da referida obra desse autor francês (destaques no original): "'Achar uma forma de sociedade que defensa e proteja com toda a força comum a pessoa e os bens de cada sócio, e pela qual, unindo-se cada um a todos, não obedeça todavia senão a si mesmo e fique tão livre como antes'. Tal é o problema fundamental que resolve o contrato social. [...] Se afastarmos pois do pacto social o que não é da sua essência achá-lo-emos reduzido aos termos seguintes: *Cada um de nós põe em comum sua pessoa e todo o seu poder sob a suprema direção da vontade geral, e recebemos enquanto corpo cada membro como parte indivisível do todo.* Imediatamente, em lugar da pessoa particular de cada contratante, esse ato de associação produz um corpo moral e coletivo, composto de tantos membros quantos são os votos da assembléia, o qual desse mesmo ato recebe a sua unidade, o *Eu* comum, sua vida, e vontade. A pessoa pública, formada assim pela união de todas as outras, tomava noutro tempo o nome de *cidade*, e hoje se chama *república*, ou *corpo político*, o qual é por seus membros chamado de *Estado* quando é passivo, *soberano* se ativo, *poder* se o comparam a seus iguais. A respeito dos associados, tomam coletivamente o nome de *Povo*, e chamam-se em particular *Cidadãos*, como participantes da autoridade soberana, e *Vassalos*, como submetidos às leis do Estado. Esses termos porém se confundem muitas vezes e se tornam um por outro; basta sabê-los distinguir quando se empregam com toda a sua precisão."

Com efeito, além dos danos materiais e porventura morais causados ao ente público respectivo, infligem-se danos a toda a sociedade, cujos direitos e bens – difusos por excelência – são diretamente afetados por tal conduta. E essa consequência – dano social – é verificada em todo ato de improbidade administrativa, pois, reitera-se, se trata de situações de grande gravidade praticadas por agente público contra o patrimônio público, acarretando enriquecimento ilícito, prejuízo ao erário ou infringência a princípios da Administração Pública.

Teresa Ancona Lopez ensina que, ante os princípios encartados na Constituição Federal de 1988, "a obrigação geral de segurança veio se acrescentar à reparação integral e à solidariedade, ou seja, a responsabilidade civil foi enriquecida, evoluiu. Não há exclusão de nenhum dos paradigmas anteriores".[688] Para a citada professora titular da Faculdade de Direito da Universidade de São Paulo, o atual cenário civil-constitucional impõe a necessária proteção dos direitos fundamentais, sem quaisquer discriminações, objetivando implementar e garantir a dignidade da pessoa humana.[689] A reparação dos danos, dessa forma, é um comando constitucional e legal que deve ser observado em todas as áreas jurídicas.

Nesse sentido, o Estado brasileiro, por meio de suas leis, deve estar preparado para prevenir e reprimir ilegalidades praticadas por gestores públicos e ocupantes de cargos e funções públicas em geral. A cada desmando praticado por agentes ímprobos, torna-se mais distante a concretização dos princípios e das normas encartados na Constituição Federal, fazendo existir uma sociedade injusta e que não respeita a dignidade da pessoa humana – contrariam-se, desse modo, os artigos 1º, *caput*, inciso III,[690] e 3º, inciso I,[691] da Carta Magna.

Ademais, o ordenamento jurídico não pode ser, ainda que indiretamente, um incentivador da prática de ilícitos. Com efeito, é inegável

[688] LOPEZ, Teresa Ancona. Responsabilidade civil na sociedade de risco. **Revista da Faculdade de Direito da Universidade de São Paulo**, São Paulo, v. 105, p. 1223-1234, 2010, p. 1228.

[689] LOPEZ, Teresa Ancona. Principais linhas da responsabilidade civil no Direito brasileiro contemporâneo. **Revista da Faculdade de Direito da Universidade de São Paulo**, São Paulo, v. 101, p. 111-152, 2006, p. 144.

[690] "Art. 1º A República Federativa do Brasil, formada pela união indissolúvel dos Estados e Municípios e do Distrito Federal, constitui-se em Estado Democrático de Direito e tem como fundamentos: [...] III – a dignidade da pessoa humana; [...]."

[691] "Art. 3º Constituem objetivos fundamentais da República Federativa do Brasil: I – construir uma sociedade livre, justa e solidária; [...]."

concluir-se que servem de estímulo à prática delitiva as normas que não resguardam de modo completo os direitos dos ofendidos.

O Estado, inspirado no contrato social,[692] é mantido exatamente para garantir a existência da civilização, em que o todo defende os direitos de todos, assegurando a convivência pacífica e a busca pela felicidade, bem como permitindo, por conseguinte, o livre desenvolvimento da personalidade de cada pessoa. A partir do momento em que esses direitos não são respeitados – e, pior, quando o próprio Estado, ainda que de forma indireta, incentiva o seu desrespeito –, o destino de uma nação resta fadado ao caos, em razão do insucesso de qualquer tentativa de se fazer valer o império justo das leis.

Por isso, a teoria holística da responsabilidade civil não se limita aos casos de improbidade administrativa, mas possui eficácia para todo o ordenamento jurídico.[693] O escopo basilar, como consequência, é a proteção efetiva dos direitos dos cidadãos e da própria sociedade, os quais não podem ficar reféns daqueles que fazem do descumprimento das leis o seu modo de viver.

A conclusão acerca dessas constatações importa em afirmar que deve ser reparado, de forma integral, todo dano decorrente de improbidade administrativa, seja material, seja moral, seja social. Do contrário, legitimar-se-ia uma sociedade injusta e que não garante a dignidade da pessoa humana, contrariando fundamentos e objetivos da República Federativa do Brasil.[694]

[692] Cf. ROUSSEAU, Jean-Jacques. **Do contrato social**. Trad. Pietro Nassetti. São Paulo: Martin Claret, 2001, p. 31-32.

[693] Cf. BARBOSA, Renato Kim. **Dano social decorrente de corrupção e improbidade administrativa**: teoria holística da responsabilidade civil. 2021. 286 f. Tese (Doutorado) – Faculdade de Direito, Universidade de São Paulo, São Paulo, 2021.

[694] Os fundamentos e os objetivos de nossa República encontram-se previstos respectivamente nos artigos 1º e 3º da Constituição Federal: "Art. 1º A República Federativa do Brasil, formada pela união indissolúvel dos Estados e Municípios e do Distrito Federal, constitui-se em Estado Democrático de Direito e tem como fundamentos: I – a soberania; II – a cidadania; III – a dignidade da pessoa humana; IV – os valores sociais do trabalho e da livre iniciativa; V – o pluralismo político. Parágrafo único. Todo o poder emana do povo, que o exerce por meio de representantes eleitos ou diretamente, nos termos desta Constituição. [...] Art. 3º Constituem objetivos fundamentais da República Federativa do Brasil: I – construir uma sociedade livre, justa e solidária; II – garantir o desenvolvimento nacional; III – erradicar a pobreza e a marginalização e reduzir as desigualdades sociais e regionais; IV – promover o bem de todos, sem preconceitos de origem, raça, sexo, cor, idade e quaisquer outras formas de discriminação."

A estrutura clássica da responsabilidade civil, no que tange aos atos de improbidade administrativa, costuma perquirir tão somente os danos materiais e, quando muito, os danos morais. Todavia, esse entendimento mostrou-se insuficiente diante da contínua prática de ilícitos graves por gestores públicos, prejudicando sobremaneira a sociedade.

Consigna-se, por oportuno, que o cálculo de riscos e benefícios é realizado pelo infrator, notadamente aquele que se utiliza do aparato estatal para se enriquecer indevidamente. E, quando se percebe que eventual descoberta do ilícito e respectiva condenação são pífias e insuficientes em comparação ao lucro que se obterá, sem dúvida há um incentivo para a prática desonesta. Assim, favorece-se o agente ímprobo em detrimento de toda a sociedade.

Esse estado de coisas não mais pode ser permitido pela legislação, pelos operadores do Direito e por todos os outros que buscam cumprir os mandamentos contidos na Constituição Federal, no Código Civil e nos demais diplomas normativos correlatos. A responsabilidade civil deve ser completa, visando à integral reparação de todos os danos causados – e não somente de alguns, o que, de modo inexorável, tornaria vantajosa a prática de ilícitos.

Em tal contexto, nota-se que o regime de responsabilidade civil almejado é basicamente o mesmo já existente. Altera-se apenas a visão de sua conclusão, no sentido de que todos os danos devem ser completamente reparados. Nesses termos e com esse rigor, o cálculo realizado pelo infrator o desestimulará de efetivar o ato de improbidade administrativa. E, como consequência, o patrimônio público restará incólume, em respeito ao seu titular, que é a própria sociedade.

Com a releitura e a reestruturação do respectivo regime de responsabilidade civil, buscam-se, como objetivo maior, a maximização da prevenção e o aprimoramento da repressão dos atos de improbidade administrativa, para garantir, de forma efetiva, os direitos da sociedade. Cumprem-se, desse modo, as disposições constitucionais relativas a uma sociedade justa[695] e que garanta a dignidade da pessoa humana.[696]

E os danos sociais, por causarem um rebaixamento da qualidade de vida da sociedade, ao lado dos danos materiais e morais, devem ser alvo

695 Cf. artigo 3º, inciso I, da Constituição Federal.

696 Cf. artigo 1º, *caput*, inciso III, Constituição Federal.

da responsabilidade civil concernente à improbidade administrativa, não apenas como escopo judicial, mas também extrajudicial, quando da apuração e eventual celebração de acordo de não persecução penal ou cível. Por isso e justamente para reforçar esse entendimento, sugere-se a presente alteração constitucional.

Sala das Sessões, em ___ de ___________ de 2021.

Deputado(a) _______________
Outros(as) Deputados(as)

2. Minuta de projeto de lei para a alteração do Código Civil, da lei n. 8.429, de 2 de junho de 1992, da lei n. 12.846, de 1º de agosto de 2013, do Código Penal e do Código de Processo Penal

PROJETO DE LEI N. ___, DE 2021
(Do Senhor _____)

Realiza alterações no Código Civil, na Lei n. 8.429, de 2 de junho de 1992, na Lei n. 12.846, de 1º de agosto de 2013, no Código Penal e no Código de Processo Penal, para reforçar a necessidade de se reparar integralmente todos os danos decorrentes de corrupção, improbidade administrativa e outros ilícitos congêneres.

O Congresso Nacional decreta:

Art. 1º. A Lei n. 10.406, de 10 de janeiro de 2002 (Código Civil), passa a vigorar acrescida do seguinte art. 954-A:

"Art. 954-A. Devem ser reparados integralmente todos os danos (materiais, morais, sociais e quaisquer outros) decorrentes de corrupção, improbidade administrativa ou outros atos ilícitos congêneres." (NR)

Art. 2º. O art. 12, *caput*, da Lei n. 8.429, de 2 de junho de 1992, passa a vigorar com a seguinte redação:

"Art. 12. Independentemente das sanções penais, civis, administrativas e de responsabilidade previstas na legislação específica, o responsável pelo ato de improbidade sempre deverá, em qualquer hipótese, reparar integralmente todos os danos causados (materiais, morais, sociais ou quaisquer outros), além de se sujeitar, cumulativamente, a uma ou mais das seguintes sanções, de acordo com a gravidade do fato:

...." (NR)

Art. 3º. O art. 17-B da Lei n. 8.429, de 2 de junho de 1992, passa a vigorar acrescido do seguinte § 8º:

> "Art. 17-B ....
>
> § 8º. O acordo de não persecução cível sempre deve prever, além de outras cominações, a reparação integral de todos os danos (materiais, morais, sociais e quaisquer outros) decorrentes de atos de improbidade administrativa;
>
> ...." (NR)

Art. 4º. A Lei n. 12.846, de 1º de agosto de 2013, passa a vigorar acrescida do seguinte art. 4º-A:

> "Art. 4º-A. Nos processos judiciais e administrativos, bem como no acordo de leniência, devem ser completamente reparados todos os danos (materiais, morais, sociais e quaisquer outros) decorrentes de corrupção, improbidade administrativa ou outros atos ilícitos congêneres." (NR)

Art. 5º. O art. 91 do Decreto-Lei n. 2.848, de 7 de dezembro de 1940 (Código Penal), passa a vigorar acrescido do seguinte § 6º:

> "Art. 91 ....
>
> § 6º Devem ser reparados integralmente todos os danos (materiais, morais, sociais e quaisquer outros) decorrentes de delitos praticados por funcionários públicos contra a Administração Pública e outros correlatos." (NR)

Art. 6º. O art. 28-A do Decreto-Lei n. 3.689, de 3 de outubro de 1941 (Código de Processo Penal), passa a vigorar acrescido do seguinte § 15:

> "Art. 28-A ....
>
> § 15. O acordo de não persecução penal, quando versar acerca de delitos praticados contra a Administração Pública e outros correlatos, deve prever, além de outras cominações, a reparação integral de todos os danos causados (materiais, morais, sociais e quaisquer outros)." (NR)

Art. 7º. O art. 387 do Decreto-Lei n. 3.689, de 3 de outubro de 1941 (Código de Processo Penal), passa a vigorar acrescido do seguinte § 3º:

"Art. 387 ....

§ 3º. Na condenação de funcionário público pela prática de delito contra a Administração Pública e outros correlatos, deve ser determinada a reparação integral de todos os danos causados (materiais, morais, sociais e quaisquer outros)." (NR)

Art. 8º. Esta Lei entra em vigor na data de sua publicação.

JUSTIFICATIVA

A corrupção e a improbidade administrativa, entre outros atos análogos, são graves violações a preceitos públicos, praticadas justamente por aqueles que deveriam ser os primeiros a zelarem pelo fiel cumprimento da Constituição e das leis. Não se trata de meros atos ilícitos de somenos importância, mas de verdadeiras transgressões a balizas civilizatórias.

Um dos maiores exemplos de corrupção e de improbidade é a apropriação indevida de verbas públicas, que deixam de ser aplicadas em determinadas áreas (*v.g.*, saúde, educação, infraestrutura ou segurança pública), para serem destinadas a espúrias finalidades privadas – na realidade, egoísticas –, em detrimento de toda a sociedade. Também pode se mencionar a situação de um particular que, objetivando auferir vantagem ilícita, oferece dinheiro ao agente corrupto, ocupante de cargo público, o qual o aceita para praticar ato vedado pelo ordenamento jurídico.

Como se vê, não se trata de violações de pequena monta, cujos efeitos, em tese, repercutiriam negativamente apenas na relação jurídica atinente aos infratores e eventuais vítimas – e, quando muito, nas relações concernentes a pessoas próximas. Vale dizer, os reflexos advindos dessa prática são extremamente deletérios para toda a população, ultrapassando o âmbito privado. Atingem-se, desse modo, desde bens materiais – por exemplo, interrupção da construção de um hospital, falta de dinheiro para aquisição de merenda escolar, atraso no pagamento da remuneração de policiais *etc.* – até bens imateriais – *verbi gratia*, confiança da população nas instituições públicas, imagem do Estado brasileiro perante a sociedade internacional *etc.*

Os danos materiais são evidentes, pois os atos de corrupção e de improbidade administrativa, notadamente aqueles que causam enriquecimento ilícito ou que causam prejuízo ao erário, impactam diretamente nas contas públicas, ao fazerem faltar verbas para as atividades públicas mais corriqueiras. E os danos morais também se fazem presentes, uma vez que a imagem do Estado é inegavelmente desgastada, além de outras consequências de cunho extrapatrimonial.

De outra banda, percebe-se, além das tradicionais figuras de danos – materiais e morais –, a existência do dano social, também decorrente de corrupção e de improbidade administrativa. A cada nova prática desses atos, há verdadeiro rebaixamento da qualidade de vida da população,[697] que suporta todos os efeitos negativos correlatos. E, uma vez vislumbrado tal dano, é dever do Estado obrigar o agente ímprobo e eventual particular partícipe a repará-lo, pois, do contrário, se estaria incentivando a prática ilícita e, por consequência, prejudicando sobremaneira a sociedade.

A prática de corrupção e de improbidade administrativa fere gravemente o pacto social,[698] gerando descrédito nas pessoas em relação às instituições e normas postas. Cria-se e mantém-se um ciclo vicioso de desconfiança e de pouco caso com a coisa pública, fazendo com que toda a população seja impelida a agir desonestamente: "se o próprio gestor

[697] Cf. AZEVEDO, Antônio Junqueira de. **Novos estudos e pareceres de Direito Privado**. São Paulo: Saraiva, 2009, p. 377.

[698] Cf. ROUSSEAU, Jean-Jacques. **Do contrato social**. Trad. Pietro Nassetti. São Paulo: Martin Claret, 2001, p. 31-32. Convém citar o seguinte excerto da referida obra desse autor francês (destaques no original): "'Achar uma forma de sociedade que defensa e proteja com toda a força comum a pessoa e os bens de cada sócio, e pela qual, unindo-se cada um a todos, não obedeça todavia senão a si mesmo e fique tão livre como antes'. Tal é o problema fundamental que resolve o contrato social. [...] Se afastarmos pois do pacto social o que não é da sua essência achá-lo-emos reduzido aos termos seguintes: *Cada um de nós põe em comum sua pessoa e todo o seu poder sob a suprema direção da vontade geral, e recebemos enquanto corpo cada membro como parte indivisível do todo.* Imediatamente, em lugar da pessoa particular de cada contratante, esse ato de associação produz um corpo moral e coletivo, composto de tantos membros quantos são os votos da assembléia, o qual desse mesmo ato recebe a sua unidade, o *Eu* comum, sua vida, e vontade. A pessoa pública, formada assim pela união de todas as outras, tomava noutro tempo o nome de *cidade*, e hoje se chama *república*, ou *corpo político*, o qual é por seus membros chamado de *Estado* quando é passivo, *soberano* se ativo, *poder* se o comparam a seus iguais. A respeito dos associados, tomam coletivamente o nome de *Povo*, e chamam-se em particular *Cidadãos*, como participantes da autoridade soberana, e *Vassalos*, como submetidos às leis do Estado. Esses termos porém se confundem muitas vezes e se tornam um por outro; basta sabê-los distinguir quando se empregam com toda a sua precisão."

público atua ilicitamente, por que os administrados devem seguir as leis e respeitar o patrimônio público?" Tal pergunta é feita por aqueles que ficam indignados com os desmandos praticados por agentes corruptos, os quais, por ocuparem cargos e funções públicas, deveriam ser os primeiros a defenderem o erário e o patrimônio público, mas que, pelo contrário, se aproveitam de sua investidura para auferirem vantagens ilícitas em prejuízo de toda a sociedade. Perpetua-se, com essa conduta, o famigerado "jeitinho", que busca obter vantagens a qualquer custo, ainda que ilicitamente e prejudicando terceiros.

Com efeito, além dos danos materiais e porventura morais causados ao ente público respectivo, infligem-se danos a toda a sociedade, cujos direitos e bens – difusos por excelência – são diretamente afetados por tal conduta. E essa consequência – dano social – é verificada em todo ato de corrupção e de improbidade administrativa, pois, reitera-se, se trata de situações de grande gravidade praticadas por agente público contra o patrimônio público, acarretando enriquecimento ilícito, prejuízo ao erário ou infringência a princípios da Administração Pública.

Teresa Ancona Lopez ensina que, ante os princípios encartados na Constituição Federal de 1988, "a obrigação geral de segurança veio se acrescentar à reparação integral e à solidariedade, ou seja, a responsabilidade civil foi enriquecida, evoluiu. Não há exclusão de nenhum dos paradigmas anteriores".[699] Para a citada professora titular da Faculdade de Direito da Universidade de São Paulo, o atual cenário civil-constitucional impõe a necessária proteção dos direitos fundamentais, sem quaisquer discriminações, objetivando implementar e garantir a dignidade da pessoa humana.[700] A reparação dos danos, dessa forma, é um comando constitucional e legal que deve ser observado em todas as áreas jurídicas.

Nesse sentido, o Estado brasileiro, por meio de suas leis, deve estar preparado para prevenir e reprimir ilegalidades praticadas por gestores públicos e ocupantes de cargos e funções públicas em geral. A cada desmando praticado por agentes corruptos, torna-se mais distante a concre-

[699] LOPEZ, Teresa Ancona. Responsabilidade civil na sociedade de risco. **Revista da Faculdade de Direito da Universidade de São Paulo**, São Paulo, v. 105, p. 1223-1234, 2010, p. 1228.

[700] LOPEZ, Teresa Ancona. Principais linhas da responsabilidade civil no Direito brasileiro contemporâneo. **Revista da Faculdade de Direito da Universidade de São Paulo**, São Paulo, v. 101, p. 111-152, 2006, p. 144.

tização dos princípios e das normas encartados na Constituição Federal, fazendo existir uma sociedade injusta e que não respeita a dignidade da pessoa humana – contrariam-se, desse modo, os artigos 1º, *caput*,[701] inciso III, e 3º, inciso I,[702] da Carta Magna.

Ademais, o ordenamento jurídico não pode ser, ainda que indiretamente, um incentivador da prática de ilícitos. Com efeito, é inegável concluir-se que servem de estímulo à prática delitiva as normas que não resguardam de modo completo os direitos dos ofendidos.

O Estado, inspirado no contrato social,[703] é mantido exatamente para garantir a existência da civilização, em que o todo defende os direitos de todos, assegurando a convivência pacífica e a busca pela felicidade, bem como permitindo, por conseguinte, o livre desenvolvimento da personalidade de cada pessoa. A partir do momento em que esses direitos não são respeitados – e, pior, quando o próprio Estado, ainda que de forma indireta, incentiva o seu desrespeito –, o destino de uma nação resta fadado ao caos, em razão do insucesso de qualquer tentativa de se fazer valer o império justo das leis.

Por isso, a teoria holística da responsabilidade civil não se limita aos casos de corrupção e de improbidade administrativa, mas possui eficácia para todo o ordenamento jurídico.[704] O escopo basilar, como consequência, é a proteção efetiva dos direitos dos cidadãos e da própria sociedade, os quais não podem ficar reféns daqueles que fazem do descumprimento das leis o seu modo de viver.

A conclusão acerca dessas constatações importa em afirmar que deve ser reparado, de forma integral, todo dano decorrente de corrupção e de improbidade administrativa, seja material, seja moral, seja social. Do contrário, legitimar-se-ia uma sociedade injusta e que não garante a dignidade

[701] "Art. 1º A República Federativa do Brasil, formada pela união indissolúvel dos Estados e Municípios e do Distrito Federal, constitui-se em Estado Democrático de Direito e tem como fundamentos: [...] III – a dignidade da pessoa humana; [...]."

[702] "Art. 3º Constituem objetivos fundamentais da República Federativa do Brasil: I – construir uma sociedade livre, justa e solidária; [...]."

[703] Cf. ROUSSEAU, Jean-Jacques. **Do contrato social**. Trad. Pietro Nassetti. São Paulo: Martin Claret, 2001, p. 31-32.

[704] Cf. BARBOSA, Renato Kim. **Dano social decorrente de corrupção e improbidade administrativa**: teoria holística da responsabilidade civil. 2021. 286 f. Tese (Doutorado) – Faculdade de Direito, Universidade de São Paulo, São Paulo, 2021.

da pessoa humana, contrariando fundamentos e objetivos da República Federativa do Brasil.[705]

A estrutura clássica da responsabilidade civil, no que tange aos atos de corrupção e de improbidade administrativa, costuma perquirir tão somente os danos materiais e, quando muito, os danos morais. Todavia, esse entendimento mostrou-se insuficiente diante da contínua prática de ilícitos graves por gestores públicos, prejudicando sobremaneira a sociedade.

Consigna-se, por oportuno, que o cálculo de riscos e benefícios é realizado pelo infrator, notadamente aquele que se utiliza do aparato estatal para se enriquecer indevidamente. E, quando se percebe que eventual descoberta do ilícito e respectiva condenação são pífias e insuficientes em comparação ao lucro que se obterá, sem dúvida há um incentivo para a prática desonesta. Assim, favorece-se o agente corrupto em detrimento de toda a sociedade.

Esse estado de coisas não mais pode ser permitido pela legislação, pelos operadores do Direito e por todos os outros que buscam cumprir os mandamentos contidos na Constituição Federal, no Código Civil e nos demais diplomas normativos correlatos. A responsabilidade civil deve ser completa, visando à integral reparação de todos os danos causados – e não somente de alguns, o que, de modo inexorável, tornaria vantajosa a prática de ilícitos.

Em tal contexto, nota-se que o regime de responsabilidade civil almejado é basicamente o mesmo já existente. Altera-se apenas a visão de sua conclusão, no sentido de que todos os danos devem ser completamente reparados. Nesses termos e com esse rigor, o cálculo realizado pelo infrator o desestimulará de efetivar o ato de corrupção ou de improbidade admi-

[705] Os fundamentos e os objetivos de nossa República encontram-se previstos respectivamente nos artigos 1º e 3º da Constituição Federal: "Art. 1º A República Federativa do Brasil, formada pela união indissolúvel dos Estados e Municípios e do Distrito Federal, constitui-se em Estado Democrático de Direito e tem como fundamentos: I – a soberania; II – a cidadania; III – a dignidade da pessoa humana; IV – os valores sociais do trabalho e da livre iniciativa; V – o pluralismo político. Parágrafo único. Todo o poder emana do povo, que o exerce por meio de representantes eleitos ou diretamente, nos termos desta Constituição. [...] Art. 3º Constituem objetivos fundamentais da República Federativa do Brasil: I – construir uma sociedade livre, justa e solidária; II – garantir o desenvolvimento nacional; III – erradicar a pobreza e a marginalização e reduzir as desigualdades sociais e regionais; IV – promover o bem de todos, sem preconceitos de origem, raça, sexo, cor, idade e quaisquer outras formas de discriminação."

nistrativa. E, como consequência, o patrimônio público restará incólume, em respeito ao seu titular, que é a própria sociedade.

Com a releitura e a reestruturação do respectivo regime de responsabilidade civil, buscam-se, como objetivo maior, a maximização da prevenção e o aprimoramento da repressão dos atos de corrupção e de improbidade administrativa, para garantir, de forma efetiva, os direitos da sociedade. Cumprem-se, desse modo, as disposições constitucionais relativas a uma sociedade justa[706] e que garanta a dignidade da pessoa humana.[707]

E os danos sociais, por causarem um rebaixamento da qualidade de vida da sociedade, ao lado dos danos materiais e morais, devem ser alvo da responsabilidade civil concernente à corrupção e à improbidade administrativa, não apenas como escopo judicial, mas também extrajudicial, quando da apuração e eventual celebração de acordo de não persecução penal ou cível. Por isso e justamente para reforçar esse entendimento, sugerem-se as presentes alterações legislativas.

Sala das Sessões, em ___ de _____________ de 2021.

Deputado(a) _________________

[706] Cf. artigo 3º, inciso I, da Constituição Federal.
[707] Cf. artigo 1º, *caput*, inciso III, Constituição Federal.

CONCLUSÃO

A corrupção e a improbidade administrativa, conforme se estudou no Capítulo 3, são fenômenos multifacetados que produzem diversos impactos negativos, incluído o dano social, contrariando frontalmente os princípios e as normas que regem a República Federativa do Brasil.[708] Esta, por seu turno, traduz-se em um Estado Democrático de Direito, o qual deve garantir a dignidade da pessoa humana,[709] preservando os bens e a integridade física e moral dos cidadãos,[710] componentes da sociedade. Somente dessa maneira torna-se possível proporcionar a tão almejada busca pela felicidade,[711] direito de todas as pessoas e dever do Estado brasileiro.[712]

Regulamentada por diversos dispositivos do Código Civil de 2002,[713] além de muitas outras normas jurídicas esparsas, inclusive de índole constitucional,[714] a responsabilidade civil está em constante evolução,

[708] Cf. artigo 37, *caput* e § 4º, e outros dispositivos correlatos da Constituição Federal.

[709] Cf. artigo 1º, *caput*, inciso III, da Constituição Federal.

[710] Cf. artigo 5º, *caput*, da Constituição Federal.

[711] A propósito, já decidiu o Supremo Tribunal Federal que: "o direito à busca da felicidade, verdadeiro postulado constitucional implícito e expressão de uma ideia-força que deriva do princípio da essencial dignidade da pessoa humana" – parte da ementa do recurso extraordinário n. 477.554.

[712] E, na contramão desses desideratos, "[...] as práticas de corrupção dificultam de forma substancial alcançar os fundamentos e objetivos fixados na Constituição da República do Brasil, uma vez que comprometem todo o sistema de administração pública responsável pelo desenvolvimento normal das atividades estatais" (Del Masso, Fabiano Dolenc; Rovai, Armando Luiz. Corrupção e desenvolvimento econômico. *In*: Castro, Manuella Santos de (org.) *et al.* **Governança, *compliance* e corrupção**. São Paulo: Almedina, 2019, p. 117-118).

[713] Cf., por exemplo, os artigos 927, *caput* e parágrafo único, 186 e 187.

[714] Cf., *verbi gratia*, o artigo 21, inciso XXIII, alínea *d*, da Constituição Federal.

decorrendo da premente necessidade social por justiça. As pessoas vislumbram na reparação de danos a verdadeira corporificação da equidade, pois, quando eventual dano não é reparado, predomina a sensação de injustiça, vale dizer, a impressão de não estancamento de uma sangria social. Assim, quanto melhor disciplinado esse tema pelo Estado e havendo mais consentaneidade com a realidade fática e com os anseios gerais da população, maior será a segurança conferida às pessoas, evitando-se a vingança privada e outras formas rudimentares de turbação da paz social.

Em tal contexto, faz-se necessário haver e manter o acompanhamento técnico e parlamentar quanto à evolução do tema *sub examine*, considerando as novas práticas ímprobas que lesam o patrimônio público, dilapidam o erário e inegavelmente causam dano social, por rebaixarem a qualidade de vida e o patrimônio moral da população.[715] Com efeito, o legislador deve verificar as tendências contemporâneas e corporificar nas leis os anseios coletivos, sempre com o objetivo de garantir a dignidade da pessoa humana e proporcionar a paz social.

Constatou-se, nessa temática, que os atos de corrupção e de improbidade administrativa causam múltiplas modalidades de danos em detrimento de diversas vítimas, seja o respectivo ente público, seja a sociedade propriamente dita, considerada como um todo. Em tal contexto, origina-se o dano social, consistente em "lesões à sociedade, no seu nível de vida, tanto por seu rebaixamento de seu patrimônio moral – principalmente a respeito da segurança – quanto por diminuição de sua qualidade de vida".[716] Por conseguinte, há a necessidade de completa reparação de todos os danos decorrentes de corrupção e de improbidade administrativa, inclusive o dano social, o qual vem sendo olvidado por nosso sistema de Justiça.[717]

Portanto, o presente estudo pretende fornecer as seguintes contribuições: 1) sedimentar a existência do dano social como modalidade de dano, ao lado dos danos material e moral; 2) reestruturar o regime de respon-

[715] Relativamente ao dano ao patrimônio público, aplicam-se as mesmas regras jurídicas de direito privado, *ex vi* dos artigos 186, 187 e 927, *caput*, do Código Civil. Porém, também produzem efeito disposições de direito público, máxime à responsabilidade decorrente de danos causados por agentes públicos, conforme o artigo 37, § 5º, da Carta Magna e a Lei n. 8.429, de 2 de outubro de 1992, entre outros.

[716] Cf. AZEVEDO, Antonio Junqueira de. **Novos estudos e pareceres de Direito Privado**. São Paulo: Saraiva, 2009, p. 382.

[717] Cf. item 3 do Capítulo 1 desta obra.

sabilidade civil referente à corrupção e à improbidade administrativa; 3) demonstrar a necessidade de reparação de todos os danos decorrentes de corrupção e de improbidade administrativa, inclusive o dano social – teoria holística da responsabilidade civil;[718] e 4) proporcionar uma base jurídica para uma maior prevenção e repressão dos atos de corrupção e de improbidade administrativa, em defesa do interesse público e da sociedade.

Com a presença desse rigor técnico em defesa do patrimônio público, haverá, sem dúvida, uma maior proteção dos direitos fundamentais notadamente de terceira dimensão. De fato, o reforço da incolumidade dos bens difusos – vale dizer, daqueles pertencentes a toda a sociedade – possui o condão, *e.g.*, de evitar e impedir o escoamento indevido de dinheiro público para atividades particulares espúrias. Assim, tais bens e valores não mais permanecerão nas mãos de corruptos, sendo exclusivamente destinados, então, aos seus escopos constitucional e legalmente idôneos, em prol do interesse público: educação, saúde, infraestrutura, segurança pública *etc.*

718 A palavra "*holos*" em grego significa "totalidade".

REFERÊNCIAS

ABED, George T.; GUPTA, Sanjeev. **Governance, corruption and economic performance**. Washington: International Monetary Fund, 2003.

AFONSO, José Roberto. Transparência fiscal no Brasil: convenções e conveniências. *In*: MARTINS, Ives Gandra da Silva; MENDES, Gilmar Ferreira; NASCIMENTO, Carlos Valder. **Tratado de Direito Financeiro**. São Paulo: Saraiva, v. 1, 2013.

AGAPITO, Luis Roca. **El delito de malversación de caudales públicos**. Barcelona: J. M. Bosch Editor, 1999.

__________________. La influencia de la Unión Europea en la lucha contra la corrupción pública. *In*: GARCÍA, F. Javier Álvarez (ed.). **La adecuación del derecho penal español al ordenamiento de la Unión Europea, la política criminal europea**. Valencia: Tirant lo Blanch, p. 759-800, 2009.

ALBA, Ubaldo Nieto de. **Ética de Gobierno, economía y corrupción**. Madrid: Editorial Complutense, 1996.

ALBUQUERQUE JÚNIOR, Roberto Paulino de. Notas sobre a teoria da responsabilidade civil sem dano. **Revista de Direito Civil Contemporâneo**, São Paulo, v. 3. n. 6. p. 89-103. jan./mar. 2016.

ALDI, Antonio Jacob. Notas actuales sobre derecho de daños. **Revista de Ciências Jurídicas**, Costa Rica, n. 101, p. 95-122, 2003.

ALEMANN, Urich Von. The unknown depths of political theory: the case for a multidimensional concept of corruption. **Crime, Law and Social Change**, v. 42, n. 1, p. 25-34, 2004.

ALEXY, Robert. **Teoria de los derechos fundamentales**. Trad. Ernesto G. Valdés. Madrid: Centro de Estudios Constitucionales, 1993.

ALLDRIDGE, Peter. Reforming the criminal law of corruption. **Criminal Law Forum**, v. 11, p. 287-322, 2000.

ALMEIDA, Fernando Menezes de. Combate à corrupção pelo Direito brasileiro: perspectiva constitucional e nova tendência trazida pela Lei das Empresas Estatais. *In*: CUNHA FILHO, Alexandre Jorge Carneiro da (coord.) *et al.* **48 visões sobre a corrupção**. São Paulo: Quartier Latin, 2016.

__________________. Combate à corrupção pelo Direito brasileiro: perspectiva constitucional e nova tendência trazida pela Lei das Empresas Estatais. *In*: CUNHA FILHO, Alexandre Jorge Carneiro da (org.) *et al.* **48 visões sobre a**

corrupção. São Paulo: Quartier Latin, 2016.

ALMEIDA, João Batista de. **Aspectos controvertidos da ação civil pública**. São Paulo: Revista dos Tribunais, 2001.

ALMEIDA, José Luiz Gavião de. Novos rumos da responsabilidade civil por ato ilícito. *In*: ___________________ (org.). **Temas atuais de responsabilidade civil**. São Paulo: Atlas, v. 1, p. 57-73, 2007.

ALPA, Guido. Ingegneria sociale e amministrazione del danno: quindici anni di dottrina della responsabilità civile. **Giurisprudenza Italiana**, v. 4, p. 193 e seguintes, 1983.

___________________. **Trattato de Diritto Civile**: la responsabilità civile. Milano: Giuffrè, 1999.

ALSINA, Jorge Bustamante. **Teoria general de la responsabilidad civil**. 9. ed. Buenos Aires: Abeledo-Perrot, 1997.

ALTERINI, Atílio Aníbal. **La limitación cuantitativa de la responsabilidad civil**. Buenos Aires: Abeledo-Perrot, 1997.

ALVARENGA, Aristides Junqueira. Reflexões sobre improbidade administrativa no Direito brasileiro. *In*: BUENO, Cássio Scarpinella; PORTO FILHO, Pedro Paulo de R. (coord.). **Improbidade administrativa**: questões polêmicas e atuais. São Paulo: Malheiros, 2001.

ALVIM, Agostinho. **Da inexecução das obrigações e suas consequências**. 2. ed. São Paulo: Saraiva, 1955.

ANDRADE, André Gustavo de. **Dano moral e indenização punitiva**: os *punitives damages* na experiência do *common law* e na perspectiva do Direito brasileiro. 22 ed. Rio de Janeiro: Lumen Juris, 2009.

ANDVIG, Jens Christopher; MOENE, Karl Ove. How corruption may corrupt. **Journal of Economic Behavior and Organization**, v. 13, p. 63-76, 1990.

ANECHIARICO, Frank; JACOBS, James Barret. **The pursuit of absolute integrety**: how corruption control makes government ineffective. Chicago: The University of Chicago Press, 1996.

ARAÚJO, Felipe Dantas de. Corrupção e novas concepções de direito punitivo: rumo a um direito de intervenção anticorrupção? **Revista de Direito Internacional**, Brasília. v. 8. n. 2. p. 205-253. jul./dez. 2011.

ARÊDES, Sirlene. Âmbito constitucional de aplicação do Direito Penal e do Direito Administrativo sancionador. **Revista Brasileira de Ciências Criminais**, São Paulo, v. 25. n. 129, p. 435-477, mar. 2017.

___________________. **Responsabilização do agente público**: individualização da sanção por ato de improbidade administrativa. Belo Horizonte: Fórum, 2012.

ARIS, Thalita Abdala. **Improbidade administrativa no Direito Eleitoral**. Rio de Janeiro: Lumen Juris, 2014.

ARNIM, Hans Herbert Von. **Korruption und korruptionsbekampfung**. Berlin: Duncker & Humblot, 2007.

ARNONE, Marco; ILIOPULOS, Eleni. **La corruzione costa**: effetti economici, istituzionali e sociali. Milano: Vita e Pensiero, 2005.

ARZAMENDI, José Luis de la Cuesta. Iniciativas internacionales contra la corrupción. **Eguzkilore**: Cuadernos del Instituto Vasco de Criminología, San Sebastián, n. 17, p. 5-26, dez. 2003.

ASSIS, José Carlos de. A **chave do tesouro: anatomia dos escândalos financeiros**: Brasil 1974-1983. Rio de Janeiro: Paz e Terra, 1983.

___________________. **Os mandarins da República**: anatomia dos escândalos da administração pública – 1968-84. Rio de Janeiro: Paz e Terra, 1984.

AUREANO, Guillermo. R. Financements et corruption. La corruption en Amérique Latine: définitions et stratégies de recherche. **Studia Diplomatica**, v. 55, n. 5-6, p. 75-86, 2002.

AZEVEDO, Antonio Junqueira de. **Danos à pessoa humana**: uma leitura civil constitucional dos danos morais. Rio de Janeiro: Renovar, 2003.

_________________. **Novos estudos e pareceres de Direito Privado**. São Paulo: Saraiva, 2009.

_________________. Por uma nova categoria de dano na responsabilidade civil: o dano social. **Revista Trimestral de Direito Civil**, Rio de Janeiro, v. 19, p. 211-218, 2004.

AZEVEDO, Luiz Carlos de. **Introdução à história do Direito**. 2. ed. São Paulo: Revista dos Tribunais, 2007.

BALBI, Giuliano. **I delitti di corruzione**: un'indagine strutturale e sistematica. Napoli: Jovene, 2003.

BALLÉN, Rafael. **Corrupción**: los otros bandidos. 2. ed. Bogotá: Ediciones Juridicas Gustavo Ibañez, 2004.

BANDEIRA, Paula Greco. A evolução do conceito de culpa e o art. 944 do Código Civil. **Revista da EMERJ**, Rio de Janeiro, v. 11. n. 42. p. 227-249, 2008.

BARBOSA, Renato Kim. **Dano social decorrente de corrupção e improbidade administrativa**: teoria holística da responsabilidade civil. 2021. 286 f. Tese (Doutorado) – Faculdade de Direito, Universidade de São Paulo, São Paulo, 2021.

_________________; COSTA, Rafael de Oliveira. ***Nova* Lei de Improbidade Administrativa**. São Paulo: Almedina, 2022

BARRANCO, Norberto Javier de la Mata. El delito de cohecho activo. **Revista Arazandi de Derecho y Proceso Penal**, n. 12, p. 29-76, 2004.

_________________. **La respuesta penal a la corrupción pública**: el tratamiento penal de los particulares que contribuyen a ella. Granada: Comares, 2004.

BARRON, Jerome; DIENES, Thomas. **Constitutional law**. 3. ed. St. Paul: West Publishing Co., 1991.

BASTOS, Celso Ribeiro. A tutela dos interesses difusos no Direito Constitucional brasileiro. **Revista de Processo**, São Paulo, ano 6, n. 23, p. 36-44, 1981.

_________________; MARTINS, Yves Gandra. **Comentários à Constituição do Brasil**. 2. ed. São Paulo: Saraiva, v. 3, t. 3, 1999.

BASTOS, Rosaura Moreira Brito. **Improbidade administrativa**: conteúdo jurídico e dimensão constitucional. Belo Horizonte: Fórum, 2010.

BAUTISTA, Oscar Diego. **Ética para corruptos**: una forma de prevenir la corrupción en los gobiernos y administraciones públicas. Bilbao: Desclée de Brouwer, 2008.

BEARE, Margaret Evelyn. Corruption and organized crime: lessons from history. **Crime, Law & Social Change**, v. 28, p. 155-172, 1997.

BECHARA, Ana Elisa Liberatore Silva. A criminalização do enriquecimento ilícito de funcionário público: lições ao Brasil sobre o perigo de retrocesso do Direito Penal ao período pré-iluminista. **Revista Brasileira de Ciências Criminais**, São Paulo, v. 20, n. 98, p. 503-538, set./out. 2012.

BECHARA, Fábio Ramazzini; RODRIGUES, Amanda de Carvalho. Corrupção e justiça penal negocial: a necessária releitura da obrigatoriedade da ação penal pública no Direito brasileiro. *In*: CASTRO, Manuella Santos de (org.) *et al.* **Governança, *compliance* e corrupção**. São Paulo: Almedina, 2019.

BENÍTEZ, José Manuel Gómez. Corrupción y delito de administración desleal. **La Ley**: Revista jurídica española de docrtina, jurisprudencia e bibliografia, n. 7, p. 1283-1288, 2000.

BENJAMIN, Antônio Herman Vasconcellos. A insurreição da aldeia global contra o processo civil clássico: apontamentos sobre a opressão e a libertação judiciais do meio ambiente e do consumidor. *In*: MILARÉ, Édis (coord.). **Ação civil pública – Lei 7.347/85**: reminiscências e reflexões após dez anos de aplicação, São Paulo: Revista dos Tribunais, 1995.

BERALDI, Carlos Alberto. Control de la corrupción mediante la desregulación. **Pena y Estado**: Revista Latinoamericana de Política Criminal, n. 1, Buenos Aires, p. 33-54, 1995.

BERNAL, Andrés Botero. La corrupción: tensión entre lo político y lo jurídico. **Revista Opinión Jurídica**, Faculdade de Derecho de la Universidad de Medellín, Medellín, v. 3, n. 6, p. 37-58, 2004.

BERTONCINI, Mateus. **Ato de improbidade administrativa**: 15 anos da Lei 8.429/92. São Paulo: Revista dos Tribunais, 2007.

BETTI, Emílio. **Teoria generale della interpretazione**. Milano: Giuffrè, 1995.

__________________. **Teoria geral das obrigações**. Trad. Francisco José Galvão Bruno. Campinas: Bookseller, 2006.

BEVILAQUA, Clovis. **Direito das obrigações**. 8. ed. Rio de Janeiro: Livraria Francisco Alves, 1959.

BEZERRA FILHO, Aluizio. Manual dos crimes contra o erário. Salvador: Juspodivm, 2017.

BEZERRA, Marcus Otávio; COSTA, Carla; SOUZA JÚNIOR, Homero de. O controle dos representantes eleitos. *In*: SPECK, Bruno W. (org.). **Caminhos da transparência**, Campinas: Ed. Unicamp, 2002.

BIEBER, Maria Laura Estigarribia. El "riesgo creado" como factor de atribución de responsabilidad civil. Una especial mención al sistema del "common law". **Revista de Derecho de Daños, Creación de Riesgo – II**, Buenos Aires: Rubinzal-Culzoni, n. 1, p. 241-263, 2007.

BITENCOURT NETO, Eurico. **Improbidade administrativa e violação de princípios**. Belo Horizonte: Del Rey, 2005.

BITENCOURT, Cezar Roberto. **Tratado de Direito Penal**: parte especial, crimes contra a Administração Pública e crimes praticados por prefeitos. 12. ed. São Paulo: Saraiva, v. 5, 2018.

BITTAR FILHO, Carlos Alberto. Do dano moral coletivo no atual contexto jurídico brasileiro. **Revista de Direito do Consumidor**, São Paulo: Revista dos Tribunais, n. 12, p. 44-62, out./dez. 1994.

BITTAR, Carlos Alberto. **Reparação civil por danos morais**. São Paulo: Revista dos Tribunais, 1993.

__________________. **Responsabilidade civil médica, odontológica e hospitalar**. São Paulo: Saraiva, 1991.

__________________. **Responsabilidade civil nas atividades nucleares**. São Paulo: Revista dos Tribunais, 1985.

__________________. Responsabilidade civil nas atividades perigosas. *In*: CAHALI, Yussef Said (coord.). **Responsabilidade civil**: doutrina e jurisprudência. São Paulo: Saraiva, p. 85-103, 1984.

__________________. **Responsabilidade civil por danos a consumidores**. São Paulo: Editora Saraiva, 1992.

__________________. **Responsabilidade civil**: teoria e prática. Rio de Janeiro: Editora Forense Universitária, 1989.

BITTENCOURT, Sidney. **Comentários à Lei Anticorrupção**: lei 12.846/2013. São Paulo: Revista dos Tribunais, 2014.

BJORVATN, Kjetil; SOREIDE, Tina. Corruption and privatization. **European Journal of Political Economy**, v. 21, n. 4, p. 903-914, 2005.

BLACKBURN, Keith; BOSE, Niloy; HAQUE, M. Emranul. The incidence and persistence of corruption in economic development. **Journal of Economic Dynamics and Control**, v. 30, n. 12, p. 2447-2468, 2006.

BOBBIO, Norberto. **Teoria do ordenamento jurídico**. 10. ed. Brasília: Editora Universidade de Brasília, 1999.

BOCK, Dennis. **Criminal compliance**. Baden-Baden: Nomos, 2011.

BOEHM, Frédéric; LAMBSDORFF, Johann Graf. Corrupción y anticorrupción: una perspectiva neo institucional. **Revista de Economía Institucional**, v. 2, n. 21, p. 45-72, 2009.

BOERSMA, Martine. **Corruption**: a violation of human rights and a crime under internacional law? Cambridge: Intersentia, 2012.

BOTELHO, Ana Cristina Melo de Pontes. **Corrupção política**: uma patologia social. Belo Horizonte: Fórum, 2010.

BRASIL. Controladoria-Geral da União. **Relatório sobre a Avaliação do Sistema de Integridade da Administração Pública Federal Brasileira feita pela OCDE**, 2011. Disponível em: https://www.gov.br/cgu/pt-br/assuntos/articulacao-internacional/convencao-da-ocde/arquivos/avaliacaointegridadebrasileiraocde.pdf. Acesso em: 10 mai. 2021.

BRASILEIRO, Renato. **Pacote anticrime**: comentários à Lei 13.964/2019 artigo por artigo. Salvador: Juspodivm, 2020.

BREBBIA, Roberto H. **El daño moral**: doutrina – legislación – jurisprudencia. 2. ed. Rosario: Orbir, 1967.

BRIOSCHI, Carlo Alberto. **Breve historia de la corrupción**: de la antigüedad a nuestros días. Milano: Taurus, 2004.

BRIZ, Jaime Santos. **La responsabilidad civil**: derecho sustantivo y derecho procesal. 7ª ed. Madrid: Montecorvo, 1993.

BUENO, Cassio Scarpinella; PORTO FILHO, Pedro Paulo de Rezende (coord.). **Improbidade administrativa**: questões polêmicas e atuais. São Paulo, Malheiros, 2001

BUNAZAR, Maurício Baptistella. Taxonomia da sanção civil: para caracterização do objeto da responsabilidade civil. **Revista Síntese de Direito Civil e Processual Civil**, v. 75, p. 120-126, 2012.

BURLE FILHO, José Emmanuel. Ação civil pública e a tutela da probidade administrativa. In: MILARÉ, Edis (coord.). **Ação civil pública após 20 anos**: efetividade e desafios, São Paulo: Revista dos Tribunais, 2005.

CACIAGLI, Mario. **Clientelismo, corrupción y criminalidad organizada**: evidencias empíricas y propuestas teóricas a partir de los casos italianos. Madrid: Centro de Estudios Politicos y Constitucionales, 1996.

CAGGIANO, Monica Herman. Corrupção, *lobbies* e esvaziamento da democracia. *In*: BECHARA, Fábio Ramazzini (coord.) *et al.* **Corrupção**. São Paulo: Almedina, 2020.

CAHALI, Yussef Said. **Dano moral e sua reparação civil**. 4. ed. São Paulo: Revista dos Tribunais, 2011.

____________________. **Responsabilidade civil do Estado**. 2. ed. São Paulo: Malheiros, 1982.

CALDERONE, Carmelo Renato. Lotta alla corruzione in campo comunitario ed internazionale. **Rivista Trimestrale di Diritto Penale dell'Economia**, n. 42, p. 607-619, 2001.

CAMARGO, Paulo Sergio Uchôa Fagundes Ferraz de Camargo. **Dano moral coletivo**: uma possibilidade de aplicação dos danos punitivos. São Paulo: Almedina, 2016.

CAMBI, Eduardo; Lima, Diogo de Araujo; Novak, Mariana Sartori. Reflexões sobre regime jurídico do acordo de não persecução cível. *In*: CAMBI, Eduardo; SILVA, Danni Sales Silva; MARINELA, Fernanda Marinela (org.). **Pacote Anticrime**: volume I. Curitiba: Escola Superior do MPPR, p. 56-91, 2020.

CAPARRÓS, Eduardo A. Fabián. **La corrupción de agente público extranjero e internacional**. Valencia: Tirant lo Blanch, 2003.

________________. Relaciones entre blanqueo de capitales y corrupción. Algunas valoraciones a propósito de las previsiones contenidas en la Convención de la OCDE sobre soborno de funcionarios públicos extranjeros en las transacciones comerciales internacionales (1997). In: OLIVÉ, Juan Carlos Ferré (ed.). **Delitos financeiros, fraude y corrupción em Europa**: blanqueo de dinero y corrupción en el sistema bancário. Salamanca, v. 2, p. 103-110, 2002.

________________; CEPEDA, Ana Isabel Pérez (coord.). **Estudios sobre corrupción**. Salamanca: Ratio Legis, 2010.

CAPPELLETTI, Mauro. Tutela dos interesses difusos. **Revista Ajuris**, n. 33, Porto Alegre: Associação dos Juízes do Rio Grande do Sul, p. 169-182, 1985.

CARNAÚBA, Daniel Amaral. A responsabilidade pela perda de uma chance: a técnica na jurisprudência francesa. **Revista dos Tribunais**, v. 922, p. 139 e seguintes, ago. 2012.

CARRÁ, Bruno Leonardo Câmara. **Responsabilidade civil sem dano**: uma análise crítica. São Paulo: Atlas, 2015.

CARRARO, André; FOCHEZATTO, Adelar; HILLBRECHT, Ronald Otto. O impacto da corrupção sobre o crescimento econômico do Brasil: aplicação de um modelo de equilíbrio geral para o período 1994-1998. **Anais do XXXIV Encontro Nacional de Economia** – ANPEC, Salvador, 2006.

CARVALHO FILHO, José dos Santos. **Improbidade administrativa**: prescrição e outros prazos extintivos. 3. ed. São Paulo: Atlas, 2019.

________________. **Manual de Direito Administrativo**. 27. ed. São Paulo: Atlas, 2014.

CASTRO, Manuella Santos de. *Compliance* em meio digital: análise de casos icônicos de responsabilidade civil. *In*: ____________ (org.) *et al.* **Governança, *compliance* e corrupção**. São Paulo: Almedina, 2019.

CASTRONOVO, Carlo. **La nuova responsabilità civile**. 2. ed. Milano: Giuffrè, 1997.

CAVALIERI FILHO, Sérgio. **Programa de responsabilidade civil**. São Paulo: Atlas, 2012.

CAZZOLA, Franco. **Della corruzione**: fisiologia e patologia di un sistema politico. Bologna: Il Mulino, 1988.

CELENTANI, Marco; GANUZA, Juan-José; PEYDRÓ, José-Luis. Combating corruption in international business transactions. **Economica**, n. 71, p. 417-448, 2004.

CHABAS, François. **Responsabilité civile et responsabilité penale**. Paris: Editions Montchrestien, 1975.

CHIRONI, Giampietro P. **La colpa nel diritto civile odierno**: colpa extra-contrattuale. 2. ed. Torino: F. Bocca, v. 1 e 2, 1903.

CICHOCKI, Patrícia Toledo de Campos. **Infração disciplinar e improbidade administrativa**: limites e pontos de interação. Novas Edições Acadêmicas, 2018.

CIERVA, Ricardo de la. **Historias de la corrupción**. 2. ed. Barcelona: Planeta, 1992.

CINCUNEGUI, Juan Bautista; CINCUNEGUI, Juan de Dios. **La corrupción y los factores de poder**. Rosario: Dunken, 1996.

CLARKE, George R. G.; XU, Lixin Colin. Privatization, competition, and corruption: how characteristics of bribe takers and payers affect bribe payments to utilites. **Journal of Public Economics**, v. 88, n. 4, p. 2067-2098, 2004.

CLAUSSEN, Hans Rudolf. **Korruption im öffentilichen dienst**. München: Heymanns, 1995.

CODECH, Pablo Salvador, GAROUPA, Nuno e LINGÜERRE, Carlos Gómez. El circulo de responsables – la evanescente distincion entre la responsabilidad per culpa y objetiva. *In*: **INDRET** – Revista para el análises del derecho, Barcelona, outubro 2005.

COLIN, Ambroise; CAPITANT, Henri. **Curso elemental de derecho civil**. Madri: Reus, v. 3, 1943.

COLLIER, Michael. W. Explaining corruption: An institutional choice approach. **Crime, Law & Social Change**, v. 38, p. 1-32, 2002.

COLOMBATTO, Enrico. Why is corruption tolerated? **The Review of Austrian Economics**, v. 16, n. 4, p. 363-379, 2003.

COOTER, Robert; ULEN, Thomas. **Derecho y economia**. México: Fundo de Cultura Econômica, 1998.

COPOLA, Gina. **A improbidade administrativa no Direito brasileiro**. Belo Horizonte: Fórum, 2011.

CORDEIRO, António Manuel da Rocha e Menezes. **Da boa fé no Direito Civil**. Coimbra: Almedina, 2013.

____________________. **Tratado de Direito Civil português**: parte geral. 2. ed. Coimbra: Almedina, v. 1, t. I, 2000.

CORDERO, Isidoro Blanco. La corrupción desde una perspectiva criminológica: un estudio de sus causas desde las teorías de las actividades rutinarias y de la elección racional. *In*: ÁLVAREZ, Fernando Pérez (coord.). **Serta**: in memoriam Alexandri Baratta, Salamanca: Universidad de Salamanca, p. 267-296, 2004.

____________________; ARZAMENDI, José Luis de la Cuesta. Los nuevos delitos de corrupción en las transacciones comerciales internacionales. **Revista de Ciencias Penales**: Revista de la Asociación Española de Ciencias Penales, n. 4, p. 9-29, 2001-2002.

COSTA, Helena Regina Lobo da. "Ne bis in idem" e Lei Anticorrupção: sobre os limites para a imposição de sanção pelo Estado. **Revista Fórum de Ciências Criminais**, v, 2, n. 3, Belo Horizonte, p. 73-90, jan./jun. 2015.

COSTA, José Armando da. **Conteúdo jurídico da improbidade administrativa**. Brasília: Brasília Jurídica, 2000.

COSTA, José de Faria; GODINHO, Inês Fernandes; SOUSA, Susana Aires de (org.). **Os crimes de fraude e a corrupção no espaço europeu**. Coimbra: Coimbra Editora, 2014.

COSTA, Mário Júlio de Almeida. **Direito das obrigações**. 7. ed. Coimbra: Almedina, 1999.

COSTA, Rafael de Oliveira; ALMEIDA, Gregório Assagra de. **Direito Processual Penal Coletivo**: a tutela penal dos bens jurídicos e coletivos. 2. ed. Belo Horizonte: D'Plácido, 2021.

COSTA, Susana Henriques da. Aplicação da lei de improbidade administrativa. *In*: CUNHA, Alexandre dos Santos; SILVA, Paulo Eduardo Alves da (coord. e org.). **Pesquisa empírica em Direito**: Anais do I Encontro de Pesquisa Empírica em Direito, Ribeirão Preto, 29 e 30 set. 2011, Rio de Janeiro: IPEA, 2013.

____________________. **O processo coletivo na tutela do patrimônio público e**

da moralidade administrativa: ação de improbidade administrativa, ação civil pública e ação popular. 2. ed. São Paulo: Atlas, 2015.

CREMER, Georg. **Corruption & development aid**: confronting the challenges. London: Lynne Rinner, 2008.

CRESPO, Eduardo Demetrio; SERRANO, Nicolás González-Cuéllar. **Halcones y Palomas**: corrupción y delincuencia económica. Madrid: Castillo de Luna, 2015.

CRUZ, Gisela Sampaio da. **O problema do nexo causal na responsabilidade civil**. Rio de Janeiro: Renovar, 2005.

CUÑADO, Fernando; GÁMEZ, Ruth. A responsabilidade civil no Direito inglês: terminologia e comparação com o Direito espanhol. **Boletim da língua portuguesa nas instituições europeias**, n. 57, p. 1-7, verão de 2018.

CUNHA, Alcides Alberto Munhoz da. Evolução das ações coletivas no Brasil. **Revista de Processo**, São Paulo, ano 20, n. 77, jan./mar. 1995.

CUPIS, Adriano de. **Il danno**: teoria generale della responsabilità civile. Milano: Dott A. Giuffrè Editora, 1947.

DAL POZZO, Antonio Araldo Ferraz *et al.* **Lei Anticorrupção**: apontamentos sobre a Lei 12.846/2013. Belo Horizonte: Fórum, 2014.

DALLA, Danilo; LAMBERTINI, Renzo. **Istituzioni di diritto romano**. Torino: G. Giappichelli, 2001.

DECOMAIN, Pedro Roberto. **Improbidade administrativa**. São Paulo: Dialética, 2007.

DEL MASSO, Fabiano Dolenc; ROVAI, Armando Luiz. Corrupção e desenvolvimento econômico. *In*: CASTRO, Manuella Santos de (org.) *et al.* **Governança, *compliance* e corrupção**. São Paulo: Almedina, 2019.

DEL NERO, João Alberto Schutzer. Do estado liberal ao estado social: ocaso do Direito Privado? **Notícia do Direito Brasileiro**, n. 3, p. 43-63, jan./jun. 1997.

DIAS, Bruno Fernandes. Responsabilidade de pessoas jurídicas e físicas em matéria de corrupção: o regime jurídico da Lei nº 12.846/2013. **Fórum Administrativo**, Belo Horizonte, ano 15, n. 167, p. 20-35, jan. 2015.

DIAS, José de Aguiar. **Cláusula de não-indenizar**. 4. ed. Rio de Janeiro: Editora Forense, 1980.

________________. **Da responsabilidade civil**. 11. ed. Rio de Janeiro: Renovar, 2006.

DÍAZ, M. Magadán; GARCÍA, J. Rivas. **Corrupción y fraude**: economía de la trasgresión. Madrid: Editorial Dykinson, 1999.

DIEZ-PICAZO, Luis. **Derecho de daños**. Madrid: Civitas, 1999.

DINAMARCO, Cândido Rangel. **Inadmissibilidade da ação civil pública e ilegitimidade do Ministério Público**: fundamentos do processo civil moderno. São Paulo: Malheiros, v. 1, 2001.

DINIZ, Maria Helena. **Código Civil comentado**. 18. ed. São Paulo: Saraiva, 2017.

________________. **Curso de Direito Civil brasileiro**: responsabilidade civil. 21. ed. São Paulo: Saraiva, v. 7, 2007.

DIÓGENES JÚNIOR, José Eliaci Nogueira. **Gerações ou dimensões dos direitos fundamentais?** Disponível em: http://professor.pucgoias.edu.br/SiteDocente/admin/arquivosUpload/7771/material/GERA%C3%87%C3%95ES%20OU%20DIMENS%C3%95ES%20DOS%20DIREITOS%20FUNDAMENTAIS.pdf. Acesso em: 27 abr. 2021.

DIREITO, Carlos Alberto Menezes; CAVALIERI FILHO, Sérgio. **Comentários ao novo Código Civil**: da responsabilidade civil – das preferências e privilégios creditórios. Rio de Janeiro: Forense, v. 13, 2004.

DONNINI, Rogério José Ferraz. Fundamento legal da função punitiva na responsabilidade civil. *In*: ______________ (coord.). **Risco, dano e responsabilidade civil**. Salvador: Juspodivm, 2018.

DUNCAN, Richard. **The corruption of capitalism**. Queensway: CLSA Books, 2009.

DUPUIS, Maria Benedetta. **La corruzione**. Padova: Cedam, 1995.

EMERSON, Patrick M. Corruption, competition and democracy. **Journal of Development Economics**, v. 81, n. 1, p. 193-212, 2006.

ENNECCERUS, Ludwig; KIPP, Theodor; WOLFF, Martín. **Tratado de Derecho Civil**: derecho de obligaciones. Trad. Blas Pérez González e José Alguer. Buenos Aires: Bosch Publicaciones Jurídicas, 1948.

ESTEVES, João Luiz Martins; MONIZ, Tania Lobo. Elementos jurídico-políticos da formação da corrupção no Estado brasileiro. *In*: CASTRO, Manuella Santos de (org.) *et al*. **Governança, *compliance* e corrupção**. São Paulo: Almedina, 2019.

ESTEVILL, Luis Pascual. **Hacia un concepto actual de la responsabilidad civil**: parte general. Barcelona: Bosch, v. 1, 1989.

FABRETTI, Humberto Barrionuevo. Panorama crítico da lei anticorrupção (Lei 12.846/2013). **Revista dos Tribunais**, São Paulo, v. 103, n. 947, p. 25-36, set. 2014.

FACCHINI NETO, Eugênio. Code Civil francês: gênese e difusão de um modelo. **Revista de Informação Legislativa**, Brasília, v. 50, n. 198, p. 57-86, abr./jun. 2013.

FAINI, Fernanda. **Legge Anticorruzione**: analisi della legge n. 190/2012. Disponível em: https://www.altalex.com/documents/news/2013/02/19/legge-anticorruzione-analisi-della-legge-n-190-2012. Acesso em: 29 abr. 2021.

FAZZIO JÚNIOR, Waldo. **Corrupção no poder público**: peculato, concussão, corrupção passiva e prevaricação. São Paulo: Atlas, 2002.

___________________. **Improbidade administrativa**. São Paulo: Atlas, 2014.

___________________. **Improbidade administrativa e crimes de prefeitos**: de acordo com a lei de responsabilidade fiscal. 2. ed. São Paulo: Atlas, 2001.

FEDERAÇÃO DAS INDÚSTRIAS DO ESTADO DE SÃO PAULO (Brasil). **Relatório – Corrupção**: custos econômicos e propostas de combate. São Paulo, 2010.

FERNANDES, Bernardo Gonçalves. **Curso de Direito Constitucional**. Salvador: Juspodivm, 2019.

FERRAJOLI, Luigi. Pasado y futuro del estado de derecho. *In*: CARBONELL, Miguel (org.). **Neoconstitucionalismo(s)**. Madrid: Editorial Trotta, 2003.

FERRAZ JUNIOR, Tercio Sampaio. Corrupção: um mito político. *In*: **Jornal Folha de São Paulo**, São Paulo, 9 nov. 2015.

FERRAZ, Luciano. Reflexões sobre a Lei n. 12.846/2013 e seus impactos nas relações público-privadas: lei de improbidade empresarial e não lei anticorrupção. **Revista Brasileira de Direito Público**, Belo Horizonte, ano 12, n. 47, p. 33-43, out./dez. 2014.

FERREIRA, Pinto. **Comentários à Constituição brasileira**. São Paulo: Saraiva, v. 3, 1992.

FERREIRA, Sérgio de Andréa. **Comentários à Constituição**. Rio de Janeiro: Biblioteca Jurídica Freitas Bastos, v. 3, 1991.

FIGUEIREDO, Marcelo. **Probidade administrativa**: comentários à Lei 8.429/92 e legislação complementar. 5. ed. São Paulo: Malheiros, 2004.

FILGUEIRAS, Fernando. **Corrupção, democracia e legitimidade**. Belo Horizonte: Editora UFMG, 2008.

__________________; AVRITZER, Leonardo. Corrupção e controles democráticos no Brasil. *In*: CARDOSO JR., José Celso; BERCOVICI, Gilberto (orgs.). **República, democracia e desenvolvimento**: contribuições ao Estado brasileiro contemporâneo. Brasília: IPEA, 2013.

FISBERG, Yuri. **Dano social**: considerações propositivas. 2018. 348 f. Dissertação (Mestrado em Direito Civil) – Faculdade de Direito, Universidade de São Paulo, São Paulo, 2018.

FLORÊNCIO FILHO, Marco Aurélio; SILVA, Amanda Scalisse. A (des)necessidade do ato de ofício para configuração da corrupção passiva no Direito Penal brasileiro. *In*: BECHARA, Fábio Ramazzini (coord.) *et al.* **Corrupção**. São Paulo: Almedina, 2020.

FLUMIGNAN, Silvano José Gomes. Uma nova proposta para a diferenciação entre o dano moral, o dano social e os *punitive damages*. **Revista dos Tribunais**, São Paulo, v. 958, a. 104, p. 119-147, ago. 2015.

FRANÇA, Rubens Limongi. As raízes da responsabilidade aquiliana. **Revista da Academia Brasileira de Letras Jurídicas**, Rio de Janeiro, v. 1, n. 1, p. 54 e s., 1985.

__________________. **Instituições de Direito Civil**. São Paulo: Saraiva, 1988.

FRANZONI, Massimo. **La responsabilità oggetiva**. Milano: Dott. Antonio Milani, 1995.

FROTA, Pablo Malheiros da Cunha. Alguns apontamentos sobre o dano moral, sua configuração e o arbitramento da indenização. *In*: Christiano Cassettari. (org.) **10 anos de vigência do Código Civil Brasileiro de 2002**. São Paulo: Saraiva, p. 373-388, 2013.

__________________. **Responsabilidade civil pelo risco da atividade**. São Paulo: Saraiva, 2009.

FURTADO, Lucas Rocha. **As raízes da corrupção no Brasil**: estudo de casos e lições para o futuro. Belo Horizonte: Fórum, 2015.

GALLARDO, Nancy Barra. **Fenómenos de corrupción en el mundo actual**: relación entre lo privado y lo público. Santiago de Chile: Lexisnexis, 2007.

GALLO, Carlos Artur. Memória, verdade, justiça e direitos humanos: um estudo sobre as relações entre o direito e a memória da ditadura civil-militar no Brasil. **Revista Plural**, São Paulo, v. 21.1, p. 31-48, 2014.

GARCÍA, Alejandro Nieto. ¿Es inevitable la corrupción? **Responsa Iurisperitorum Digesta**, v. 4, Salamanca, Ediciones Universidad de Salamanca, p. 101-114, 2000.

__________________. **Corrupción en la España democrática**. Barcelona: Ariel, 1997.

GARCIA, Emerson; ALVES, Rogério Pacheco. **Improbidade administrativa**. 9. ed. São Paulo: Saraiva, 2017.

GARCÍA, Germán Silva. La problemática de la corrupción dentro de una perspectiva socio-jurídica. **Derecho Penal y Criminología**, v. 21, n. 68, p. 129-143, 2000.

GARCÍA, Nicolás Rodríguez. Cooperação judicial penal e Ministério Público Europeu. **Revista dos Tribunais**, São Paulo, v. 94, n. 834, p. 456-467, 2005.

__________________. La cooperación internacional en la lucha contra la corrupción: perspectivas de futuro. **Revista**

Uruguaya de Derecho Procesal, Montevideo, n. 2, p. 125-148, 2001.

GARNER, Bryan Andrew. **Black's Law dictionary**. St. Paul: West, 2004.

GASPARINI, Diógenes. **Direito Administrativo**. 11. ed. São Paulo: Saraiva, 2006.

GERBINO, Aldo. **La corruzione e l'ombra: civiltà figurativa siciliana**. Roma: Salvatore Sciascia Editore, 1990.

GHERSI, Carlos Alberto. **Cuantificación económica del daño**. Buenos Aires: Astrea, 1998.

GHIDETI, Luís Gustavo Casillo. **Improbidade administrativa e a figura dos terceiros**. 2014. 128 f. Dissertação (Mestrado em Direito do Estado) – Faculdade de Direito, Universidade de São Paulo, São Paulo, 2014.

GIANNAKOPOULOS, Nicolas. Structures criminelles et état de nécessité, fair business: une nouvelle utopie. **Studia Diplomatica**, Bruxelles, v. 55, n. 5-6, p. 67-74, 2002.

GIANNINI, Gennaro. POGLIANI, Mario. **Il danno da illecito civile**: danno biologico, danno psicho, danno patrimoniale, danno morale, le tabelle liquidative. Milano: Giuffrè Editore, 1997.

__________________. Riflessioni sul danno da menomazione psiquica. *In*: **Il danno biologico, patrimoniale, morale**. 2ª ed. Milano: Giuffrè, 1995.

GLOECKNER, Ricardo Jacobsen. Anticorrupção ou corruptibilidade das formas? **Boletim IBCCRIM**, São Paulo, v. 23, n. 277, p. 19-21, dez. 2015.

GODOY, Alfonso Sabán. **El marco jurídico de la corrupción**. Madrid: Civitas, 1991.

GODOY, Claudio Luiz Bueno de. **Responsabilidade civil pelo risco da atividade**. São Paulo: Saraiva, 2010.

__________________. Responsabilidade civil pelo risco da atividade e o nexo de imputação da obrigação de indenizar: reflexões para um colóquio Brasil-Portugal. **Revista Jurídica Luso-Brasileira**, Lisboa, v. 1, n. 1, p. 21-43, 2015.

GOMES JUNIOR, Luiz Manoel. Ação popular: alteração de pólo. **Revista de Processo**, v. 30, n. 125, p. 190 e seguintes, jul. 2005.

__________________. **Ação popular**: aspectos polêmicos. 2. ed. Rio de Janeiro: Forense, 2004.

GOMES, Lucas Medeiros. O combate internacional à corrupção como política externa desenvolvimentista. **Revista Jus Navigandi**, Teresina, ano 22, n. 5131, 19 jul. 2017. Disponível em: https://jus.com.br/artigos/58794. Acesso em: 21 abr. 2021.

GOMES, Luiz Flávio; SANTANA, Artur Cardoso Carvalho. A interdisciplinaridade no Direito brasileiro e a multiplicidade de instrumentos jurídicos no combate à corrução. *In*: BECHARA, Fábio Ramazzini (coord.) *et al.* **Corrupção**. São Paulo: Almedina, 2020.

GOMES, Maria Tereza Uille. Corrupção sistêmica desestruturda: inovação, inteligência artificial, classificação de delitos. *In*: BECHARA, Fábio Ramazzini (coord.) *et al.* **Corrupção**. São Paulo: Almedina, 2020.

GOMES, Orlando. **Obrigações**. 11. ed. Rio de Janeiro: Forense, 1996.

GONÇALVES, Carlos Roberto. **Comentários ao Código Civil**. São Paulo: Saraiva, 2003.

__________________. **Direito Civil 3**. 5. ed. São Paulo: Saraiva, 2018.

__________________. **Responsabilidade civil**. 15. ed. São Paulo: Saraiva, 2014.

GONZÁLEZ, Joaquín. González. **Corrupción y justicia democrática**: introducción a una teoría de la función judicial en las sociedades en cambio. Madrid: Clamores, 2000.

GRAY, Cheryl. W.; KAUFMANN, Daniel. Corruption and development. **Finance and Development**, v. 35, n. 1, p. 7-10, mar. 1998.

GRINOVER, Ada Pellegrini. A tutela jurisdicional dos interesses difusos. **Revista de Processo**, São Paulo, n. 14-15, ano 4, abr./set. 1979.

GUARDIA, Gregório Edoardo Raphael Selingardi. Princípios processuais no Direito Administrativo sancionador: um estudo à luz das garantias constitucionais. **Revista da Faculdade de Direito da Universidade de São Paulo**, São Paulo, v. 109, p. 773-793, jan./dez. 2014.

GUIMARÃES, Luiz Ricardo. Responsabilidade civil: histórico e evolução; conceito e pressupostos; culpabilidade e imputabilidade. **Revista do Instituto de Pesquisa e Estudos**, Bauru, n. 28, p. 173-188, abr./jul. 2000.

HABIB, Sérgio. Brasil: **Quinhentos anos de corrupção**: enfoque sócio-histórico-jurídico-penal. Porto Alegre: Sérgio Antonio Fabris Editor, 1994.

HAMMESFAHR, Robert W.; NUGENT, Lori S.; BLATT, Richard. **Punitive damages**: a state by state guide to law and practice. New Jersey: Thomson West, 2011.

HARPWOOD, Vivienne. **Principles of tort law**. 4. ed. London: Cavendish Publishing Limited, 2000.

HARRIS, Robert. **Political corruption**: in and beyond the nation state. London: Routledge, 2003.

HERNÁNDEZ, Francisco Jesús Carrera. La persecución penal de la corrupción en la Unión Europea. *In*: GONZÁLEZ, S. Álvarez; TEJADA, J. R. Remacha (ed.). **Cooperación jurídica internacional**. Madrid, p. 207-234, 2001.

HIRONAKA, Giselda Maria Fernandes Novaes. Responsabilidade pressuposta: evolução de fundamentos e de paradigmas da responsabilidade civil na contemporaneidade. **Revista da Faculdade de Direito da Universidade Federal de Goiás**, Goiânia, v. 31, p. 33-59, 2007.

__________________. **Responsabilidade pressuposta**. Belo Horizonte: Del Rey, 2005.

HONISCH, Paula; SUMICKY, Alejandro Patuna. Algunas cuestiones derivadas de la organización estatal en materia de investigación de hechos de corrupción. **Nueva Doctrina Penal**, n. 2, p. 581-611, 2007.

HUBER, Barbara. La lucha contra la corrupción desde una perspectiva supranacional. **Revista Penal**, n. 11, p. 41-52, 2003.

HUNGRIA, Nélson. **Comentários ao Código Penal**. Rio de Janeiro: Forense, v. 9, 1955.

IBÁÑEZ, Perfecto Andrés. Estado de derecho, jurisdicción y corrupción: una reflexión desde España. **Pena y Estado**: Revista Latinoamericana de Política Criminal, v. 1, Buenos Aires, n. 1, p. 23-32, 1995.

__________________. La corrupción en el banquillo: jurisdicción penal y crisis del estado de derecho. **Claves de Razón Práctica**, Madrid, n. 40, p. 2-11, mar. 1994.

JELLOUN, Tahar Ben. **Corruption**. New York: New Press, 1995.

JOHNSTON, Michael. **Syndromes of corruption**: wealth, power and democracy. Cambridge: Cambridge University Press, 2012.

JONAS, Hans. **O princípio responsabilidade**: ensaio de uma ética para a civilização tecnológica. Rio de Janeiro: Contraponto, 2007.

JORGE, Flávio Cheim. A improbidade administrativa (Lei n. 8.429 de 2 de junho de 1992). *In*. FARIAS, Cristiano Chaves de; DIDIER JR., Fredie (coord.). **Proce-**

dimentos especiais cíveis: legislação extravagante. São Paulo: Saraiva, 2002.

JOSSERAND, Louis. **Cours de Droit Civil positif françars**. Paris: Librairie du Recueil Sirey, 1933.

_________________. **Del abuso de los derechos y otros ensayos**. Bogotá: Temis, 1999.

_________________. **Derecho Civil**: teoria general de las obligaciones. Trad. Santiago Sentis Melendo, v. 1, t. 2, Buenos Aires: Bosch, 1950.

_________________. Evolução da responsabilidade civil. Trad. Raul Lima. **Revista Forense**, São Paulo, n. 456, 1941.

JUNQUEIRA, Gabriel Marson. **A prevenção da corrupção na administração pública**: contributos criminológicos, do corporate compliance e public compliance. Belo Horizonte: D'Plácido, 2019.

KELSEN, Hans. **Teoria pura do Direito**. 6. ed. Trad. João Baptista Machado. São Paulo: Martins Fontes, 1999.

KINDHAUSER, Urs. Presupuestos de la corrupción punible en el Estado, la economía y la sociedade: los delitos de corrupción en el Código Penal alemán. **Política Criminal**, v. 2, n. 3, p. 1-18, jul. 2007.

KLITGAARD, Robert. ***Adressing corruption together***. Organisation for Economic Co--operation and Development (OECD), 2015.

_________________. **Controlando la corrupción**: una indagación práctica para el gran problema social de fin de siglo. Buenos Aires: Sudamericana, 1994.

LALOU, Henri. **Traité pratique de la responsabilité civile**. 4. ed. Paris: Dalloz, 1949.

LAMBERT-FAIVRE, Yvone. L'éthique de la responsabilité. **Revue trimestrielle de droit civil**, Paris, n. 1, jan./mar. 1998.

LAMEIRA, José António de Sousa. Ética e corrupção nas relações contratuais. *In*: CASTRO, Manuella Santos de (org.) *et al*. **Governança, *compliance* e corrupção**. São Paulo: Almedina, 2019.

LARENZ, Karl. Derecho de obligaciones. Trad. Jaime Santos Briz. **Revista de Derecho Privado**, Madrid: Editorial, t. 2, 1959.

LEAL, Antônio Luís da Câmara. **Da prescrição e decadência**. 3. ed. Rio de Janeiro: Forense, 1978.

LEITÃO, Luís Manuel Teles de Menezes. **Direito das obrigações**. 11. ed. Coimbra: Almedina, 2014.

LESSA, Sebastião José. **Improbidade administrativa**: doutrina e jurisprudência. Belo Horizonte: Fórum, 2011.

LEVI, Giulio. **Responsabilità civile e responsabilità oggettiva**. Milano: Giuffrè, 1986.

LEVMORE, Saul; SHARKEY, Catherine M. **Foundations of tort law**. New York: Foundation Press, 2009.

LIMA, Alvino Ferreira. **Culpa e risco**. 2. ed. rev. e atual. por Ovídio Rocha Barros Sandoval, São Paulo: Revista do Tribunais, 1998.

_________________. **Da culpa ao risco**. São Paulo: Revista do Tribunais, 1938.

LIMA, Renato Brasileiro de. **Pacote Anticrime**: comentários à Lei 13.964/2019 artigo por artigo. Salvador: Juspodivm, 2020

LIVIANU, Roberto. **Corrupção**. 3. ed. São Paulo: Quartier Latin, 2018.

LOBO FILHO, Fernando Rissoli. **A lei anticorrupção e o Direito Administrativo sancionador**. São Paulo: IASP, 2019.

LOPEZ, Teresa Ancona. A presunção no Direito, especialmente no Direito Civil. *In*: STOCO, Rui; MENDES, Gilmar Ferreira. **Doutrinas Essenciais de Direito**

Civil, v. 5. São Paulo: Revista dos Tribunais, 2014.

__________________. **Dano estético à pessoa**: sua reparação civil. São Paulo: Revista dos Tribunais, 1980.

__________________. Dano existencial. **Revista de Direito Privado**, São Paulo, v. 15, n. 57, p. 287-302, 2014.

__________________. **Nexo causal e produtos potencialmente nocivos**: experiência brasileira do tabaco. São Paulo: Quartier Latin, 2008.

__________________. **O dano estético**: responsabilidade civil. 3. ed. São Paulo: Revista dos Tribunais, 2004.

__________________. Principais linhas da responsabilidade civil no Direito brasileiro contemporâneo. **Revista da Faculdade de Direito da Universidade de São Paulo**, São Paulo, v. 101, p. 111-152, 2006.

__________________. **Princípio da precaução e evolução da responsabilidade civil**. São Paulo: Quartier Latin, 2010.

__________________. Responsabilidade civil na sociedade de risco. **Revista da Faculdade de Direito da Universidade de São Paulo**, São Paulo, v. 105, p. 1223-1234, 2010.

LOUIS-LUCAS, Pierre. **Volunté et cause**. Paris: Sirey, 1918.

LUCON, Paulo Henrique dos Santos. Improbidade administrativa no microssistema anticorrupção e viabilização dos acordos de leniência. *In*: BECHARA, Fábio Ramazzini (coord.) *et al.* **Corrupção**. São Paulo: Almedina, 2020.

__________________. Procedimento e sanções na Lei Anticorrupção (Lei 12.846/2013). **Revista dos Tribunais**, São Paulo, v. 103, n. 947, p. 267-279, set. 2014.

__________________; COSTA, Eduardo José da Fonseca; COSTA, Guilherme Recena (coord.). **Improbidade administrativa**: aspectos processuais da Lei n. 8.429/92. São Paulo: Atlas, 2015.

__________________; SILVA, Bruno Freire e. Efeitos de sentenças na ação de improbidade e o princípio da proporcionalidade. *In*: ARRUDA ALVIM, Eduardo; JORGE, Flavio Cheim; RODRIGUES, Marcelo Abelha. **Temas de improbidade administrativa**. São Paulo: Lumen Juris, 2010.

LUZ, Yuri Corrêa da. O combate à corrupção entre Direito Penal e Direito Administrativo sancionador. **Revista Brasileira de Ciências Criminais**, São Paulo, v. 19, n. 89, p. 429-470, mar./abr. 2011.

MACEDO, Alexander dos Santos. Da ação popular – retratabilidade da posição assumida pela pessoa jurídica no processo – possibilidade. **Revista Forense**, v. 90. n. 328, p. 3-7, out./dez. 1994.

MAEDA, Bruno Carneiro. Programas de *compliance* anticorrupção: importância e elementos essenciais. *In*: DL DEBBIO, Alessandra; MAEDA, Bruno Carneiro; AYRES, Carlos Henrique da Silva (coord.). **Temas de anticorrupção e compliance**. Rio de Janeiro: Elsevier, 2013.

MAGALHÃES JUNIOR, Alexandre Alberto de Azevedo. **Convenção processual na tutela coletiva**. Salvador: Juspodivm, 2020.

MALA NETO, Cândido Furtado. Corrupção e impunidade: estudo criminológico da atuação da justiça penal. **Pena y Estado**: Revista Latinoamericana de Política Criminal, n. 1, Buenos Aires, p. 129-148, 1995.

MALKIN, Michelle. **Culture of corruption**. 4. ed. New York: Regenery, 2009.

MALUF, Adriana Caldas do Rego Freitas Dabus. **Direito Civil**. Rio de Janeiro: Forense, 2014. *E-book*.

MALUF, Carlos Alberto Dabus. Do caso fortuito e da força maior: excludentes de culpabilidade no Código Civil de 2002. *In*: Nery, Rosa Maria de Andrade; Domini, Rogério (org.). **Responsabilidade civil**: estudos em homenagem ao Professor Rui Geraldo de Camargo Viana. São Paulo: Revista dos Tribunais, p. 81-102, 2009.

MANCUSO, Rodolfo de Camargo. **Ação popular**. 8. ed. São Paulo: Revista dos Tribunais, 2015.

___________________. Ação popular. **Revista de Processo**, São Paulo, ano 7, n. 27, jul./set. 1982.

___________________. **Interesses difusos**: conceito e legitimação para agir. 5. ed. São Paulo: Revista dos Tribunais, 2000.

MARTINS JUNIOR, Wallace Paiva. **Ministério Público**: a Constituição e as Leis Orgânicas. São Paulo: Atlas, 2015.

___________________. **Probidade administrativa**. São Paulo: Saraiva, 2001.

MARTINS, Fernando Rodrigues. **Controle do patrimônio público**: comentários à Lei de Improbidade Administrativa. 3. ed. rev., atual. e amp., São Paulo: Revista dos Tribunais, 2009.

MARTINS, Ives Gandra da Silva. Responsabilidade dos agentes públicos por atos de lesão à sociedade – inteligência dos §§5º e 6º do artigo 37 da CF – improbidade administrativa por culpa ou dolo – disciplina jurídica do *impeachment* presidencial (artigo 85 inciso V da CF). **Fórum Administrativo**, Belo Horizonte, ano 15, n. 169, p. 85-96, mar. 2015.

MARTINS, Rui Cunha. **A hora dos cadáveres adiados**: corrupção, expectativa e processo penal. São Paulo: Atlas, 2013.

MARTINS-COSTA, Judith. Dano moral à brasileira. **Revista do Instituto de Direito Brasileiro**, Lisboa, v. 3, n. 9, p. 7073-7122, 2014.

MARTON, Géza. **Les fondements de la responsabilité civile**. Paris: Recueil Sirey, 1938.

MATOS, Enéas de Oliveira. **Dano moral e dano estético**. Rio de Janeiro: Renovar, 2008.

___________________. Responsabilidade civil do transportador por ato de terceiro. *In*: NERY JUNIOR, Nelson; NERY, Rosa Maria de Andrade (org.). **Responsabilidade civil**: doutrinas essenciais. São Paulo: Revista dos Tribunais, v. 2, p. 1211-1228, 2010.

MATTARELLA, Bernardo Giorgio. Controllo della corruzione amministrativa e regole di etica pubblica. **Rivista Italiana di Diritto Pubblico Comunitario**, n. 5, p. 1029-1054, 2002.

MAURÍCIO JÚNIOR, Alceu; MORAES, Francisco de Assis Basílio de; BERTOLDE, Ingridy Silva. A lei da ficha limpa e o princípio da moralidade na administração pública. **Fórum Administrativo**, Belo Horizonte, ano 14, n. 156, p. 21-33, fev. 2014.

MAURO, Paolo. Corruption and growth. **Quarterly Journal of Economics**, v. 110, n. 3, p. 681-712, 1995.

MAZEAUD, Henri *et al.* **Traité théorique et pratique de la responsabilité civile**, delictuelle et contractuelle. Paris: Montchrestien, v. 3, 1930-1933.

MAZZILLI, Hugo Nigro. **A defesa dos interesses difusos em juízo**. 31. ed. São Paulo: Saraiva, 2019.

___________________. O inquérito civil e o enriquecimento ilícito de administradores públicos. **Justitia**, São Paulo, v. 53, n. 156, p. 35-38, out./dez. 1991.

___________________. O Ministério Público depois da Constituição de 1988. *In*: MARTINS, Ives Gandra; REZEK, Francisco (org.). **Constituição Federal**: avanços, contribuições e modificações no processo democrático brasileiro. São Paulo: Revista dos Tribunais e Centro de Extensão Universitária, 2008.

________________. **Regime jurídico do Ministério Público**. 8. ed. São Paulo: Saraiva, 2014.

MECANISMO DE ACOMPANHAMENTO DA IMPLEMENTAÇÃO DA CONVENÇÃO INTERAMERICANA CONTRA A CORRUPÇÃO. **Relatório final da trigésima reunião da comissão de peritos** – Brasil. Washington: OEA, 2018.

MEDEIROS, Sérgio Monteiro. **Lei de improbidade administrativa**: comentários e anotações jurisprudenciais. São Paulo: Juarez de Oliveira, 2003.

MEIRELLES, Hely Lopes. **Mandado de segurança**. 27. ed. São Paulo: Malheiros, 2005.

MELLO, Celso Antônio Bandeira de. **Curso de Direito Administrativo**. 31. ed. São Paulo: Malheiros, 2014.

MENDONÇA, André Luiz de Almeida. Recuperação de ativos e combate à corrupção. *In*: BECHARA, Fábio Ramazzini (coord.) *et al.* **Corrupção**. São Paulo: Almedina, 2020.

MENDONÇA. Andrey Borges de. Os benefícios possíveis na colaboração premiada: entre a legalidade e a autonomia da vontade. *In*: BOTTINI, Pierpaolo Cruz; MOURA, Maria Thereza de Assis (orgs.). **Colaboração Premiada**. São Paulo: Revista dos Tribunais, 2017.

MERÇON-VARGAS, Sarah. **Teoria do processo judicial punitivo não penal**. Salvador: Juspodivm, 2018.

MEXÍA, Pablo García. **Los conflictos de intereses y la corrupción contemporânea**. Pamplona: Arazandi, 2001.

MIRANDA, Francisco Cavalcanti Pontes de. **Comentários à Constituição de 1946**. Rio de Janeiro: Henrique Cahen Editor, v. 3, 1947.

________________. **Tratado de Direito Privado**: Direito das Obrigações. 2. ed. Rio de Janeiro: Editor Borsoi, v. 22 e 23, 1959.

MIRANDA, Gustavo Senna. **Princípio do juiz natural e sua aplicação na lei de lei de improbidade administrativa**. São Paulo: Revista dos Tribunais, 2007.

MONGILLO, Vincenzo. **La corruzione tra sfera interna e dimensione internazionale**: effeti, potenzialità e limiti di un dirito penale "multilivello" dallo Stato-nazione alla globalizzazione. Napoli: Edizioni Scientifiche Italiane, 2012.

MONTE, Alfredo del; PAPAGNI, Erasmo. The determinants of corruption in Italy: regional panel data analysis. **European Journal of Political Economy**, v. 23, n. 2, p. 379-396, 2007.

MONTEIRO, Washington de Barros. **Curso de Direito Civil 1**: parte geral. 45. ed. rev. e atual. por Ana Cristina de Barros Monteiro França Pinto. São Paulo: Saraiva, 2016.

________________; MALUF, Carlos Alberto Dabus. **Curso de Direito Civil 4**: Direito das Obrigações, 1ª parte. 40. ed. rev. e atual. por Carlos Alberto Dabus Maluf. São Paulo: Saraiva, 2015.

________________; MALUF, Carlos Alberto Dabus. **Curso de Direito Civil 5**: Direito das Obrigações, 2ª parte. 41. ed. rev. e atual. por Carlos Alberto Dabus Maluf e Regina Beatriz Tavares da Silva. São Paulo: Saraiva, 2014.

MORALES, Luis Gerardo González. **The economics of corruption and bureaucratic inefficiency in weak states**: theory and evidence. Frankfut am Main: Peter Lang Publishing, 2003.

MOREIRA NETO, Diogo de Figueiredo; FREITAS, Rafael Véras de. A juridicidade da Lei Anticorrupção: reflexões e interpretações prospectivas. **Fórum Admi-**

nistrativo, Belo Horizonte, ano 14, n. 156, p. 9-20, fev. 2014.

____________________; GARCIA, Flávio Amaral. A principiologia no Direito Administrativo sancionador. **Revista Brasileira de Direito Público**, Belo Horizonte, v. 11, n. 43, p. 9-28, out./dez. 2013.

MOREIRA, Egon Bockmann; BAGATIN, Andreia Cristina. Lei Anticorrupção e quatro de seus principais temas: responsabilidade objetiva, desconsideração societária, acordos de leniência e regulamentos administrativos. **Revista de Direito Público da Economia**, Belo Horizonte, ano 12, n. 47, p. 55-84, jul./set. 2014.

MOREIRA, José Carlos Barbosa. A ação popular do Direito brasileiro como instrumento da tutela jurisdicional dos chamados "interesses difusos". **Revista de Processo**, São Paulo, ano 7, n. 28, out./dez. 1982.

____________________. A legitimação para a defesa dos interesses difusos no Direito brasileiro. *In*: **Temas de Direito Processual** – Terceira Série. São Paulo: Saraiva, 1984.

MORSELLO, Marco Fábio. A responsabilidade civil e a socialização dos riscos: o sistema neozelandês e a experiência escandinava. **Revista da Escola Paulista da Magistratura**, ano 7, n. 2, 2006, p. 13-22.

____________________. O nexo causal e suas distintas teorias: apreciações críticas. **Revista do Instituto dos Advogados de São Paulo** – Nova Série, São Paulo, v. 10, n. 19, p. 211-220, 2007.

____________________. **Responsabilidade civil no transporte aéreo**. São Paulo: Atlas, 2007.

MULAS, Nieves Sanz. Corrupción urbanística (la mezcla de cemento, ayuntamientos y comisiones ilegales). **La Ley Penal**: Revista de Derecho Penal, Procesal y Penitenciario, n. 45, p. 66-91, 2008.

MULHOLLAND, Caitlin Sampaio. **A responsabilidade civil por presunção de causalidade**. Rio de Janeiro: GZ Editora, 2010.

NASCIMENTO, Melillo Dinis do (org.). **Lei Anticorrupção Empresarial**: aspectos críticos à Lei n. 12.846/2013. Belo Horizonte: Fórum, 2014.

NEISSER, Fernando Gaspar. **Dolo e culpa na corrupção política**: improbidade e imputação objetiva. Belo Horizonte: Fórum, 2019.

NEVES, Daniel Amorim Assumpção; OLIVEIRA, Rafael Carvalho Rezende. **Improbidade administrativa**: direito material e processual. 8. ed. São Paulo: Forense, 2020.

____________________. O sistema brasileiro de combate à corrupção e a Lei n. 12.846/2013 (Lei anticorrupção). **Revista Brasileira de Direito Público**, Belo Horizonte, ano 12, n. 44, p. 9-21, jan./mar. 2014.

NOHARA, Irene Patrícia; PEREIRA, Flávio de Leão Bastos. Introjeção da disciplina legal de combate à corrupção no Brasil: inspiração e regime jurídico. *In*: CASTRO, Manuella Santos de (org.) *et al*. **Governança, *compliance* e corrupção**. São Paulo: Almedina, 2019.

OCAMPO, Luis Moreno. La corrupción es una forma de abuso de poder. **Pena y Estado**: Revista Latinoamericana de Política Criminal, n. 1, Buenos Aires p. 205-228, 1995.

OLIVEIRA, José Roberto Pimenta. **Improbidade administrativa e sua autonomia constitucional**. Belo Horizonte: Fórum, 2009.

OLIVEIRA, Regis Fernandes de. **Curso de Direito Financeiro**. 6. ed. São Paulo: Revista dos Tribunais, 2014.

OPPENHEIMER, Andres. **Ojos vendados**: Estados Unidos y el negocio de la corrupción en América Latina. Buenos Aires: Sudamericana, 2001.

OSÓRIO, Fábio Medina. **Improbidade administrativa**. Porto Alegre: Síntese, 1998.

__________________. **Teoria da improbidade administrativa**: má gestão pública, corrupção e ineficiência. São Paulo: Revista dos Tribunais, 2013.

PADILLA, René A. **Sistema de la responsabilidad civil**. Buenos Aires: Abeledo-Perrot, 1997.

PAGOTTO, Leopoldo Ubiratan Carreiro. **O combate à corrupção**: a contribuição do Direito Econômico. 2010. 409 f. Tese (Doutorado em Direito Econômico, Financeiro e Tributário) – Faculdade de Direito, Universidade de São Paulo, São Paulo, 2010.

PAZZAGLINI FILHO, Marino. Lei **de improbidade administrativa comentada**. São Paulo: Atlas, 2002.

PEIXOTO, Ravi. ***Standards* probatórios no Direito Processual brasileiro**. Salvador: Juspo-divm, 2021.

PERDOMO, Alberto Poveda. **La corrupción y el régimen**. 2. ed. Santa Fe de Bogotá: Ediciones Libreria del Profesional, 2000.

PEREIRA, Caio Mário da Silva. **Instituições de Direito Civil**. 11. ed. Rio de Janeiro: Editora Forense, v. 3, 2003.

__________________. **Responsabilidade civil de acordo com a Constituição e 1988**. 4. ed. Rio de Janeiro: Editora Forense, 1993.

__________________. **Responsabilidade civil**. 12. ed. rev. e atual. por Gustavo Tepedino. Rio de Janeiro: Forense, 2018.

PEREIRA, Rafael. Parâmetros para aplicação do acordo de não persecução cível criado pelo Pacote Anticrime (Lei n. 13.964/2019). *In*: CAMBI, Eduardo; SILVA, Danni Sales Silva; MARINELA, Fernanda Marinela (org.). **Pacote Anticrime**: volume I. Curitiba: Escola Superior do MPPR, p. 211-235, 2020.

PÉREZ, Jesús González. **Corrupción, ética y moral en las administraciones públicas**. Pamplona: Civitas, 2014.

PEREZ, Marcos Augusto. Acordos de leniência no processo administrativo anticorrupção brasileiro. *In*: Alexandre J. Carneiro da Cunha Filho; Glaucio Roberto Brittes de Araújo; Roberto Livianu; Ulisses Augusto Pascolati Junior (org.). **48 Visões sobre a corrupção**. São Paulo: Quartier Latin, v. 1, p. 655-670, 2016.

PETEAN, Fabiano Augusto. **Lei Anticorrupção**: sanções na defesa da livre concorrência. Curitiba: Appris, 2019.

PETERSEN, Luiza Moreira. Danos à pessoa: comparação do sistema de responsabilidade civil do Direito continental e os torts do common law. *In*: MIRAGEM, Bruno (org.). **Direito Privado Comparado**. Belo Horizonte: Letramento, p. 343-370, 2018.

PIETRO, Maria Sylvia Zanella Di. **Direito Administrativo**. 27. ed. São Paulo: Atlas, 2014.

__________________. **Lei anticorrupção comentada**. Belo Horizonte: Fórum, 2017.

PINOTTI, Maria Cristina. Corrupção, instituições e estagnação econômica: Brasil e Itália. *In*: ____________ (org.). **Corrupção**: Lava Jato e Mãos Limpas. São Paulo: Portfolio-Penguin, 2019.

PINTO, Felipe Chiarello de Souza; SILVA, Amanda Scalisse. A exigência de compliance nas contratações públicas. *In*: CASTRO, Manuella Santos de (org.) *et al*. **Governança, *compliance* e corrupção**. São Paulo: Almedina, 2019.

PIRES, Antonio Cecilio Moreira; PIRES, Lilian Regina Gabriel Moreira. Governança pública como forma de controle da corrupção. *In*: CASTRO, Manuella Santos de (org.) *et al.* **Governança, *compliance* e corrupção**. São Paulo: Almedina, 2019.

PIRES, Luis Manuel Fonseca; Zocun, Mauricio; ADRI, Renata Porto (coord.). **Corrupção, ética e moralidade administrativa.** Belo Horizonte: Fórum, 2008.

PIZZOL, Ricardo Dal. **Responsabilidade civil**: funções punitiva e preventiva. Indaiatuba: Foco, 2020.

POGLIANI, Mario. Dal sistema risarcitorio tradizionale a quello innovativo. *In*: **Il danno biologico, patrimoniale, morale**. 2. ed. Milano: Giuffrè, 1995.

________________; GIANNINI, Gennaro. **Il danno da illecito civile**: danno biologico, danno psicho, danno patrimoniale, danno morale, le tabelle liquidative. Milano: Giuffrè, 1997.

POLILLO, Renato Romero. **Responsabilidade e corrupção**. São Paulo: Contracorrente, 2020.

POMER, Leon. **La corrupción**: una cultura argentina. Buenos Aires: Leviatan, 2004.

PORTA, Donatella Della. **Corruzione politica e amministrazione pubblica**: risorse, meccanismi, attori. Bologna: Il Mulino, 1994.

POZO, Miguel Ángel Encinar Del. **El delito de corrupción privada en el ámbito de los negocios**. Cizur Menor: Editorial Aranzadi, 2016.

PRADO, Francisco Octavio de Almeida. **Improbidade administrativa**. São Paulo: Malheiros, 2001.

PROENÇA, José Marcelo Martins. Custo econômico da corrupção para as empresas. *In*: BECHARA, Fábio Ramazzini (coord.) *et al.* **Corrupção**. São Paulo: Almedina, 2020.

PUERTA, Maria José Rodríguez. **El delito de cohecho**: problemática jurídico penal del soborno de funcionários. Pamplona: Aranzadi, 1999.

QUAH, Jon S. T. **Curbing corruption in Asian countries**: a comparative study of six countries. Singapore: Eastern Universities Press, 2003.

QUEIROZ, Maria Regina Ferro. **Perfil processual da lei de improbidade administrativa**. 2004, 434 f. Dissertação (Mestrado em Direito Processual Civil) – Faculdade de Direito, Universidade de São Paulo, São Paulo, 2004.

QUIROZ, Alfonso W. Corrupción, burocracia colonial y veteranos separatistas en Cuba, 1868-1910. **Revista de Indias**, v. 61, n. 221, p. 91-112, 2001.

________________. Redes de alta corrupción en el Perú: poder y venalidad desde el Virrey Amat a Montesinos. **Revista de Indias**, v. 66, n. 236, p. 237-248, abr. 2006.

RAINS, Luisa; FEBRES, Jorge. La corrupción en el ámbito de la administración tributaria. **Seminario Regional de Política Fiscal**, Santiago de Chile, v. 10, p. 1-23, enero 1998.

REALE, Miguel. Diretrizes gerais sobre o projeto de Código Civil. *In*: ____________. **Estudos de Filosofia e ciência do Direito**. São Paulo: Saraiva, 1978.

REGIANI, Tatiana. *Compliance* como ferramenta no âmbito da governança corporativa de empresas em crise. *In*: CASTRO, Manuella Santos de (org.) *et al.* **Governança, *compliance* e corrupção**. São Paulo: Almedina, 2019.

REIS, Carlos David Santos Aarão. A elaboração do BGB: homenagem no centenário do Código Civil alemão. **Revista de Informação Legislativa**, Brasília, v. 33, n. 130, p. 121-131, abr./jun. 1996.

REISMAN, William Michael. **¿Remedios contra la corrupción?** Cohecho, cruzadas y reforma. México: Fondo de Cultura Económica, 1984.

REOS, Orlando A. Efectos económicos de la corrupción. **Ética y Gobernabilidad**, n. 7, 2005.

REZZOAGLI, Bruno Ariel. **Corrupción y contratos públicos**: una visión desde la fiscalización del Tribunal de Cuentas. Salamanca: Ratio Legis, 2005.

__________________. **Licitaciones públicas, corrupción y control fiscalizador**. México: Instituto de Estudios Superiores en Derecho Penal, 2004.

RIBAS JUNIOR, Salomão. **Corrupção pública e privada:** quatro aspectos: ética no serviço público, contratos, financiamento eleitoral e controle. Belo Horizonte: Fórum, 2014.

RIMONDI, Jorge Luis. **Calificación legal de los actos de corrupción en la Administración Pública**. Buenos Aires: Ad-Hoc, 2006.

RIPERT, Georges. **A regra moral nas obrigações civis**. Trad. Osório de Oliveira. Campinas: Bookseller, 2000.

__________________. **Le regime démocratique et lê Droit Civil moderne**. Paris: Libr. Generale de Droit et de Jurisprudence, 1936.

RIPOLLÉS, José Luis Díez; GÓMEZ-CÉSPEDES, Alejandra. La corrupción urbanística: estrategias de análisis. **Revista Española de Investigación Criminológica**, n. 6, p. 1-37, abr. 2008.

ROCK, Michael T.; BONNETT, Heidi. The comparative politics of corruption: accounting for the East Asian paradox in empirical studies of corruption, growth and investment. **World Development**, v. 32, n. 6, p. 999-1017, 2004.

RODRIGUES JUNIOR, Otavio Luiz. Estatuto epistemológico do Direito Civil contemporâneo na tradição de *civil law* em face do neoconstitucionalismo e dos princípios. **O Direito**, n. 143, v. 2, p. 43-66, 2011.

__________________. Nexo causal probabilístico: elementos para a crítica de um conceito. **Revista de Direito Civil Contemporâneo**, São Paulo, ano 3, v. 8, p. 115-137, 2016.

__________________. Reforma dos Códigos deve ser democrática e pluralista. **Revista Eletrônica Conjur**, 2 jan. 2013. Coluna Direito Comparado. Disponível em: https://www.conjur.com.br/2013-jan-02/direito-comparado-reforma-codigos-democratica-pluralista. Acesso em: 15 abr. 2021.

RODRÍGUEZ, Víctor Gabriel Oliveira. Mensalão: Liberdade, injusto massacre da imprensa e algum testemunho pessoal. *In*: PEDRINA, Gustavo Mascarenhas Lacerda (org.). **AP 470**: análise da intervenção da mídia no julgamento do mensalão a partir de entrevistas com a defesa, São Paulo: LiberArs, p. 21-30, 2013.

ROSE-ACKERMAN, Susan. Corruption. *In*: NEWMAN, Peter (ed.). **The New Palgrave Dictionary of Economics and the Law**. London: Macmillan, p. 517-522, 1998.

__________________. **Corruption**: a study in political economy. New York: Academic Press, 1978.

__________________. Desarrollo y corrupción: gestión y análisis de políticas públicas. **Gestión Análisis de Políticas Públicas**, n. 21, p. 5-21, mayo/agosto 2001.

__________________. **La corrupción y los gobiernos**: causas, consecuencias y reforma. Madrid: Siglo XXI de España Editores, 2001.

__________________. Medidas anticorrupción. **Conferencia sobre Transi-**

ción y Consolidación Democráticas, Madrid, 19-27 oct. 2001, p. 63-138, 2002.

__________________. The challenge of poor governance and corruption. **Revista Direito GV**, v. 1, p. 207-266, 2005.

__________________. The economics of corruption. **Journal of Public Economics**, n. 4, issue 2, p. 187-203, 1975.

__________________; PALIFKA, Bonnie J. **Corruption and government**: causes, consequences and reform. 2. ed. New York: Cambridge University Press, 2016.

ROTHSTEIN, Bo; USLANER, Eric M. All for one: equality, corruption, and social trust. **World Politics**, v. 58, n. 1, p. 41-72, oct. 2005.

ROUSSEAU, Jean-Jacques. **Do contrato social**. Trad. Pietro Nassetti. São Paulo: Martin Claret, 2001.

SAGUIER, Eduardo R. La corrupción administrativa como mecanismo de acumulación y engendrador de una burguesía comercial local. **Anuario de Estudios Americanos**, v. 46, 1989.

SALLEILES, Raymond. **Les accidents du travail et la responsabilité civille**. Paris: A. Rousseau, 1897.

SANCHEZ, Demelsa Benito. **El delito de corrupción en las transacciones comerciales internacionales**. Madrid: Iustel, 2012.

__________________; CERINA, Giorgio Dario M. Apuntes sobre los delitos de corrupción: problemas actuales y perspectivas de reforma. *In*: DIAZ-SANTOS, Maria Rosario; RODRÍGUEZ, Nuria Matellanes; CAPARRÓS, Eduardo A. Fabían (coord.). **De los delitos y de las penas, hoy**: la nueva reforma del Código Penal. Salamanca: Rattio Legis, p. 61-94, 2009.

SANTOS, Carlos Frederico Brito dos. **Improbidade administrativa**: reflexões sobre a Lei n. 8.429/92. Rio de Janeiro: Forense, 2002

SANTOS, Christiano Jorge; MARQUES, Silvio Antonio. Pacote Anticrime (Lei 13.964/2019) e acordo de não persecução cível na fase pré-processual: entre o dogmatismo e o pragmatismo. **Revista de Processo**, v. 303, p. 291-314, mai. 2020.

SANTOS, João Manoel de Carvalho. **Código Civil brasileiro interpretado**. Rio de Janeiro: Calvino Filho Editor, v. 3, 1934.

SANTOS, Kleber Bispo dos. **Improbidade administrativa e atentado aos princípios da administração pública**. Belo Horizonte: Fórum, 2011.

SANTOS, Moacyr Amaral. **Primeiras linhas de Direito Processual Civil**. 29. ed. São Paulo: Saraiva, v. 1, 2012.

SAPELLI, Giulio. **Cleptocracia**: el "mecanismo único" de la corrupción entre economía y política. Buenos Aires: Losada, 1998.

SARTI, Cynthia. Enunciações da tortura: memórias da ditadura brasileira. **Revista Antropológica**, São Paulo, v. 62, n. 3, p. 505-529, 2019.

SAUTU, Ruth. **Catálogo de prácticas corruptas**: corrupción, confianza y democracia. Buenos Aires: Lumiere, 2004.

SAVATIER, René. **Du Droit Civil au Droit Public a travers les personnes, les biens et la responsabilité civile**. 2. ed. Paris: Libr. Generale de Droit et de Jurisprudence, 1950.

__________________. **Traité de la responsabilité civile en Droit français**. 2. ed. Paris: Librairie Générale de Droit et de Jurisprudence, t. 1, 1951.

SCAFF, Fernando Facury; SILVEIRA, Renato de Mello Jorge. Lei Anticorrupção é substancialmente de caráter penal. **Revista Eletrônica Conjur**, 5 fev. 2014. Coluna Lei da Compliance. Disponível em: https://www.conjur.com.br/2014-fev-05/renato-silveira-fernando-scaff-lei-anticorrupcao-carater-penal. Acesso em: 13 mai. 2021.

SCHREIBER, Anderson. **Novos paradigmas da responsabilidade civil**: da erosão dos filtros da reparação à diluição dos danos. 5. ed. São Paulo: Atlas, 2013.

SEÑA, Jorge F. Malem. **La corrupción**: aspectos éticos, económicos políticos y jurídicos. Barcelona: Gedisa, 2002.

SERRANO, Pedro Estevam Alves Pinto. A responsabilidade objetiva da lei anticorrupção. **Revista do Advogado**, São Paulo, v. 34, n. 125, p. 106-114, dez. 2014.

SHAH, Anwar; SCHACTER, Mark. Combating corruption: look before you leap. **Finance Development**, n. 41, p. 40-43, dec. 2004.

SICA, Heitor Vitor Mendonça. Aspectos do pedido na ação de improbidade administrativa. **Revista de Processo**, São Paulo, v. 34, n. 178, p. 76-105, dez. 2009.

SICHES, Luis Recaséns. **Introducción al estudio del Derecho**. 13. ed. México: Editorial Porrúa, 2000.

SILK, J. Riffault. La lutte contre la corruption nationale et internationale par les moyens du droit pénal. **Revue Internationale de Droit Comparé**, v. 54, n. 2, p. 639-662, 2002.

SILVA, Flávio Murilo Tartuce. **Direito Civil 2**: Direito das obrigações e responsabilidade civil. 10. ed. São Paulo: Método, 2015.

________________. **Direito do Consumidor**: direito material e processual. 7. ed. São Paulo: Método, 2018.

________________. Reflexões sobre o dano social. **Revista Trimestral de Direito Civil**, Rio de Janeiro: Padma, n. 34, v. 2, p. 179-201, 2008.

________________. **Responsabilidade civil objetiva e risco**: a teoria do risco concorrente. São Paulo, Método, 2011.

________________. **Responsabilidade civil**. 2. ed. São Paulo: Forense, 2020.

SILVA, João Calvão da. **Responsabilidade civil do produtor**. Coimbra: Almedina, 1999.

SILVA, José Afonso da. **Ação popular constitucional**: doutrina e processo. 2. ed. São Paulo: Malheiros, 2007.

________________. **Curso de Direito Constitucional positivo**. 20. ed. São Paulo: Malheiros, 2002.

SILVA, Manuel Gomes da. **Responsabilidade pela perda de uma chance**. 3. ed. São Paulo: Atlas, 2013.

SILVA, Rafael Peteffi da. **Responsabilidade civil do incapaz**. São Paulo: Atlas, 2008.

SILVA, Regina Beatriz Tavares da. **Código Civil comentado**. 9. ed. São Paulo: Saraiva, 2013.

SILVEIRA, Renato de Mello Jorge. **Crônicas franciscanas do mensalão**: contribuições de Víctor Gabriel Rodríguez e Eduardo Saad-Diniz, São Paulo: Quartier, 2013.

________________. O acordo de leniência na lei anticorrupção. **Revista dos Tribunais**, São Paulo, v. 103, n. 947, p. 157-78, set. 2014.

________________; SAAD-DINIZ, Eduardo. ***Compliance*, Direito Penal e Lei Anticorrupção**. São Paulo: Saraiva, 2015.

SIMÃO, José Fernando. Prescrição e decadência: tempo de esclarecer controvérsias. *In*: CASSETTARI, Christiano; CAMARGO VIANA, Rui Geraldo (org.). **10 anos de vigência do Código Civil brasileiro de 2002**: estudos em homenagem ao professor Carlos Alberto Dabus Maluf. São Paulo: Saraiva, v. 1, p. 216-238, 2013.

SIMÃO, Valdir Moysés. *Compliance* e setor privado. *In*: BECHARA, Fábio Ramazzini (coord.) *et al.* **Corrupção**. São Paulo: Almedina, 2020.

SOUSA, Monica Teresa Costa; VILELA, Alex Bruno Canela. A contribuição das Nações Unidas no combate à corrupção: evolução normativa e perspectiva internacional. **Revista de Direito da Administração Pública**, Rio de Janeiro, ano 3, v. 1, n. 2, p. 135-160, jul./dez. 2018.

SOUZA, Luciano Anderson de. Lei anticorrupção: avanços e desafios. **Revista Brasileira de Ciências Criminais**, São Paulo, v. 22, n. 256, p. 4-5, mar. 2014.

__________________. Lei anticorrupção: balanço de um semestre de muitos desacertos. **Revista Brasileira de Ciências Criminais**, São Paulo, v. 22, n. 260, p. 11-12, jun. 2014.

SOUZA, Patrícia Veronica Nunes Carvalho Sobra de. **Corrupção e improbidade**: críticas e controle. Belo Horizonte: Fórum, 2012.

SPINELLI, Mário. Mecanismos de prevenção e controle da corrupção: a estruturação de sistemas de integridade na Administração Pública. *In*: BECHARA, Fábio Ramazzini (coord.) *et al.* **Corrupção**. São Paulo: Almedina, 2020.

STOCCO, Rui. **Responsabilidade civil e sua interpretação jurisprudencial**. 4. ed. São Paulo: Revista dos Tribunais, 1999.

TAMASAUSKAS, Igor Sant'Anna; BOTTINI, Pierpaolo Cruz. A interpretação constitucional possível da responsabilidade objetiva na lei anticorrupção. **Revista dos Tribunais**, São Paulo, v. 103, n. 947, p. 133-155, set. 2014.

TOMASEVICIUS FILHO, Eduardo. **A proteção do patrimônio cultural brasileiro pelo Direito Civil**. São Paulo: Almedina, 2020.

TORRE, Ignacio Berdugo Gómez de la. La respuesta penal internacional frente a la corrupción. Consecuencias sobre la legislación española. **Revista de la Universidad de Deusto**, p. 229-265, 63/2015.

TOURNEAU, Philippe le; CADIET, Lo'ic. **Droit de la responsabilité**. Paris: Dalloz, 1998.

TRIMARCHI, Pietro. **Rischio e responsabilità oggettiva**. Milano: Giuffrè, 1961.

TUCCI, Giuseppe. **Il dann ingiusto**. Nápoles: Jovene, 1970.

TUNC, André. **La responsabilité civile**. 2. ed. Paris: Economica, 1989.

UBIETO, Emilio Octavio de Toledo y. Poderes públicos y corrupción: delitos contra el correcto ejercicio de los poderes públicos y alcance de la noción jurídico penal de corrupción. *In*: CONDE, Francisco Muñoz; PITA (coord.). **Problemas actuales del Derecho Penal y la criminologia**: estudios penales en memoria de la Profesora Dra. María del Mar Díaz Pita. Valencia: Tirant Lo Blanch, p. 1009-1030, 2008.

VALENTE, Victor Augusto Estevam. Lei anticorrupção: aspectos penais e processuais penais à luz do diálogo das fontes. **Boletim IBCCRIM**, São Paulo, v. 23, n. 278, p. 6-8, jan. 2016.

VANEGAS, Farid Samir Benavides. Corrupción, violencia y Derecho Penal. **Derecho Penal y Criminología**, v. 21, n. 68, p. 145-169, enero 2000.

VARELA, João de Matos Antunes. **Das obrigações em geral**. 7. ed. Coimbra: Almedina, v. 2, 2013.

VASAK, Karel. **As dimensões internacionais dos direitos do homem**. Lisboa: Livros Técnicos e Científicos, 1978.

VÁZQUEZ, Manuel A. Abanto. La lucha contra la corrupción en un mundo globalizado. *In*: PUERTO, Ricardo Predo del (coord.). **Apuntes de Derecho Penal Económico**. Asunción: Instituto de Estudios para la Consolidacion del Estado de Derecho, v. 3, p. 9-71, 2013.

VÁZQUEZ, Rodolfo. Corrupción política y responsabilidad de los servidores públicos. **Doxa, Cuadernos de Filosofia del Derecho**, n. 30, p. 205-216, 2007.

VENOSA, Sílvio de Salvo. **Direito Civil**: obrigações e responsabilidade civil. 18. ed. São Paulo: Atlas, v. 2, 2017.

VERÍSSIMO, Carla. **Compliance**: incentivo à adoção de medidas anticorrupção. São Paulo: Saraiva, 2018.

VIGLIAR, José Marcelo Menezes. **Tutela jurisdicional coletiva**. 3. ed. São Paulo: Atlas, 2001.

VILLA, Fernando Gil. **La cultura de la corrupción**. Madrid: Maia Ediciones, 2008.

VILLAREJO, Julio Díaz-Maroto y. La corrupción en las transacciones comerciales internacionales: el art. 445 del código penal español. **Icade, Revista Cuatrimestral de las Facultades de Derecho y Ciencias Económicas y Empresariales**, n. 74, p. 199-223, mayo/agosto 2008.

VINEY, Geneviève. As tendências atuais do Direito da responsabilidade civil. *In*: TEPEDINO, Gustavo (org.) *et al.* **Direito Civil contemporâneo**: novos problemas à luz da legalidade constitucional. São Paulo: Atlas, 2008.

__________________. **Le déclin de la responsabilité individuelle**. Paris: Libr. Generale de Droit et de Jurisprudence, 1965.

__________________. **Les obligations, la responsabilité**: conditions. Paris: Libr. Generale de Droit et de Jurisprudence, v. 4, 1982.

__________________; JOURDAIN, Patrice. **Traité de Droit Civil**: les effets de la responsabilité. 3. ed. Paris: Libr. Generale de Droit et de Jurisprudence, 2010

__________________; JOURDAIN, Patrice; CARVAL, Suzanne. **Les obligations, la responsabilité**: effets. Paris: Libr. Generale de Droit et de Jurisprudence, v. 5, 1988.

__________________; JOURDAIN, Patrice; CARVAL, Suzanne; GHESTIN, Jacques. **Les conditions de la responsabilité**. 4. ed. Paris: Libr. Generale de Droit et de Jurisprudence, 2013.

VISINTINI, Giovana. **Tratado de la responsabilidad civil**. Trad. Aída Kemelmajer de Carlucci. Buenos Aires: Astrea, v. 2, 1999.

WALD, Arnoldo. **Curso de Direito Civil brasileiro**: obrigações e contratos. 6. ed. São Paulo: Revista dos Tribunais, 1983.

ZANELLA, Everton Luiz. O combate da corrupção e o princípio da eficiência no Direito Penal. *In*: CASTRO, Manuella Santos de (org.) *et al.* **Governança, *compliance* e corrupção**. São Paulo: Almedina, 2019.

ZANNONI, Eduardo A. **El daño en la responsabilidad civil**. 2. ed. Buenos Aires: Astrea, 1993.

ZAVASCKI, Teori Albino. **Processo coletivo**: tutela de direitos coletivos e tutela coletiva de direitos. São Paulo: Revista dos Tribunais, 2006.

ZILLI, Marcos Alexandre. A colaboração premiada nos trópicos. Autonomia das partes e o imperativo controle judicial. Leituras sobre a Lei 12.850/13 à luz da eficiência e do garantismo. *In*: CUNHA FILHO, Alexandre Jorge Carneiro da (coord.) *et al.* **48 visões sobre a corrupção**. São Paulo: Quartier Latin, 2016.

__________________. Ainda sobre as saúvas. *In*: BECHARA, Fábio Ramazzini (coord.) *et al.* **Corrupção**. São Paulo: Almedina, 2020.

ZIVIZ, Patrizia. **La tutela risarcitoria della persona**: danno morale e danno esistenziale. Milano: Giuffrè, 1999.

ZUGAZA, Laura Alcaide. Corrupción: obstáculo al desarrollo económico. **Economía Exterior**, n. 31, p. 125-132, 2004.

ZULAUF, Urs. Fondi provenienti da corruzione e fondi di potentati. **Rivista Trimestrale di Diritto Penale dell'Economia**, v. 45, n. 3, p. 629-643, 2002.